전통의료 구술자료 집성(IV)

-원로 침구사들의 침구업(鍼灸業)과 삶-

박경용朴敬庸

경남 남해군 창선도에서 농부의 아들로 태어났다. 창선초·중학교와 진주고등학
교를 졸업하고 경북대학교 고고인류학과에서 학부와 대학원(석사)을 마쳤다. 박
사학위는 영남대학교 문화인류학과에서 사회인류학 전공으로 취득했다. 대구의
약령시한의약박물관과 영남대학교 한국학부, 인문과학연구소, 민족문화연구소
등에서 연구원과 연구교수로 일하면서 20세기민중생활사, 특히 전통의료의 생활
사를 연구했다. 전북대학교 20세기민중생활사연구소에서는 전통지식 연구에 몰
두하였으며, 지금은 대구대학교 교수로 재직하면서 재외한인의 디아스포라 생활
사에 주목하고 있다. 최근의 주요 논저로는 "사찰 민간의료 전승 양상"(2010),
"도서지방 나물과 약초의 생태민속학적 연구"(2009), 『대구의 축제 민속지』
(2010), 『한국 전통의료의 민속지Ⅰ』(2009), 『전통의료 구술자료 집성Ⅰ』(2011),
『사할린 한인 디아스포라 구술생애사』(2014) 등이 있다.

전통의료 구술자료 집성(IV)

초판 1쇄 인쇄 ㅣ 2016년 10월 21일
초판 1쇄 발행 ㅣ 2016년 10월 28일

저 자 ㅣ 박경용
발행인 ㅣ 한정희
발행처 ㅣ 경인문화사
주 소 ㅣ 경기도 파주시 회동길 445-1 경인빌딩 B동 4층
전화: 031-955-9300, 팩스: 031-955-9310
이메일: kyungin@kyunginp.co.kr
홈페이지: http://www.kyunginp.co.kr
등록번호 ㅣ 제406-1973-000003호(1973.11.8)

ISBN : 978-89-499-4239-1   93380
정가 : 27,000원
ⓒ 2016, Kyung-in Publishing Co, Printed in Korea

전통의료 구술자료 집성(IV)

-원로 침구사들의 침구업(鍼灸業)과 삶-

박경용

景仁文化社

글머리에

I

　한의약 '전통'은 한민족의 자연관과 우주관, 인체관, 세계관을 포함하는 민족과학의 중요한 지적자산일 뿐만 아니라, 의료생활문화의 집적체이기도 하다. 광복 이후 전문화가 이뤄지고 임상과 학술 양면에서 괄목할 만한 성과가 나옴으로써 한의약은 이제 표준화와 과학화, 세계화의 기초를 닦는 데 주력하고 있다. 그럼에도 불구하고, 평생을 오로지 의약업에 몸담아오면서 전통의약의 지속과 변화의 전 과정을 일상의 경험과 기억을 통해 전승해온 원로 한의약업인들의 의약업과 생활문화에 대한 학술적 관심은 희소한 실정이다.

　이러한 상황에서 한약업사와 한의사, 침구사 등 원로 한의약업인의 구술생애사 연구가 필요한 이유는 다음과 같다. 첫째, 원로 한의약업인의 주체적인 문화적 실천과 경험에 주목함으로써 근대성과 전통성, 과학주의 등의 거대 담론과 문헌, 제도와 정책 위주의 기존의 근현대 전통의약에 대한 연구의 외연을 확장시킬 것이다. 둘째, 전통의약을 평생 동안 전승해온 주체인 한의약 전문인의 생애사를 중심으로 그 지속과 변화를 새로운 각도에서 조망해볼 필요가 있다. 셋째, 일제강점과 광복, 6.25전쟁과 분단 등과 같은 역사의 격변기를 살아온 원로 한의약업인의 의약업과 일상적 삶의 양상들을 더 늦기 전에 생생하게 증언 받을 필요가 있다. 넷째, '전통'의 보존과 재구성, 현대적 활용 차원에서 근현대 전통의약의 일상적 담론과 경험을 포함하는 생활문화 자료들을 발굴, 수집, 정리, 보존할 필요가 있다. 전통의약 전문인들의 경험과 기억을 포함하는 이러한 생활의 물증(物證)들은 전승 주체의 자연 사멸과 함께 대부분 멸실되어 버리므로 이에 대한 사실 발견적(heuristic) 작업이 시급하다.

이에 연구자는 <한의약업인의 구술생애사를 통해 본 한국 전통의약의 지속과 변화-한약업사·한의사·침구사를 중심으로->라는 연구 과제를 수행하였다. 2006년 1월부터 2008년 12월까지 3년 간 사람의 자연 사멸과 함께 차츰 인멸되어가는 전통의료의 문화적 사상들(cultural things)을 수집, 기록하기 위해 80세 전후의 원로 침구사(침술원), 한의사(한의원), 한약업사(한약방) 등을 직접 찾아다녔다. 그리하여 영남과 서울, 경기 등지의 침구사 8명(맹인침술사 1명 포함)과 한의사 13명, 한약업사 17명(계승자 3명 포함) 등 총 38명의 전통의료 전문인들을 만나 면담하고 의료 실천 현장을 관찰할 수 있었다. 때로는 연구자 스스로가 환자가 되거나 가족이나 지인들의 진료와 시술 과정을 참관함으로써 라포(rapport)를 형성하고 관련 구술과 소장 문서, 물증 자료들을 수집했다.

기 연구가 종료된 2009년에는 이상의 연구과정에서 생산된 자료를 분석한 한약업사 관련 논문들을 한데 묶어 『한국 전통의료의 민속지 1-원로 한약업사의 삶과 약업 생활문화-』(2009, 경인문화사)를 간행했다. 원자료(raw data)를 정치하게 분석, 가공한 논문과 저술로는 현지조사 과정에서 수집된 다양한 형태의 관련 자료들을 모두 엮어내기가 어렵다. 논문에는 특정의 제한된 주제와 관련된 자료들만 취사선택되므로 전승 주체의 시각이나 인식, 경험, 기억, 지식 등 전통의료의 다양한 나머지 자료들(특히 구술자료)은 '자료 창고' 속에 고스란히 남게 된다.

따라서 연구과정에서 생산된 많은 원자료들은 저장 매체에 잠든 채 방치되므로 이들을 집성하는 연구도 필요하다. 이는 텍스트 성격의 구술자료 집성을 지향할 수도 있지만, 한편으로는 해설이나 주석이 가미된 저술 형식을 띨 수도 있다. 이들은 교양 및 전문 연구서로 뿐만 아니라 담론 분석과 해석을 위한 연구 텍스트로서의 의의도 갖는다. 특히 생산된 여러 부류의 자료들을 논문을 통해 모두 담아내기 어려운 한계를 보완해준다는 점이 가장 큰 장점으로 꼽힌다.

II

원로 침구사, 한의사, 한약업사들이 평생에 걸쳐 환자를 치료하고 연구해오면서 축적, 전승해온 지식과 기술은 전통의료 경험지(experimental knowledges)이자 소중한 무형문화유산이기도 하다. 전통의료 전문인들의 의약업과 생애를 스스로의 시선으로 풀어나가는 이야기는 질병에 대한 인식과 사유, 치유 경험과 기술, 양생(養生) 등에 대한 전통적인 지식을 포함하고 있으므로 관련 분야의 학술적 가치 외에 건강을 도모하기 위한 정보로서의 가치도 적지 않다.

이들의 구술과 증언은 광복을 전후한 과도기 의료제도와 환경, 전통의료에 대한 인식과 생활문화사까지 보여줌으로써 그간 이 분야 연구를 등한시해온 한의학, 의사학(醫史學), 인류학, 민속학, 보건학 등의 학술분야에도 귀중한 자료가 될 것이다. 전통의료의 변화와 지속에 대한 기존의 연구들은 분석의 틀이 너무 거시적이고 설명방식 또한 사변적이어서 전통의약을 담지해온 주체들의 경험과 인식을 제대로 반영하지 못해왔다.

전통의료 전문인에 대한 일부 연구들도 제도사의 맥락과 역사적 인물의 일대기, 주요 임상적 성취 등에 한정되어 전통의료의 생활문화에 대한 생생하고도 총체적인 이해에는 이르지 못한다. 이런 점에서 원로 전통의료 전문인들(한의약업인)의 의약업에 대한 구술자료 집성은 한의학과 의사학(醫史學), 인류학, 민속학 분야의 연구를 크게 보완해줄 것이다. 특히 각 저술서에 포함되는 한의약업인들은 1912년생의 최고령자를 포함하여 1920년대 출생자가 대부분이어서 이제 어느 누구로부터도 채록하기 힘든 관련 경험과 기억들을 포함하고 있다.

연구자는 2014년도 한국연구재단의 '저술성과확산지원' 사업의 일환으로 <한국 전통의료 구술자료 집성-한약업사·한의사·침구사를 중심으로->라는 주제의 연구를 진행하였다. 2년의 저술 편찬 기간 동안 기 연구과제의 수행과정에서 생산된 원자료들을 '원로 한약업사', '원로 한의사', '원로 침구사' 등의 구술자별로 분류하여 3권의 단행본으로 묶어보았다. 각 권은 구술자별로 어린 시절 성장과정과 가족관계, 전통의료 입문 동기와 과정, 의료지식과 기술 습득, 자격증(혹은 면허증) 취득과 의료제도, 업소 개업과 운영을 통한 의료실천, 주요 치료 사례와 비방(祕方), 전통의료 지식과 기능, 전통의료에 대한 인식과 발전방향, 관련 물증 등의 주제로 나누어 정리하였다.

각 권에는 한의약업인 6-14명의 의약업과 삶에 대한 구술 자료들을 수록하되, 각 구술자마다 연보(年譜)와 인터뷰 후기 등을 첨부하고, 생애 주기별로 내용을 정리함으로써 독자들의 이해를 돕고자 하였다. 각 장의 절과 항의 핵심 주제들은 명사구와 구술 문장 형식의 소제목으로 제시함으로써 구술의 흐름이 이어질 수 있도록 하였다. 본문의 특정 내용에 대해서는 각주를 붙이고, 저술의 마지막에는 색인을 달아 독자의 편의를 도모하였다.

각 권의 제목은 『전통의료 구술자료 집성 ② - 원로 한약업사들의 약업(藥業)과 삶 -』, 『전통의료 구술자료 집성 ③ - 원로 한의사들의 의업(醫業)과 삶 -』, 『전통의료 구술자료 집성 ④ - 원로 침구사들의 침구업(鍼灸業)과 삶 -』 등이다. 저술서 2~4권의 제목은 대구약령시의 한의사와 한약업사 6명을 대상으로 2011년에 간행된 제1권(『전통의료 구술자료 집성 ① - 대구약령시 원로 한의약업인 6인의 의약업과 삶 -』)의 연속 간행물임을 나타낸다.

제2권에 수록되는 원로 한약업사들은 1917년생 이기인(대구), 1919년생 홍준희(대구), 1921년생 조우현(대구), 오대준(경남), 1922년생 류경희

(대구), 조덕식(부산), 1923년생 박기택(대구), 1924년생 양명주(대구), 김희정(부산), 1925년생 이시호(부산), 1926년생 박경열(경북), 1928년생 조한제(경남) 등 12명이다. 한약업사 자격증은 취득하지 못했지만, 오랫동안 선대의 한약방에서 수종하며 가업을 계승해오고 있는 1948년생 김종식(대구), 1942년생 박유홍(경남) 등 2명도 포함하였다.

제3권에 수록되는 원로 한의사들은 1912년생 윤판경(대구), 1919년생 신상호(대구), 1922년생 조경제(대구), 1924년생 김천호(대구), 1925년생 정태호(경북), 1926년생 배만근(대구), 1928년생 최종식(경북), 1931년생 서남수(대구), 1932년생 변정환(대구), 1937년생 조의제(경북) 등 10명이다.

제4권에는 1921년생 최영조(대구), 1924년생 진기업(대구), 성낙도(대구), 박정규(부산), 1926년생 최태암(서울), 1937년생 박외식(경북) 등 원로 침구사 6명의 침구 관련 경험과 기억, 인식 등이 수록되었다.

연구자가 만났던 전통의료 전문인들은 광복을 전후한 과도기에 해당 분야에 입문하여 의료 지식과 기술을 습득하고, 면허를 취득해서 전통의료 문화를 전승해왔다. 이들 대부분은 구술 채록 당시 80세를 넘겼으므로 8~10년이 지난 지금 상당수는 이미 고인이 되었다. 특히 면허를 지닌 침구사는 대부분 자연 사멸하여 전국적으로도 거의 찾아보기 어려운 상황이다.

연구자는 전통의료 자료 집성의 필요성에서 '대구약령시 원로 한의약업인' 외에 '원로 한약업사', '원로 한의사', '원로 침구사' 등을 중심으로 4권의 연계되는 자료집을 차례로 간행할 계획이었지만, 이러저러한 사정으로 자꾸만 미루어 왔었다. 이런 와중에서 애써 수집한 1천여 장의 사진 자료들이 관리 소홀로 인해 몽땅 유실되기도 했다. 남아 있는 구술 자료나마 한국연구재단의 '저술성과확산지원' 사업으로 세상에 남길 수 있게 되어 다행이다.

III

본서는 평생 동안 침구업(鍼灸業)에 종사해온 침구 전문인 6명의 경험과 기억을 집성한 것이다. 정치한 분석보다는 원로 침구사들의 구술을 통해 한국 전통의료의 역사와 문화상을 이해하고, 이를 바탕으로 전통의료의 지속과 변화를 유추해볼 수 있도록 기획되었다. 구술 내용을 여과 없이 가능한 그대로 전달하려 한 것은 바로 이 때문이다.

당초에는 연구의 편의상 연구자가 거주하는 대구지역에 한정하여 구술자를 선정할 계획이었다. 하지만 연구의 신뢰도를 높이고 '긴급한 제보자'를 가능한 1명이라도 더 확보할 필요성에서 서울, 부산, 경북 등지로 확대하였다.

본서에서 소개하는 원로 침구사 6인은 면담 시점인 2008년을 기준으로 70~80대에 이르는 연로자들로 한 시대의 증언자들이다. 이들은 일제 강점과 광복, 6.25전쟁 등 근현대의 격랑을 몸소 부딪으며 살아왔다. 평생 동안 전통의료에 종사하며 오직 한 길을 걸어온 전통의료의 장인들이자 전통의료문화를 전승해오면서 국민 건강에 일익을 담당해온 건강 복음의 전도자들이다. 이들은 대구와 경북을 비롯하여 서울과 부산 등 자신들의 생활 처소에서 붙박이로 한평생을 보냈다.

침구사는 1962년 의료법 개정과정에서 관련 제도가 소멸되기 이전에 침구사 지위를 공인받은 침구 전문인을 의미한다. 이들 대부분은 일제 강점기에 침구를 배워 광복을 전후하여 침구사 면허를 획득했다. 전문 침구사들은 500~600명이던 것이 광복 이후 침구사 제도의 소멸로 더 이상 계승 인력이 충원되지 않아 종사자가 지속적으로 감소되어 왔다.

대한침구사협회 자료를 참고로 1998년과 2008년의 침구사 현황을 비교하면, 아래 <표>와 같다. 1998년에는 침구사가 서울 61명과 부산 20명을 비롯하여 인천 8명, 경기 8명, 대전 7명, 광주 6명, 대구 6명 등 총

143명이었다. 반면 2008년에는 서울 31명, 경기 4명, 인천 4명, 강원 2명, 대전·충남북 9명, 광주·전남북 4명, 대구·경북 6명, 경남 2명, 부산 7명, 제주 4명 등 총 73명으로 10년 사이에 절반이 감소했다. 일부는 고령으로 사망하거나 폐업하여 실제로 현업에 종사하는 침구사는 통틀어 50명 미만이다. 연구자가 면담했던 몇몇 원로 침구사들의 제보에 의하면, 경상도 지역의 경우 경남과 울산은 전무하며 대구 3명, 경북 1명, 부산 1명 등 총 5명으로 확인되었다. 정상적인 영업활동을 하며 침구사협회에 회비를 납부하는 침구사는 이 중에서도 절반 정도에 불과하여 거의 소멸 단계에 이르렀다.

〈침구사 현황〉

구분	서울	경기	인천	강원	충북	충남	대전	전북	전남	광주	경북	대구	경남	부산	제주	총계
1998	61	8	8	2	2	3	7	3	3	6	4	6	5	20	5	143
2008	31	4	4	2	9			4			6		2	7	4	73

·사단법인 대한침구사협회, 『會員手帖-1998-』, 1998.
·사단법인 대한침구사협회 사무총장(김성백) 구술, 2008. 7.

연구자는 대구약령시 연구과정에서 알게 된 어느 맹인 침술인(권오칠)의 소개로 만난 사단법인 대한침구사협회 대구경북지회장(진기업)을 통해 최영조, 성낙도, 유진식 등 대구지역의 원로 침술인들을 접촉할 수 있었다. 이후에는 그가 제공한 '회원 수첩'(1998년)의 연락처를 통해 경북, 부산, 서울 등지의 원로 침구사들을 차례로 만나 인터뷰했다. 연구자는 구술자들이 운영 중인 침술원과 자택을 직접 방문하여 구술을 채록하고 문서나 물증 등의 관련 자료들을 수집했다. 일부 구술자들의 경우 일반 환자나 가족(아내)의 침구 시술 장면을 참여 관찰하였다.

연구자가 만난 침구사는 아래 <표>와 같이 총 8명이다. 지역별로는 대구가 5명으로 가장 많고, 경북 1명, 부산 1명, 서울 1명 등이다. 이 중에는 맹인 침술사와 비제도권 침술사가 각 1명이다. 그리고 1명은 처음에 침술원을 운영했지만, 양의사로 전환했다. 구술자들의 연령 분포를 살펴보면, 2008년 현재 60대와 70대가 각 1명씩이고 나머지 6명은 모두 80대이다. 본서에서는 이 중 비제도권(유진식)과 맹인(권오칠) 침구사 각 1명씩을 제외한 6명의 구술 내용을 수록하였다.

〈구술자 현황〉

거주지	성명	출생년도	침술원 명칭	비고
대구	최영조	1921	영남침술원	양의사 전환
	진기업	1924	진침술원	대구경북지부장
	성낙도	1924	창성침술원	
	유진식	1929	-	비제도권
	권오칠	1949	동양지압침술원	맹인침술사
경북	박외식	1937	박침진료원	
부산	박정규	1924	덕은침술원	부산경남지부장
서울	최태암	1926	최태암침술원	

IV

본서가 갖는 의의는 다음과 같은 몇 가지로 정리 가능하다. 첫째, 이 책에 소개된 원로 침구사들의 삶은 파란만장했던 지난 20세기의 지역 미시사와 전통의료 문화사 그 자체이다. 이들이 겪어온 생활의 역사를 '기억의 재현'을 통해 조망해봄으로써 근현대 전통의료의 지속과 변화를 엿볼 수 있다.

둘째, 구술자들은 어려서부터 침구에 입문하여 수 십 년씩 침구업에 종사해 왔다. 따라서 이들의 침구업 인생의 궤적을 더듬어봄으로써 근현대 한국 전통의료의 역사와 문화를 유추해 볼 수 있다. 실제로 6인의 구술 내용과 소장 문서, 물증 속에는 전통의료 지식과 기술 및 생활문화의 지속과 변화를 비롯하여 그 전승양상과 관련되는 사회문화적 정보들이 녹아있다.

셋째, 구술자들의 전통의료 경험과 인식을 그들의 시선으로 말하게 하고 이를 가능한 그대로 풀어서 엮어냄으로써 무형의 전통의료 경험지를 집성하였다. 이를 통해 전통의료 경험지의 문화사적 가치와 의의를 환기시키고, 향후 보다 포괄적이고 체계적인 자료 집성과 활용방안을 도출할 수 있는 계기가 될 것이다. 나아가 전통의료의 지속과 변화를 정치하게 분석할 수 있는 텍스트로서의 역할도 가능할 것이다.

넷째, 의식주를 비롯한 물건·물질, 우주·자연, 감각·기술 등 다양한 분야의 전통지식을 망라하여 이를 집성하기 위한 단초를 제공한다. 전통지식은 일상적인 삶 속에서 축적, 전승되므로 개인의 생애사적 맥락에서 조망될 필요가 있다. 따라서 전승 주체의 경험과 인식을 비롯하여 그들이 남긴 물증들도 함께 고려되어야 한다. 이 책은 이런 점에서 전통지식을 더욱 깊이 있게 연구하기 위한 시론적 작업으로 향후 여러 방면의 새로운 연구과정에 시사를 줄 것이다.

다섯째, 전통의료 경험지는 의료 지식과 기술의 집적체로서 무형의 민족문화유산이자 살아있는 의료 박물지(博物誌)로서의 가치를 지닌다. 동시에 지역의 전통지식체계이자 건강과 질병의 사유체계로서 인체관과 우주관, 질병관, 자연관을 엿보게 해준다. 활용 여하에 따라서는 현대적 재해석을 통해 의료 발전 및 국민보건 향상의 견인차가 될 수도 있다,

여섯째, 전통의료 경험지는 한의사나 한약업사, 침구사 등 공식적인 의료체계에 한정되지 않는다. 채약자나 민속치료사, 민중의술사를 비롯한 반가(班家)와 사찰의 비전(秘傳) 및 일반인의 민간의료 분야도 포괄한다.

향후 이들을 포함하는 보다 광범위한 영역에서 전통의료 경험지를 집성해나가는 지침이 될 것이다.

　원로 침구사 6인의 침구업 활동상과 삶을 수록한 본서는 '대구약령시 한의약업인 6인'과 '한약업사 14인', '한의사 10인'에 이어 네 번째로 세상에 나오게 되었다. 이로써 제도권에 속한 전통의료 전승자들의 생활상이 구술자료 중심으로 시리즈로 엮어지게 됨으로써 사라져가는 전통의 한 귀퉁이라도 후세에 남겨둘 수 있게 되었다. 향후 여력이 생긴다면 이들 제도권의 전문인 외에 채약인이나 약초 재배자, 민간요법 전문인, 산중의술(사찰 민간의료) 전승자 등 비제도권에 속하는 다양한 부류의 전통의료 전승자들의 구술 자료들도 다른 지면을 통해 차례로 소개하고자 한다. 아무튼 본서가 관련 연구들이 지속적으로 이어지도록 하는 데 조그마한 디딤돌이 되었으면 하는 바람이다.

　이 책이 나오기까지는 여러 사람들의 도움과 격려가 있었다. 우선 연구자를 맞이하여 자신의 침구업과 삶을 담담하게 구술해주신 6명의 원로 침구사들께 감사드린다. 이 연구가 원만하게 이루어질 수 있었던 것은 당시 연구자가 몸담고 있던 영남대학교 민족문화연구소의 이동순, 이형우 전 소장님과 동료 소원들의 아낌없는 지지가 있었기에 가능했다. 컴퓨터 속에 잠자고 있던 귀중한 자료들이 세상에 나올 수 있도록 연구비를 지원해준 한국연구재단에 감사드린다. 본서가 제대로 된 모양을 갖출 수 있도록 지원해준 경인문화사의 한정희 사장님을 비롯하여 편집 및 교정을 도와준 여러 분들께도 고마움을 표한다.

2016년 10월

박경용 씀

일러두기

·

·

·

·

· 본서에 수록된 구술자료는 2008년도에 수행된 원로 침구사들에 대한 인터뷰 내용을 바탕으로 하였다. 따라서 구술 내용 중의 나이 및 사건이나 행위 등을 나타내는 연도는 구술채록 시점을 기준으로 한다.
· 본문 내용 중 생략된 말은 [ ]로 표시했다. 그리고 사투리나 간단한 보충 설명을 비롯하여 구술자의 행위, 느낌 등은 ( )로 나타냈다.
· 구술 내용과 현지조사 과정을 생생하게 전달하기 위해 각 글의 서두마다 '인터뷰 후기'를 개관했다.
· 구술자의 침구업의 일상과 경험지식을 각자의 생애사적 맥락 속에서 이해하기 위해 '출생과 성장', '침구 지식·기술 습득', '침구업의 실천과 후대 전승', '일상생활과 물질전승' 등으로 암묵적으로 나누어 엮었다.

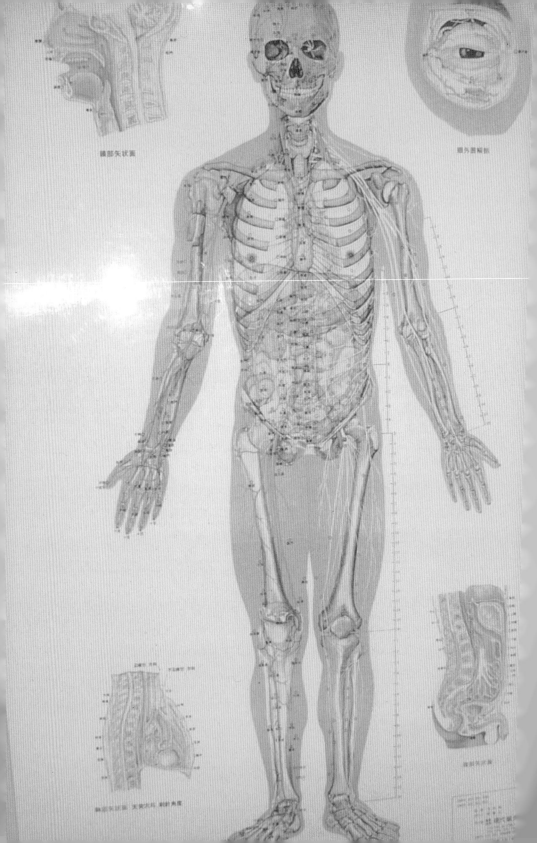

차 례

·

·

글머리에

·

- 제1부 -

대구지역 원로 침구사들의 침구업과 삶

50년의 침구 경력을 지닌 대구경북침구사회 회장 진기업

도제식으로 침술을 익힌 창성침술원 성낙도

양의사로 전환한 명치(明治)침구전문학교 출신의 최영조

- 제2부 -

경북지역 원로 침구사들의 침구업과 삶

사구침법(瀉灸鍼法)으로 전통 침구를 재해석한 박외식

- 제3부 -
부산지역 원로 침구사들의 침구업과 삶

'간첩 침쟁이'로 소문난 부산·경남의 유일한 침구사 박정규

- 제4부 -
서울지역 원로 침구사들의 침구업과 삶

물리치료사와 한약업사이기도 한 3대 한방가업 계승자 최태암

대구지역 원로 침구사들의
침구업과 삶

50년의 침구 경력을 지닌 대구경북침구사회 회장 진기업

도제식으로 침술을 익힌 창성침술원 성낙도

양의사로 전환한 명치(明治)침구전문학교 출신의 최영조

50년의 침구 경력을 지닌
대구경북침구사회 회장 진기업
-1924년 생-

.
.
.

인터뷰 후기

·

·

원로 침구사 진기업은 대구시 북구 산격동에서 '진침술원'을 운영 중
이다. 그는 대구시 중구 상서동(약령시 인근)에서 '동양지압침술원'을 운
영 중인 맹인 지압침술사 권오칠(남, 1947년생)의 소개로 접촉할 수 있었
다. 진기업은 대한침구사협회 대구경북지회 회장을 맡고 있었다. 전화로
면담시간을 약속한 후 그의 침술원을 방문하여 3회에 걸쳐 면담했다.

그와의 첫 만남은 2008년 3월 17일이었다. 침술원 창문에는 침구 치료
가 가능함을 알리는 '침'과 '뜸' 글자가 크게 적혀 있다. 아울러 시술 가
능한 여러 종류의 '금침, 구두침(灸頭鍼), 소아침, 수지침, 부황침' 등의 침
법 내용도 적혀 있었다.

그는 나이가 들고 기력이 딸려 주 3~4일 정도 환자를 돌보고 있다. 그
를 찾는 환자도 많지 않아 출근하는 날에도 오전 7시부터 일찍 시작해서
오후 3~4시쯤에는 일을 마친다.

두 번째 면담은 이틀 후인 3월 19일에 이루어졌다. 이 날은 마침 경북
군위에서 환자가 찾아와 진료 및 침구 치료과정을 관찰할 수 있었다. 환
자는 90세 노인으로 다니는 교회 장로의 소개로 그의 차를 타고 왔다. 10
년 전 다친 허리병이 재발하여 침을 맞으러 왔다. 그 이튿날인 3월 20일
에는 세 번째 면담을 통해 부족한 부분을 보완하였다.

진기업은 경북 개진면 우곡에서 2남 4녀 중 차남으로 태어났다. 10세
무렵 대구로 이사 나와 스스로 공부하여 통신 학습을 통해 단국대학 정
치경제과를 수료했다. 일제 강점기에는 10대 후반부터 대구의 침구전문
학원인 '혼다(本田)강습소'에서 공부하여 침구사 자격증을 획득했다. 해방

진기업 침구사   진침술원 외부

직후(1946. 10)에는 대한민국 침구사 자격증을 취득했으며, 서울의 대한 침구학원에도 다니며 침구 기술을 심화시켰다.

침구사 자격증은 있었지만, 초기에는 젊은 사람이 침놓는 것을 인정하지 않는 사회분위기였을 뿐만 아니라 자신도 큰 매력을 느끼지 못해 1951년부터 <천일유지화학공업>이라는 비누 제조회사를 경영하기도 했다. 그러다가 일이 잘 풀리지 않자, 40대 후반 전문 침술인으로 일하고 있던 친척 어른의 권유로 본격 침술업에 뛰어들었다.

도중에 다른 일을 하느라 공백기가 있기는 하지만, 그가 최초로 침구에 입문한지는 70년이 되고, 전문 침술인으로 생활해온지도 30년이 넘는다. 그는 침구 시술을 통해 수많은 환자들을 돌보면서도 한편으로는 대한 침구사협회 대구경북지회장과 민정당 중앙위원, 사회정화위원 등을 역임하며 침구계와 정치·사회 발전에도 상당한 공헌을 했다. 아울러 뜻있는 사람들과 유신동지회를 결성하여 사회 봉사 활동에도 앞장섰다.

슬하에는 4남 3녀의 자녀를 두고 있으며 팔순을 훌쩍 넘긴 지금까지도 대구광역시 북구 산격동에서 '진침술원'을 지키고 있다.

연보

· 1924년 - 경북 고령군 우곡에서 2남 4녀 중 차남으로 출생
· 1943년 - 10대 후반 대구의 침구전문학원인 혼다(本田)강습소 수학
· 1946년 - 10월. 대한민국 침구사 자격증 취득
· 1949년 - 통신 학습을 통해 단국대학 정치경제과 졸업
· 1951년 - 비누 제조회사인 〈천일유지화학공업〉 경영
· 1966년 - 40대에 침술원 본격 운영
· 1981년 - 민정당 중앙위원회 체육·보건 분과위원
· 1982년 - 사회정화위원으로 지역사회 발전과 불우이웃돕기 운동
· 2008년 - 대한침구사협회 대구경북지회장
· 2008년 - 대구광역시 북구 산격동 진침술원 운영 중

■ 경북 고령 출생과 가족관계

고령[군] 우곡에는 10여 명 정도 친척이 있었지만, 지금은 전부 다 떠나가 버리고 진기수라고 재종 딱 한사람만 있지요. 거기 동장도 하고 시골 지킴이지. 진가를 지켜주는 '진기수'라고 … . 나는 거기서 여나므살 무렵 일찍부터 나와 버렸어요. 어릴 때 기억이 없어요. 사람이 살다보면 그걸 자꾸 생각하고 기록을 하면 기억에 남는데, 안 그러면 세월 흐름에 따라서 또 자기 생활에 오늘과 내일을 위해서 분투하다 보면 다 잊어버려요. 유신동지회 조직 이것도 이제는 아삼한데요.

나는 지금까지 아이들한테 용돈 받지 않고 내가 벌어먹거든. 둘째는 병원 하고 있고, 셋째는 서울 공대를 거쳐 한국과학기술대학(카이스트) 나와 가지고 미국 오와이오 주립대학에 가서 교환교수 하다가 지금 거기 주임교수입니다. 첫째는 자기 사업 하고 있고. 딸은 없고 아들만 넷이지요. 딸은 없지만, 사위는 또 셋이나 있어요. (크게 웃으면서) 하나는 내 질녀, 우리 형님 내외분이 일찍 돌아가셔서 이걸 내가 교육시켜서 시집보내 주었고요. 또 하나는 … 우리 할마이가 참 훌륭하지. 내 4촌 한살 우에 형이라. 결혼하고 아이 배자마자, 바로 군에 간 기라. 유복녀라. 곧바로 6.25가 나서 군에 갔지. 그런데 젊은 사람이 사나요. 남편이 실종되어 버렸는데 … . 나중에 들어보니 이북에 포로로 갔다고 하던데, 포로교환 신청해 보니 없어. 그러니 내가 또 이놈을 내 호적에다 입적을 시켜 키워 시집을 보낸 기라. 호적을 올릴 데가 없는 기라. 또 하나는 시골에 아주 못 사는 사람인데, 혈족이 아닌데 …. 내 고향이 고령 우곡면 답곡동이거든. 그런데 이걸 쪼만한 걸 데려다가 불쌍하다고 키워가지고 시집보낸 기라. 요거는 장(張)가, 조금 전에 말한 거는 배(裵)씨, 또 내 친 질녀 요거는 김(金)가한테도 각각. (웃으면서) 그러니 김서방, 배서방, 장서방이지. 그러니 맨날 오면 '아버님! 어머님!' 카는 거지. 우리 할마이가 훌륭하다 보니, 인상 찌푸리지 않고 혼수 갖추어서 남한테 손가락질 안 받을 정도로 했지. 4촌은 내보다 한살 위인데, 진기봉이라고 4촌 형이지. 살았으면 86세지. 내 친형은 병사했고.

그런데 살면서 '집안에 내 할 도리는 다하고 죽자, 부끄럼 없이 살다가 죽자. 내가 부모를 위해 살고, 자식을 위해 살고, 손자를 위해 살고, 집안의 어려움을 또 구해주고 살자.'는 거 이거지. 이게 내 보람이지. 다른 거는 필요 없어요. 내 이름을 남기고 이런 것도 필요 없어요.

내 형제는 나를 포함해서 2남 3녀인데, 형님은 일찍 가셨고요. 위에 맏이로 누님하고 내 밑으로 여동생이 둘 있지요. 그런데 모두 돌아갔어요. 나 혼자 살아 있습니다. 내 밑으로는 4남을 낳고, 손자녀들로는 미국 대학교수하는 데 계집애 하나, 의사하는 기 손자 둘, 대구 있는 아들 둘이가 각각 계집애 하나와 머슴아 하나 그것뿐이라. 많이 낳을 필요도 없고 또 많이 낳지 마라 캤고요. [경북] 고령에 사셨던 부친은 농사꾼이라. 옛날에 모두 그런 거 아이가?

■ 일제 강점기 혼다강습소 침구 공부와 침구사 자격증

[침술] 이거는 왜놈시대, 일정시대 내가 관심을 가졌거든. 그때 강습소도 다녔고 수료증도 받고. 그리고 호기심으로 배웠지. 그거는 영업한다고는 생각하지도 안했지. 처음 그럴 때가 젊을 때 20대 이전이지. 내가 21세인가 22세 때 해방이 되었거든.

우리는 왜놈시대 자격을 얻었지요. 안노(あんの)라는 일본인이 대구에서 침구학원을 했어요. 지금으로부터 60~70여 년 전이지요. 내가 21세 때 해방되었으니까 그 전에 침구 공부를 한 셈이지요. 일제시대 때는 침

은 안 놓았어요. 그저 호기심이 있어서 … 옛날에 '안노'라는 사람은 어떤 일을 했냐 하면 … 왜놈시대에 사회봉사도 하고 이발도 하고 그랬어. '안노'라는 사람은 [침구를] 안 했고, 그 사람 소개로 갔지마는. 그런데 '혼다'(本田)라 카는 사람이 있었어. 연세가 많았지. 이 분이 술(術)을 많이 가지고 있었어. 강의도 하고 강습소도 하고 그런 기라. 그때 관심을 좀 가지고 있어서 [침구 공부를] 했는 기라. 그런데 해방되고 또 군에 가버리고 … 그러니 여기 관심이 있나? 사회생활 해야 되지. 일제시대 혼다 강습소에서 좀 많이 배웠어요.

또 내가 그때 왜놈시대 군대도 갔다 오고. 징병 1기생이라. 내가 음력으로 생일이 9월달이거든. 호적상으로는 12월 24일이라. 그러니까 그기가 된 기라. 그래서 모면한 기라. 그렇지만 교육은 다 받았잖아. 왜놈시대 '묻지 마라, 갑자생.' 카는 거는 갑자생이 수난의 역경이 많았거든. 왜놈시대 징병 1기로 갔지요. 여러 가지로 … 그래서 '묻지 마라, 갑자생'이라 캤거든. 내가 올해 85세 되거든. 갑자생이 많이 죽었잖아. 살아있는 사람이 많이 없어.

내가 10여 세 되어 대구로 이사 나왔어. 대구 와서 내가 인자 스스로 공부하고, 단국대학 정치경제과 그런 통신학교 카는 게 있었어. 그때 또 교외(郊外)대학이 있었고. 요새 같으면 소위 '강의' 한가지지. 일주일마다 교수와 강사가 순회하면서 강의도 하고. 이때가 해방되고 난 직후거든. 지금은 질서가 잡혀 있지만 … 내가 정치경제과거든. 수료증도 똑 같이 나오거든. 졸업증이 … . 이제는 이게 어디 가버렸는지 몰라. 단국대학 학장 명의로 나오고. 졸업증서에 내 이름 쓰고, 과는 정치경제.

(대한침구신문을 펼쳐 보이며) 여기 보면, '인류의 건강은 1차 보건의료'라 해 놓았제? '약물 남용 없는 방법은 침구술'이라. '가업을 계승해온 침술정책 배려 필요' 이렇게 해놓고, 그렇제? (자신의 사진과 함께 간단한 프로필을 적은 기사를 가리키며) 여기 보면, 1946년 10월에 내가 침구

사 자격을 갱신한 그거든. [자격증을] 획득해가지고 한다는 것이 모두 없어혀 있어. 일제시대 자격을 획득한 것을 해방 후에 갱신한 것이지. 이때는 침구사 자격도 나왔고. 일제시대 거 없어도 침구사 자격증을 취득했고. 바로 해방되고 아이가? 1945년에 해방됐으니까. 그 이후에는 없어져버렸지. 침구자격은 학술시험을 치잖아. 임상에 대한 시험도 치지. 일반시험하고 똑같아. 학술 뭐~ 인체해부학 같은 거는 … 신경, 경혈 … [침구] 이거는 전부 경혈이거든. 그리고 임상하고요. 그때 카면 간단하잖아. 조금 알게 되는 거지. 지금은 상당히 구체적이지만. 그때까지만 해도 [공부했다는] 근거만 있고 말이야, 경험만 조금 있으면 하게 되는 기라.

일제시대에는 1년에 한 번씩 그리고 6개월에 한 번씩 시험 치를 때도 있고요. 대구에 동료가 여나믓이 있었는데, 일본에서 하다가 온 사람도 있고, 몇이 되었는데 모두 다 죽어뿟어. 이제는 없잖아. 내가 이야기하잖아. 김기환이라고. 그 사람은 일본에서 [침구업을] 하다가 왔잖아. 그래서 뒤에 여기서 갱신해 주었고. 그때는 강습소 수료증이거든. 근거만 있으면 시험 치는 데 도움이 되는 기라. 수료증이 자격이 되지. 몇 년 몇 개월 카는 게 없고. 수료는 대략 '속성'은 3개월, 1년 받는 것도 있고, 6개월 받는 것도 있고 이렇거든. 아득한 옛날 아이라. 지금은 희미한 기라. 인제 … 수료증 없어도 시험 칠 자격은 주었지. 학력도 보지 않고요. 옛날에는 학교도 없고, 시험 장소는 어느 회관이나 강습소 같은 데. 한곳에다 전국의 수험생을 모아가지고 시험 치지 않고 … 왜놈시대에는 지방마다 경상북도면 경상북도 … 그래서 그때는 침구사 자격증이 보사부에서 안 나오잖아. 도에서 도지사 명의로 나오고 시장 명의로 나오고. 직할시는 시장 명의로 나오고요. 또 강원도는 강원도지사 명의로 나오고요. 그러니 강원도 가서 시험 쳐 가지고 자격증 얻고, 바꾸어가지고 오는 사람도 있고 짬이 없어요.

침구사는 지역 제한이 없이 아무 데서도 영업을 했어요. 맘 대로지요.

그런데 한약방은 지역에 한정되었어요. 만일 옮긴다면 또 신고해가지고 뭐해가지고 옮기고. 새로 해야 하고. 이거는 아무 데 가도, 전국 어디에 가더라도 신고만 하면 되었어요. 어디든 서울로 가거나 부산으로 가더라도 상관이 없어요. 자격증은 서울 자격증이나 대구, 강원도 자격증이나 아무 상관이 없었어요.

요즘은 중국 자격증은 안돼요. 옛날에는 중국 자격증이 아예 없었지. 국교가 수립 안 되어서 그렇지요, 중공이니까요. 일본시대는 교류가 되니까 [자격증 가지고] 할 수 있었고. 일본에서 하다가 여기 와서 하는 사람들이 많잖아? 우리는 뭐 왜놈시대 강습소 수료증 가지고 얼마든지 할 수 있었잖아? 강습소 공부하던 기억이 … 수십 년이 지났는데. 피부에 대해서는 … 표피, 진피, 피하결제조직 이런 거는 하도 해놓으니까 좀 남아있고. 해부학 같은 거 … 그리고 이거는 주로 뭐냐 하면 365혈(穴), 혈이라. 전부 혈이라. (벽에 부착된 경혈도를 가리키며) 저기 있잖아? 14경맥(經脈), 혈의 해부도 아이가? 이게 인제 의학공부라.

침구학에서는 저게 주도(主導)라. 해부학이고 … 보통 기초로서는 뭐 위장, 심장, 췌장 다 하지만, 근본 치료를 하려고 하면 저걸 해야 하는 기라. 그리고 저기 보면 점이 다 있제? 저게 전부 혈 아이가? 몸에 … 혈과 경락은 같은 기라. 그런데 저것은 실제 사람 모습이라. 얼굴과 복판에 있는 음부는 가라(안보이게 가려) 놓았지. 이거는 과거에 조선시대에 『동의보감』 흘러 내려오는 전통에 법이 있잖아? 책에 … 그 사람들이 연구한 거지. 죽은 인체해부도 보고. 허준 같은 사람, 역사에 보면 … 참~ 그런 사람들은 천신(天神)이라. 천신. 어떻게 어디에 혈을 꼽아서 어떻게 하면 어디가 풀리고 … 그러니까 후학들은 그걸 보고 느끼고 배우고 자기가 체험하고요.

(1회용의 작은 침을 가리키며) 옛날에는 저런 잔(작은) 침이 있나? 전부 대침(大針)이지. 큰 거. 요새는 [사람들이] 대침 안 맞는다. 아프다고. 머리

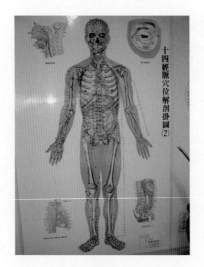
경혈도

카락 같은 거, 내가 하나 주었잖아? 그런 거 탁 튕겨가지고 맞거든. 맹인들, 봉사들 하는 기라. 약전골목 어디 침구원이라? 동양지압침술원 … 그 사람 맹인 아니가? 맹인은 맹인대로 조직이 있어요. 옛날에는 맹인도 침구사 자격증 가진 사람들은 우리 회원이 되었거든. 지금 그 사람들은 모두 죽고 없거든. 그 사람들은, 맹인들 자격은 우리와 같은 자격증이 아니고 '지압' 카는 그거는 '몇 푼[分]¹ 이내에 [침을] 놓아라' 카는 규정이 있어. 침놓는 '깊이'를 말하지.

침구사 지위는 의료법 55조에 보면 아직 남아 있을 거야. 그기 보면, '의료유사업'으로 되어 있을 거야. 이거는 의사와 유사한 업을 말하지요. 지금은 그게 개정되어 있을 겁니다. 침구업으로요. 자격은 도지사 명의로 되어 있고요. 시험도 도지사 관할로 쳤어요. 그리고 이전에는 해방 직후에 한두 번인가 [침구사] 시험이 있었어요. 1946년도엔가요. 우리는 왜놈 시대에 수료증 가지고 검정시험 간단하게 봐가지고 자격을 얻었지요. 옛날에 그때는 질서가 있었나요? 중구난방인데 뭐 …. 그 뒤에는 침구사 시험이 없었어요. 그 외에는 일본에서 가져온 자격증 가지고 [한국에서] 갱신했고. 1962년 의료법 개정에 의해서 이게 없어졌고, 다만 유사의료업으로 침구는 침사와 뜸사, 접골사, 안마사 등이 있었던 거지요.

---

1 길이의 단위로서 1푼은 약 3mm이다. 10푼은 1치이고, 10치는 1자(30.3cm)이다.

■ 비누공장 경영과 40대 침구 인생길

이걸 젊을 때는 자격증이 있어도 침을 안 놓습니다. 나이 조금 지긋해야 놓거든. 지금은 안 그렇지만요. 옛날에는 젊은 사람은 인정을 안해줍니다. 그러다가 중간에 때려 치와뿌리고 또 인자 다른 사업 '천일유지화학공업사'라고 있었어요. 그게 뭐냐 하면 비누제조업이라. 내가 유명하게 했다. 해가지고 저기 서문시장, 영주, 풍기, 단양 등으로 다 보냈지. 사업도 이것저것 여러 가지를 해나왔어요.

젊었을 때는 내 이거(침구업) 관심 있나? 관심 없어. 내가 무슨 관심이 있어. 꼬랑하게 들어앉아 가지고 말이지. 꼼꼼하게 이거 관심 없었어. 나이 좀 지긋하이 들어서 이걸 했지요. 이걸 한지가 50여 년이 되지요. 내 나이가 85세니까 … 여기서 20여 년이 되고, 이전에는 다른 데서 했어요. 그러니까 내 나이 40대에 침구업을 해서 지금까지 하고 있지요.

그래가지고 있다가 딴 거 사업도 하다가 … 우리 문중에 '진(陣)씨'라고 침술하는 분이 있었어요. 일찍 돌아가셨어요. '진억수'라고. 그분 집에 내가 놀러갔어. 가까이 있었거든. 가니까 "자네는 왜놈자격증, 수료증도 받아놓은 게 있으니까, 침구를 한번 해보라. 괜찮겠다."고 해서 … 그런데 내가 좀 앉아서 배우기는 해봐도 내가 졸업증 갔다 놓고 배우긴 배워도 관심이 없었어요. 그때가 내 나이가 약 40대 가까이 되었을 거야. 아까 내가 말했듯이, 그 분이 "그렇지만 너는 머리도 있고 재간도 있고 또 과거 교육받은 것도 있고 하니까 해라." 그래가지고 한 거지. 이분은 숙(叔) 뻘 되는 집안 어른이지. 재종숙, 아니 삼종숙인가 모르겠다. 대구에 살았어요. 원대동에. 천일유지 그만둔 후에 [침구업을] 했지. 이제 [비누공장] 그거는 재미도 없고. 불경기고. 또 각 지방으로 [물건을] 보내도 … 지금은 [물건 주면] 현찰을 딱 주고 그러지만, 그때는 위탁판매라. 그러므로 영주 같은 데로 많이 가잖아. 감시를 못하잖아. 보름 만에 한번씩 수금하러 가면 도망가 버리고. 그래서 몽땅 띠었어. 그래서 '이거 안 되겠다.' 싶어 가지고.

이렇게 동기가 되어가지고 내가 [이쪽으로] 많은 연구를 했지. 또 강습하는 데도 많이 참여해서 강습도 듣고. 내 스스로가 책을 가지고 공부도 하고. 또 내 형이 옛날에 현풍에 계셨는데, 여기는 침구업이 아니고 이 노인이 침구에 경험방이 많았어요. (노트 한권을 꺼내며) 이게 책이라. 형은 돌아가셨어요. 형은 옛날에 우체국에 다녔어요. 오래 됐어. 옛날이라. 이거는 전부 우리 형이 배껴 냈어. 학자였지요. 필체가 좋아요. 책이지요. "앞으로 너에게 참고가 될지도 모르니 가져라."면서 주었어요. 전부 기록을 다 해서 아주 세밀하게 되어 있지. 우리 형은 침에 대해 관심 없어. 이걸 어떻게 썼냐 하면 자기 처족, 현풍 포산 곽(郭)씨라. 거기 노인의 것이라. 나도 다리가 아파 [거기서] 침을 맞았는데, 참 권위자라. 대단한 권위자라. 요새처럼 이런 침은 유(類)가 아니라.

그분이 해낸 기록이라. 그분이 [경험]해낸 기록인데 … '어떤 병에는 [침을] 어떻게 한다.'는 그런 내용을 기록한 기라. 이걸 참고하라고 나에게 세밀하게 적어 주더라고. (앞부분을 펼쳐 보이며) '면골증'(面骨症)이 앞에 있네. 이것도 분야마다 다르지. 이것도 받아가지고 그때 한창 공부할 때는 보았지만, 좀 하고 나니까 머리에 안 들어가고 골치가 아프고 그래 가지고 …. 형은 열차 사고로 일찍 돌아가셨어. 기차 사고로. 그때만 하더라도 열차에 우편물 싣고 오잖아? 그러면 직원들 데리고 받으러 가는데 운이 나빠 가지고 돌아가셨잖아. 내게 참고가 되고 도움이 될까 싶어서 준거야.

그래서 이거는 많이 연구를 하고 머리를 써야 해요. 그리고 이거는 경험방이거든. 원래 한국 전통의술은 경험방이라. 오랫동안 경험을 체득함으로써 '아~ 이런 병은 이렇게 하니까 효과가 있더라. 이거는 이렇게 하니 효과가 있더라.'는 식으로 …. 그래서 연구를 해야 돼요. 그래서 경험방이지요. 옛날에 모두 이론은 배우더라도 자기 스스로가 경험을 많이 해야 되거든. 그러니 침에도 놓고 뜨는 (부항단지를 들며) 부항 … 이런 부항침이 있고, 그리고 또 책이 다 있지마는 … 있고 … 그리고 제일 가장 전통적으로는 침과 뜸 … 내가 '일침이구삼약' 카잖아? 가장 중요한 거는 침과 뜸이 소중하고. 또 보면 '아시혈'(阿是穴)이 있고. 아시혈 카는 거은 통증 있는 데 '어디 아프다' 카면 그기에 놓는 게

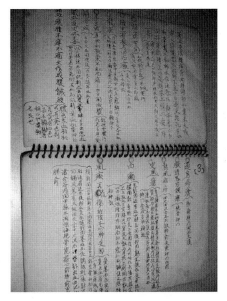

침구 학습노트

있고 … 피부 침 … 아주 많아요. 그거 모두 다 말할 수 없지요.

그러니까 아까 내가 캤듯이, 인제 사업 같은 거 하다가 안 되고 하니까, 내 일족께서 하는 말이 … 그 분은 돌아가셨어. "이걸 한번 배워봐라. 내가 죽어도 이런 걸 좀 남겨야 된다."고 했지요. 그런 동기로 해서 인제 내가 근본적으로 '아하! 좀 해야 되겠다.' 싶어가지고 한 거지요. 그 때는 대한침구 관인(官認), 관에서 허가한 관인 '대한침구학원'이 서울에 있었어요. 그게 없어졌거든. 침구사제도가 폐지되니까. 그때 우리가 거기도 좀 댕겼고. 거기서 배우려면 서울에 가야 되지요. 서울 종로구에 있었지. 그래서 우리가 거기에 가서도 습득하고. 여러 가지 방법으로 [침구술을] 습득했지.

옛날에는 학술적으로 배우잖습니까? 왜놈시대 배운 거는 다 잊어뿌고 수료증만 있고. 대한침구학원에서 거기서도 강의를 듣고 또 실제 하는 임

다양한 침

관침

상 ⋯ 임상. 그거는 우리 일족한테 가면 거기서 이론을 하잖아? 거기서 우리가 임상도 해보잖아. 학원에서도 임상을 하지. 아까 내가 말했잖아. 개인적으로 말이지. 우리 일족 억수 씨 ⋯ 그 당시에만 해도 거기 우리 일족한테도 [환자들이] 많이 왔거든. 요새로 치면 유(類)도 아니지. 그때는 왜 환자가 많았냐 하면, 의학이 그만큼 발달이 안 되고, 병원이 많이 없었고, 응급실이 없고 그랬거든. 그 당시에 내가 그때 배워가지고 임상적으로 할 때도 사람들이 새벽에도 찾아와요. 졸도해 가지고요. 요새 같으면 119로 안 가나? 그때 어디에 119가 있나? 침을 놓아 가지고 돌려가지고 나수고(낫게 하고) 그랬거든.

　지금 한의대를 졸업한 사람들이 내한테로 와서 임상을 배우려 하거든. 하나씩 오거든. 하지만 내가 귀찮아서 안 하거든. 젊을 때는 강의도 하고 했지만, 귀찮아서 안 하거든. 거기서 하는 거는 단순하잖아. (침을 들어보이며) 이거는 재래침이거든. 이거는 잘 없잖아. 크거든. 그리고 중국 사람들은 이걸 많이 놓잖아. 길거든. 연침, 이거는 돌려가지고 놓는 거, 수기(手技)로서. 이거는 관침(管針)이 아니고, 관에 넣어 놓는 게 아니지. 재래침이지. 옛날부터 나온 거지. 관침은 관을 대롱처럼 생긴 관에다 넣고 놓는 거지.

■ 침구사 제도의 역사와 존립의 부침

침구사 역사를 말씀드릴라 카면, 옛날에 뭐 … 허임(許林) 씨가 『침구경험방』을 쓸 그 당시부터 이야기해야 되지요. 구체적인 역사가 있지요. 왜놈시대에는 한 번씩 정부에서 침 시험을 보였어요. 그게 지금은 없잖아요. 그런데 인제 … 지금은 … [일제 때] 일본에서 자격증 가져온 사람은 그 때도 한국에서 바꾸어서 했고. 서울에도 최태암 씨가 있고요. 서울 가서 신태호 씨한테 물어보면 알 거예요.

(대한침구사협회 수첩을 꺼내 보이며) 1998년도에 나온 건데요. 전국의 침구사는 모두 여기에 얹혀 있지요. 그래야 합법적인 자격증을 가진다고 볼 수 있지요. 나이가 모두 많아요. 죽은 사람들도 많아요. 일제시대 침구사 자격 얻은 사람들은 해방 후에도 그대로 연결되어 하지요. 하지만 1962년 이후에는 없어요. 그것도 왜놈시대 것은 갱신되어 나왔지요. 정식으로 크게 한 거는 없고요. 당시 한두 번 정도 [자격을] 주었어요.

한의사 측에서는 '우리가 침을 놓고 있는데, 별도로 뭐 침구 제도가 필요하겠나?' 이렇게 주장해요. '우리가 한의대 6년 동안 교육을 받고 있는데, 우리가 침구술을 다 배우고 있는데 별개로 무엇이 필요하나?'라고 주장하지요. 말하자면 밥그릇 싸움입니다. 과거 한동안 이런 말이 있었어요. [침구 제도] 입법(立法)할 적에요. '한의사는 침을 못 놓는다. 한의사가 침을 놓으려면 별도로 침구사 자격을 가져야 된다.'는 거지요. 이래가지고 또 말썽이 굉장했어요. 이거는 판사 쪽에선가 법적인 질문이 있었어요. 이거는요. 굉장했습니다. 그 동안에요. 분쟁 카는 게 이루 말할 수 없었습니다. 서울에 가면 [이와 관련된 것을] 환히 다 압니다. 역사가 다 있습니다. 그래서 '한의사도 침구 자격을 획득해라.' 이런 말썽이 있어가지고 … 한의사 단체가 훨씬 크잖아요? 그래가지고 앞으로 침구사법이 되면, '양의사도 누구든지 침구를 배워가지고 자격을 획득해가지고 침을 놓을 수 있다. 이거는 민족의술이니까, 간단하고 또 큰 부담 없이 누구나 할 수 있다' 이래가지고 큰 분쟁이 있었어요.

그래도 듣습니까? 한의사단체가 큰데요. '우리는 6년 과정을 다 배웠는데, [별도의 침구 제도] 그게 무슨 필요가 있나? 한의사 자격 가지고 있으면, [침구가] 그기에 다 포함되어 있는데 … ' 카면서요. 힘으로 밀어붙여 그렇게 했지요. 모든 일이 그렇지요.

6.25 때 부산으로 임시정부가 갔어요. 그때부터 한국의 한의사 제도가 이루어진 것으로 알고 있어요. 그 전에는 한의사 제도가 없었어요. 한약방, 한약업사 이렇게 되어 나왔어요. 그리고 침구원, 침구사 이렇게 되어 나왔어요. 그러니까 사단법인 대한침구사협회로 되어 있었어요. 한의사는 사단법인 대한한의사협회로 되어 있었고요. 완전 별개지요. 침구사는 침을 전공으로 하고, 한의사는 약을 전공으로 하거든요. 부수적으로 침을 하고요. 그렇게 되어 있었어요. 이제 한국에서는 침구사 제도가 없어요.

우리는 과거 옛날 왜놈시대에 침을 배웠고요. 6.25 이전에는 침구사 시험제도가 있었어요. 그 이전이지요. 1962년도 이후에는 침구사 시험제도가 폐지되었지요. 침구사 제도가 … 인제 의료법에 보면, 자격 획득하는 제도가 폐지되었지요. 그래서 침구사가 한 명도 탄생이 안 된 거지요. 그래서 침구사법을 통과시키려고 협회에서 굉장히 노력했어요. 세침연(世鍼聯) 카는 게 있습니다. 세계침구연합회입니다. 서울에 본부가 있어요. 신태호 이 분이 지금 81세인가, 82세인가 모르겠어요. 이 분이 회장입니다. 현재 침구업 하는 사람들이 대충 80세 이상 될 겁니다. 저기 병무청 뒤에 앞산 네거리 부근에 있는 데, 창성침술원이라고 하나 있습니다. 원장이 나하고 나이가 동갑입니다. 85세입니다.

■ 침구사 제도 부활 노력과 애로

대구에는 또 현재 침을 놓는 분들이 맹인들이 있어요. 이들이 침놓는 법에 한해서 지압도 하고 침도 하고 있어요. 이들이 대구에 몇이 있어요. 그 외에 침을 놓는 것은 전부 한의사들이 하고 있어요. 침구제도 폐지도 한의사 단체와 관련되지요. 왜 이게 입법이 안 되었냐 하면, 한의사들이 '우리가 침을 놓고 있으니 우리의 영역이니 별도로 침구사 입법을 할 필요가 있느냐?' 이런 생각이지요. 만일 침구사 제도가 설정되어 침구사가 많이 양성되면 밥그릇 경쟁이 안 됩니까? 결국 이권관계 아닙니까? 이래서 [한의사들이] 적극 반대한 것입니다. 결사반대한 것입니다. 침구사 제도 폐지는 당시 정부, 보사부에서 무슨 내용이 있었잖겠습니까? 그래서 대한침구학원도 있었던 게 또 폐지되었어요.

그래서 지금은 세침연 카는 게 있습니다. 세계침구연합회. 그게 모두 각처에서 협조를 많이 합니다. 일본에는 아직 침구사 제도가 있습니다. 중국에서도 침을 놓습니다. 중국 침구사 자격 가진 사람들이 한국에 많이 있습니다. 그런데 아직 여기서는 안 바꿔주고 있습니다. 한국 사람들이 중국 침구연합회로부터 획득한 자격증을 많이 가지고 있습니다. 그렇지만 이들은 봉사만 했지, 영업을 못하는 기라. 그런데 영업을 하려면 개설 허가를 내어야 하거든. 그게 허가가 안 되는 기라. 정식으로 옛날부터 [허가를] 가지고 있는 사람만이 [영업] 허가가 되는 되지요. 그러니까 우리나라 정식 침구사가 100명도 채 안될 겁니다. 없습니다. 다 죽었습니다. 나이가 많으니까 다 … 내가 벌써 85세니까 상(上)노인 아닙니까? 대구에는 내하고 아까 말한 창성침술원 하고 단 둘입니다. 성낙도(成樂都)라는 사람입니다. 나이가 나하고 같습니다. 우리가 이렇게 나이가 많아도 혹 [사람들이] 오기는 하는데.

그러니까 이 제도를 부활시키려고 무척 애를 썼습니다. 혹시 서울 가실 기회가 없습니까? 서울 가면 여기에 대해 한번 물어보면 구체적으로 이야기를 잘해 줄 겁니다. 세계침술연합회가 있습니다. 사방에 다 있습니다. 전국적으로 논문 같은 것도 쓰고 또 전부 모여가지고 학술대회도 열고 있습니다. 세계 여러 나라 침구인들이 모이지요. 그러니 한국의 침구사가 제일 빈약합니다. 왜 그러냐 하면 인제 제도가 없고 입법이 안 되니까요. 만일 이 제도가 다시 나온다면, 후배가 나오면 영원히 지속되어 나갈 수도 있겠지만요. 우리들 세대가 끝나면 이제 이건 끝입니다. 인제 한의사들이 전부 하게 되겠지요.

1960년대, 70년대에는 의료 환경이 참 열악했어요. 의료 환경이 좀 발달된 지는 30여 년 전부터지. 한의사 역사가 60년이 되나? 임시정부가 부산에 갔을 그때니까. 1950년대니까 역사가 50년, 안 깊거든. 거기서부터 한의사법을 만들어가지고 입법해가지고 거기서부터 한의사 양성소가 생기고 한의대가 생기고 그렇게 된 거야.

침구사가 우리나라 국민건강에 많은 역할을 한 거지요. 그리고 약이 부족할 때 그야말로 많은 역할을 했지. (이 사실을 거듭 강조하며) 참 많이 했지. 죽을 사람도 많이 고치고요. 또 요즘 보면 사람들이 하나씩 오거든. 왜 그러냐? 의학이 그렇게 발달되고 또 병원에 가면 수술로 기타 등등 모두 다 하는데 왜 [침술원으로] 찾아오느냐? 안되니 찾아오는 기라. '역시 침과 뜸을 하는 게 낫더라'는 거지요. 내가 얘기했듯이, 병원이나 한의원 가면 [1회 진료비가] 2,500원 아니면 3,000원 아이가? 그런데 여기는 비싸잖아? 누가 돈 저렇게 주고 침 맞으러 와요. 안 올 거 아이가? 그런데 와서 침을 맞고 뜸을 뜨고 쑥으로 뜨니 낫는다 이 말이야. 그런 거야. 이게 참~ 민족, 재래 … 말이지. 역사적인 침구업이거든. (일전 관련 기사가 실린 침구신문을 상기하며) 김남수 그것 봤지요? 그런 내용이 좀 있지요. 소위 전통과 역사적이라.

그런데 저번에 캤듯이, 침구사법을 부활시키려고 해도 한의사측에서 반대하거든. 왜 그러냐 하면 침구사가 많이 배출되면 그 사람들 [벌이가] 부족해지잖아. 그러니까 '우리가 하므로 못한다.' 이거라. 만일 이 침구제도가 지금까지 있어 왔다면, 많이 발전됐을 걸요. (강조하며) 많이 발전됐지. 그래도 지금 침구사가 [대구지역에만 해도] 수백 명이 있어요. 하지만 자격증이 없으니까. 내 카잖아. 세침연, 세계침구연합회 회원이거든. 신태호가 회장이지. 이 사람들은 중국 가서 자격증 얻어 와도 사회봉사 하는 기라. 그렇지만 개인영업은 못하는 기라. 내가 말하잖아. 대구서도 내하고 둘이 … 창성침술원하고 영남의원 최씨[2] 그것 밖에 [자격자가] 없잖아요? 그러니 무슨 입법을 한다 뭘 해도 능력이 부족한 거야.

한동안은 의사가 합류한 거야. 의사들이, 양의사들이 일부 합동해가지고 '아~ 침은 괄시할 것이 못된다. 우리 우사들도 좀 배워야 하겠다. 침구 입법이 되어야 하겠다.' 이래가지고 의사도 입법 활동과정에 참여했거든. 그때도. 그래서 의사들이 침구는 필요한 기라고 생각해요. 의사들도 침을 배워가지고 침으로 다스릴 거는 침으로 다스리고, 약과 주사로 다스릴 거는 그렇게 다스리고 이렇게 해야 되거든. 요즘 여기 침을 맞고 뜸을 뜨잖아. 그래가지고 병원에 가잖아요? 사진 찍으러 가면, "왜 이리 뜨 놓았어요? 왜 이리 쓸데없는 짓을 했어요?" 그런 사람들도 많고. 양의사들이요. 또 어떤 양의사들은 "아~ 이거 잘 듣습니다. 노인들은 퇴행성이니까, 별다른 치료요법이 없으니까 뭐 잘 했습니다. 민간요법으로서 … " 이렇게 말하기도 하지요.

---

2 침구사에서 양의로 전환하여 영남의원을 운영해온 최영조 박사.

■ 침구 전통의 중요성과 침술원 존립의 어려움

그런데 한의대 졸업 맡고 간혹 침구술을 배우려고 오는 사람들이 있습니다. 거기서는 아직 침구 전통이 아니니까요. 한약을 쓰고 침을 놓기는 놓되, 보조적으로만 침을 하니까요. 우리가 해나온 것하고는 천지 차이지요. 우리 침술원에는 지금 현재는 손님이 없습니다. 그런 이유를 가르쳐 드릴께요. 어디서 하다가 안 되는 거, 고질병 … 노인들 병원에 가도 잘 안 되고, 한의원 가도 안 되는 그런 사람들이 찾아오는 정도지요. 또 한 가지는 의료보험이 안 됩니다. 옛날에 보사부에서 의료보험 하라고 할 때 나이 많은 사람들이 [서류] 쓰고 [당국에] 신고하려고 하면 귀찮잖습니까? 그래서 안 할라고 하고 필요 없다고 하면서 안 한 기라요. 그러니까 이 게 큰 의료단체 같으면 의무적으로 하라고 해서 했겠지만요. 그러니까 그 냥 치와뿌라 하면서 안했지요.

그러니까 침 시술료가 2만원 아닙니까. 또 뜸뜨는 데 2만원 아닙니까. 그러니까 누가 4만원씩 주고 침 맞으러 오려고 하겠습니까? 아무도 안 옵니다. 선생도 한번 생각해 보세요. 보험이 안 되어 그렇지요. 한의원에 가면 보험 해서 침 한번 놓는 데 2천원, 3천원 아닙니까? 우리는 해오던 솜씨니까 … 허허! 지금 현재 경로당 가서 노느니, 한분씩 오면 용돈이나 벌어 쓰는 이런 식이지요. 또 [다른 데 하다가] 안 되는 사람들이 오지요. 전부 돌아 댕기는 거 … 여기 우리 집에 보면 전부 퇴행성 고질병, 무릎 같은 거 수술해가지고 재발해 오는 사람, 허리 디스크 재발해 가지고 오 는 사람 이런 사람들이 옵니다. 그러니까 시술료가 높든 말든 우선 답답 해가지고 오니까 침을 맞아 보겠다고 오지요.

  (침통의 작은 침을 내 보이며) 보통 한의원에 가면 '일회침'이라고 있 습니다. 10개 들이입니다. 지금 한의원에는 주로 이걸 씁니다. (다른 침통 의 커다란 침을 꺼내 보이며) 재래 침구사, 옛날 침구사는 이걸로 놓거든.

이거 커지요? 굵기로는 세 배가 넘지요. 그러니까 영~ 천지차입니다. 작용(자극효과)은 이게 세지요. (가늘은 침을 가리키며) 이거는 머리카락 날리듯이 팔팔거리지요. 그러니 침을 좋아하는 사람들은 와서 "선생님! 한의원에 가보니 침을 맞는 둥 마는 둥 합니다." 카지요. 한의사들은 [재래침을] 안 배워서 그렇지요. 한의대에서는 그걸(재래 침) 안 씁니다. 전부 이걸 씁니다. '일회 침', '양침'(洋鍼)이라 합니다. 학교에서는 안 가르쳐 줍니다.

또 뜸을 안 뜹니다. 여자들은 흉이 진다고 안 뜰라고 합니다. 살이 데입니다. 완전히 … 그런데 '구'(灸)거든. 옛날부터 '일침이구삼약'(一鍼二灸三藥)이거든. 첫째는 침이고, 두 번째는 뜸이고, 세 번째는 약이라요. 왜 그러냐 하면 '여기는 침이 아프더라' 카면서 안 오는 사람이 있고, 뜸은 흉이 진다고 하면서 안 오는 사람이 있고. 전부 그렇습니다. 그래서 주로 나이 많은 사람들이나 자기가 또 병을 낫게 해본 사람들 이런 사람들은 "아! 이건 쑥을 뜨야 된다. 재래식 침을 맞아야 된다." 이렇게 하지요.

우리 집 아이도 의삽니다만, 경대 신경외과 그거에 있다가 인제 병원하고 있지만. 보면 신경외과, 내과, 외과, 성형외과, 피부과, 안과, 흉부내과 … 전부 이렇게 나누어져 있잖습니까? 그런데 침은 통일되어가지고 있거든요. 머리가 아프든, 어깨가 아프든지, 배가 아프든지 이렇게 오는데 … 재래 침은 침을 놓고 배에도 뜸을 뜨지 않습니까? 요새 젊은 사람들은 안 한다니까요. 인제 답답하니까 오고 또 침 맞아본 사람들은 재래 침을 맞아야 되겠다고 하면서 오지. 요새 젊은 사람들은 그런 사람들이 안 많습니다. 누가 쑥으로 뜨 가지고 흉 지는 거 좋아하며 나중에 병을 낫게 할 깝이라도 굵은 침을 아픈 데 놓을라 카나요? 요새 정형외과에서는 통증치료해가지고, 주사 한대 딱 맞아버리면 진통제가 안 되나요. 설령 병은 낫지 않더라도. 그래서 일주일 만에 한번 와라. 보름 만에 한번 와라 이리 해가지고 진통제를 놓거든. 가벼운 병, 근육통은 풀리지마는 인대가 늘어졌거나 퇴행성 같은 거, 물렁뼈 이상 이런 거는 그렇게 해서는 안 되거든요. 그러니 옳게 하려면 쑥으로 많이 뜹니다. 옛날 사람들은 이렇게 많이 뜹니다. 집에서요. 자신이 안 뜹니까. 많이 뜹니다.

■ 활동 중인 침구사들

그래서 서울에 가면 김남수 씨라고 있습니다. 90세가 됐는데, 뜨는 데 전문입니다. 침구사인데, 침도 놓고 뜸도 뜨는데 특히 뜸에 대해서는 우리나라에서 제일 권위자입니다. '뜸사랑' 단체를 이끌고 있습니다. 대한침구사협회, 세계침구사연합회 공식적인 회장은 신태호 씨고요. '뜸사랑' 이건 사설로 자기들이 만든 단체입니다. 우리나라 침구가 앞으로 나아가야 할 방향 등에 대해서는 언제 서울에 한번 가면 … 전화로는 다 못할 테고. 한번 가면 구체적으로 모든 역사가 다 나올 겁니다. 서울 경동시장, 약령시장 안에 있습니다. 거기 가보세요. 지금까지 침구의 제도화를 위해 가장 앞장서 왔지요. 전통의술의 전승의 필요성을 사회에 환기시킬 필요가 있지요. 이게 옛날부터 내려오는 민간요법 아닙니까? 전통의술, 진짜 전통의술이거든요. 언제 서울에 한번 가셔야 되겠어요. 사회적으로, 학술적으로 이런 게 있다는 것을 좀 ….

공부 때문에 그렇게 알아보려고 하면 서울에 가서 침구 역사를 알아가지고 한 페이지를 남기세요. 나는 이제 기억이 어릿해요 그런데 서울에 있는 신태호 그 사람은 머리가 똑똑해요. 10년 이상 대한침구사협회 회장하고 있습니다. 대한민국 침구사협회 회원들을 통괄하니까요. 내하고 친구이기도 합니다. 침구사 역사도 모두 기록되어 있어요.

(대한침구사협회『회원수첩』을 뒤적이며) 여기도 많이 죽었어요. 대구에는 많을 때 전문 침구사가 여나믓이 있었을 거예요. 나하고 성낙도, 중

국 사람이 둘이 있었고 … 많이 있었는데, 오래 되어가지고 잊어버리고 다 죽었어요. 현재 침구사 자격 가진 사람이 또 하나 있지요. [침구] 영업을 안 해요. 영남의원 의사입니다. 양의사지요. 최영조 박사지요. 87세인가 88세인가 돼요. 자기 아들도 의사지요. 최박사는 양의사이면서 침구도 할 수 있지요. 대구 동인동에 있는데 ….

(회원수첩을 펴 보이며) 여기 보면 다 있어요. 김남수 씨도 여기 있지요. 한국에서는 뜸 권위자입니다. 서울에서 현업에 종사하고 있어요. 의성에 있던 김기환이는 죽고. 성낙도도 현업에 종사해요. 대구 대명동에 침술원이 있어요. 그런데 현재 이거 구체적으로 남겨 놓을라 카면 서울 한번 가야 됩니다. 한국의 전통의술에 대해 물어보세요. 그래야만 옳게 답이 나올 겁니다. (화원수첩을 펴 보이며) 여기 있지요? 영남침술원이라 나와 있지만, 지금은 영남의원 하고 있어요. 88세인가 그래요. 지금은 침술은 안 하고요. 침술 그래 하겠나? 병원 하지. 지금 동인동에서 병원 하고 있어요. 지금 침을 놓지는 않고. [그 분은] 침 안 놓은 지 오래 되었어요. 대구에 전문 침구사 자격자가 3명밖에 없어요. 최영조 박사는 침을 안 놓고 … 최영조 박사는 병원에 몰두하고 침에 대해서는 별로 관심이 없고요. 그래도 한동안은 나하고 성낙도 하고 최박사 하고 서이 … [경북] 의성에 있는 김기환이 하고 … 지금 [경북 선산] 구미에 하나 또 있어요. 김기환이는 작고했어요. 그리고 구미에 가면 박외식이라고 있어요. 아직 살아 있어요. 박세직이라고 그 사람 친동생입니다. 이 사람은 나이가 젊어요. 제일 젊어요. 이 사람은 원래 구미에 있었어요. 김기환이는 원래 의성에 있었고요. 이제는 모두 허물어지고 없어요. 참 ~ 서울에 가면 지금까지 역사가 … (수첩을 만지며) 여기 보면 영역이 있을 기라. (연구자가 회원수첩을 빌려주길 원하자) 우리 회원 아니면 이거는 주지 않아요. (그렇지만 건네주면서) 연구 자료로 쓸라고 하니 가져가세요. 1998년 이후에는 더 이상 수첩이 간행되지 않았어요. 그러니 서울 가면 그런 변화를

알 수 있지요.

그리고 부산 가면 '간첩침쟁이'라고 유명한 사람이 있습니다. 별명입니다. (강조하며) 유명합니다. 박정규라고요. 유명합니다. 그런데 왜 별명이 그렇냐 하면, 간첩으로서 자수했기 때문입니다. 이북에서 침을 좀 배웠어요. 침구업을 좀 했어요. 그래가지고 한국에 딱 왔어요. 그런 자수한 사람들 침 놓아가지고 먹고 살라고 허가를 내 주어야 안 할 끼가? 그래가지고 부산에서 허가를 낸 기라. 부산 동래 온천 있는 데 덕은침술원이지요. 그기 가면 덕은침술원보다는 '간첩침구원' 카면 더 빨라요. 별명이 되어가지고요. 그 사람 책 지은 게 있어요. 『사선(死線)을 넘어서』지요. 만일 부산에 가면 "책 있다면서요? 하나 주소." 카이소. 자수할 때 죽을 고생을 했을 게 아닙니까? 그런 내용을 적어 놓았지요. 그런 유명한 분도 있어요. 아직까지 살아있어요. '간첩침쟁이' 카면 유명합니다. 나하고 한동갑입니다. 허리가 조금 꾸부정합니다. 서울에 회의 오면, "너는 허리가 꾸부러져가지고 …" 캐요. 나이가 한동갑이라서 너나 둘이 하거든. "딴 사람 병만 나사(낫게 해)주지 말고 … " 카면서 농담도 하지요. 덕은침술원 박정규는 유명합니다. 환자도 많고요. 피알(PR)이 굉장히 되어 있습니다. 서울에는 김남수 거기가 유명하고요. 그 사람은 뜸으로서 권위자 아닙니까? 그런 사람들 몇이가 죽어버리면 이제 이것도 끝입니다. 서울에는 신태호, 김남수, 부산에는 (웃으면서) 간첩침쟁이 … 허허! 부산에도 회원들이 별로 없어.

[침구 관련] 증인 하나 꼭 볼라 카면 서울 가야 한다. 신태호한테는 가야 영원히 남는 거야. [그는] 세계에 역할이 큽니다. 지역에서는 내하고 성낙도가 있고. 구미에 박외식이가 있고. 김기환이라고 있었지만 돌아가 버렸고. 의성에 … . 그리고 최영조라고 최박사라고 있는데, 침구사이기는 하지만, 병원하고 있고. 전에는 모이다가 이제는 나이가 많아 안 모여요.

■ 유신동지회 활동상과 인생관

(또 다른 수첩 하나를 꺼내 보이며) 이거는 박정희 대통령 살아 있을 때 '유신동지회'라고 그걸 내가 조직했어요. (수첩 표지를 가리키며)『총화유신』이지요. 침구사는 아니고 일반 사회인들을 모아 만들었지요. (수록된 사진 한 장을 가리키며) 내가 회장이고 이 사람이 부회장인데, 서울에 가서 유신회 기수 받을 때 박대통령과 악수하는 모습이지요. 1968년도에 만들었지 싶어요. 여기도 다 죽고 없어요. 각종 직업으로 사회생활하던 사람들이 모였지요. 이걸 왜 조직했냐 하면 … 내가 원대동에 살고 있을 땐데요. 우리도 사회봉사를 좀 하자고 해서지요. 내가 그런 기질이 많거든요. 그래서 그 때 달성국민학교 휴지통도 만들어주고, 길거리에 추접은(더러운) 거 치워주고, 신안건직 있는 데 거름 채여 있는 거 구청장한테 전화 걸어가지고 좀 치우라고 카고. 그때는 조금 셌어. 하하!

달성초등학교 유만식 교장 선생님이 박대통령하고 동기동창이라. 백(뒷 배경)이 세었지요. MBC방송국에서 우리를 초청해가지고 죽은 부회장하고 나하고 총무하고 사무 보는 학교 선생님하고 가서 생방송도 했어요. 모임 취지하고 활동상 등을 생방송 했지요. 대구 중심으로 각계 직업인들이 모여 우리도 사회에 봉사 좀 하자 이렇게 뜻을 모아 활동한 거지요. 이런 일이 뒤에 보고가 되고 그래 가지고 청와대에서 연락이 왔어요. 나도 일 때문에 못가고 부회장이 대신 가서 유신회 기(旗)도 타고 또 돈도 좀 받고 그랬지요.

지금은 없어졌어요. 대통령도 돌아가고 '유신'이란 것도 이제 폐지되어버리고, 역사에서 사라져 버렸어요. 그 때는 활동이 컸지요. 그 때 원대파출소도 우리가 지었어요. 내가 동대구서 행정자문위원장을 했거든요. 그 때는 동대구서 관할이었거든요. [동대구]서에서 자금 좀 받고 … 정수암 서장이었는데, 나하고 친했어요. 그기도 작고했어요. 그 때 또 국민감정

순화위원회 카는 게 있었어요. 그기에 내가 감사로 있었어요. 한창 때지요. 그 때는 내 주위에 사람들이 … 통행금지 시간이 있을 때라, 만날 전화가 오는 기라. "어제 통행금지 때문에 붙들려 있는데, 좀 빼주라."는 전화가요. 그래서 파출소에 전화하면, "아이구! 감사님! 누가 들어왔어요? 이름 대이소." 하면, "누구 좀 빼주라." 카고 했어요. 하하하! 그 때는 즉결처분 했거든요.

당시에는 내가 침구 했어요. 지난 과거를 환히 되돌아보니까, 나이 85세이고 하니까, 고통스러울 때도 있었고 즐거울 때도 있었고. 내가 전두환 씨한테도 받은 게 있고, 박정희 대통령한테도 받은 게 있고 … 그렇지만 전두환 시대부터는 정치에 발을 끊어버렸어요.

(연구자의 생애사 채록 제의에 대해) 그걸 우리 집 아이들이 나한테 자서전을 쓰라고 해요. 집안에 교훈이 된다면서요. 그런데 내가 캤어요. "그게 뭐가 필요하나? 나이가 많아 기억도 없고 한데 치와라." 캤지요. 그러니까 아~들이 "줄거리만 말씀해 주시면 … " 캐요. 그래서 "필요 없다. 나는 살아있을 때 봉사하고 활동하고, 봉사하다가 죽으면 그것으로 끝이다. 아무 것도 필요 없다." 캤어요. 인생이라 카는 것은 다 생로병사인데 … 또 실제로 그렇고요. 성낙도라는 사람은 천도교 권위자입니다. 재미있어요. 가 보세요. 남구 교구장(教區長)이라요. 자기 죽을 때 사용할 비석도 써놓았고요.

나는 무교입니다. 나는 불교, 기독교, 천주교, 남묘호랑개교 모두 통합했어요. 왜 그러냐 하면 종교는 마음의 수양이거든. 의지하는 것입니다. 내 마음이 괴로워서 의지하는 것입니다. 그리고 내가 종교에 가서 빌어서 신이 도와주는 것이 아니고 내 마음이 감동이 되어가지고 용기가 생겨가지고 그런 거지요. 비유하자면, 내가 그 사람한테 이길 수도 있지만, 그놈이 눈을 부리킬(부라릴) 때 내가 겁을 먹고 힘이 그냥 쫙 빠지는 기라. 그런데 뒤에 [믿는] 그런 게 있으면 어디서 힘이 폭발되는 기라. 그와 마찬가지지요. 정신이란 것은요.

나는 "죽으면 화장해라. 뼈는 갈아서 나무 밑에 뿌려라."고 유언했어요. 그런데 사람은 죽으면, 내 육신이 사라지면요. 내 생명이 끊어지면 마음도 영혼도 없습니다. 동시에 사라집니다. 내가 살아 있을 때 활동하고 그렇게 하지, 생명이 떨어져 버리면 내 마음과 영혼이 없어져 버립니다. 그런데 종교에서는 안 그렇습니다. 천당, 천국이 있다고 보지요. 이 우주 삼라만상에 천국이 어디 있습니까? 어디가 천당입니까? 지상에서 즐겁고 낙천적으로 살면 천당이고, 이 삶에서 고통과 괴로움에 살면 지옥입니다. 그런 현실적인 생각을 가지고 노력하며 살아야지요.

내가 비유적으로 한 가지 예를 들어 볼까요. 길거리에서 세 사람이 가다가 배가 잔뜩 고파가지고 두 사람은 누워가지고 한 사람은 "부처님! 감홍시를 내 입에 떨어지도록 해주세요." 카고, 또 한 사람은 "주여! 배가 고파 죽겠는데 홍시를 먹을 수 있도록 해주세요." 카면서 입을 벌리고 있으면서 기도해요. 그런데 나머지 한 사람은 감나무를 타고 올라가는 기라요. 미끄러지면 올라가고 또 올라가고 … . 그 사람은 결국 홍시를 따먹는데, 기도만 하는 사람들은 홍시가 눈 두덩이를 때려버리는 기라. 이거는 무엇을 말해주는 것인가 하면, 사람이란 노력을 해서 살라는 것이지요. 최선의 노력을 다해서 살아야 한다는 것이지요. 사람의 정신이란 거는 최선의 노력을 다해서 사는 데 있습니다. 아이들한테도 이렇게 말해요. 이것밖에는 없어요.

금복주 사장이 선거인단 [대의원] 나올 때 날 찾아와 가지고 "진회장! 출마할래? 안 할래? 나온다면 내가 안 할란다."고 했어요. 그래서 "나는 그런 명예가 필요 없다. 너거나 해라."면서 안 나갔어요. 그래서 김홍식이가 [통일주체국민회의 대의원] 됐어요. 우리 회원들이 김홍식이 데리고 가서 한잔 먹였어요. 이런 거는 내가 명예를 안 바랐기 때문이지요. 한번은 또 방송국으로부터 전화가 와가지고 "방송에 한 페이지 내서야겠어요." 캐요. 환자 치료하는 거 찍어가지고 내야 한대요. "안 한다."고 하니까, 그네들이 "돈 들여가면서 [침술원] 선전해주는데 … 아이고~ 선생님은 참 이상하시네요."라고 해요.

■ 침구의료의 실천과 그 유효성

나는 요런 게 하나 있어. 의령한의원이 원대시장인가 어디에 있었어. 지금은 없지. 연세가 많아 가지고 작고했지. 연세가 높아. 한번은 [그 집] 아들이 내한테 쫓아왔어요. 그때 한창 연구할 땐데, "큰일 났어요. 어머니가 쓰러졌어요. 졸도해가지고요." 캐요. 그러면서 "아버지가 빨리 모셔오라고 해요." 카는 기라. 의령한의원 원장이라. 연세도 높고. 하지만 침에 대해서는 큰 관심이 없거든. 자기 부인이 쓰러진 거지요. 그래가지고 안 갔나. 요새 같으면 119가 와서 싣고 가잖아. 그때 무슨 119가 있나? 병원에 응급실도 없는데. 이래가지고 내가 가 가지고 시술을 했거든. 차례로 해서 10분 정도 되니까 사람이 깨어나데. 그래 가니까 심장은 뛰고 있고, 심장마비 되면 안 되거든. 숨을 쉬어야 되니까. 가서 10분 정도 이침(耳鍼)을 해놓으니까 깨어나는 기라. 그래 막~ '고맙다'고 하면서. 내한테.

옛날은 방송국인데, 지금은 전화국이잖아? 그 앞에 시장이 있었어. 거기에 의령한의원이라고 있었거든. 몇 십 년 전에. 옛날에는 응급환자들을 많이 취급했거든. 요새는 없어. 요새는 귀찮고. 마~ 그런 거는 골치가 아파. 그냥 응급실에 가라고 하고. 옛날에는 응급실도 없잖아. 119도 없잖아. 그러니 새벽에도 막 업고 오고요.

제일 어려운 치료가 뭐냐 하면, 나이가 많아서 퇴행성 … 허리, 무릎 관절 … 병원에 가도 임시 진통제 놓고, 진통제 약 먹고 할 뿐이지 방법이 없어요. 근본적인 치료가 안 돼요. 허리 같은 것도 수술하거든요. 수술해가지고 재발되어 가지고 오는 사람도 많아요. 재발되어 가지고요. 그런데 침과 뜸으로 하면 [발병] 초기에는 뭐 90%, 100% 낫고, 수술하고 만성이 된 거는 60~70%정도지요. 뭐 생활할 수 있으니까 70%만 나아도 … 굽신을 못하다가요. 허리가 갑자기 아파가지고 오잖아요? 그런 사람들은 침을 딱 놓아가지고 낫잖아? '아~ 거짓말 같다!' 이렇게 말해요. 병원에 가서 '허리 아프다'고 하면 먼저 사진, X-ray부터 찍어요. "아~ 이거는 디스크는 아닙니다. 치료 한번 해보세요" 카면서, 주사 맞고 물리치료 하잖아요. 그냥 그렇게 하잖아요. 일주일이고 며칠씩이나요. 그런데 여기 오면 당장 침놓고 뜸 뜨 버리거든요. 그래가지고 나으면 신기하거든요.

또 어떤 사람들은 환자들이 와가지고요. 내가 침구 이걸로 소문이 좀 나 가지고 찾아오거든. 저기 지방 안동, 의성 저런 데서도 오고요. 아~레는 저기 진주, 산청 거기서도 오데요. 버스 네 번 타고 왔어요. 소문 듣고 온 거지요. 자기 친척집 사람이 와가지고 나아서 갔거든. 허리를요. 수술해가지고 안되어 가지고 와서 나아갔지요. 그 동네에서 이야기해가지고 왔지요. "그게(그기에) 가봐라. 거기 유명하더라. [뜸] 뜨로 가자." 캐가지고 여기 왔거든. 그런 사람들은 내가 부담감이 참 많아요. 왜 그러냐 하면 그 정도 멀리서 나를 보고 찾아왔는데, 어떻게 해서든지 나사(낫게 해)주어야 한다는 의무감 때문이지요. 그리고 한번은 내가 의성에 볼일이 있어서 갔다가 왔어요. 버스를 타고 가는데 길이 굉장히 험해요. 그래서 '의성에서 여기까지 나한테 치료하러 오는 게 보통 정신이 아니구나.' 하는 그런 생각을 하니 보통 신경이 쓰이지 않는 기라요.

그러니 환자들은 자기 몸을 나술 목적 외에 아무 것도 없어요. 사람은 첫째로는 건강해야 되거든. 내 건강 잃으면 세상을 잃게 되는 거야. 돈도 명예도 필요 없잖아. 건강하게 사는 데는 규칙적인 생활이 필요해요. 아침 몇 시에 일어나 가지고 … 될 수 있으면 규칙적으로 밥 먹고… . 담배는 일절 피우지 말고. 술도 폭주하지 말고. 그저 누워 잘 때 밥 반주 정도로 포도주 한잔 정도로 먹으면 혈액순환 도우니까 그 정도로는 괜찮아요. 그런 식으로 몸 관리하면 오래 살 수 있다 이 말이지요. 건강하게 …. 전부 자기 몸 관리를 안 해서 그렇잖아요. 그런데 한 번씩 귀에 침 맞으러 오거든. 담배 끊을라고. 이침(耳鍼) 카는 거 귀에 침 맞으면 당장 싫어지거든. 오면 내가 칸다. 지위여하를 막론하고, "당신 좀 모자라지요?"라고. 그러면 눈을 동그랗게 뜨고 "예?" 카면서 쳐다보지요. "왜 돈을 태워 없앱니까? 한 달에 6~7만원 드는 거 그 돈 가지고 없는 사람 주세요." 캐요. "담배 피우니 돈 태워 없애고, 당신 건강 해치고 … 자~ 일만 원짜리 하나 꺼내 보세요. 라이터로 태워 볼게. 아깝나? 안 아깝나?" 카면서 내가 직선적으로 공갈 때립니다. 그래가지고 끊는 사람 많습니다. 그러면 귀에다 놓으면 싫어지지요. 또 결심이 있어야 되거든.

한번은 여기 군인으로서 최고 높은 사람을 치료했거든. 2군사령부 부사령관이라. 중장이라. 노씨라. 지금은 서울 갔지요. 이 사람도 소문을 듣고 왔어요. 서울에 있었는데, 발이 삐어가지고 인대가 늘어나 가지고 … 그래가지고 서울에서 우리 같은 회원이 그랬는지는 몰라도요. "대구 가면 '진침술원'에 가거라. 산격동 거기 가서 나~사라(낫게 해라)." 캤겠지요. 따르는 사람은 중위인데, 부관. 그래서 쑥으로 뜯거든. 그러니 "좀 뜨겁다." 카데. "저~ 장군님! 별을 세 개나 어떻게 달았소? 이것도 못 참고." 카니까, "아이고! 별을 다는 것보다 어려워요." 캐요. 이런 농담을 해가면서 일주일 치료했어요. 노태우 대통령 하고난 뒤라서 "노 대통령하고 집안 간입니까?" 카니까, "종문입니다." 캐요.

■ 침구 경험방과 치료 사례

침이 깊이 들어가면 … 그런데 혈이 깊이 묻힌 것은 깊이 놓아야 되고,

가벼운 데는 가볍게 놓아야 되고요. 또 사침(斜鍼) 카는 게 있고. 침을 삐 뚝하게(비스듬하게) 놓지요. 그거는 자유야. 치료를 해보고, 보면서 '아~ 이거는 이렇게 해야 되겠구나. 저거는 저렇게 해야 되겠구나.' 하는 …. 그래서 이거는 내가 얘기하는 경험방이거든. 학술에서는 그런 기 없잖아? 그러니까 그게 경험방이거든. 그러니 제자를 키운다는 거는 경험방을 전 수하는 거야. 한마디로 말해서. 그런데 수많은 사람 중에 특출하게 잘하 는 사람이 있고, 못하는 사람도 있거든.

그리고 어떤 사람이 이렇게 말한다. 젊은 사람들, 잘한다는 소리 듣고 왔거든. 와가지고 "여기는 아직 고방(古方)이네." 캐요. 구식이라 이 말이 지요. "뭐~ 물리치료실도 없고." 카거든. 물리치료실 같은 거는 안 하거 든. 하려고 하면 (벽을 가리키며) 이거 틔워가지고 하지마는, 그런데 그거 는 형식적이고도 필요도 없거든. 그래서 나는 이렇게 말하거든. "물리치 료 받으려거든 목욕 가소. 뜨거운 데 … 안 그러면 숯가마 가소. 그러면 오히려 피로가 빨리 풀린다." 카지요. 그래서 "그런 거는 안하고요. 여기 와서 치료를 받을라고 하면 이거는 침을 놓고 쑥으로 뜨야 된다."고 캐 요. 그러면 "아이고! 흠집이 나는데 … " 캐요. 그래서 "가소. 그러면 한 의원으로 가든지 병원으로 가소. 나는 목적이 여기 오는 사람들 나~사 (낫게 해) 주는 데 있어요. 형식으로는 하지 않아요. 가소. 가 가지고 하다 가 안 되거든 오소." 그러면서 보내어버려요. "내가 돈 한 푼이라도 벌어 먹고 싶으면 내가 뭐 형식적으로 꾹꾹 찌르지만, 나는 그런 사람이 아니 오." 카면서 보내 버리지요. 그런데 며칠 있다가 오거든. 나는 잘 모르지 요. 와서는 "안녕하십니까?" 캐요. 그래서 "예. 어디가 아파서 왔어요?" 카면, "며칠 전에 왔어요." 캐요. 그래서 "어떻게 해서 왔어요?" 카면, "아이고! 여기 무릎이 시큰거리고 이래가지고 선생님이 '안 뜨면 안 된 다.' 카면서 쫓아 보내가지고 제가 후드껴(쫓겨) 갔습니다." 그래요. 후드 껴내기는 누가 후드껴냈어? 허허! 그래가지고 "병원에 가서 사진 찍고 주사 맞으니 임시로는 괜찮은데, 주사 기운이 떨어지니 또 아픕니다." 캐요. 그래서 "그러면 [뜸을] 뜰라요?" 카니, "뜨든 말든 우야든동(어떻게 하든지) 병이나 나~사 주이소." 캐요. 별 사람이 다 있어요.

그러니까 나는 그 카잖아요? "낫는 기 목적이고, 나를 보고 싶어 온 기 아닐 것이고. 당신 병을 나숫기 위해 온 것이 아니가?" 카지요. 그리고 인자 치료를 해가지고 … "이거 며칠을 해야 되겠습니까?" 하거든. 그러면 "안 아프면 안 오는 기고, 아프면 오지 마라 캐도 올 거 아니요?. 며칠 치료해보면 알 거 아니가?" 카지요. 뭐~ 어떤 거는 한 사날(사흘)만에 낫는 것도 있고, 일주일 가는 것도 있고 짬이 없어요. 인제는 그런 거 귀찮아요. 솔직한 이야기로 귀찮아요.

어떤 거는 고질병 말이야. 절면서 … 말이야. 이런 사례를 고친 경우가 많아요. 수없이 많지요. 한가지를 내가 말하면 … 3대, 4대[에 걸쳐 계속해서] 오는 사람이 많거든. 그런데 한사람은 하도 오래 되어가지고요. 성이 뭔고 모르겠다. 기록 안하면 모르지요. 이 사람은 애가 아파가지고 담뇨에 싸가지고 업고 왔어요. 뇌염 병으로요. 그런데 칠성동 어느 병원에 가니까, 하는 말이 "이거는 뇌염 병인데 병원에 가 가지고 격리해야 된다." 카더래요. 그래서 내한테로 왔어요. 친하거든. 만날 댕기니까. "애가 이래서 왔다." 캤어요. 열이 펄펄 끓거든. 그래서 침을 쫙 놓아주었지요. 그때까지만 해도 한창 때니까 죽거나 살거나 과감하게 했잖아. 요새 같으면 귀찮아가지고 그런 거는 치료도 안하지요. 이제 나이가 많아서 …. 한 40년 전쯤 되지요. 그래가지고 내가 치료를 해주고 그리 캤잖아요. "집에 가서 지렁이, 거~시 붉은 놈 자잘한 거를 많이 잡아라" 캤어요. 요새는 세멘을 하니까, 없지요. 촌에 안가면요. 그때는 도시에도 많이 있었지요. "그걸 잡아가지고 씻어가지고 찹쌀을 한움큼 넣어가지고 고와라." 말이야. "달여서 그 물을 노다지 먹여라." 말이야. 자주.『동의보감』에 해열제로 나와요. 일주일 이상 그래가지고 그걸 해가지고 이게 며칠 만에 한 번씩 와서 [침구] 치료를 받고 그래가지고 이게 그래 기적적으로 낫았다니까요. 낫아 가지고 장가 가가지고 저거 애 아파가지고 또 데려오지요.

그런 게 있고 또 한사람은 아이들 복○배 카는 게 있어요. 비장에 붙든지 위장이 어떤지 카는 거 '지렛배' 카는 거 들어본 거 있어요? 자기 할머니가 업고 와서 내가 침을 놓고 또 뜸을 뜨고 … 옛날 사람들 보면 궁둥이에 뜸을 뜬 게 많아. 지렛배로 … 그래가지고 이걸 치료해 가지고 … 맨날 병원에 댕겨도 안 되고 그래가지고 낫았는데 … 얼굴이 하얗게 되고 그리 했지요. [그 병에 걸리면] 원래 하얗습니다. 이래가지고 낫아가지고 … 김 뭡입니까? 이게 낫아가지고 뭐하냐 하면 지금 의과대학 나와가지고 산부인과 원장 해요. 자기 외할머니가 살아 있었거든요. 그래 "아이구! 원장님! 선생님 덕으로 창영이가 산부인과 원장 되었습니다." 캐요. 한번 전화가 왔어요. 저거 외할머니가 캤겠지요. "아이구! 반갑다. 내가 듣던 중에 반갑다." 카니, "아이구! 선생님. 한번 찾아뵙지도 못하고 … 옛날에 할머니한테 업혀가지고 갔던 창영이올시다." 캐요. "안 그래도 내가 할머니한테 들었다. 병원 채려가지고 원장 한다매?" 캤지요. 원래 쪼매한 아이들이 걸리지요. 옛날입니다. 업혀 왔거든요. 이것도 몇 십 년 되었어요. 요새는 어떻냐 카면 그런 걸 무조건 병원에 입원해요. 요새는 낫든 안 낫든 무조건 … 현대의학이 발달되어 가지고 있으니 무조건 병원에 입원해가지고 치료하지. 이런 데 케케묵은 데 의존하나? 솔직한 말로요.

■ 침술 원리와 수련 방법

맹인들은 침을 3푼밖에 못 둘 거라. 더 깊이 못 들어갈 기라. 병에 따라서 머리카락 같은 거 그것 피부밖에 더 들어가나. 그러니까 이게 진피, 표피, 피하 결제조직까지 들어갈라 하면 깊이 들어가는 거거든. 히프 같은 데는 … (팔뚝을 들어 보이며) 그런데 이런 데는 깊이 안 들어가니까 '사침'(斜鍼)을 하거든. 옆으로 비스듬히. 그거는 뭐냐? 자극을 많이 하기 위해서지. 그러니까 마비에는 경(輕) 자극, 마비된 사람은 가벼운 자극을 주는 기라. 만성질환, 중환자인 경우에는 중(重) 자극을 주는 기라. 경 자극은 위에만 약간 자극을 주지요.

또 침에는 보사(補瀉)가 있거든. '보(補)'는 약한 사람, 마비환자에게는 '보'를 하는 기라. 그리고 통증이 심하고 많이 아픈 사람에게는 '사(瀉)'로 하는 기고. '사'로 강하게 하는 기라. 침을 이렇게 꼽아놓고 한번씩 탁 튕기고 말이지. '보사'가 침의 아주 원동적인 역할이라. 그게 침의 기본 원리인 셈이지요. '사'는 빼는 게 아니라 … . '보'는 보하는 기고, '사'는 사하는 기라. 쉽게 말하면요. 강하게 찔러가지고 사해 버리는 기라. 발산시켜 버리는 기라. ('사암도인오행침보사법' 괘도를 펴 보이며) 이거 아이가? 이거 봐요. 옛날에 우리나라 도인들, 사암도인오행침(舍岩道人五行鍼) 이제? 침 보사법이라. 법이거든. 그런데 이거는 참고로 들어요. 여기 보면 '목화토금수'제? 오행 아이가? 그래 들어보았지요? 오행에 침을 놓는 거는 여기밖에 안 찌르는 기라. 다리에는 무릎 아래로고, 팔에는 팔꿈치 밑으로라. '오행보사법' 아이라? 오행, 목화토금수 … 이런 침법이 있거든. 옛날부터 사암 도인 선생이 연구한 게 그렇게 밖에 안 찌르는 기라. 여기 찌르면 몸 전체로 통하는 이기라. 오행은 … 자기들이 … 여(여기)~가 보면 전부 상극, 상생이 다 있지요? 여기 보면 이거는 순전한 보사에 대한 기라. 순전한 보사라. 전적으로. 딴 거 아니라. 구구절절이 할라면 어려워서 안돼요. 참고적으로 간단히 들으면 돼요.

공부 방법은 책자가 있잖아요? 『동의보감』이나 『의학입문』이 있잖아요? 그런 책을 보며 이론을 익히고 연구하고 … 독습이지. 또 임상 치료하고. 학원 같은 데 가면 이론밖에 더 가르쳐 주나요? 학술이론 밖에 더 있나요? 실제로 자기가 연구해야 되지요. 사사(師事) 같은 거는 없어요.

그 당시는요. 학교도 말이야. 대학도 가령 공대를 나왔다 카면 … 우리 아이도 서울대학 나와 가지고 미국 오와이오 주립대학교에서 주임교수인데, 대전과학원 카이스트에서 석사 받아 나왔잖아? 이것도 자기가 나와 가지고 연구해가지고 해서 자기가 명인(名人)이 된 기라.

이거 역시도 그런 기라. 이것도 학술을 많이 배우고 연구하고, 임상하는 거 구경하고 또 자기가 환자들 오면 … 요리요리 치료하면 이거는 잘 낫는구나. 요런 방식으로는 잘 안 낫는 기라. 이게 바로 경험방이라. 쉽게 말하자면요. 그러니까 그런 기 있고. 간단한 기라. 자기가 연구를 많이 해야 하는 기라. 경험방. 침구는 물론 개인교수도 있겠지만, 학술적으로 많이 배워가지고 연구해가지고 그 다음에 임상을 많이 해야 되는 기라. 환자들 … 나는 우리 일족이 [침구원] 하는 데 거기 가서도 한번 해보고요. 이래(이렇게) 보고 '아~ 저거는 옛날식이구나. 요새 식으로는 저런 식으로 해야 하는데 ~' 카고 생각하지요. 거기는 뜸을 안 뜨거든요. 뜸 뜨는 거는 내가 뜨고요. 그런 식으로 배워가지고 임상하고 연구하고 그런 식으로 한 기라.

아까 내가 말한 뇌염 카는 것 있잖아? 그것도 내가 임상해가지고 낫게 한 거 아이가. 누가 그렇게 치료하라고 가르쳐준 사람이 어디 있나? 없잖아요. '요런 환자는 요렇게 해보니 잘 낫더라. 치료가 잘 되더라.' 하는 그게 경험방이라. 무조건 하는 게 아니라. 경험방을 기록해 놓은 거는 없어요. 모두 머릿속에 있지. 모두 안 카나. 와서 말이지. 요새 후학들이 "그런 경험들을 기록을 해놓으시지요." 카고. 그래서 내가 "귀찮다. 필요 없다." 이렇게 말하고 말았어요.

저기 서울에 신태호 회장은 신문에 자주 나요. 자기 경험방을요. 뭐 뭐 '어디 아픈 데는 어데 침구를 놓아라.' 카는 그런 걸요. 역시 그런 경험방도 자기 스스로 손으로 해봐야 되는 기라. 수기(手技)라. 수기. 이론을 바탕으로 하되 수기라. 요기 [침을] 딱 놓으면 짜리~한 것도 있거든. 이거는 이렇게 돌려가지고 빼~가 … '이런 데는 뜸을 뜨면 좋더라. 침만 놓아도 좋더라.' 카는 기지. 전부 경험방. 수기라. 손의 기술이지요. 쉽게 말하면요. 손의 힘이라. 순전히. 또 자기 정력이고요. 왜 그러냐 하면 침을 탁 찔러가지고 치료를 하면 수기인데, 자기의 정력이 달려 들어가야 돼요. 자기 기(氣)가 딸려 들어가야 돼요. 그렇지. 시술자의 기가 …. '뭐 이렇게 하면 낫든 말든 이렇게 하면 되겠다.' 이래가지고 '시술료, 돈이나 받고 치운다.' 그런 식으로는 안 되고요. 환자가 오면 참말로 신경을 써가지고요. '내 집을 찾아왔으니까 최선을 다해가지고 낫아(낫게 해)주어야 되겠구나, 멀리서 소문을 듣고 온 사람을 최선을 다해서 낫아 주어야 되겠구나.' 이런 생각으로 해야 돼요. 거기에 기가 안 들어가면 안돼요. 그게 정성 아닙니까? 마음의 정성. 언제 시간 있거든 부산의 박정규한테 가보세요. 거기 손님 많아요. 여하튼 거기는 얼마나 소문이 많이 났는데요.

(환자 시술 장면을 한번 보고 싶다고 하자, 연구자 다리 정강이를 짚으며) 여기가 족삼리(足三里)혈이거든. 여기 족삼리혈을 뜨면 십리 간다고 카는 데거든. 짜~리 해? 봐라. (시침한 침을 가리키며) 이게 다 들어가잖아? 자! 이쪽도 내어봐라. (그런 다음 안티푸라민을 시침한 자리에 바르며) 한쪽만 맞을 게 아니고. (반대쪽 다리를 짚으며) 여기 [혈]자리가 있잖아? 벌로(아무렇게나) 찌르는 게 아이라. 좀 짜~리 하는 거는 그래야 기가 통하는 기라. 이거는 다리가 저리다든지 조금만 걸어도 피로할 때 놓는 그거든. '족삼리'라는 건데, 또 '수삼리'(手三里) 카는 게 있어요. (웃으면서) 그런 거 다 알면 침구사 될라꼬.

■ 침구 시술과 의료 커뮤니케이션

다음은 10년 전 허리를 다쳐 여러 의료기관을 전전했지만, 낫지 않아

교회 신도의 소개로 침술원을 방문한 90세 노인 환자와 구술자의 대화 내용이다.

침구사 : 생로병사라. 사람이 나면 늙고, 늙으면 병이 든다 말이라. '일침 두 뜸 세 번째 약'이다 이 말이에요. 뜸 '구'(炙) 자는 요. 오랠 '구'(久) 안에 불 '화'(火) 자가 있거든요. 오랫동안 뜨야 낫는다 이 말이지요. 금방 뜨가지고는 안 나아요. 오랫동안 뜨야 한다 이 말이요. 인제 내가 다 설명했으니 100% 알잖아요. 이러 카면 내가 더 이상 설명할 게 없어요.

환자 : 대꼬바리(담배)처럼 검게 타들어가는 사람도 봤어요. 어떻게 그렇게 뜸을 뜨면서 사는지 모르겠어요.

침구사 : 옛날에는 미련해가지고 크게 뜨잖아요? 요새 젊은 사람들은요. 꼭 병을 나사~야(낫게 해야) 되겠다고 뜰라 카면 안 뜰라 캅니다. 왜 그런가 알아요? 몸에 흉이 진다고 그래요. 오늘 젊은 여자 분이 하나 와가지고 사십 몇인데, 와가지고 무릎이 아프다고 해서 "그건 침 맞고 뜨야 된다" 카니까, "아이구! 뜨거워서 안 할랍니다" 캐요. 그래서 "다니다가 아프면 오라" 카며 보냈어요. 나는 성질이 원래 그래요. 뭐 답답해서 침 솔솔 건드리고 돈 한 푼 … 나는 그런거 없어요. 아사리 하지요. 그래 가지고 "그냥 가소." 그랬지요. 전자에도 그래가지고 병원에서 돈 백 만원 들이고 또 온 사람이 있어요.

오늘은 또 허리 아픈 사람이 내한테 일주일 [침을] 맞았는기라. "허리에 금침을 놓고 뜨라. 그러면 빨리 낫을 기라." 내가 그렇게 했거든. 하니까 하는 말이, "돈도 없고 어쩌고 저쩌고 …" 그래요. 그래서 "맘대로 하소." 했지요. 한 일주일 하고 나니, "빨리 안 낫습니까?" 이래요. "오래 걸릴 겁니다." 이랬거든. 그러니 그냥 안 오는 기라. 그 후에 한 열흘이나 한 보름 지났을 겁니다. 그러다가 오늘 왔어요. 내외간에 함께 왔어요. 병원에서 MRI 딱 찍기만 해도 35만 원인가 40만원인가 해요. 그렇게 사진 찍고 물리치료 받고 뭐 이렇게 하는 동안 돈 100만 원정도 까먹었는 모양이라

요. 그래서 "와 왔노?" 캤어요. 사진을 댓(다섯)장 가져왔
어요. "선생님한테 한번 보여 줄라고 가져왔어요." 카면서
요. "그거 볼 필요 없어요. 내가 이거 한 게 하루이틀이가?
수 십 년 했는데 … 사진은 뭐 하러 가져왔나? 당신은 4
번, 5번 아니면 3, 4번에 신경이 누질려 가지고 압박되어
가지고 그런 거 아이가?" 그러니까 "맞습니다. 선생님 말
대로입니다" 캐요. 그래서 "왜 돈을 없애느냐? 그 돈 가지
고 치료를 하지. 금침을 놓고 치료를 하지." 캤어요. 그러
니까 "하도 궁금해가지고 찍어봤어요" 캐요. 그래서 "수술
을 할라 카면 사진을 찍어가지고 어느 부위를 정확하게
보기 위해 그러잖아요? 수술 안할 바에는 사진 찍을 필요
없잖아요? 그러면 수술하지요?" 카니까, "수술한 사람들도
잘못하면 1년 동안 고생하고 또 재발하고 … " 이기라.
우리 집에서 한번 재발하고 두 번 재발해가지고 온 사람
이 있어요. 수술도 압박이 덜하고 근육이 뭉친 것은 수술
해서 제거하면 되지마는, 유착이 되었다든지 신경이 많이
누질렸던지 이런 사람들, 나이 한 오십 정도 된 사람들은
수술하면 틀림없이 재발해요. 그래서 내가 캤어요. "답답하
면 새미(샘) 판다고, 당신이 요량이 없어서 그렇다."고요. 그
러니까 "아이고! 선생님한테 맡기겠습니다. 나사~ 주이
소." 캐요. 그래서 "맡기기는 뭘 맡겨요. 병 나수고 싶으면
당신 성의에 있지 딴 게 뭣이 있능교?" 캤어요. "열심히
다니면 낫는 기고 하다가 빨리 안 낫는다고 치워버리면 끝
나는 기라." 캤어요. 실제로 그런 기라요. 나는 환자들에게
그렇게 얘기해요.

환자 : 나대로 병을 한 지는 몇 년 되었어요. 치료한 지가 몇 년 되
　　　어도 이거 뭐 되는 둥 마는 둥 그래요.

침구사 : 침 맞고 나니 좀 나웅교?

환자 : 지금은 기분 좋아요.

침구사 : 그러면 한번 걸어봅시다. (연구자에게) 연세가 구십이라.

환자 : 십년 전에 허리를 삐었어요.

침구사 : 걸어 봅시다.

환자 : 내가요. 하도 물이 세어서 안 들어요. 그래서 어떤 사람이

"침 한번 맞아봐라. 침 맞으면 나을 기다." 그래요. 그래가
지고 우리 읍에 젊은 사람이 침놓는 사람이 있어요. 침놓는
양반들은 대개 나이가 지긋한데 새파란 사람들이 어떻게 침
을 놓나 싶은 생각이 들었어요. 여기서 며칠 침을 맞았어요.
만날 침을 맞아도 껍데기만 따끔따끔 한 거 뿐이라요. 그래
도 병원 치료보다는 좀 나아요. 그래서 "대구에도 침놓는
사람이 있나? 카니까, (동행인인 교회 장로를 가리키며) 이
사람 말 듣고 왔어요. 진짜 동 가짜 동은 봐야지. (크게 웃으
며) 내가 직접 봐야지. 고치면 진짜고, 못 고치면 가짜지.

침구사 : 병원에 가면 [뜸 뜬 걸 보고] "당신 왜 이렇게 해놨어? 살
을 왜 태웠어?" 칸데요. 그러면 내가 "나사~ 달라 카소. 책
임지고 나사~ 달라 카더라 카소. 그러면 뭐라 카는지." (웃
으면서) 그러면 "내가 병원에 댕기며 진통제 맞아도 안 낫
아 가지고 하다가하다가 안되어 가지고 뜸을 뜨 가지고
걸어댕깁니다." 카지요. 그러니까 내 얘기는 지압을 하든,
어떤 짓을 하든지 환자는 병이 낫는 기 목적이라. 의사한
테 가든 한방한테 가든 낫는 기 목적이라. 그리고 아픈 사
람들이 한의원을 가든 침구원을 가든 병원을 가든 내 아
픔을 나수기 위해 내 괴로움을 덜기 위해 가는 기거든. 그
걸 모두 알고 해주어야 되거든. 그러니까 뭐 … 또 어떤
사람들은 "무슨 짓을 하든 낫는 거를 하이소." 카는 게 …
의사라도 그게 원칙이고요. 뭐~ "그런 거 저런 거 하면
안 된다. 무조건 이리 해야 된다." 이러면 독선이죠.

환자 : 나는 오늘 군위에서 여기 처음 왔어요. 10년 전에 허리를 다
쳤어요. 크리스챤 때문에 하나님 말씀에 안 되는 기 없는 정
도로 … 그런 맘이 있었거든요. 그래서 믿음으로 낫는다고
했지마는 안돼요. 병원에 좀 댕기다가 안 되어 답답해가지고
이런 양반들을 찾아온 기라요.

침구사 : 여기 장로님도 [나한테 침 맞으러] 많이 댕겼어요. [뜸을]
많이 뜬어요. 그런데 치료를 하면 환자에게 냉정해야 돼
요. 안 카든교? "어데 놓노? 아픈 데를 와 안 놓노?" 카지
요. 카든가 말든가 ….

환자 : 원칙적으로는 아픈 데로 침과 뜸을 놓아줄 것으로 알거든요.

그런데 이 양반은 헛 군데다 놓으니 말이지요. 허허!

침구사 : 옛날에는 우리 집 아이가 대학병원 다니면서 여기 엉치가
아파가지고 … 뭐 지가 대학병원에 근무하니까 신경외과
뭐 주사 맞고 해도 잘 안 되거든. 걔가 왜 다쳤나 하면 유
도하다가 다쳤거든요. 유도가 3단입니다. 경대 사대부고 다
녔거든. 거기 다니다가 경대 의대 들어갔지요. 그래서 "야
야! 뜨자. 안되겠다. 눕거라. 뜨야 된다." 카니까, "어데~
요.(안돼요)" 캐요. 그래서 "어데고 뭐고 이유 없다." 카면
서 뜨거든요. 한 열흘 정도 뜨고 나니, "어! 이상하다. 안
아픕니다." 캐요. "됐다." 카면서 끝냈어요.

그런데 한번은 … 요새는 안 댕깁니다. 나이가 90세가 다
되어 가는데 …. 어디 가서 말하기도 뭐한데, 옛날에 젊을
때는 대학병원에 입원해가 있는 데 왕진을 갑니다. 중풍이
들어가지고 … 평소에 아는 사람이 병이 들어 입원해가지
고 있으면서 "좀 가자"고 카니까 괄시를 못합니다. 그래서
안 갑니까. 가면, 가서 내가 그리 캅니다. "의사들이 보면
뭐~라 카는데(야단치는데) … 이거 가만히(조심스레 몰래)
해야 합니다." 카지요. "아이구! 좀 전에 회진 왔다 가서
이제 안 옵니다." 캐요. 그래가지고 침을 쭉 꽂아놓았어요.

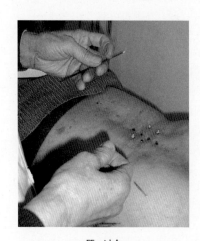

뜸 시술

그런데 이 사람들이 간호원 데리고
한 번씩 돌아 댕기잖아요. 그래 있으
니까 우리 애가 와가지고 "우리 과
에도 왔어요?" 캐요. 거기가 신경외
과거든. 담당이거든. "아버지! 여기
까지 왔는교?" 캐요. "애야! 내하고
절친한 사인데 참 하도 안타까워가지
고 혈(血)을 돌려주러 왔다. 그래서
내가 침 한번 꽂아 두었다."고 하니,
"아버지! 잘했습니다." 캐요. 뭐라
카겠어요. 하하하! 그런 적도 있어
요. 보통 병원에 입원해 있는 환자에
게 침이나 뜸 놓으면 업권(業權) 침
해입니다. 절대 안돼요. 할라 카면

담당 의사한테 승인을 받든지 그래야 하지. "이 친구는 혈을 좀 돌려야 되겠는데, 돌려도 괜찮겠습니까?" 캐가지고 "돌리세요." 카면 되지마는, "여기서 치료하는데 그게 뭐 필요하겠소?" 카면 안 해야 되지요. 그래서 대략 보면, 병원에 입원해 있다가 퇴원해가지고 또 침 맞으러 오는 사람도 있어요.

대략 보면요. 아까 내가 말했지마는 의사는 사람의 병을 나사~ 주는 데 목적이 있는 거요. 잘 나고 못 나고 하는 기 없습니다. 제일 불쌍한 거는 환자입니다. 그렇기 때문에 아픈 사람의 심리를 알아야 되거든요. 치료를 해줄라 카면요. "어디가 좋은가?" "아이구! 김서방네 집에 좋다 카던데 가보자." 그래도 안 되거든. "이씨 집에 가보자." 카면서 가도 거기도 신통치 않거든. 그래서 "박씨 집에 가거라. 최고 잘한다."는 말 듣고 거기 찾아가지요. 다행이 인연이 되어가지고 낫으면 "거기 좋더라. 잘 하더라." 카지요. 그리고 우리 집에도 환자가 100% 다 낫지는 않습니다. 절대 100% 다 안 낫습니다. 병의 범위가 '이거는 치료하면 낫겠구나. 시일은 좀 걸리겠지만 …' 이래가지고 나수는 기지. '어이! 걱정 하지 마소. [반드시 나사~ 드리지요.] 이거는 안 됩니다. 그러므로 또 가령 허리나 무릎은 퇴행성으로서 물렁뼈가 닳으면 안 됩니다. 3분의 1쯤 닳으면 시끄럽거나 절[뚝거리]잖아요? 3분의 1이나 반쯤 닳거나 한 거는 침을 맞고 뜸을 뜨면 살아요. 재생되지요. 신기해요. 의료업을 안 해보면 모르고, 옳게 해보면 진실을 알게 돼요. 그래서 내 여생이 1년을 더 할지, 2년을 더 할지 몰라요. 그런데 환자들이 "선생님! 오래 살아야 합니다. 선생님이 만일 안계시면 우야꼬예(어떻게 하겠어요)." 이러거든. 그러면 "딴 데 또 있잖습니까? 그런 데 가소." 카지요. "아이구! 이렇게 떠주는 데가 어디 있습니까?" 캐요. 경산에 있는 아주머니 한분이 한 번씩 옵니다. 옛날에 대학까지 나왔습니다. 똑똑한 사람입니다. 어떤 때 밤에 잘 때는 걱정을 한답니다. '혹시 선생님이 안계시면 어떻게 하나.' 한답니다. (매고 있는 넥타이를 가리키며) 이 넥타이를 그 양반이 사왔습니다. 와이셔츠도 3개 정도 받았고요. 요새도 조금만 이상이 있으면 찾아옵니다.

(환자가 아주 잘 어울린다고 하자) '노홍소청'(老紅少靑)이라. 나이 든 사람들은 붉은 것으로 사치하고, 젊은 사람은 푸른 것으로 … 뜻이 그런 게 있고. 이거는 경산 있는 아주머니가 [병 나사 가지고 감사하다고] 사준 거지요. 경산, 군위, 안동에서도 오고. 경남 진주, 함양, 산청 알아요? 버스 네 번 타고서도 옵니다. 여자 분들이 몇이 옵니다. 그런 거 보면 안됐습니다. 그 멀리서 날 보러 오지요.

■ 침구 원리와 재래침의 장단점, 수용 양상

기본 원리는 침은 인자 찔러가지고 신경을 [경]혈을 자극해 가지고 병을 나~수는 원리고, 뜸은 뜸 가지고 … 많이 뜨면 백혈구가 증가되거든. [뜸을 뜨서] 벌건 데 모여든다 말이야. 뜸을 뜨면 백혈구가 모여들어 가지고 참은(차가운) 거는 데이게 하고, 늘어진 거는 수축시키고 … 알겠어요? 그런 작용이 있어요. 쑥은 … 그런 작용이 있어요. 그래서 치료가 되는 기라. 원리는 간단해 뭐.

(침 종류로는) 관침(管針), 삼릉침(三陵針) 등 여러 가지가 있지요. 대가리[針頭]가 굵은 이거는 양침이 아니라요. 재래침도 굵은 기 있고 가는 것도 있지. 그거는 한침(韓針), 저거는 모침(毛針). 가장 긴 침은 재래침. 저거는 관침. 관에 넣어 사용하는 침이지.

(서로 다른 5종의 침 세트를 싸 주면서) 자~ 이거 가져가면 인제 연구할 거 다 했어. 그거 긴 기 전통침 아이가? 옛날 모두 침 맞은 사람들이 와가지고 뭐라 카냐 하면 "옛날에는 이런 거 대(大)침 긴 거 많았는데 요새는 그런 거 놓는 데가 없어요." 이러 캐요. 그런데 요새는 저런 거, 긴 거 누가 놓아 주나요. 안 놓아주는데, 나는 옛날에 배운 기술이 있어

서 놓아주는 기고. 아~래 모침(毛針) 하나 주었제? 모침은 가늘다 카는 기지.

(환자 배웅 후 침구시술 관찰 내용을 이야기 하자) 그때 마침 잘 왔어요. 이건 아주 전통침이지요. 젊은 사람들은 잘 안 놓아 줘요. 아프다고 해서요. 나이 많은 사람이 와서 전통침으로 했지요. 옛날 재래침은 … (침을 꺼내 보이며) 이것은 요새 젊은 사람들은 맞기를 싫어합니다. 아프기도 하고. (작은 침을 들어 보이며) 그래서 요새 개발한 기 이런 양침(洋針)입니다. 한번 쓰고 버립니다. (침을 관 속에 넣은 후) 이거는 어떻게 놓나 하면 요래 가지고 탁 치거든. 안 아프거든. 그래서 이걸 선호하거든. 그런데 효과는 재래침이 낫거든. 저번에 이야기 했잖아? 자극. 통증은 강[한] 자극, 또 통증이 아닌 마비증상 이런 거는 경[한] 자극, 약하게 이거라.

한의대에서 재래 침은 안 가르쳐 주는 기라. 몰라서 그런지는 몰라도 연구하는 사람도 없고 또 뭐 [맞으면] 아프기도 하고 또 번잡하기도 하고요. 일본서는 전부 이거 가는(가늘은) 거를 쓰거든요. 이렇게 넣어서 탁 치고 하지. 이거는 아주 재래침, 옛날에 하던 사람들은 그런 사람들이 재래침을 맞지, 요새 사람들은 해요? 안합니다. 장단점이 있지요. 아까처럼 재래침 저거는 히프에도 이만치 들어가잖아요. 속으로 들어가서 강하게 자극을 하고. 또 가는 거 저것은 깊이 안 들어가고 또 자극이 저거(양침) 열 번 찔러도 이거(재래침) 한번 찌르는 것만큼 못하지요. 또 옛날에는 모두 저런 걸 가지고 병을 나사~ 나왔고 시술했거든요. 옛날에 어디 이런 모침(毛針)이 있었어요? 머리카락 같은 거, 옛날에 이런 것 쓰나? 안 썼어요. 그기라. 말하자면 이거는 현대사회에서 개발해가지고 간단하게 안 아프게 침을 놓는 기고. 시일이 걸리더라도. 재래침은 옛날에 [중국] 화타(華陀)³, 허준 그런 시대부터 흘러나온 기고. 전통으로 나온 기지. 별로 없어

---

3 중국 동한(東漢) 말의 걸출한 의학자로 모든 의술에 뛰어났는데, 그 중에서도 특히 외과 부문에 정통하여 '신의(神醫)'로 일컬어져다. 조조가 두통을 앓아 그 치료법

요. 안 해요.

　우리가 죽으면 재래침은 없어져요. 요즘 수지침 이런 거는 침도 아니고 … 재래침은 안 하지요. 누가 가르쳐 주나요. 수지침, 손가락 끝에 놓는 그거는 우리하고 다르고요. 누가 재래 침 강습을 하나? 재래침을 안한다니까요. 사람들이 놓으면 아프다고 하면서 안 맞는다니까요. 내가 이야기하잖아요. 뜸도 안한다니까요. 상처 진다고요. 효능이야 빠르지요. 그런데 뜸도 젊으나 나이가 많으나 뜸을 뜨 보니 좋더라. 이리 해도 안 되고 저리 해도 안 되어가지고 뜸을 뜨 가지고 나샀~다 카는 사람들은 오는 기고. 안 그러면 병원에 가든지 … 인제 카잖아요. 물리치료 1년 넘게 해도 안 되면 이야기 듣고 찾아오는 기지. 간단하잖아? 뻔하잖아?

　침구학자가 배출되면 재래침도 연구하고 또 강습하고 할 거잖아. 그런데 입법이 없잖아. 그러니 누가 연구하는 사람도 없잖아요. 돈 이거 벌이는 게 목적이라. 부산 가면 '간첩침쟁이' 거기 가면 침을 쫘~악 꽂아두고 있거든. 그런데 그것도 재래침이지만 변동이 되어가지고 … 말하자면 나는 굵은 침을 놓잖아요? 그기는 중간 침을 쫘~악 꽂아놓거든. 침을 하나 줄까? 먼저 내가 양침을 하나 주었제? (큰 침도 하나 주라고 하자) 저기 큰 침은 내가 써야 하니까 안 되겠다. 이거는 [내가 주었던] 이것보다 삼분의 일은 더 길잖아? 이거는 배에다 놓거든. 요새 젊은 사람들이 이거 만지는 사람들이 어디 있나? 이걸 가르쳐 달라는 소리도 하고, 또 가르쳐 주지도 안하고요. (연구자에게 건네준 큰 침을 가리키며) 그것만 가지고 가서 비교하면 돼. 재래침은 이것보다 더 길다 카면 돼.

으로 마취를 시킨 후 예리한 도끼로 뇌를 가르고 '풍을 일으키는 점액'을 제거하는 방안을 제시하지만, 자신을 죽이려 한다고 의심하여 그를 옥에 가두는 바람에 죽고 만다.

■ 어려웠던 생활환경과 침구의료 문화

인생사 경험 그거는 이야기 다 못한다. 자서전이나 하나 적으면 몰라도요. (2차 인터뷰 때 <침구신문> 한부를 건네주었던 사실을 기억하며) 신문 읽어 봤제? 그것 참고하면 되고 또 내 생각 파악했겠다. 화통한 거 … 내 성질 꼼꼼하게 안 살고. 또 사람이 살다 보면 풍파가 많다. 살아갈라 카면 누가 일일이 그걸(풍파) 못 뚫거든. 다 풍파가 많은 기라. 그러니 젊을 때 고생해도 노후에 편하게 살라 카는 기고. 사람이 살아나온 과정에도 초등학교, 중학교, 고등학교 때나 고통을 많이 받고 자라나온 사람도 있고 또 포시랍게(편안하게) 자라나온 사람도 있고. 그래서 사람의 일생이란 모두 자기 나름대로 고통과 괴로움을 겪어 나오지요.

옛날에 송구(송기) 벗겨먹고 낮으로는 콩깻묵 먹고 또 굶주릴 수도 있고. 그걸 다 겪어 나왔거든. 그게 그대로라. 그리고 우리나라가 발전되고 한 기 몇 년 안돼요. 해방되고 먹을 게 없어 고생했지요. 정치적으로도 말할 수도 없고. 박정희 대통령 들어서 가지고 새마을운동, 농촌개발 해 가지고 조금 살기가 나았잖아요? 그 전에는 다 고생이라.

박정희 대통령이 들어서고 나서 조금 생활이 나아진 것이지. 그 전에는 뭐 정치풍파, 생활풍파 형편이 없었잖아요? 박정희 대통령이 나고 나서부터 농로 확장되었지, 경운기 생겼지 않아요? 의료 환경도 취약했고 말도 못하지요. 거기 또 영남의원 원장도 한지의사지. 한지의사는 그 지역을 벗어날 수 없는 거지요. 옛날에 있었지만, 지금은 없어졌어요. 옛날에 양의(洋醫)지요. 영남의원도 한지의사거든. 지금은 해제되었지. 곽병원 원장도 돌아가셨는데, 한지의사였거든. 옛날에 법이 그렇게 되어 있었거든. 의사라도 정식 의대를 안 나왔으니까, 교육 받아가지고 … 그 테두리 내에서는 벗어날 수 없었지요. 오래 전에 없어졌어요. 의사가 있더라도 그 범위 내에서만 할 수 있었거든. 영남의원, 삼성병원, 곽병원 등에도 옛날 모두 한지의사였어요. 정식 의과대학 안 나온 사람들이 많잖아요. 옛날에는요. 검정시험 합격되고 전부 그런 사람들이 아니오. 옛날에는 전부 취약하잖아요. 왜놈시대 옳게 의대 댕긴 사람들이 어디 있었어요? 이게 차츰 질서가 잡혀가지고 의과대학이 되고, 여러 군데 ⋯ 제일 처음에는 경북의과대학 밖에 없었잖아.

내가 전성기라고 할 때는 약 30년 전이지. 1970년대 한창 정치한다고 돌아 댕기고 그럴 때지요. [대구] 원대동 있을 때지요. 그때는 정치한다고 바빠가지고 옳게 간판도 안 걸고 [환자] 오면 봐주고 또 내 일 하고 그러고. 인제는 정직으로 앉아가지고 하지요. 나이 들어 딴 거는 못하고 이기라. 당시 전성기는 양방 의료시설이나 인력이 많이 발달되지 못한 환경과도 조금 관련이 돼요. 그때는 응급환자가 새벽에도 찾아오곤 했어요. 지금은 응급환자가 오나요. 119전화 한 통화만 하면 오는데요. 옛날에는 취약하잖아. 종합병원도 없고, 병원도 더문더문(간혹) 하고. 그러니까 침놓는 데밖에 갈 데가 없거든. 그러니 환경에 따라서 그런 거지요. 그래도 돈은 많이 못 벌었어요. 침구신문 사진에 있듯이, 내가 정치한다고 돌아 댕기느라 그랬어요. 또 아이들 교육시켰지, 결혼시켰지. 나도 또 돈 여기에 욕심도 없고. 요새는 용돈이나 벌어 쓰면 되고요.

(벽에 부착된 <침구시술 요금표>를 가리키며) 저기 왕진료 있잖아요? 자금은 5만원에서 10만원으로 늘었어요. 그때는 왕진을 좀 다녔지만, 지금은 100만원 줘도 안갑니다. 갈 수도 없지요. 왕진은 대구 밖으로는 갈 시간이 있나요? 주로 시내로 가지요. 그것도 여러 군데는 안 다니고, 그것도 부득이한 입장, 할 수 없을 때 가지요. 자가용도 없었고. 내가 동대구경찰서 행정자문위원으로 있을 때 보안과장이 내한테 "영감님! 사진 5장 가져 오이소. 면허증 만들어 줄게요." 캐요. "필요 없다." 캤어요. 지금 생각하니, 잘 안 받았던 거 같아요. (웃으면서) 왜냐하면 자동차 사고로 죽었을지도 모르니까요. 옛날에는 오토바이 타고 [왕진] 다녔지요.

나는 옛날에 [대구 동촌] K2 비행장 관리 책임자 추천 받아가지고 근무했어요. 왕진이 아니고 침구보다는 거기 책임자로서 관리했지. 관리 책임자로. 옛날 장영모라는 국회의원 소개를 받아 가지고요. 몇 달간, 그때도 오토바이 타고 다녔어요. 옛날이니까. 그때는 월급제가 아니고 관리를 하면 책임자 앞으로 얼마간 돈이 나오면 나에게 주는 기라. 당시에도 침구업은 하고 있었지요. 정치도 하고. 민정당 중앙위원 1기 교육 받았지요. 이순재 탤런트와 같이 교육 받았어요. 통일주체국민회의 대의원도 내가 김홍식 금복주 회장한테 주어버렸지. 그런 감투에는 별로 욕심 부리지 않았지.

한의원에도 보면 물리치료실 크제. 기계들도 많제. 그런데 여기 들어오면 옛날 케케묵은 방에 들어앉아서 … 인제 물리치료는 하기 싫고 이제 내 나이도 팔십 다섯인데 5년만 있으면 구십인데 … 내가 5년 동안 사느냐 아니면 그 안에 죽느냐 뭐 이렇게 하는 대로 하다가 치우는(그만두는) 거지. 그런 생각이야. 놀기 삼아 하는 기지. 이제 ….

(벽에 붙은 다양한 액자 표징들을 가리키며) 표창장이야 수도 없이 많지. 뗄라 카니 귀찮고 바꿀라 카니 귀찮고 해서 그냥 놔둔 거야. 그 중에 하나는 옛날 파출소 자문위원장 할 때 증축하고 그럴 때 내가 좀 노력했거든. 동대구서장이던 정수암이 해준 거라.

오후 4시 되면 퇴근해요. 아침에는 7시 반까지 [침술원에] 나와요. 나와서 운동하고 나서 환자 봐주고요. 시간은 짬이 없어요. 놀 때는 하루 종일 놀기도 하고, 손님이 올 때는 하루에 몇이 오고. 또 내가 필요하면 문 닫고 나가버리기도 해요. 그러니까 내가 여태까지 이렇게 살아 있지요. 이제는 기억이 흐릿해져요.

도제식으로 침술을 익힌
창성침술원 성낙도
−1924년 생−

.
.
.

인터뷰 후기

·

·

구술자 성낙도(成樂都)는 동료 침구사이자 대한침구사협회 대구경북지회 회장이던 진기업의 소개로 만날 수 있었다. 성낙도는 1924년 4월 20일 경북 고령 성산면 강정에서 3남 중 차남으로 태어났다. 25세 때 침구업을 하던 집안사람의 소개로 수년 간 근무 사사를 통해 침술을 익혔다. 독립 후 처음에는 탄광지역인 강원도 도계에서 침술업을 10여 년 간 했다. 그 후에는 서울 영등포 대방동으로 옮겨 20년 넘게 계속했다. 이때가 그의 침구업 인생의 황금기로서 환자도 많고 돈도 벌었다. 그러다가 60대에 고향으로 내려와서 경남 창녕에 조금 있다가 곧바로 대구로 옮겨 지금까지 줄곧 침구업을 계속해오고 있다.

그는 60여 년 동안 침구업을 해옴으로써 인생을 오로지 침구 하나로 살아온 '외길 침구인'이다. 전통 침구술의 전승에도 남다른 의지를 가지고 오랫동안 일반인을 대상으로 침구 강의를 하는 한편 공직에 있는 막내아들에게도 자신의 침술을 전승 중에 있다.

그는 민족종교이기도 하는 천도교에 귀의하여 50년 간 이의 창달에 심혈을 기울여 왔으며, 천도교 선도사[誠菴]로서 현재 대구 대덕교구장을 맡고 있다. 사단법인 대한침구사협회 자문위원으로서 침구 발전과 침권(鍼權) 보전을 위해서도 많은 노력을 해왔다. 슬하에는 3남 1녀가 있으며, 현재 '창성침술원'(昌成鍼術院)을 운영하며 대구시 남구 대명5동 자택에서 부인과 살고 있다.

구술자와의 인터뷰는 2008년 3월 22일 시작해서 5회에 걸쳐 이루어졌다. 동년 5월 9일의 두 번째 만남에서는 연구자 아내의 요통 치료를 의뢰

성낙도 침구사 　　　　　　　창성침술원 외부

했다. 이후 4일 간격으로 5월 13일, 5월 17일 두 차례 더 이루어졌다. 5월 21일에는 그동안 관찰했던 내용을 확인, 보완하는 방식으로 마무리 인터뷰를 했다. 연구자와 의뢰인의 상이한 입장에서 환자 진단과 침구 시술의 전 과정을 세밀하게 참여 관찰할 수 있었다.

연보
·1924년 - 경북 고령 성산면 출생
·1941년 - 결혼
·1947년 - 대성침술원(원장 성기갑)에서 침구 입문
·1949년 - 대구에서 침술원 첫 개업, 경남 창녕 이동
·1960년 - 강원도 도계, 서울 영등포 등지에서 침술원 운영
·1985년 - 침술원 대구 이전
·2008년 - 대구광역시 남구 대명동 창성침술원 운영 중

■ 침구 입문 동기와 수련 방법

경북 고령 성산면 강정에서 태어났어요. 고향에는 90세 되는 노인 형님 한분이 계세요. 형제가 3남인데 동생은 6.25전란 때 북한으로 붙들려 가버리고 없어요. 형님은 나이가 많아도 아직 짱짱해요. 고향에서 농사짓고 살았는데, 고향을 지키고 있어요. 우리 고향에서 제일 원로지요. 여형제는 없고요. 내가 1924년생입니다. 85세입니다. 일제시대지요. 그때 부모님은 농사지었어요. 거기서 오래 동안 살다가 부산에도 좀 살았고, 서울에서도 오래 살았어요.

지금은 고향에 자주 가요. 바로 여기 낙동강 건너편이지요. 강정 마을이지. 거기가 내 고향이지. 우리 일가만 한 50호 살았어요. 집성촌이고. 거기가 우리 동네라. 요즘은 호 수가 많이 줄었어요. 우리 문중 재실도 잘 지어놨어요. 우리 선산이 있고. 초처(初妻)가 일찍 죽었어요. 아들 서이, 딸 하나 낳고 그만 죽었어요. 지금 있는 분은 재혼했고. 거기에 무덤을 내가 잘 만들어 놓았어요. 산소에다가 도리석하고 비석하고. 내가 천도교를 믿거든요. [대구] 남구 교구장이지요. 천도교를 믿으면서 비석도 하고 많이 해놨어요. 잘 해놨어요.

그전에 우리 집안 어른이 대구에서 침술원을 했어요. 일가 한분이지요. 그 분은 일제 때부터 침술을 했는데. 그 전에 일본에서 침구대학 나온 분인데, 성기갑 씨라고 저기 중구 동인동에서 침술원을 했어요. '대성침술원'을 했어요. 그분도 돌아가셨고. 나이 많은 사람은 다 돌아가셨다. 그분 밑에 오랫동안 있었지요. 오래 전의 일입니다. 스물네살 때부터 침술을 배웠지요. 내가 젊었을 때 처음 도회로 나와가지고. 학교는 뭐 국민학교 나와가지고 … 그 뭐 한학을 좀 공부했지. 몇 년 동안 거기 있었지요. 그분도 이젠 집안이 없어져버리고 행방이 묘연해졌어요. 우리 어른하고도 집안끼리 친했으니까, "너는 거기 가서 침술을 배워봐라." 캐가지고 그때 그 어른 밑에 가서 침술을 공부한 거지요. 거기서 상당히 오래 있었어요. 거기서 한 7~8년 있었지요. 그때가 참 오래 전의 일입니다.

배운 과정은 기억도 안 나고 … 기억이야 하는데 가서 조수 하듯이 그렇게 해가지고 침술을 배웠지요. 침술 이거는 그래도 10년은 배워야 됩니다. 혈(穴)만 해도 원래 364혈인데, 요즘은 600혈도 넘어요. 예전에는 원래 364혈인데, 요즘은 혈[자리] 수도 많아져가지고 … 그 뭐 경락이 모든 혈이 요즘은 더 많아져가지고 배우기도 더 힘들어요.

임상경험으로서 하는 기 많지요. 지금 내가 침을 하고 는 기 … 여기서 내가 학원도 하며 가르치기도 했어요. 했는데 이제는 전혀 못하겠어요. 인제 경혈 명칭도 다 잊어뿌고. 예전에는 경혈 명칭을 다 외우다시피 했는데 인제 다 잊어뿌리고, 이젠 이걸 가르치지도 못하고. 이제까지 내가 해온 경험으로서 '무슨 병은 내가 어떻게 어떻게 치료한다'는 그것으로서 내가 지금 움직이고 있는 거라요. 이제는 손님도 많이 오지도 안 하고요. 그냥 놀기 삼아 그냥 여기 앉아 친구들하고 마작이나 하고 그리고 있는 거지요. 손님도 통 오지 않고 … 이제 다 살았어요.

독학도 했지요. 침술 책도 많습니다. 『침구대성』이라고 집에 가면 침술 책이 많아요. 요즘 이런 걸 들여다보면 '아~ 내가 이런 걸 언제 공부했던가?' 하는 생각이 들어요. 이젠 정신이 없어 파이라요. 선생한테 가르침을 받은 거는 … 어! 강습소에 다소 나가보기도 했어요. 대구에는 없고 서울에서요. 서울에는 침구학원이 여러 군데 있었는데. 더러 구경도 하고 배우기도 하면서 여러 군데 다 댕겨보았어요. 많이 댕겼지요.

처음에는 그 어른한테 … 이제는 그 어른 이름도 모르겠다. 내가 침 배우던 선생이 일본에서 침구대학 나오고 했던 분이라요. 그 어른 밑에서 내가 공부했기 때문에 그 어른이 돌아가 버리고 나서는 … 하지도 안 하고. 그 어른이 침에 대해서는 많이 알았어요. 우리 일가라요. '대성침술원'을 했지요. 그 어른 밑에서 내가 오랫동안 침을 배웠어요. 그분은 침에 대해 이름(명성)이 있었어요. 그분 이름이 성기갑이죠.

결혼은 스물여덟(1951년)에 했지. (연구자가 "좀 늦은 편이 아닙니까?" 라고 묻자) 아니다. 열여덟(1941년)에 했다. 하하하! 생활이야 우리 집 가정생활이 그때는 괜찮았어요. 농토도 좀 있었고, 어른도 계시고 형님도 계시고 해서 먹고 사는 거는 걱정이 없었어요. 결혼 후에는 한동안 고향에 있다가 나온 거지요.

일제시대에는 왜놈들 손길이 와 안 비쳤겠어요. 왜정 때 우리가 훈련받고 했는데, 내가 갑자생(甲子生)이지. 갑자생 … 아이구! '말도 마라 갑자생!' 카는데, '묻지 마라 갑자생!'이라 캤어요. 갑자생이 참 전부 귀했어요. 갑자생이 … (명함을 찾으면서) 그때는 군에서 뭐 조금 했지. 그래가지고 일찍 제대하고. 징병을 갔지. 가 가지고~ 몇 년 했나? 제대해 가지고 나와 가지고는 그때부터 마~ 늘 침술을 했어요.

배우는 사람이 하나 있었어요. 젊은 사람이 또 하나 있었는데, 좀 배우다 그냥 그만두었어요. 친척은 아니었어요. 그때 침 배우면서 성기갑 씨가 전적으로 날 가르쳤지요. 내가 주도해가지고 침술을 했어요. 그 노인은 … 친척이고 또 제자를 키운다는 생각에서 집중지도를 했지. 어떤 형식으로 침놓는 거를 가르치는 그거는 뭐 … 그냥 자기 치료하는 거 보고, 또 내가 직접 해보고, 바로 시키고, 바로 침놓는 거를 가르치고 그렇게 했지. 이런 환자의 경우에는 이런 혈에다 침을 놓아야 한다는 것을 가르친 거지요. 혈 공부를 …. 364혈이라 카지마는, 지금은 500혈도 넘어요. 자꾸 불려가지고 뭐 이렇게 해놓았는데, 364혈이라 카지마는 숫자가 많아요. 요즘은. 그때는 소질이 조금 있었기 때문에 그걸 해보니 재미가 있더만요. 내가 시술해서 환자가 낫기도 해서 그 재미로 하는 거지요. 바로 그런 재미로 … 해보면 재미가 있어요.

나는 침구 배우는 동안 생계 걱정은 안했지. 당시 고령 본가에서 양식을 지원해 주었어요. 그래서 맘 놓고 공부를 했지요. 책을 통해서도 지식을 습득했어요. 필요하지요. 그 침술원에 책이 많았어요. 침술 관련 책이 집에도 많이 있고. 침 관련 책이 많은데, 이젠 기억을 못하겠어요. 이 책 저 책 여러 책을 많이 봤지요. 내가 침 배우는 당시만 해도 의료 환경이 안 좋았는데, 이제는 기억력이 없어 제대로 말을 못해주겠어요.

■ 침구사 자격시험과 창성침술원 개업

[침술] 자격시험이 있었어요. 일정 때 얻었는데, 그게 몇 년도인지는 확실히는 모르겠고. 그 뒤에 내가요. 강원도에서요. (벽에 붙어있는 침구사 자격증을 가리키며) 저기 침구 자격증이 있는데 저거는 강원도 지사 명의로 자격증을 얻은 거지요. 자격증에는 '1924년 4월 20일생, 침사의 자격을 인정함. 제8호. 1980년 10월 14일'이라 기재되어 있었습니다. 강원도에서 8번째로 침사 자격증을 받은 택이지요. 내 앞에는 전부 죽었어요. 나 같이 살아 있는 사람은 서울에도 몇이 없어요.

강원도 저 자격 받은 때가 해방 전인가 뒤에인가 생각이 안 나네요. 일제시대 자격 받은 거는 해방 뒤에 인정이 되었지요. 그때는 인정되었지만, 지금은 안 되지요. 요거는 재발행한 기고. 그전에 것이 있었는데 … 일제 때 받아가지고 해방 후에 넘어온 거지요. 침구사 자격이지요. 침사(鍼師)가 있고, 침구사(鍼灸師)가 있고, 구사(灸師)가 있고. 따로 되어 있었지요. 침사만 자격 있는 사람도 있고, 구사 자격증만 가지고 있는 사람도 있지요. 나는 침구사로 되어 있어요. 침구사 … .

실기시험도 있고, 필기시험도 쳤지요. 서울에는 수백 명이 있었는데, 이제는 전국적으로 몇 십 명이나 되는지 모르겠어요. 부활노력도 했는데 하다가 보니까 … 내 밑에 제자들도 영업을 할 수 있도록 못 만들어 놓으니까 말이지. 지금 보사부에서 침구사 입법을 해가지고 시험을 치도록 만들어 주어야 되는데 그게 안돼요. 그게 될 듯 될 듯 하면서도 보사부에서 안 해줘요. 지금도 [관련 법안이] 계류 중에 있어요. 서울 가면 침구협회 신태호 씨가 있는데, 노력을 많이 해요. 회장을 오랫동안 하고 있지요. 나이가 팔십 몇이 됩니다.

침술을 배워 독립했는데 … (기억을 더듬으며) 독립을 내가 … [대구] 여기서도 했고, 서울에서도 했고. 대구 대명동에서도 했고. 서울 가서도 많이 했지. [경남] 창녕에도 근 10년 동안이나 했지. 서울 가기 전에 맨 처음에는 대구에서 시작했지. 그래가지고 대구에서 하면서 창녕으로 왔다 갔다 하고 그랬지. 그리고 나중에는 또 거기 가서 살림 하고 그랬지. 창녕에서 10년 넘게 하다가 또 서울로 올라갔지요.

오늘 방문했던 창녕서 온 환자들도 창녕에서 하던 그런 인연으로 찾아오지요. 우리 또래 … 그때 한창 ~ 나는 창녕에 손님이 참 많았어요. 많았는데 친구들이 다 죽었어요. 우리 또래 대해서는 … 하하하! 지금 80대, 90대 되는 사람들이 다 죽었어요. 이들이 당시 나한테 침 맞은 사람들이지요. 그래가지고 서울 가서 영등포에서 또 … 내 침술원 간판은 언제든지 '창성침술원'이라. 여기 가나 저기 가나 항상 '창성침술원'. 내 고향이 창녕이라 해가지고 '창성침술원'이라 했어요.

서울 대방동에 거기 가서 내가 인기를 많이 끌었어. 서울에서도 손님 많았어요. 그래가지고 인제 우리 형님이 서울에 … 집안이 많았어요. 하루에 몇 십 명씩 왔어요. 그래서 앉아 담배피울 여유가 없을 정도로 많이 왔지요. 돈도 벌었어요. 그러고는 인제 아이들이 많이 커가지고. 우리 큰 아이가 인제 육십 너이라. 맏이가요. 아들 서이. 딸 하나인데, 장남은 사업한다고 하고, 차남은 그거는 또 교(敎)가 나하고 달라가지고 기독교 믿는데 … 거기는 완전히 기독교에 빠져 버렸어. 뭐고? 교회에 살다시피 하는데 잘 살아요. 그래서 "종교는 너하고 나하고 틀리지만, 교 믿어가지고 나쁜 거는 없으니까 믿어라. 믿고 … 그리 해라."고 하지요. 아들 둘 낳고. 거기서 잘 살아요. 서울 아이들은 사위도 그렇고 막내고 둘째고 다 제대로 먹고 살아요. 대학도 얼쭈(대부분) 나왔고요.

인제 뭐 다달이 다르지요. 영~ 자꾸 기억력이 약해져요. 금시 한 일조차 잊어버린다니까요. 과거사를 뻔히 아는 것도 생각이 안 나서 못해. 그런데 침술은 근 50년, 60년 하고 나니까 '몸에 무슨 병은 어디에 침을 놓는다.' 카는 게 습관이 되어가지고 그건 하지마는 새로 생각해 내는 거는 안 돼요. 도저히 그게 안 돼. 아이구! 인자 뭐 그만 해야지.

내가 강원도 도계지역에 좀 살았어요. 탄광지역이지요. 거기서 침술원을 하고 있었어요. 거기 있으면서 [침구사 자격증을] 강원도 것으로 갱신을 한 것이라요. 10년 이상 살았어요. 젊었을 때지요. 침구사업을 영업지역이 제한 없이 아무 데서나 할 수 있어요. 한약업사는 자기 구역이 정해져 있지만요. 지금이라도 서울 가서 하고 싶으면 거기 가서 할 수 있어요. 나도 서울 영등포에서 오랫동안 했어요. 서울에서도 하다가 내 고향지역이어서 대구로 내려온 거지요. 처음에는 내가 대구에서도 했지요. 서울에서 제일 오래 했어요.

내가 여러 군데로 댕기면서 했어요. 서울에서 10년 훨씬 넘게 오래 했어요. 영등포에서 … . 대구로 내려온 지가 20년이 넘었어요. 60대에 왔어요. 고향에 온다고요. 지금 생각하니 서울에 있었으면 더 나았을 긴데. 내가 아들 서이 딸 하나 4남매를 가지고 있는데 마카(모두) 서울 살아요. 내가 고향에 온다고 이렇게 내려온 거지요.

내가 서울 있을 때가 벌이가 가장 좋았지요. 내가 50대, 60대였지요. 그때도 침사가 조금 귀했지마는 손님이 많이 오고 했어요. 조금 인기가 있었고요. 영등포에서. 내가 지금 '창성침술원' 하고 있는데, 그때부터 내가 '창성침술원' 간판을 달고 했어요. 서울 영등포구 대방동에서요. 내가 창녕 '성'가라고 그래가지고 '창성침술원'이라 한 거지요. 내 고향이 창녕이니까, 내 웃대 고향이 창녕이지요. 내가 또 창녕에도 좀 있었어요. 창녕 고향에서도 내가 침술원을 좀 했어요. 서울에서 내려 와가지고 거기서 또 오라고 해서 거기 가서 좀 하다가 대구로 올라온 거지요. 그런 인연으로 지금도 그 사람들이 찾아옵니다. 창녕에서, 고령에서, 경북 외에 경남 거창 등지에서도 찾아옵니다. (웃으면서) 이제는 늙어 놓으니까 혹시 죽었는가 싶어서 전화를 해보고 와요. 파이라. 이제 다 됐어요.

나에게 효험을 본 사람들한테 소문 듣고 오는 거지요. 그것밖에 없어요. 지금은 예전에 나한테 침술 치료해가지고 나은 사람들 선전으로 해서 고령, 청도, 창녕, 성주 이런 데서 많이 와요. 워낙 늙어놓으니까 혹시 어떨란가 싶어서 전화 문의 하고나서 오곤 해요. 죽은 줄 알고요. 내 침술이 많이 알려지기는 알려졌는데, 이제는 늙어져서 … .

■ 소멸 기로의 전통 침구사

이젠 늙어서 파이라요. 내가 어지럼병이 생겨가지고 금시 했던 말도 기억력이 없어요. 나이가 많으니까 요즘은 손님도 없고 그래요. 전통 침술인이 영 없어요. 여기 양의사 하시는 분이 한분 계시는데, 그분은 침구 자격을 가지고 있어도 침은 안하고. 진기업 씨하고 나하고 둘이밖에 없어요. 그 전에는 수십 명이나 있었는데, 다 죽고 젊은 사람들은 무자격으로 하는 사람이 많고요. 침술을 가르치기도 했지만 우리나라에 법이 없습니다. 일정(日政) 때 가졌던 자격을 가지고 하지요. 그 뒤로는 학원에서 많이 나왔지만, 자격증이 없으니까 써먹지도 못하고 있어요. 진기업 씨하고 나하고 의성에 있는 한 분 김기환 씨라고 있었는데, 몇 달 전에 죽었뿌다. 그기도 나이가 80세가 넘었는데 죽어뿌고. 또 젊은 분이 [경북] 구미에 한분 있던가? 그 사람은 지금 잘하고 있어요.

그 전에는 많았는데, 수백 명이나 있었는데 이제는 몇 십 명밖에 없어요. 지금 살아있는 사람들은 모두 80세가 다 되었는데. 침이 지금 말살 직전에 있어요. 한의사들이 반대하는 바람에 그만 침법(鍼法)이 [국회에서] 통과가 안 되고요. 지금도 침법을 통과시키려고 상당히 노력하고 있는데. 침구 전문으로 학원에 나온 사람들이 많이 있어도 모두 무자격이어서 그것으로는 자격을 가지고 있어도 국가에서 인정을 받지 못한 민간자격이어서 영업을 못해요. 간판도 못 내걸지요, 모르게 모르게 하고 지내는 사람도 대구에만 수십 명이나 있어요. 영업도 못하고 … 학원 출신이지만 그 중에는 잘하는 사람도 있어요.

침에 상당한 능력이 있는 사람도 있지요. 유진식이라고 여기 한분 있는데, 그분은 침에 상당한 공로가 있는데 아직까지 강의도 하고 있어요. 지금 나이가 80세 가까이 되었을 걸요. 자격을 못 얻고 학원만 나왔지만 침술은 잘해요. 경산 나가는 데 시지까지는 못가고 남부정류장에서 경산 방향 담티고개 근처에 살아요.

그전에 [침구]학회 회원을 같이 했어요. 학회 회장까지 했는데, 침구 강의도 하고요. 별 소용도 없지만, 그래도 배워달라는 사람이 있어요. 내가 여기서 요쪽 3층에 있었는데, 침구 강의도 좀 하고 그랬는데 가르쳐 놔봤자 소용도 없고요. 유진식이 그 사람은 지금도 강의하고 있어요. 귀가 조금 어거정해서 그렇지 똑똑한 사람입니다. 전직 경찰에 오랫동안 있었어요. 사람이 분명하지요. 자격을 못 얻은 거지요. 그때는 직장이 경찰에 있다가 나중에 침구사 자격증 얻을라고 했지만, 결국 못 얻었지요. 무면허로 하는 사람은 많아요. 60세가 넘어가지고요. 그 중에는 90세 가까운 사람도 있고요. 무면허로 하는 사람들은 불법이라 해서 의료법 저촉 사례도 많아요. 유진식이 그 사람도 여러 번씩이나 걸리곤(적발되곤) 했지만, 나이가 많고 할 게 없으니까 혹시 [환자가] 하나씩 오면 치료해주고 있지요. 그래도 정상적인 영업은 안 되고 그래요.

내가 침술을 아래 대에 우리 막내 아이한테 좀 가르쳤는데. 가~가 군에 소령으로 제대해가지고 이제 국방부에 들어가 있어요. 가~가 거기서 침을 많이 놔주고 하는데 … 허허! 내 막내아들이지요. 막내아들은 대를 이을라고 가르쳤는데 모르겠어요. 지금 국방부에 들어가 있는데, 나중에 할란가 안 할란가는 모르지요. 가~가 배울라 캐서 좀 가르치기는 했는데 군에 가서 군인들에게 침을 좀 많이 놔주기도 했어요. 좀 알기는 알지만, 그래가지고는 안 되고 공부를 좀 더 많이 해야 되지요. 시간도 없고.

내 후대에 의술을 업으로 하는 사람은 없어요. 막내 저 놈은 꼭 좀 시킬라고 들었는데, 공직에 있으니 더 시키지도 못하고 마음대로 안 되네요. 좀 더 가르칠라고 애를 썼는데 마음대로 안 되네요. 아픈 사람 침도 놔주고 그러니 조금은 공부가 되어 있지요. 돌팔이 침쟁이 정도는 돼요. 하하하! 그래가지고 군에 있을 때 침도 좀 놓아주고 했어요. 내가 이걸 물러줄라고 아들 서이 중에 하나를 생각해 보아도 모두 계통이 틀리니까 말이야. 자기네들 공부한 것으로 사업에 모두 눈을 뜨지, 침구 여기에 눈을 안 뜨는 기라. 그래서 막내이 저거만이라도 침구를 더 가르쳐가지고 앞으로 …. 침구법이 통과될 때를 대비해서 그때 시험 쳐가지고 할 수 있도록 만들어줄라고 애를 쓰고 있기는 해요.

내 평생의 임상경험은 기록보다는 내 머리 속에 들어 있지요. 후대 전승계획이 되어야 하는데, 내가 시간이 없어요. 내가 죽을 때가 다 되었으니 이제 되겠나? 막내는 몇 년 동안 나한테 좀 듣고 보고 했는데. 늘 군에 있고 그래 놓으니까 제대로 옳게 못 가르쳤어요. 서울 있으면 그곳 학원에라도 나가라고 그러고 있어요.

■ 연구자로서의 침구 시술 관찰기

침을 놓아 고쳐준 사람이 나한테 고맙다고 감사장까지 보내 주었던 사람도 있는데 이제 죽어뿌렸어요. 중풍이 들었었지요. 내가 중풍환자를 전문으로 봤어요. 그 사람은 죽었지만, 이제 그 후손들이 찾아오기도 해요. 이처럼 대를 이어 찾아오는 사람이 더러 있어요. 많아요.

중풍 외에도 예전에는 내가 미친병 하고 간질병 하고 그거를 또 전문으로 했어요. 미친병은 쇠고랑을 채워놓고 치료를 했어요. 그런 게 완전하게 낫아 가지고 활발하게 움직이다가 또 죽은 경우도 있어요. 이런 경우도 많이 있어요. 이런 치료를 많이 했지요. 침구로 치료가 가능해요. 요즘은 인제 내가 중풍환자만 치료하지, 미친 환자는 다루지 않아요. 쇠고랑 채워놓고 가두어 놓을 데도 없고, 입원시킬 데도 없고 해서. 그거는 인제 정신병원으로 모두 가지요. 환자는 많지마는 … 예전에는 현대의학이 덜 발달해가지고 침술로 그런 환자들을 내가 수십 명씩이나 많이 고쳤지요. 쇠고랑을 채워가면서요. 이런 미친병은 막 도망가고 그래요. 정신통제가 안되니까요. 어떤 사람들은 벽에 딱 붙어서 가만히 있는 경우도 있어요. 희한한 환자도 있어요. 그런 환자들도 치료하는 방법이 있지요. 이런 거 보면 침술이 참 좋기는 한데 … 그런 걸 참 완전히 습득만 하면 참 좋은데. 침도 미친 사람 치료하는 방법이 따로 있지요. 그걸 내가 침구사들한테 전수 … 많이 가르쳐주기도 했어요. 이것도 결국 침구로 치료하지요. 그기에 해당하는 혈(穴)이 있어요. 그런 거는 내기 따로 기록해 놓은 것도 있고요. 있어요. 일종의 내 경험방이지요. '귀문13혈'이라고 하는 게 있어요. 그거는 미친병 치료하는 치료법이지요. 그런 치료법은 지금도 내가 잘 알고 있어요. 약물이 아니고 침구로서 하는 것이지요. 전승이 되면 좋겠지만, 가르쳐놓아도 써먹지도 못하고 그러니.

다음은 상초(上焦)로 열이 오르면서 머리가 아프고 무거우며 어지러워 걷기조차 어려운 증상으로 창성침술원을 찾은 어느 환자와의 진료 상담과 침구 시술 내용이다. 환자는 경북 영천에 거주하는 40대 남성으로 과

거에도 동일한 증상으로 창성침술원에서 몇 차례 치료받은 적도 있었다. 연구자가 면담 도중 방문했기 때문에 구술자의 환자 집증(執症)과 시침 방법 등을 관찰할 수 있었다. 구술자가 환자를 상담하고 침구 시술을 마치기까지는 30여 분이 걸렸다.

침구사 : 들어와요. 어떻게?

환자 : 머리가 아파서요. 욱신욱신해요. 혈이 한번 막혔었거든요.

침구사 : 막혔다고?

환자 : 목하고 다 그렇네요. 머리하고.

침구사 : 옷을 벗어 봐요.

환자 : 전체적으로 다 그렇습니다.

침구사 : (손목의 맥을 짚어본 후) 당신이 신경을 너무 많이 써요. 신경으로 열이 막 위로 올라가고, 신장 기능이 약해가지고 하초(下焦)가 참아(차가와). 그러니 열이 막 위로 올라간단 말이야. 그게 문제라. 신경을 이렇게 자꾸 쓰면 중풍 증세가 올 가능성이 굉장히 많아요.

환자 : 머리하고 뒷목하고 지금 굉장히 무겁습니다.

침구사 : 머리 … (환자의 머리 부분에 시침)

연구자 : 이건 무슨 혈입니까?

침구사 : 이걸 무슨 혈이라고 해야 하나 … 알아듣기 힘들어요. 하하하!

연구자 : 이건 머리 부분에 열이 차고 무거운 증상을 치료하는 시술입니까?

침구사 : 예. 이건 신경안정을 위한 거지요. 머리에 신경이 막 위로 올라가서 이 사람은 머리가 아프고 그만 어지럼증이 오는 것이므로 그걸 안정시키는 처방, 치료지요.

연구자 : (시술하는 데 사용되는 침을 가리키며) 이 침은 전통침이지요? 재래침? 요즘 한의원에서 쓰는 침은 굉장히 작고 가늘던데요?

침구사 : 아~ 그거는 수지침이라고요. 그것 가지고는 … 한의대 6년간 졸업 맡아봐야 16시간만 침을 배우는데, 경희대 같

은 데 … 그것 가지고는 기초도 잘 모를 정도지요. 그것 가지고는 치료가 잘 안되지요.

연구자 : 그렇습니까?

침구사 : (환자의 목과 어깨, 양팔 순으로 차례대로 아래쪽으로 시침을 계속하며) 이런 침은 인제 내가 침을 놓아도 요런 환자는 침놓는 데 모두 혈이 있거든요. 요리는 견우(肩髃), 곡지(曲池), 삼리(三里), 사관혈(四關穴) … 혈이 있는데, 인제 나이가 많으니까 명칭을 모두 잊어버리고 손에 익혀 놓았는 거 … 손에 익혀 놓았는 기라. 이런 환자는 어떻게 침을 놓는다 카는 게 머릿속에 환히 들어가 있는 기지. 그걸 가지고 이제 사용하는 기라. (양팔에 시침 후 엄지손톱 윗부분을 침으로 찌르고 피를 뽑아냄. 체했을 때의 따주기 방법. 손톱 끝 사혈)

연구자 : 피는 왜 빼냅니까? 결국 막혀 있는 걸 틔우는 겁니까?

침구사 : 그렇지. 신경이 원활하게 흐르게 하는 기지. 열이 위로 올라가 있는 것을 내리고 막힌 것을 틔우고 … 이런 원리로 치료하는 거지요. 그게 침구[시술]의 기본 원리지요. (반대쪽 손끝에도 동일하게 사혈)

연구자 : 침을 꽂는 깊이도 다릅니까?

침구사 : [침이] 깊이 들어가는 데가 있고, 배 같은 데는 깊이 들어가고. 또 짧게(얕게) 들어가는 데도 있고. 요런 데 '견우'라 카는 이런 데는 깊이 들어가 버리면 버버리(농아자)가 돼 버려요. 그런 혈이 있어요.

연구자 : 그런 걸 모두 알아야 된다 이거지요?

침구사 : 그러니 견우, 곡지, 삼리, 합곡(合曲) 카는 혈이 전부 있는데 이것도 인제 나이가 많아지니까 모두 기능이 저하되지요.

환자 : 이제 머리가 시원해집니다. 머리가 한 짐이었는데. 이제 가벼워집니다.

침구사 : 가볍지? 인제.

환자 : 이젠 아무렇지도 않은 듯합니다. 몸에 피가, 혈이 안 통해가지고 움직이지도 잘 못할 정도였거든요.

침구사 : 옷을 올려봐라. (환자를 반듯하게 누인 다음 배꼽 윗부분부터 시침)

연구자 : 군데군데 혈의 흐름을 잡아가지고 침을 놓는 겁니까?

침구사 : 그렇지. 이거는 온 몸에 혈액순환을 시키는 거지요. 아픈 자리는 자극을 주어가지고 피가 돌아가도록 하지요.

환자 : 머리가 시원합니다.

연구자 : (배꼽 상하 부분의 시침 혈 자리에 쑥뜸 뜨는 모습을 보고) 이거는 뭐하는 겁니까?

침구사 : 이건 중완(中脘), 상완(上脘), 이건 관원(關元)이라는 혈인데 이걸 쑥으로 뜨는 것이지요. 침놓은 자리에다가 뜨야 해요. 이거는 중완에 … 위장에 염증이 있다든가 위염이라든지 위경련이라든지 있으면 뜸을 해주어야 돼요. (둥근 은박으로 된 구로지를 깔고 위에다 강화쑥뜸을 쌀알 크기로 말아 뜸을 놓으며) 뜸을 해주면 금방 나아요.

연구자 : 안 뜨거워요?

침구사 : 뜨거워요.

침구사 : 뜨겁지. 안 뜨거울 수가 있어.

연구자 : 어떤 거는 살갗에다가 바로 놓던데요?

침구사 : 예. 바로 놓아요. 이렇게 하는 거는 상처를 덜 주고 덜 뜨겁게 하고 … 그래도 효력은 더 낫고요. 예전에는 그냥 쑥 뭉텅이를 갔다 놓고 살에다가 막 대놓고 뜯거든요. 예전에는 그렇게 뜯어요. 요즘에는 이게 좀 발달되어 가지고 이렇게 해요. (그 다음에는 환자를 엎드리게 한 다음 허리 부분을 사혈침으로 찌른 후 부항기로 사혈함)

환자 : 머리가 이렇게 가벼울 수가 있습니까? 여기 올 때는 걸어오는 데도요, 아파가지고 사부작사부작 왔어요. 피가 한번 뭉쳤거든요. 졸도를 한번 했어요.

침구사 : (환자의 허리 부분을 만지며) 허리가 여기는 아프지 않아요?

환자 : 거기가 좀 아픕니다.

연구자 : 머리가 아픈데 왜 허리도 아픕니까?

침구사 : 다 연관이 됩니다. 그러니 열이 마카(모두) 위로 올라가니까 하초는, 아래로는 차가와가지고 … 열이 우로 올라가니 머리가 무겁고 아프고 한 거지요.

연구자 : 음양오행 원리에 의하면 조화가 무너진 것 아닙니까?

침구사 : 그런 거지요.

환자 : 와~ 머리가 시원합니다. 혈이 한번 막혔더니만 뚫어서 그런지 진짜 시원합니다. 머리가 아프고 어지러워가지고 색시걸음으로 걸어왔습니다. 흔들려가지고요.

침구사 : 자~ 다리 걷어 봐요. (허리 부분에 부항사혈 장치를 해놓은 후 허벅지, 종아리 순으로 침 시술을 해나감. 특히 엉덩이 혈에는 기다란 침으로 시술)

연구자 : 이런 경우 장기에도 좋지 않은 영향을 미치기도 합니까?

침구사 : 그렇지.

연구자 : 장기에 영향을 미친 거는 어떻게 치료합니까?

침구사 : 다 방법이 있지요.

연구자 : 약으로 하는 게 아니라 모두 침과 뜸으로 치료하네요?

침구사 : 그렇지요. 침술원에서는 모두 침·뜸으로 시술하지요.

연구자 : 왜 꽂아 놓은 침을 뺐다 박았다 합니까?

침구사 : 이게 보(補)하고 사(瀉)하고, 보사법(補瀉法)이라요. (침을 손으로 조작하면서) 이렇게 하면 보가 되고, 이렇게 하면 사가 되지요. 보사법이라. 천통의학에서는 보사법이 아주 중요하지요. 침을 찔러가지고 보사하는 게 참 중요해요. 이렇게 한번 비비고 또 이래 비비고 하는 게 보하고 사하고, 보하고 사하는 거지요. 보는 모자라는 거를 보태는 것이고, 사는 오히려 기운이 약해지고 낮아지고 더 혈액순환을 시키기 위해서는 사로 시키고. 허리가 좀 아픈 데는 그런 거를 좀 빼주면 훨씬 낫지요. 피를 빼는 거는 사에 속하지요. 사혈(瀉血)이지요.

연구자 : 이런 걸 치료 안하고 방치하면 심해져서 쓰러지는 것 아닙니까?

침구사 : 그렇지. 여기 디스크도 오고 좌골신경통도 오고요. 여기 디스크 오면 좌골신경통이 와서 [다리] 밑에까지 쫘~악 땡기는 기라. 그걸 방지하기 위해 침으로 치료하는 기라.

연구자 : (연구자 아내의 병증을 생각하며) 어깨까지 영향이 갑니까?

침구사 : 어깨까지 가지. 그래서 보사가 중요하지요. (환자의 허리 부분에 장착해두었던 부항기를 제거하자, 검붉은 피가 빠져나왔다. 이를 닦아내고 부항기를 원래 위치로 옮겨놓은

　　　　후 모든 시술을 끝낸 듯) 이제 됐어.

환자 : 아이구! 예전에도 혈액이 막혀가지고 한번 왔었는데 이번에
　　　　도 무리를 해가지고 … 사부작사부작 색시걸음으로 왔어요.
　　　　어지러워가지고요. 흔들려가지고요.

연구자 : 연배가 어떻게 되길래, 이렇게 신경을 많이 쓰세요?

환자 : 올해 오십인데, 며칠 전에 한번 몸에 마비가 되어가지고 경
　　　　직이 되어가지고 쓰러져버렸어요. 어른(침구사)이 예전 저기
　　　　있을 때도 … 예전에도 허리가 아파가지고 여기에 한두 번
　　　　다녔어요. 그러니 먼저 생각나는 기 의사 선생님이더라고요.
　　　　지금은 영천으로 이사 가서 살아요.

연구자 : 그러면 영천에서 여기까지 왔습니까?

환자 : 예. 머리가 시월해서 날아갈 것 같습니다.

침구사 : 내일 일요일 쉬었다가 모레쯤 한 번 더 와요.

환자 : 월요일 날요?

연구자 : 침술이 참 신기합니다.

침구사 : 침술이 그 참 퍼뜩(빨리) 낫는 데는 … '일침이구삼약'이라
　　　　고 했어요. 첫째는 침이고, 둘째는 뜸을 뜨는 기고. '삼약'
　　　　이라. 끝에 가서는 약을 쓰라는 거지요. (환자대기실의
　　　　벽에 걸린 액자를 가리키며) 저기 밖에다 써 붙여 놓았잖
　　　　아요?

연구자 : 왜 이렇게 순서를 정해 놓았습니까?

침구사 : 첫째가 침이고, 둘째는 뜸을 뜨는 기고. 셋째, 그래도 안
　　　　될 때는 약을 쓰라 이 말이지요. '일침이구삼약'. 침이 효
　　　　과가 제일 빠르다 이 말이지요.

침구사 : (환자가 시술료를 지불하려 하자) 1만원만 내라.

환자 : 이렇게 좋게 치료를 해주시는데 … (침구사가 1만원만 받으
　　　　려고 해도 환자는 기꺼이 2만원을 내놓으며) 월요일에 다시
　　　　오겠습니다.

침구사 : (진료 및 시술실 안에서 환자를 배웅하며) 잘 가요.

■ 침구 전통 계승의 한계와 침술 원리

전통침술이 이렇게 좋은데 … 양의처럼 몸에 칼을 대는 것도 아니고 이렇게 수월하게 환자를 치료하는데 … 이런 전통이 국가적으로 인정도 못 받고 후배들도 안 나오고 그렇지요. 후배 양성도 안 되고 지금은 안타깝지요. 아무리 노력해도 안 되네요. 그래서 지금 어떻게 해가지고 그 침사법(鍼師法)이 통과되도록 만들어야 되는데. 한의사들 반대도 커지요. '우리가 침을 하는데 침법(鍼法)을 새로 만들 게 뭐 있느냐?' 이렇게 하는데. 한의사들이 침을 제대로 못해요.

한의사들이 사용하는 침은 가늘고 조그맣습니다. 그거는 침의 일부에 속하는 거지, 전체 침에 대해서는 공부를 안 해요. 6년 동안 [한의학 공부를 하되] 16시간 배워가지고는 기초조차 하기 어렵지요. 침을 배우는데 모두를 배울 여가가 없어. 한의사 공부하면 침을 기초만 가르치는 기라. 학교 나와가지고 어느 침술학원에 가든지 다시 배워야 되지. 그래도 우리나라 법이 한의사는 침을 놓아도 된다고 되어 있거든. 그 문제에 대해 우리가 소송을 해서 이겼어요. 저거가 졌어요. 서울 한의사협회 회장 같은 사람[4]은 침 안 놓습니다. 원칙으로 치면 한의사는 침 못 놓게 되어 있는데. 하지만 침을 놓아도 괜찮다고 인정을 해주고 있으니까요. 한의사들은 자기들이 침을 놓기 때문에 침을 저거가 하는데 더 이상은 사람들을 새

---

4 1954년 제1회 검정시험 출신으로서 제8, 9대 한의사협회 회장을 역임한 바 있는 원로 한의사 배원식(裵元植). 그는 1954년 한의사 국가검정시험을 통해 한의사 면허증을 발급받을 때는 침구 시술 행위가 검정과목에서 제외되어 있어 자신의 한의사 면허는 한방약재 의료만을 전담하는 면허범위에 해당되므로 침구시술을 행할 자격이 없다고 주장했다. 따라서 그는 과거 한의사 면허자를 현행 의료법에 의한 한의사 면허자와 동일시하고 무조건 의료보험 요양기관으로 지정함은 맞지 않다고 하면서 1995년 8월 '의료보험 요양기관 강제지정 취소에 관한 청원서'를 관련기관에 제출하기도 했다. <약업신문> 1995. 9. 4.

롭게 양성할 필요가 없다는 식이지요.

한의사들은 저거도 전통 침술을 해야 되겠다는 것은 알고 있지요. 한의대를 나와 가지고도 침구 강의하는 데 와서 침을 배우는 사람도 있어요. 저거도 배워야 해요. 저거도 해묵을라면요. 이런 생각에서 간혹 나한테도 침술을 배우러 오는 사람들이 있습니다. 내가 서울 있을 때 '창성침술원'을 하면서 한의사를 하나 데리고 있었지요. 조수 식으로요. 자기가 침술을 배우기 위해 들어와서 데리고 있었던 적이 있어요. 몇 년 동안 그렇게 했지요. 내가 침구시술 하는 모습을 보면서 그리고 중간 중간에 내가 [학술적인 내용과 방법을] 이야기해 주기도 하고요. 자기는 한의사니까, 자격이 있으니까 써먹을 수 있는 기라. 배워놓으니까. 한의과대학 16시간 가지고는 옳은 침쟁이가 안 되지요.

양방 쪽으로 보면 의술 분야가 온갖 영역으로 전문화되어 있는데, 한방에서도 전문침구사가 필요한데 안타까워요. 우리나라 침법이 통과 안되어가지고 양성을 못 시키니까 우리가 침구사로서 한 가지라도 가르치려고 애쓰지만, 가르쳐 놓아봐야 이놈의 게 돌팔이 침쟁이 밖에 안 되니인제는 가르치려고 힘도 안 쓰고요. 이제는 기억력도 없고 가르치는 것도 안하기로 했어요. 예전에는 내 개인적으로 가르치는 공간을 만들어가지고 좀 가르쳤어요. 배우려고 오는 사람이 많았어요. 가르친 사람들이 자기 업을 제대로 할 수 있고 해야 되는데, 그래야 보람도 있고 하는데, 그게 안 되니 안타깝지요. [내가 가르친 사람들이 기백 명을 될 거요. 유진식이라는 사람은 아직까지 가르치고 있어요. 그 사람은 침을 조금 … 우리하고도 [침술]학회를 같이 했고요. 학회 회장을 시켜놓기도 했어요. 침술학회가 따로 있어요. 침술 가르친 사람, 침술을 배운 사람들이 모두 참여했지요. 대구사람들이 모였는데, 지금은 없어져 버렸어요.

아까 그 환자처럼, 그렇게 몸 상태가 안 좋아가지고 들어와서 침구술로 곧바로 좋아져가지고 나가잖아요. 이런 걸로 봐서도 '아~ 우리 전통

침술이 참 이렇게 좋은데 전통이 이어져 나간다면 얼마나 좋겠나.' 하는 생각을 새롭게 해봅니다. 하지만 그게 맘대로 되지도 안하고 … 세상이 그러니까요. 우리나라에는 침구 관련 법이 그 모양으로 되어 있으니까요.

침구시술의 기본원리는 무엇인가? (조금 전의 시술 환자 사례를 지칭하며) 그 사람이 어지럽고 머리가 아프고 고개를 못 들고 했으니까 그에 대한 치료법을 시행한 기라. 환자마다 치료법이 틀리지요. 나는 그걸 이전까지 익힌 경험방으로서 치료해 준 기지. 아까 그 환자의 경우에 침을 꽂고 뜸을 뜨잖아요. 머리가 아프다고 했는데, 그럼 환부가 아닌 복부에다 침을 놓고 뜸을 뜬 것은 위장을 좋아지게 하고 신경안정을 시키기 위해서지요. 머리에도 침을 놓아야 돼요. 이 환자는 위가 좀 안 좋았어요. 소화불량도 되고요. 그래서 그렇게 하고. 하초(下焦)가 혈액순환이 안 돼. 마비증상이 와가지고. 그래서 혈액순환을 시켜준 거지. 그렇게 하면 온 몸에 혈액순환이 잘 되고요. 복부에다 뜸을 딱 두 군데만 뜨는데, 거기도 많이 뜸을 들라면 뜰 수는 있어요. 배 밑에도 배 구멍 주위에도 다 뜰 데도 있지만, 우선 그렇게만 해도 안정이 되니까요. 침구 시술 과정에서는 보사 원리도 적용이 되었지요.

침은 여러 종류가 있어요. (긴 침을 들어 보이며) 좌골신경통이 오거나 할 때는 이렇게 긴 침을 두지요. 깊게 찌르지요. 좌골신경통 저기에는 '환도'라는 혈(穴)에다가 저게 다 들어가도록 침을 줘요. 여기에다 한 대 침을 찌르면 발가락 끈탱이(끝)까지 자극이 가요. 본인이 알지. '아이쿠!' 카고 느낄 정도지요. 신경자극을 줌으로써 안 통하는 신경을 , 마비된 신경을 깨워주는 역할을 하는 기라.

긴 침을 놓는 것은 거기에 해당하는 혈이 깊숙이 들어있기 때문이지요. 엉치(엉덩이) 같은 데, 살찐 사람들은 침이 깊이 들어가야 되거든. 그래야 신경이 맞치지니까(신경을 건드려 자극되니까) 그렇지요. 신경이 깊이 안 들어가도 되는 장소에 있는 거는 작은 침으로 좀 적게 꽂고요. 뼈가 있는 요런 데는 [침이] 많이 안 들어가요. 그런 데는 작은 침으로 시술하지요. 이런 사실들을 모두 알아야 돼요. 그러니 침은 다양할 수밖에요. 내가 쓰는 것만 해도 20종이 넘을 걸요. 침이 이렇게 다양하다는 거는 깊은 혈에 꽂는 것과 얕은 혈에 꽂는 것이 모두 다르기 때문이지요. 몸에 따라서 … 사람이 살이 많이 쪘는 기 있거든. 이런 데는 긴 침이 아니면 그 신경에다 침을 줄 수가 없어요. 아이고~ 침도 해보면 재미도 있어요. 옆으로 비스듬히 침을 주는 데도 있어요. 여기에 신경이 마비되었다면 한 군데만 주어서는 안 되고 옆으로 찌르면 주위에 자극이 모두 가해지는 수가 있어요. 그런 때 그렇게 해요.

■ 의뢰인으로서 침구 시술 참여 관찰기

연구자는 상당 기간 동안 허리 통증과 족부 저림, 어깨 근막통증, 충동증후군 등으로 어려움을 겪어온 아내(44세)의 병을 치료하기 위해 구술자를 만나 3차례(2008.5.9/5.13/5.17)에 걸쳐 침구시술을 받았다. 연구자는 의뢰인이자 환자의 보호자 입장에서 침구 시술의 원리와 시술 과정 등에 대해 질문을 하고 관찰하면서 사진도 촬영했다. 다음은 3차례의 침구 시술에 대한 참여관찰 내용을 정리한 것이다.

제1일차에는 우선 환자의 병증에 대해 진단(집증)했다. 구술자는 망진(望診)과 함께 맥을 짚어보고(脈診) 간단한 문진(問診)을 한 후 과도한 신경성과 스트레스로 인한 체내 기혈(氣血) 소통의 원활하지 못함에 일차적인 원인이 있는 것으로 판단하고 사혈(瀉血), 시침(施鍼), 뜸 시술 등을 차례로 행했다.

연구자는 시술과정을 디지털 카메라로 촬영함과 동시에 경혈과 치료원리 등 관련 내용들에 대해 질문했다. 부항 사혈과 침구 시술의 기본 목적

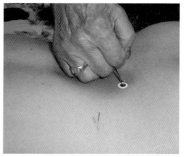

| 합곡혈 시침 | 침과 뜸 시술(신유혈) |

은 체내에 정체된 기혈의 원활한 소통을 도모하는 데 있었다. 2, 3일차에는 1일차처럼 자세한 진단 절차는 생략한 채 "좀 어떠냐?"는 간단한 질문 후 곧바로 침구 시술에 들어갔다. 시술은 인체 부위별로 해나갔는데, 순서와 절차는 다음과 같다.

첫째, 머리, 목, 어깨, 팔 부위를 중심으로 시침 및 부항 사혈을 했다. 먼저 머리 부위의 백회혈(百會穴)과 상성혈(上星穴), 목 부위의 천주혈(天柱穴)과 풍지혈(風池穴), 어깨 부위의 견정혈(肩井穴)과 견우혈(肩髃穴), 팔 부위의 수삼리혈(手三里穴)과 곡지혈(曲池穴), 합곡혈(合曲穴) 등에 차례로 시침했다. 그 다음에는 어깨 부위 견정혈(肩井穴)과 견우혈(肩髃穴), 엄지손톱 위에 각각 사혈했다. 좌측 어깨 부위 통증이 심했으므로 견정, 견우혈 두 곳 모두 사혈했으나 우측은 견정혈에만 사혈했다. 엄지손톱 부위에는 좌우 모두 사혈했다. 시술을 마치기 전에는 최종적으로는 머리 여러 곳을 침으로 얕게 꾹꾹 찌르면서 눈썹 미간과 인중 등에도 가볍게 침을 놓았다. 백회혈, 상성혈, 천주혈 등의 시침으로는 신경 안정 효과를 냈다. 견정혈과 견우혈, 수삼리, 곡지, 합곡혈, 엄지손톱 등의 시침과 사혈은 기혈 순환을 도모한다.

둘째, 몸통 부위 중 복부에 대한 침구 시술이다. 배꼽을 중심으로 상완

(上脘), 중완(中脘), 기해(氣海), 관원(關元), 중극(中極) 등의 상하부 여러 혈 자리에 먼저 시침한 후 뜸을 각 3~4장(壯) 차례로 놓았다. 뜸은 둥근 금 박지 가운에 구멍이 뚫린 '구로지'(灸路紙)를 시침 부위에 붙인 다음 강화 뜸쑥을 쌀알 크기로 말아 세운 후 향불로 불을 붙여 놓되, 기운이 식기 전에 재빠른 동작으로 차례로 놓았다. 상완, 중완혈의 시침과 뜸 시술은 위장, 간장의 기능을 강화시킨다. 기해혈의 시침과 뜸 시술은 신경안정을 도모한다.

셋째, 몸통의 등 부위에 대한 침구 시술이다. 허리 부위 양쪽의 신유혈 (腎兪穴)과 엉덩이 부위의 팔유혈(八兪穴) 두 곳에다 시침하되, 뜸은 신유 혈 양쪽에만 3~4장 계속해서 재빠른 동작으로 놓았다. 신유혈은 체내 음 기를 관장하는 신장 기능과 밀접하게 관련되는 혈 자리로서 침구 시술을 통해 음기를 보한다. 구술자는 머리 부위를 비롯한 상초로 열이 상승하는 것은 음기를 관장하는 신장 기능이 약화된 것이므로 신유혈에 침과 뜸 시술을 일정 기간 지속적으로 행할 필요성을 강조했다. 따라서 구술자는 신유혈에 '시침 → 사혈 → 뜸 시술' 등의 순으로 복합시술을 행했다. 신 장 기능이 약화되면 남성은 소변을 자주 보고 시력이 감퇴된다. 반면, 여 성은 하초가 냉해져서 혈액순환 장애에 더하여 열이 상초로 상승하여 두 통을 유발시킨다. 팔유혈의 시침은 좌골신경통 치료와 관련된다.

뜸 시술은 위장, 간장, 신경, 대장 기능을 강화함은 물론 소염, 진통효 과를 도모한다. 즉 몸속의 염증을 제거하고 기혈을 보(補)한다. 동시에 백 혈구 수를 증가시켜 체내 면역력을 강화시킨다.

넷째, 하체 부위에 대한 시술이다. 하체 앞 부위에는 족삼리(足三里), 곡지, 합곡혈 등에 차례로 시침했다. 하체 후 부위에는 앞 부위와 대체로 유사한 지점의 혈 자리에다 시침했다.

침구 치료와 부항 사혈의 정도(회수, 뜸 놓는 장 수, 사혈 범위)는 환자 의 체질과 병증의 상태 등에 따라 조절된다. 침구의 보사법은 이 과정에

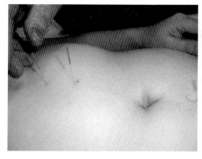
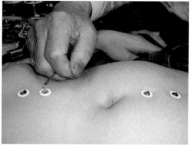

| 복부 시침(상완, 중완) | 뜸(중완) |

서 세밀한 분석과 판단으로 발현된다. 뜸은 뜸봉의 크기에 따라 '굵게 뜨거나 혹은 작게 뜬다.' 뜸의 수는 '장'(壯)으로 표현하는데, '장'은 뜸봉 1개의 힘이 장정 한사람의 힘과 같다는 데서 유래한다.[5]

제2일차의 시술은 1일차와 유사한 방식과 절차에 따라 이루어졌다. 제3일차에는 환자가 침구 시술 후 상당한 기력 하강 증세를 호소했다. 1, 2일차와 유사한 경로와 방법으로 침구 시술을 행하되 시술의 혈 자리 수와 시술 횟수가 다소 줄어들었다.

■ 환자 진단법과 침술원 물증

병증 진단은 맥으로 보는 수도 있고, 본인한테 들어가지고 아픈 자리를 아는 수가 있는 기고. 들어가지고 하는 그거는 '문진(問診)'이라고 합니다. 벌써 '저~' 카면 이거는 '뭣이 왔구나.' 하는 걸 알 수 있습니다. 안색도 보지요. 사람 봐가면서 하지요. 여러 가지 종류가 있어요. 그래서

---

5 백두현, "『침구경험방언해』의 해제와 주해", 『嶺南學』 2, 경북대학교 영남문화연구원, 2002, 182쪽.

인자 우리 같이 늙은 사람들은 오랜 경험방으로서, 자기가 경험해 나온 방[법]으로서 치료해 주지요. 인제 뭐 때가 늦어서 … 지금 하마 육십 대만 되어도 서울 같은 데로 올라가 가지고 좀 광범위하게 해봤으면 싶지만, 이제는 때가 늦었어요.

내가 미친병 같은 거 치료하고 할 때, 미쳐가지고 막 나대는 것도 침을 맞고 낫아가지고 소문 듣고 찾아오는 경우도 많고요. 또 중풍 환자가 걷지도 못하는 거를 [침구술로] 치료해가지고 걸어 나가도록 하고요. 리어카 타고 실고 들어와 가지고도 걸어서 나가도록 만들기도 하고요. 그런 치료 사례들이 많아요. 그런 사람들이 자꾸 선전해서 다른 손님들이 많이 찾아오기도 했고요. 미친 환자들은 발목을 채워놓고 치료하기도 했어요. 요즘은 그런 시설도 없고, 전부 정신병원으로 가지요. 예전에는 이런 환자들을 못나댕기도록 묶어놓는 시설을 만들어 놓기도 했었지요. 이런 환자들을 가두어 놓고 치료했는데 어떤 경우에는 한 달 넘도록 장기간 치료하기도 했어요. 처녀 하나는 미쳐가지고 나돌아 댕기는 걸 깨끗이 나수어 가지고 지금 잘 살고 있기도 해요. (여러 가지 표징이 걸려 있는 벽면을 가리키며) 저기 걸려 있는 것처럼, 창녕노인회 회장도 중풍이 낫아가지고 '감사장'까지 보내왔어요.

침 종류가 많아요. 침하고 뜨는 거 하고요. 침하고 구(灸)가 주지요. 그거로서 다 하는 거지요. 저거는 부항도구지요. 피 빼는 도구지요. 부항 붙여가지고 어혈(瘀血)이 맺혀 있는 거를 피를 빼주면 금방 시원해져요. 침과 구, 부항도구가 가장 기본이지요. 뜸은 '강화뜸쑥'을 많이 사용하지요. (구로지와 강화뜸숙 세트를 가리키며) 이걸 침구원에서 많이 써요. 이게 효과가 제일 나아요. 요즘 [쑥을] 똘똘 말아가지고 그냥 붙여놓고 불 지르는 것보다 이게 더 나아요. 침구사들은 이걸 가장 많이 써요.

(침술원 벽면을 가리키며) 저건 경혈도(經穴圖)인데, 364혈 자리가 전부 표시된 거지요. '인체경맥경혈도'는 4종류가 있어요. 요거는 옆이고(측면

침구시술 수가표 　　　　　　 창성침술원 내부

도), 조거는 앞이고(정면도), 저거는 뒤로 해놓은 거고(후면도), 전부 달라
요. 또 저거는 마름모꼴 모양으로 앞뒤를 만들어 놓은 거지요. 저거는
'침구사 정회원 인장(印章)'이지요. '침뜸' 해가지고 '사단법인 대한침구
사협회 정회원지장(正會員之章), 성낙도, 경북 제5호'라고 적혀 있지요. 경
북도에서 침자격증 가진 사람 중 5번째라는 거지요. 지금은 모두 죽고
대구에 두 사람 있어요. 저거는 대구가 경북에 포함되어 있을 때 나온 겁
니다. 지금은 대구와 경북이 한데 업혀가지고 있는데, 인자 사람이 다 죽
어뿌고 없어서 별 소용이 없지요. 저거는 '정회원'이라는 표시지요. 저거
만든지가 한 20년 넘었지요. 오래 되었어요.

　'침구시술 수가표'도 있어요. 1회당 침 시술은 3만원 받으라고 해놓고
있는데, 또 구(灸) 시술도 3만원 받고, 왕진은 10만원씩 받으라고 하고 있
는데 저걸 못 받고 지금 내가 여기서 1만원밖에 안 받아요. 한 사람 보통
그냥 치료하고 가는 걸요. [침구사협회에서는] 3만원 받으라고 하는 걸 1
만원밖에 안 받아요. 한의사들은 보험을 받거든요. 그러니 침 시술 1만원
을 받아도 저거는 괜찮지마는 우리는 안 되지요. 그러니 마카(모두) 거기
로 다 가고 손님이 안 오는 기라. 그러니 1만원씩 받고 … 노느니 장난삼

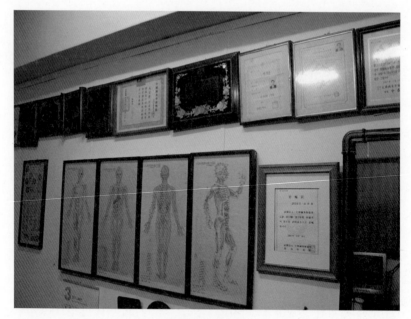

경혈도와 표징들

아 하고 있는 기라. 보험을 우리도 해줄라 카는 거를 숫자가 적어가지고 전국적으로 회원이 몇이 안 되니까 보험을 하나마나라. 서울에서는 5만 원씩 받고 있어요. 1회 시술료를요. 그래도 지방에서는 안돼요. 전부 한 의사한테로 다 가고요. 그러니 여기로 오나요. 어디. 그러니 1만원씩 받는다 카니까요. 실제로 '침술 수가표'에는 침 시술료가 3만원, 구 시술료 (뜸·부항) 3만원, 왕진료 10만원으로 되어 있어요. 1998년도에 침구사협회에서 공통으로 정한 거지요. 공식 단가 택입니다. 실제로는 그렇게 못 받습니다. 비싸다고 안 오니까요. 그러니까 조금 전 영천에서 온 그 환자가 침 맞고도 내가 1만원만 내라 카니까, 2만원 주고 가는 기라. 그거는 침술을 오래 해가지고 경험이 많은 사람이라 생각하고 그러는 기지. 또 그 사람은 사정을 좀 아니까 그렇지. 그런 부분이 있지요.

'침구사협회 회원증'도 있습니다. '위는 본 협회 회원임을 증명함. 1990년 10월 25일. 사단법인 침구사협회 회장 임수성'으로 되어 있지요 지금은 회장이 신태호 씨로 바뀌었어요. 침구사협회에서 수여한 침구사 보수교육 수료증과 감사장도 있네요. '귀하는 의료법 제28조 제2항에 준용하여 본 회가 실시한 1993년도 회원 보수교육 전 과정을 이수하였기에 본 증을 수여함. 1993년 회장 신태호.'라고 되어 있지요. 2년에 한 번씩 보수교육을 받아요. 감사장은 일본 경도(京都)에서 개최한 세계침구학회 연합회 제3차 총회 참석과 더불어 한국침구의학 발전에 기여한 공로로 받은 겁니다.

'대한침구사협회 자문위원 위촉장'도 있어요. (또 다른 '감사장'을 가리키며) 저거는 내가 환자를 치료해주고 그로부터 받은 '치병 감사장'이지요. 거기에는 '신경성 안홍병으로 30여 년간 고통 속에 살던 중 침구치료를 60여 일 동안 받은 후 치료되어 그 은혜에 보답하는 뜻으로 이 감사장을 드립니다.'라고 적혀 있어요. 1985년에 받은 겁니다. 그런 사람들이 침 맞고 나았다고 감사하다고 나한테 준 거지요. 내가 창녕 있을 때입니다. 그곳 노인회 회장입니다. 회장 그 사람이 나한테 직접 치료를 받았어요.

저거는 대만에서 학회하고 난 뒤에 받은 '중국침구학회 학회장상'이지요. 그 외에 '경북침구학회 감사패', '전국침구학회 감사패' 등등 그런 감사패는 많아요. 여기도 있고, 저기도 있고. '세계침구학회 표창장'과 '공로패'도 있습니다.

내가 천도교를 믿어요. 손병희 선생은 3대 교조이고, 최제우가 천도교 시조이고. (벽면을 가리키며) 저기 나무로 양각된 '인내천(人乃天)라는 것이 천도교 문장(紋章)이거든. '사람이 곧 하늘이다.'는 뜻이지요. 저기 대구 앞산 밑에 가면 천도교 총본이 있는데, 내가 교구장을 15년 간이나 하고 있어요. 천도교 남구교구지요. 대구시교구도 있는데, 대구에는 교구가

두 군데밖에 없어요. 경주 현곡리에 가면 유적을 잘 정비해 놓았어요. 천도교를 믿은 지가 오래 되었어요. 40년 넘게 되었지요. 내가 창녕 있을 때도 거기도 천도교 교구가 있었는데 거기서부터 다녔어요. 그러므로 50년도 더 되었네요. 특별한 인연은 없어도 일찍부터 교회에 입문하고 천도교에 나왔지요. 가족들도 모두 믿어요.

(벽면을 가리키며) 기타 침술 관련 글귀를 적은 다음의 여러 종류의 액자 표구들도 벽면에 걸려 있습니다. '춘화추실(春花秋實)' 저거는 의술하고는 아무 관련이 없지만, 전북침구사협회가 있는데 거기 전북 사람 회원 한분이 붓글씨를 잘 써요. 나한테 써주고 갔어요. '봄에 꽃이 피고 가을에 열매가 맺는다.'는 뜻이지요. 자연의 이치지요. '이침혈위도(耳鍼穴位圖)' 저거는 귀에도 침을 놓는 혈을 표시한 겁니다. 귀에도 오장육부로 혈이 흘러나오는 게 있다 이거지요. '내장척수신경분포표(藏脊髓神經分布表)', '정체술료법척수진단표(整體術療法脊髓診斷表)' 이거는 온 몸의 바르지 못한 부분을 교정하는 데 참고가 되는 자료입니다. 그 외 '오행경혈도(五行經穴圖)'도 있지요.

환자대기실 벽면에는 다음의 액·족자들도 걸려 있다. ①'일침이구삼약(一鍼二灸三藥)' ②'재실만고건실무용(財室滿庫健失無用)' ③'인내천(人乃天)'(성낙도 자서) ④'명의능해회생술(名醫能解回生術), 양약나무불노방(良藥那無不老方)' ⑤'십사경맥혈위해부괘도(十四經脈穴位解剖掛圖)' 3종(正·側·後方)

■ 전통 침구의 현실과 침구제도 부활 노력

교육 삼아 중국도 다녀오고, 일본도 갔다 오고 했지마는, 이제 하나도 기억이 없어. 이런 나라들에는 봉사활동도 하고 단체로 가서 교육도 시키고요. 침구사협회에서요. 해외에 가면 배우려고 하는 사람들이 상당히 있어요. 대한침구학회가 지금도 있어요. 상당히 숫자가 많아요. 학회는 학회대로, 침구사협회는 협회대로 움직여요. 학회는 침구사협회 협조를 안 받으면 교육이 안 돼요. 서울에 신태호라는 사람이 '신침술원'을 하는데, 그 사람이 수고를 많이 해요. 그 사람은 중국으로, 동남아로 안가는 데가 없어요. 나이가 팔십이 넘어요. 모두 알지요, 옛날에는 600여 명의 기존 회원이 있었는데, 이제는 100명도 안돼요. 전국적으로요. 이젠 이게 말살되는 기라. 이걸, 침을 살려야 되는데 … 우리나라에는 이걸 살려야 되는데, 못 살리고 있는 기라. 지금 신태호가 보사부에다가 의뢰를 해가지고 많은 활동을 하고 있는데 법이 … 한의사들이 자꾸 반대를 해가지고 지금 그게 아직까지 통과가 안 되는데 … 그게 곧 될 성 싶은데. 침구를 완전 말살시킬 수는 없고.

지금 학회에서 교육시켜 놓은 게 전부 헛일이라. 영업을 못하니까요. 입법만 시켜놓으면 교육 좀 받아가지고 침술원 할 만한 사람들이 쌨는데 (많은데) 안 돼. 실력 있는 분들이 많아. 학회 회원 중에 실력이 상당한 사람들이 많아요. 대구 유진식 씨 같은 사람도 귀가 좀 어둡기는 하지만, 학술에는 상당히 잘 하는 편이라. 침구학회 대구지회 회장도 했어요. (침구 현실을 개탄하는 듯 한숨을 내쉬며) 그 사람도 "인제 배워가지고 언제 침술 해먹겠나?" 카면서 요즘은 조금 무관심해요. 젊은 사람들은 아직 많이 있어요. 아이구~.

그때는 시험을 치곤했는데, 이제는 시험제도가 없어져 버렸지요. 당시에는 시험을 치고 했어. 이제는 제도가 없어져가지고 전부 죽은 사람이나 마찬가지라. [법조항을] 없앴지만, 침술 자체는 없앨 수도 없어. 침술이라 카는 것은 한국 역사인데. 세계에서 침[술]이 대한민국이 제일 종주국인데. 대한민국이 종주국이고, 그 다음에 일본, 중국 전부 다 있지마는 침의 종주국은 한국이라. 너무 치사해. 넘사시럽어(부끄러워). 법이 없어져 버렸으니까.

그러니 그걸 살리려고 신태호가 지금 애를 많이 써. 많이 애를 쓰는데 안 되네. 또 서울에 김남수 씨라고 한분이 있어. 뜸의 일인자라. 그 사람도 침을 많이 한 사람인데. 침도 … 이제 다 죽었어. 단지 살아있다고는 하지만, 그걸 입법을 해가지고 우예든지 해가지고 맹글어(만들어) 놓고 죽어야 되는데. 그래야 대한민국 침이 살지. 대한민국 침이 완전히 말살 단계에 와가지고 있거든.

지금 침구사협회가 아직 살아 있지만, 의료보험제도가 없거든. 보험 제도를 하라 캐도 안 하고. 사람 한 50여 명 가지고 어떻게 하나? 침구 시술 가격은 지금 '시술료 3만원, 왕진료 10만원 받아라.' 캐 놓았지만, 저거 다 헛일이라. 지금 마~ 저거는 [협회에서] 지정한 거지만, 저게 인제 제도가 안 되는 기라. 안 되니까 … 서울에서는 [1회 시술에] 3만원 받고 있는데, 부산서도 3만원 받고 또 이래 하는데, 대구서는 1만원 받아도 비싸다고 하거든. 응. 뭐~ 돌팔이가 5천원 받고, 3천원도 받고 이렇게 하니까 안 되는 기라. 그래서 현재 1만원씩 받고 있어요. 그러므로 빨리 무슨 대책을 세워서 법을 살려 놔야 되는데 … 침구를 빨리 살릴 수 있는 노력이 절실하지요.

(침구가 처한 현실을 국민들에게 올바로 알림으로써 침구법 부활 노력의 당위성에 대한 여론 확산이 필요하다고 말하자) 침구 현실에 대해 모르는 게 많지요. 국민들이요. 침구 현실을 모르는 게 대부분이지. 종주국이고, 한국의 역사와 문화이고. 또 간편하고 돈도 적게 들고 … 장점이 많고말고요. 장점이 굉장히 많은데 이걸 안 살려주고 있으니 말이지. 논문을 쓰든지 우예든지 이걸 살리려고 노력해 보세요, (웃으면서) 그렇게 하면 이름이 난다. 참말로. 김남수, 신태호 같은 사람들은 보사부나 청와대나 침놓으러 안 댕기는 곳이 없거든. 그 사람들은요. 지금도 댕겨요. 그

사람들, 청할 사람이 없으니까 침구협회 회장단, 신태호니 김남수니 그 외 몇 사람이 있지마는 다 이제 나이가 들어 정신이 없어요. 청와대 등에 침놓으러 가는 것은 이걸 알리기 위한 거지요. 또 요청도 하고요. 저거도 침을 살려야 한다는 생각은 하고 있는데. 그렇게 댕기고는 있지만, 아이 고~. 국회에도 들어가고, 서울서는 데모도 하고 한때 야단을 지우기도 했는데. 이걸 통과시켜주지 않는 기라. 한의사들이 더구나 반대를 해가지 고 그래가지고 이걸 통과시켜주지 않는 기라.

그러니 이게 완전 말살되는 기냐? 아니면 침구사법을 살리느냐? 교육 은 많이 시켜놓았어요. 신태호도 많이 시켰고, 김남수 같은 사람도 시켰 고. 대구에서도 학회 회원이 많아요. 많은데 … 나도 많이 시켰고, 진기 업 씨도 교육을 시켜놓았지만, 헛일이라. 다 헛일이라.

침구대학이라고 별도로 없고. 인제 경희대 같은 데, 한의과대학에서 침 을 가르치는 기라. 6년 동안 침을 16시간 배워줘. 16시간 배워가지고는 그 뭐 기초도 몰라. 그러니까 한의과대학 졸업 맡고 나와서도 또 학원에 가서 배우고 하지. 내가 서울에 있을 때 한의사들 몇 사람을 가르치기도 했어요. (다소 허탈한 표정으로) 우리 집에 데려다 놓고 가르치기도 했는 데, 다 헛일이라. 가만히 생각해보니 참 서글픈데. 참말로.

(한의과대학 침술 내에서 전통 침술 교육의 내실을 기하는 것도 한 가 지 방안이 될 것이라는 의견을 말하자) 한의과대학에서 침술 교수로 일할 수 있는 사람은 많은데 … 공부를 시키는 것은 좋은데 … 공부 그리 뭐~ 한의대에서는 약 파는 게 목적이지. 그 사람들은 약을 가지고 전문 으로 하는 기지. 침 놓아가지고 돈 번다 카는 거는 안 되거든. 약을 팔아 야 돈을 벌지. 그런께 저거는 형식적으로 그걸 한다고 카지마는.

재판까지 한때 한번 하기도 했어요. 우리 침구사협회하고요. 재판까지 했는데, 한의사 측에서 졌거든. '[법에서는] 규정[된] 단체가 있는데, 너희 가 왜 이걸 하노?' 카면서요. 그런데도 그걸 통과를 안 시키거든. 지금까지 침구법 통과를 위한 노력을 협회에서 많이 해왔지요. 해와도 숫자가 적으니까 그걸 통과를 안 시키는 기라.

일부 국회의원들도 침구협회 입장을 옹호해서 법안을 만들어 추진하기도 했지만, 그게 안 돼. 골치 아파. 인제 침이 말살되는 긴가 … ? 기존 침구원을 꼭 살려야 돼. 살려야 되는데, 지금 학회 나온 아이들 숫자도 많은데 … 교육시켜 놓은 게 마카(전부) 아깝다 말이야. 그게 마카 돌팔이가 되고 마는 기라. 자격이 없으니까. [국가에서 제도를 만들어 자격 검정을 하면 되는데 그게 현실적으로는 안 되는 기라. 한의사 단체에서는 "우리가 하고 있는데, 너희들이 뭘 인제 할라 카노?" 격이지요. 대한침구사협회가 사단법인으로 뚜렷이 살아있는데, 이걸 통과 안시키는 기라. 전국적으로 침구사가 이제 50명도 안돼.6 (한숨을 내쉬며) 그러니 이게 안되는 기라. 사람이 부족이라.

■ 침(針)의 종류와 대침(大針)

침의 종류는 많아요. 요즘은 인자 수지침 카는 게 있잖아요? 수지침은 여자들이 마카 댕기면서 전신에 하고 있거든. 저거는 법에서도 묵인해주고 있거든. 수지침은 그건 놓아가지고 병신 될 리가 없어. 죽을 리가 없어. 그것 가지고 여기 합곡혈(合曲穴) 찔러가지고 죽을 염려는 없어요. (다리를 가리키며) 그런데 침이 참~ 이런 긴 침이라든지 대침(大針) 같은 이걸 놓으면, 한 뼘이나 되는 이런 침은 엉치 같은 데다 침을 하나 딱 꽂으면 신경이 여기 밑에까지 가는 기라. 자극이요. 그 정도는 알아야 하는

---

6 대한침구사협회 감사인 박외식(朴外植, 75세, 구미 박침진료원)에 따르면, 전국 50
  여 명의 회원들 중 정규 영업을 하고 있는 25명 정도를 제외하면 나머지는 하는
  둥 마는 둥 하고 있는 상태이다.

데, 그걸 모른단 말이야. 이런 침을 사용하는 사람이 별로 없어요. 저걸 사용하면 그게 인자 좌골신경통 같은 거 말이지. 여기 아프면 좌골에다가 저런 침을 한번 꽂으면 침이 이만치 긴데 이게 다 들어가거든.

(엉덩이 부분을 가리키며) 여기에다 꽂으면 발 끈탱이까지 신경이 쫘~악 가지. 신경 자극. 침이 신경 기술이라. 신경에 자극을 줘서 마비되는 신경을 깨워주는 기 침의 역할이거든. 마비되는 신경을 깨워주는 역할인데, 요즘 배우는 사람들은 저걸 꿈도 못 꾸는 기라. 그러니 여자들이 수지침 가지고 뭐 쪼매~ (수지침을 들어 보이며) 수지침도 여기 있지마는 요런 걸 가지고 요기 꼭 찌르고 요기 꼭 찌르고. 뭐 어디 꼭 찌르고 하지마는. 이것도 침의 일부에 속하지마는. 혈을 제대로 잡으면 이것도 효력이 있는데. 일부에 속하지요. 이것만 맞아가지고는 사람 생명에는 관계없어. 죽고 달코 그런 게 없어. 그러니 무면허라도 그냥 내버려두는 기라. 단속 안해요.

뜸도 원래 구사(灸師)가 따로 있고, 침사(鍼師)가 따로 있고 그런 긴데. 그게 따로 따로 해야 하는데, 그냥 놔두는 기라. 수지침이 무지하게 숫자가 많아져 버렸어요. 그걸로 침놓는다 카고 댕기고. 수지침 맞다가 나한테 침 맞으러 오는 사람들이 많아요. 효과를 못봤기 때문이지. 그것 맞아가지고는 병이 낫지를 않아. 그건 낫는 기 아니라. 신경을 깨울 수 있는 기 아니라. 수지침은 침의 일부에 속하기는 한데, 그것으로는 옳게 병을 못고치지.

침이 (30여 개나 꽂혀있는 침통을 가리키며 모두 사용하느냐고 묻자) 모두 사용되지. 가장 큰 침, 대침은 … (긴 침을 빼내 들며) 이런 침은 인제 크고, (좀 더 작은 침을 꺼내며) 요런 침은 인자 '팔유침'이라고 팔유혈(八兪穴)에다가 주는데. 이거는 엉치, 살이 깊은 데 들어가면 엉치 여기 이만치 넣으면 이 밑에까지 신경이 쫘~악 가요. 그게 가야 인제 혈액순환이 되는 기라. 신경자극을 주어서 마비된 신경을 깨워주는 역할을 하는

기 침이라. 그런 기라. 침이 굵기도 하면서 길지. 거기까지 다 들어가야
돼. 엉치는 여기 살이 깊으거든. 그런데 이기 안 들어가면 암만 찔러도
자극인 안 가는 기라. 그러니 이런 걸 놓을 둘 알아야 되는데, 수지침 하
는 사람들은 그런 걸 못해. 작은 침으로는 안 돼. 수지침 하는 사람들은
이런 걸 놓을 수가 없지. 못 놓지. 그걸 놓을 수가 없지. 이것도 가는 것
도 있고 또 굵은 것도 있어요. 팔유혈, 엉덩이 놓는 침이지. 가장 긴 침이
지. 긴 침들도 기늘기가 다르지요.

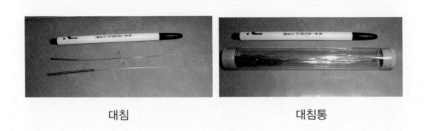

| 대침 | 대침통 |

  이런 것도 짧지만, 굵은 침이지요. 이런 거는 자극을 좀 더 강하게 찌
를라 카면 굵은 걸 찔러줘야 하고. 너무 강하게 안 하려면 좀 더 가는 걸
찔러주고 그렇지요. [침의] 굵기는 자극의 강약과 관계되지요. 침은 자극
을 주는 데 문제가(역할이) 있는 기라. 침놓는 사람이 '여기는 찔러가지고
좀 굵은 걸 찔러야 되겠다. 요거는 좀 긴 걸 넣어야 되겠다.' 카는 위치에
따라서 잘 선택해야 하지요. 그게 제일 중요한 침의 기술이라. 강하게 놓
음으로 해서 자극이 좀 강하게 가고, 약하게 하면 찌르나마나 자극이 안
가고 그런 기라. 그게 제일 중요하지. 말하자면 보사법이라. 보사법 그게
참 어려운 기라. 그걸 옳게 적용시키려면 환자의 병 상태나 체격 조건 등
을 잘 알아야 해요. 그건 시술자의 판단의 영역이지요. 그건 스스로의 내
판단이지. 내가 수십 년 동안 침쟁이 해가지고 '이 침을 찌르니 제일 낫
더라. 제일 잘 따르더라. 팔유침을 줘야 좌골신경통이 낫는다.' 카는 거는

그런 거를 경험해야 하지요. 그게 경험이라. 신출내기(초보자)들은 저걸 겁이 나서 못 찔러요. 저리 찔러가지고 혹시 잘못되면 안 되거든요. 그걸 인제 침을 찌르는 위치도 알아야 되고. 그게 바로 기술이지. 기술이라.

그 다음에 [침이] 조금 짧은 것도 있고 조금 긴 것도 있고. 사람 몸이 살이 깊은 데가 있고, 좀 덜 깊은 데가 있고 이렇거든. 침이 길고 짧은 게 있어. 이게 다 달라. 짧게 놓는 게 있고. 보통 요런 것만 해도 그 위치에 닿는다는 걸 알아야 해요. 인제 그게 문제라(중요한 거라), 인자 그런 기 … 신체 중 엉덩이 부분이 혈이 가장 깊은 곳이지요. 머리는 바로 찌르는 데는 침이 짧아요. 수지침 그것만 해도 돼요. 되는데, 머리도 사침(斜鍼)을, 옆으로 길게 비스듬히 찌르는 것도 있어요. 이걸 인제 '사침'이라고 하는데, 옆으로 찌르는 게 있어요. 찔러가지고 자극을 주는 그게 있어요.

천주혈(天柱穴), 풍지혈(風池穴)이라 카는 게 전부 인자 사침을 해야 하지. 이런 데는 조금 긴 걸 가지고 주어야 하지. (침 하나를 뽑아들며) 이런 게 사용되지. 사침도 좀 길고 짧은 게 있지. 또 가는 것도 있고 굵은 것도 있지. 이런 침은 가늘면서 길고 … 사용하는 침이 많아요. (침통에 꽂혀있는 30여 종의 침을 가리키며) 저걸 다 사용해요. 대략 마 ~ 공통적으로 사용하는 기 있고요.

■ 사혈침(瀉血鍼)과 금침(金鍼)

(칼처럼 생긴 침을 가리키며) 이거는 [살갗을] 째는 거 … 곪은 데 있거든. 그런 걸 째는 거. 수술 한가지지만, 이걸로 째면 수술 안해도 나을 수 있어. 이거는 상당히 굵지. 이것도 침이라. 이게 '삼릉침'(三陵鍼)이지. 끝이 세모가 나 있지. 이게 삼릉침이라. 이건 피를 많이 빼는 데 사용하는

데, 그걸로 싫어해가지고 아프다 카는 사람들은 좀 덜 아프게 하는 것으로 이게 있어. 이건 사혈침이라 카는데, 피 빼는 기라. 그건 한도가 있어요. 사혈침.

(수술용 칼을 가리키며) 그것은 사혈침(瀉血鍼)이라 볼 수 있지. 그것도 침이지. 여러 종류라. (여러 개의 긴 침들이 들어있는 원형의 플라스틱 침통을 꺼내들며) 이렇게 긴 침이 들어있지. 긴 거라. 주로 엉덩이에 놓는 침이지. 이건 '팔유침'이라 카지. 침의 종류가 많아.

(볼펜 모양의 침을 들어 보이며) 이거는 그저 자극 주는 기라. 따끔따끔할 정도지. (연구자의 목덜미를 한손으로 잡고 머리에다 찌르며) 내가 여~다(여기에다) 손을 대~가 있는데, 요걸 주면 내 손이 팔딱팔딱 뛰어. 내 손에 자극이 오지. 그건 신경에 자극을 주니까 신경이 뛰는 기라. 머리가 좀 아프다든지 하면 요런 걸 주면 좀 시원하게 되어 좋지. 침이 여러 종류라.

(주사기 모양의 침 도구를 들어 보이며) 이건 또 '금침'(金針) 넣는 기계라. 금침 이거는 '금침 자입기'라 부르지. 요걸 인자 엉치 같은 데는 길게 인자 요만치 넣고, 어깨나 목 같은 데는 짧게 넣고. 이거 봐요. (자입기에 들어 있는 금침을 보여주며) 금침이 들어 있지요? 금침을 넣어놨는 기라. 금침 주사기가 많은데 모두 같애. 금침은 조금 짧은 것도 있고 긴 것도 있는데, 자입기는 모두 같애. 이렇게 넣어놔야 돼. 이 안에 금침이 마카 들어 있어. 내가 눈이 어두워서 금방 넣어 사용하기가 어려워서 미리 넣은 거지. 내가 돋보기안경 쓰고 끊어가지고 넣어놓은 거지. 그래가지고 살에다가 넣는 기라. 깊이를 조절해 가지고요. 처음 보지요? 온갖 게 다 있어.

이렇게 많이 있어도 인제 물러줄 사람이 없다. 머리 가렵고 하는 데는 또 이런 침이 있다. 이거는 가려운 데 … (연구자 머리에다 다시 침을 놓으며) 머리가 가려운 데 자극을 주면 괜찮아요. 한 번에 침이 많이 들어가지. 열 몇 개 되지. 그것도 치료용이라. 치료가 돼. 머리가 가렵고 한데는 그걸 찌르면 상당히 좋아.

금침과 금침 자입기

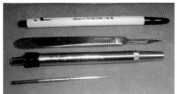

사혈침

침의 길이에는 척(尺) 수가 있어. 길이가 길고 짧은 게 있어. 한 치 6푼짜리도 있고. 한 치 5푼짜리도 있고. 침 길이는 '치', '푼'으로 부르지. (가장 많이 쓰는 침을 가리키며) 이거는 한 치 5푼 정도 되지. 조금 긴 게 있고 조금 짧은 것도 있고. 가장 긴 거 이거는 상당한 치수가 있는데 … 한 여덟 치, 일곱 치? (한 치 5푼짜리 침을 가리키며) 요게 제일 많이 쓰는 기라. 일반적으로 제일 많이 쓰지. 가장 작은 침은 수지침이지. 이걸 내가 쓸 때도 있어요. 그거는 짧게 찌를 때 손마디 있는 데 이런 데 (엄지 손톱을 가리키며) 피 내는 데는 또 이런 사혈침 가지고 하고.

침깨나 놓는다 카는 사람은 수지침을 잘 안 쓰지. 왜냐하면 조금 긴 거 가지고 짧게 넣을 수도 있고, 짧게 이렇게 하다가도 좀 더 길게 넣을 수도 있고 그런 거지. 그런께 수지침 고거 찔러가지고는 탈이 나지 않으니까 그냥 묵인해 주는 기라.

이거는 '구로지(灸路紙)'를 붙여놓고 뜸을 뜨는 기라. 구로지. 간접구(間接灸) 택이지. 구로지는 일본말이 아니라. 뜰 '구' 자거든. 그걸 조금 적게 뜨겁게도 하고. 여기 공기구멍이 뚫려 있어요. 여기로 쑥 찜이 들어가는 기라. 이치가 있도록 만들어 놓은 기라. 이걸 놓고 뜸을 뜨면 덜 뜨겁지요. 수월하고 효력은 많이 있고 그래. 예전에는 쑥을 굵게 해가지고 이만하게 비벼가지고 이만치 이렇게 붙여가지고 뜨는데. 이렇게 뜨는데, 지금은 이렇게 굵게 안 하고 잘게 뜨지. 예전에는 '굵게 뜨는 게 잘 듣더라.' 카면서 그렇게 했지. 그렇게 하니 헐어가지고 진물이 나온다고. 안에 염증이 생긴다든지 … 구로지가 무엇이냐 하면, 저게 진통제라. 잘게 하는 거는 따끔따끔하게 그저 진물 나는 걸 줄이려고 그러지. 효과는 마찬가지라.

쑥은 저렇게 공장에서 잘 갈아서 나옵니다. 예전에는 쑥을 말려가지고 비벼가지고 만들어 했지. 이만큼씩 놓고 뜨고 그랬지. 가정적으로 말이지. 대성침술원에서 배울 때도 이 재료를 썼지. 요즘은 딱 붙여가지고 뜨는 것도 있고, 여러 가지가 나와. 그런데 구로지를 붙이고 강화뜸쑥 가지고 뜨는 게 효력이 제일 좋아. 이게 강화뜸쑥이지. 공장에서 만들어져 나와요.

이거는 부항 뜬 거고, 이거는 부항 피 빼는 거지요. 공기를 땡겨 올리는 거지. 안에다 침을 꽂고 나서 침을 팍팍 놓고 이걸로 공기를 빼내지요. 침구시술에 필요한 도구가 많아요. 뭐 혈압기도 있고, 저것도 고장이 나서 어제 또 하나 사왔어. 혈압도 재봐야지. 전부 소독을 해야지요. 소독함도 있고. 알콜, 에탄올 카는 거지요. 이걸로 손도 닦고. 소독을 잘해야 되지. 침도 전부 소독하고. 고압멸균소독기가 있어요. 침통 이걸 통째로 저기다가 집어넣어버리면 소독이 다 되는 기라. 간단하지. 침만 있으면 침쟁이야 다 할 수 있지. 침구 공부만 잘 해놓으면 업을 하는 데 큰 밑천이 들지 않아. 이게 장점 중의 하나지. 젊은 한의사들은 많은 기계를 사용하는데 … 많이 있으면 뭐해? 그걸 모두 사용할 줄 알아야 하제.

양의사로 전환한 일본
명치(明治)침구전문학교 출신의 최영조
-1921년 생-

.
.
.

인터뷰 후기

인터뷰 후기

.

.

구술자 최영조는 대한침구사협회 대구경북지부장인 진기업(진침술원) 침구사의 소개로 만날 수 있었다. 최영조는 1920년 7월 경북 영천에서 장남으로 태어났다. 17세에 고향에서 보통학교를 마친 후 대구의 편창(片倉) 섬유회사 잠실부에 1년 간 다녔다. 이듬해인 18세 때는 영천군청에 근무하던 일본인의 소개로 일본으로 가서 주경야독하며 중학과정 야간부를 졸업했다.

대판(大版)에서 노동일을 하던 중 우연한 기회에 학생 모집 광고를 보고 야간부 명치침구전문학교(明治鍼灸專門學校)에 들어가 4년 간 침구를 배워 졸업했다. 침구학교 졸업 후에는 생계유지를 위해 장사를 하다가 해방 직전 귀국하여 23세에 결혼했다.

대한민국 침구사 자격을 취득한 후 1946년(27세)부터 대구에서 영남당요원(嶺南堂療院)을 열어 5년 간 침구업을 했다. 동시에 매약 허가를 받아 약국 경영을 20년 간 병행했다. 그러던 중 의사의 꿈을 실현하기 위해 10

최영조 침구사

년 동안 주경야독하여 검정시험으로 39세에 의사시험에 합격할 수 있었다. 이후 그는 침구사에서 양의사로 전환하여 지금까지 대구시 중구 동인동에서 장남과 함께 영남의원을 운영하고 있다.

구술자는 의원을 운영하면서도 공부를 계속하여 서울대학교 의과대학 대학원에서 의학박사 학위를 취득했다. 그는 열악한 환경과 배움에 대한 집념으로 평생을 주경야독하며 살아왔다. 스스로도 '주경야독 인생'이라고 규정한다. 그에게는 슬하에 4남 3녀의 자녀가 있다.

연보
· 1920년 - 경북 영천 출생
· 1936년 - 영천보통학교 졸업, 대구 편창제사 입사
· 1937년 - 일본 유학, 도근현(島根縣) 녹족군(鹿足郡) 진화야정립청년학교
　　　　　　(津和野町立靑年學校) 5년 수학
· 1944년 - 일본 명치침구전문학교(明治鍼灸專門學校) 4년 수학
· 1946년 - 귀국, 영남당요원(嶺南堂療院)을 열어 침구업 시작
· 1951년 - 결혼
· 1958년 - 의사 자격 취득, 영남의원 개원
· 1971년 - 서울대학교 의과대학 박사학위 취득
· 2008년 - 대구광역시 중구 동인동 영남의원 운영 중

■ 89세의 노익장, 건강 비결

1920년생, 우리 나이로 89세, 일곱 달만 더 있으면 나이 구십입니다. 7월 10일생. 건강을 지키는 비결이 있지요. 첫째, 부모한테 야문 체질을 물려받았지요. 우리 집 어른이 60년 전만 해도 81세까지 살았거든. 옛날에 농촌에 돈이 있나? 그래서 담배를 엽초 그걸 뜯어가지고 말려가지고 대꼬바리 이마한~ 데 길다란 데다가 넣어가지고 잠 안 올 때는 계속 그걸 피웠다니까요. 그 당시에는 해로운 줄도 몰랐지요. 너무 좋아해서 해롭다고 말려도 안 되지요. 그걸 피워도 81세까지 살았다니까요. 담배만 안 피웠으면 요새 같으면 백 살까지 넘게 살았습니다. 그만치 건강했습니다.

그렇게 건강한 체질을 닮아가지고 나도 담배를 하루 세 갑, 네 갑을 피웠어요. 한 40년 동안을요. 세 갑이면 60개비, 네 갑이면 80개비 아니가? 노상 담배를 물고 있었지. 그래가지고 한 40년 피웠는데, 이 카다가는 일찍 죽겠다 싶어 가지고 담배를 뗐지요. 처음에는 3년 간 뗐다가… 그런데 친구가 부탁해가지고 입에 담배를 쑤서 넣더라고요. 친구 모친이 돌아가셔서 들러다 보러 둘이 갔는데, 그런데 이 친구가 술 한 잔 먹으면 담배 생각이 더 나잖아요? 요래~ 불 댕겨 가지고 입에 넣더라고요. 하하 하하! 그래가지고 3년 끊었다가 3년 더 피웠어요. 내가 생각할 때는 담배 끊을라고 애쓴다면, 3년이고 10년이고 한 가치 그걸 안 피워야 해요. 3, 4년 끊어도 한 가치 그거를 피워버리면 또 못 끊어요.

그래가지고 그걸 알고서는 미국 가서 검둥이 그것들 사람 해치고 이래서 겁이 나서 담배 사러도 못 가고 담배 떨어지고. 어차피 잘 됐다 싶어 가지고 그것도 한번 실패했기 때문에 '한 번 끊으면 암만 몇 해가 지나도 한 가치를 안 피워야 된다' 그걸 알았다니까요. 그래서 안 피운지가 40년 가까이 됩니다. 그래도 은단 먹고 끊었어요. 지금은 누가 담배 피워도 아무렇지도 않아요. 10년까지는 담배 피우는 사람 차타면 그 곁에도 가고 싶고 그랬거든요.

세 번째 건강 비결은 술이요. 어른이 술 못 자시거든. 그걸 닮더라고요. 우리 의사협회 그런 데서 술 먹을 기회가 얼마나 많습니까? 모임 이런 데서 한 잔씩 먹어도 절대로 술 생각은 안 나요. 이건 어른 닮았어요. 그래가 술은 어릴 때부터 안 먹었고, 담배 끊은 지는 40년 됩니다.

운동은 꼭 합니다. 나갈 수가 없고 이래가지고 산에도 가야 되는 것도 아니고 하니 문자 그대로 운동은 신체를 움직이는 게 운동이라고 나는 그렇게 생각해요. 나는 아침마다 6시 반 되면 희한하게 눈이 딱 떨어져요. 습관이지요. 운동 많이 한 것도 한 30년 됐어요. 젊을 때는 운동 안 해서 배가 이랬어요. 키는 작고 배가 나와서 날 올챙이라 했어요. 사위가 나와가지고 겁을 내어가지고 "배가 저리 나와 가지고 됩니까?" 이 캤어요. 그 정도였지요.

그렇게 음식도 많이 먹고 살이 많이 쪘어요. 그래가지고 당뇨병을 얻었어요. 당뇨병이 심해지니까 저절로 살이 빠졌어요. 지금은 53킬로그램 뚝 그대로지요. 습관이 돼서 아침 6시 반이 되면 눈을 뜨지요. 요 깔고 누운 채로 팔 다리 운동, 허리 운동을 계속 했어요. 하루 30분씩을요. 매일요. 그걸 한 40년 정도 했고요. 안 빠지지요. 지금도 하지요. 운동은 딴 게 없어요. 산에 가야 되는 것도 아니고. 움직이는 게 운동이라 생각하면 돼요. 누워 가지고 팔다리 흔들고, 또 발 비비고, 발은 양쪽 발 맞대고 비비면 돼요. 하루도 안 빠지고 매일 30분씩 하지요. 그게 너무 좋은 기라. 산에 가서 세 시간 정도 일주일에 한 두 번 하는 것보다도 오히려 나아요. 매일 안 빠지고 일어나서 안하면 찜찜해가지고 안 되는데 뭐. 이거는 누구든지 배워야 해요. 어떤 운동 전문가는 '산소운동' 이래 샀는데 이렇게 움직이면 됩니다. 바빠 가지고 헬스클럽 갈 시간도 없어요. 내가 일곱 달만 있으면 90인데, 특별한 사고만 없으면 90세는 무난할 것 같아요.

■ 경북 영천 출생과 죽을 고비들

내가 죽을 고비를 6~7번이나 넘겼어요. 완전한 죽을 고비를요. 첫 째로는 시골 작은 방에서였지요. 우리 어른이 가난한 소작농의 막내아들이라. 8남매 중에서 둘이 죽고, 내가 다섯 번째지요. 2남 4녀였지요. 고향은 경북 영천시 하대전 595번지지요. 지금도 집터는 있어요. 집은 없지만 터는 아직 내가 가지고 있어요.

옛날 우리 엄마가 내가 태어나 3개월 되어서 이불 덮어 눕혀 놓고, 재워 놓고 옛날에 가난해가지고 소나무 모종에 풀 뽑고 그랬다 카니까요. 날 눕혀 놓고 거길 갔다 오니까 내가 살던 집 큰 방에 할매가 날 얼마나 귀여워하고 잘 해주었는데 거기 할매 아들이 이게 장난꾸러기인데, 이쪽 방에서 저쪽 방까지 풀떡 뛰었는 기라. 아이 누웠는지도 모르고. 뛰다가 깔아뭉개 버렸으면 죽었을지도 모르지요. 그래놓고 가~가 밥을 며칠 못 먹었어요. 얼마나 위험한 짓을 했는지. 초등학교 때는 우리 모친이 날 워낙 중요하게 여겨가지고 노상 따라 다녔기 때문에 그런 일이 없었고.

그 다음에는 일본에서 '시마네깽 니찌하라' 카는 데 거기서 희한하게도 일본 까마귀, 그것 참 나는 못 잊는다. 우리나라는 길조(吉鳥)가 까치 아이가? 일본에는 길조가 까마귀라. 어떤 직장에 내가 있었거든. 돈벌이 안 하면 못 사는데. 일제 때지요. 인제 직장을 옮겨야 되는데, 갑작스레 어디 갈 데도 없고 해서. 내 종형이 경도(京都)에 있었거든.

그래서 내 종형한테 갈라고 나섰는데. 그런데 또 있었던 데가 미련이 있어가지고. '니찌하라(日元)' 카는 데 시마네깽, 거기에 일 해가지고 돈 좀 벌어가지고, 차비 맨들어가 갈라고 누구에게 물으니 거기 산에 일제 때는 나무 베어가지고 그거 가지고 옷 맨들었거든. 나무 가지고. 그거 베는 데 산에 가면 일거리가 있다고 해서 거기로 올라가는데, 특~ 산 밑에 들어서는데 참~ 그 까마귀 새가요. 머리가 너무 좋지요. 새가요. 까마귀

가 대여섯 마리가 내 머리 위에요. 와가지고 날 못 가라고요. 가면 죽는
다고. 거 참 이상하지요. 내한테 무슨 먹이가 있나요? 산 치거리 거기 딱
들어서니까 난데없이 오더니만, 머리 위에서 뱅뱅 돌면서 내가 금방 붙잡
으려 하면 당장 잡을 수 있을 정도로 돌면서 다섯 마리가 막~ 머리에 앉
을 듯이 약 5분간이나 그렇게 돌아요. 내가 무엇인가를 느꼈더라면 안 갔
겠지요. '까마귀가 왜 이러니?' 카면서 기어이 갔지요. 이 때 내 나이가
21세였지요. 그렇게 말렸다고 하면 안 갔지요. 몰라서 갔지요.

산 위에서 일하는 소리가 들리더라고요. 그 사람들한테 일 시켜 달라
고 할라고 올라갔지요. 산의 3분의 1쯤 올라갔지요. 상당히 비탈진 곳이
던데요. 올라가는 도중에 집동 같은 나무가… 이것 가지고 옷 만들었지
요. 나무 베는 곳이지요. 산이 이렇게 비탈진 곳이지요. 꼭대기에서는 밑
에 사람 있는 줄도 모르고, 집동 같은 나무를 베어 가지고 굴러 내리지
요. 막 굴러 내려와요. 피할 수 없고, '아~ 이제 죽었다' 싶더라고요. 순
간 옆에 보니 조그마한 소나무 하나가 있더라고요. 그 밑에 그냥 엎드렸
지. 급해 가지고요. 나를 싹 스쳤는데 왼쪽 다리 여기에 시퍼런 멍이 들
었어요. 거기 바로 맞았으면 바로 죽었지요. 그러니 일본 아이들이 일하
다가 내려 와가지고 날 업고 밑에 치거리에 가서 개골창 찬물에다 대고
막 주물러 주고 했어요. 물 식포를 해 주었지요. 바로 받혔으면 국물도
없지요. 바로 죽었지요.

거기는 돈 벌러 갔지요. 어느 직장에 있다가 경도(京都)에 종형이 있었
기 때문에 돈 좀 더 벌어 가지고 종형한테 가려던 중이었지요. 그래가지
고 아~들이 "어데 친척이 없소?" 카더라고요. "경도에 사촌형이 있다"
카니까, "얼른 거리로 가소" 캐요. 많이 안 다쳤으니까 내가 걸어 다니고
했지. 바로 찡겼으면 바로 죽었지요. 죽을 고비라.

세 번째 죽을 고비는 해방되고 히로시마 원자폭탄 떨어진 곳 있잖아
요? 히로시마에 해방되고 왜놈이 손들고 설탕이… 어느 놈이 많이 가지

고 있다가, 왜놈이 손들었기 때문에 처분할 데가 없어. 그걸 판다는 소리를 들어가지고 그걸 사러 히로시마로 갔었거든요. 니찌하라에 있다가요. 종형한테 안 가고요. 한 메기(목) 해 가지고 갈라고요. 종형한테 가도 돈이 좀 있어야 안 되겠나? 그래가지고 돈 벌어 가지고 갈라고요. 니찌하라에서 소문을 듣고… 일본 놈들도 가이다시, 설탕 사러 가거든. 소문 듣고 나도 거기 갔거든. 왜놈들이 전쟁이 끝나고 만주에서, 한국에서, 다부(되레) 돌아왔기 때문에 기차가 얼마나 비좁더라고요. 한 마디로 터져 나가지요.

그래가지고 히로시마에 가 가지고 설탕을 샀다고요. 니쿠사쿠(배낭)에 짊어지고. 그래가지고 설탕을 욕심이 나가지고 한 짐 가득 샀거든요. 그런데 기차가 비좁아가지고 들어갈 때가 있나? 할 수 없어요. 그래도 기차 입구에 그걸 지고, 붙들고 선 채로 타고 갔지요. 그런데 플랫폼 있잖아요? 거기서 붙들고 짐을 지고 얼마나 잠이 와 가지고요. 플랫폼에 와 가지고 기차가 서기 전에 어디에 탁 받혔어요. 까딱 잘못하면 거기 떨어져가지고 죽었을 지도 모르지요. 역에 플랫폼에서 자부리느라고 한 쪽 발을 너무 내어가지고. 자부리느라고 손 놔서 떨어졌더라면 즉사했을지도 모르지요. 그게 완전히 죽을 고비 아닌교?

네 번째는 6 · 25 전에 빨갱이로 몰려가지고 한 번 죽을 뻔 했어요. 영천에서 대구로 나와 가지고. 우리 동창생이 김세천이라고 있어요. 영천에 있는 초등학교, 지금의 영천 남부국민학교가 어디? 당시에는 영천공립보통학교였지요. 거기 나온 내 동창이 어떻게 해가지고 빨갱이로 몰렸지요. 이놈이 그때 대구 나와가지고 여기 학교(동인초등학교) 옆에, 모퉁이 저기 살았거든요. 가~가 어떻게 알고 찾아와가지고 빨갱이 조직에 가입하라 하더라고요. 조그만 책자(장부)를 하나 가져 와가지고요.

우리 친구가요. 영천학교 동창생이지요. 거기 어디 휩쓸려 가지고 빨갱이로 몰려가지고 요만한 장부를 하나 가져 와가지고 이름 적어라고 했어요. 공산당 입당 원서 택이지요. "그게 뭐꼬?" 카니, "빨갱이 운동해야 된다" 카더라고요. 그래가지고 내가 캤지요. "세철아! 나는 그런 입장이 못된다. 우리 마누라가 임신 8개월이라. 곧 내일모레면 아이 놓고, 모친을 모시고 있다. 내가 거기 나가면 우리 식구 모두 굶어 죽는다. 제발 니 좀 날 용서해 도!" 카니까, 몇 번이고 권하더니만 "알겠다" 카면서 갔어요.

그래가지고 거기 모면해가지고… 그런데 그 당시 책 장부에 이름 올린 사람들은 다 죽었어요. 달성 가창 골짜기에서요. 한 놈 없이 다 죽었어요. 거기 적었다 카면. 우리 뒷집에 아무 죄도 없는 청년 하나가 붙들려 가지고 죽었어요. 가창 골짜기에서 총살, 무조건 총살이에요. 나도 장부에 이름 적어졌더라면, 나라고 왜 살려두었겠어요? 그건 완전한 죽을 고비지요. 그래가지고 죽을 고비를 넘겼지요.

■ 대구 편창제사(片倉製絲) 잠실부 근무

영천보통학교, 초등학교를 17세에 마치고 일본 가가지고 주아노껭(島根縣) 정립청년학교(町立靑年學校) 5년 째 야간으로 졸업하고 여기서 우등상, 개근상 받은 게 다 있어요. 일본 도근현(島根縣) 녹족군(鹿足郡) 진화야정립청년학교(津和野町立靑年學校)지요.

내가 원래 사범학교 시험 쳤거든. 당시 한석동 변호사라고 그 당시에 담임선생이라. 그 선생이 국어하고 산수 그것만 막… 대구사범학교 나와가지고 경험이 많이 없어 놓으니까. 그게 제일 어렵거든. 국어, 산수만 했지. 그 외에는 잘 안했거든. 초등학교 때, 이래가지고 시험을 쳤는데 아무나 원서 안내주었어요.

그 당시에 내가 거의 모두 만점 가까이 했는데, 철방 그거 글짓기라. 이걸 선생이 경험이 없어가지고 한 시간도 공부 안했다 카이. 그거 제목이 뭣이었냐 하면, 가미사마, 그게 신(神) 아이가. 일본 놈들이 가미사마 그거 얼마나 좋아하나? 그게 나와놓으니 한 시간도 준비 안 해놓았거든. 또 [학과] 과목에도 안 넣어가지고 준비를 안했어. 그런데 이게 나왔거든. 시간은 자꾸 가는데 하나도 못썼거든. 백지를 냈거든. 대구사범학교, 박 대통령 나온 학교라.

그러니 시험에 될 게 뭐고? 백지 내어 놓으니 40점 이상은 되어야 다른 거하고 평균 내어 가지고 합격시키는데. 그래가지고 떨어졌지. 다른 공부는 내가 얼마나 잘 했노. 영천초등학교 1학년 때는 경험이 없어 10등 했어요. 2학년 때는 요령을 알아가지고 1등 했지요. 1등 했는데, 그런데 장난을 쳐가지고 버릇없이 캐가지고 박영로라는 선생이 "야! 이노무 새끼야! 니는 암만 공부 잘 해도 1등 안 준다" 캐요. 키가 작아가지고 교실에 거미줄 뗼라고 폴짝 뛰어가지고 하나 떼고요. 나중에는 최남현이라고요. 영천에 웃전[마을]에 살았는데, 이 애가 청소도 안 하고 내빼고 해서 붙잡아서 귀를 땡기고 왔는데, 이걸 선생이 봤거든요. 선생은 키 작다고 해서 감정이 있어 놓으니까 이걸 보고는 "야~ 이놈아! 너는 아무리 공부 잘해도 1등 안 준다" 카면서 나중에 3등을 주었어요.

대구사범학교 떨어진 후, 또 대구농립학교 쳤지만, 거기에도 철방 때문에 또 떨어졌어요. 그래가지고 갈 데가 없어서 가다꾸라(片倉)섬유회사 들어갔어요. 거기 졸업하면 영천군에 지도자 과정이라는 게 있어요. 갈 데가 없으니 거기라도 들어가서… 산수, 국어를 노상 그거만 했어요. 1등 안 했나. 입사 시험 칠 때요. 후쿠야마라는 왜놈이 있는데 내 성적에 반해가지고 나 보고 거기 시험 치라 했지요. 그래서 시험 쳐 가지고도 내가 1등 안했나.

거기서는 누에 먹이는 일을 했지요. 그 밑에는 제사(製絲), 실 뽑는 데가 있고요. 우리는 누에 먹이는 데고요. 3개월 거기서 강습 받았잖아요. (누에를 그려 보이며) 지금도 누에 그림 잘 그린다. 당시 가다꾸라는 굉장히 컸어요. 우리는 잠실부에 있었지요. 실 뽑는 데는 제사부고요.

그 때 내가 작아도 씨름은 아주 잘 했어요. 우리 고향 형뻘 되는 사람들이 놀 때 날 강변에 데리고 가 가지고 상대전, 하대전이 있었거든. 나는 하대전이었거든. 상대전 아이들 키가 장대 같은 아이들을 다 이겼다카니까요. 그래 놓으니 형뻘 되는 사람들이 날 데려다가 씨름 붙이곤 해서 애를 먹었어요. 젊었을 때는 깡도 있고 성질도 대단했어요. 한 번 시작했다 카면 도중하차는 잘 안 해.

그래놓으니까 편창 거기서도 잠실부, 우리 선배 아이들이 나를 강당에 데려가 가지고 또 나를 씨름 붙였거든. 강당에서 내려오는데 계단에서 아래로 떨어져서 왼쪽 다리를 다쳐 3개월 간 애를 먹었어요. 당시 조경제라고 한의원이 있었는데, 침 맞아보니 되나? 골절인데 기브스도 그 땐 없었지요. 조경제 씨가 일제 때 침으로 유명했어요. 침 맞아도 듣지도 안하고.

다리 때문에 일본 가서도 애를 먹었어요. 내가 씨름을 잘 했기 때문에 유도도 잘 해가지고 일본 청년학교에서도 유도 초단을 받았어요. 100미터는 12초 달렸어요. 우리 동네 달리기 선수로도 나갔어요.

가다꾸라에서 3개월 있었지요. 거기 잠실부 졸업을 했어요. 졸업장이 지금도 있어요. 거기 졸업하면 지도원, 영천군 지도원 주었어요. 키가 쪼맨해 놓으니 지도원으로 취직하기 어려웠다 카이. 잠실부는 배우고 일해주고 하는 곳이지요. 지도원 자격을 얻었지요. 이것 가지고 지도원으로 일하지는 않았어요.

■ 18세 도일(渡日), 주경야독의 세월과 또 다른 위기

그래가지고 일본에 어느 직조공장이 있었어요. '다나까 겐뿌고바'라고, 비단 '견' 자, 포목이라는 '포' 자지요. 직조공장이지요. 시마네껭(島根縣),

거기 학교 내가 5년 졸업 했는 거기라. 입사했지요. 누구 소개 받아갔어요. 영천군에 미우라 기요시라고 마쓰다노린, 일본 송련농림 졸업해가지고 일본인인데 영천군에 있었지요. 군에서 상당히 높은 지위에 있었어요. 군수 바로 밑에 있었어요. 그 사람이 소개해가지고 일본 겐뿌고바에 취직했어요.

주경야독이라. 낮에는 공장 일하면서 기숙사에서 자고, 밤에는 학교 댕기고. 청년학교 5년. 그래가지고 내가 사범학교 들어가려고 공부를 그만치 많이 했기 때문에 일본 아이들이 쉬는 시간에 내 옆에 와 가지고 "와~ 당신 부러워 죽겠다."고 캐요. "와 그러나?" 카니, "우리말은 우리보다 더 잘하고." 문장, 작문 쓴 게 맨날 뒤에 붙여져 있었으니까요. "당신네 말은 우리가 한 마디도 못 하잖아?" 카면서요. 정말 부러워했지요. 거기서도 내가 우등상, 급장도 했지요. 그러니 일본 아이들이 나를 얼마나 부러워했다고요. 산수, 국어는 내가 사범학교 준비하느라 얼마나 했기 때문에. 저거들은 군대 다 가고 찌끄래기만 남았거든. 그런 찌끄래기들이 노는 시간에 나한테 와 가지고 부러워 죽더라 카데. 하하하! 작문 쓴 게 항시 붙여져 있거든. 저거는 없거든. 저거 말을 저거보다 더 잘하니 "우리말을 우리 보다 더 잘하니 우리가 부끄럽다." 이 카더라고요. "당신네 말은 우리가 한 마디도 못 하는데…" 카면서요.

편창에 17세 마치고 18세에 일본에 갔겠다. 우리 마을 친구 하나하고 같이 일본에 갔겠다. 청년학교 성적 우수, 개근상 받은 거 지금 모두 다 가지고 있어요. 일본 놈들 거기 500명이 있었어요. 전교에서 내가 1등 했다 카니까요. 상장을 내가 다 가져 있어요.

(다음 이야기를 생각하던 중) 그 다음에는 기억이 잘 안 되네요. 참~ 기억나네요. 아~ 일본에서 청년 때지요. 25~26세 때지요. 일본 있으면서 침구전문학교였지요. 4년째 명치침구전문학교(明治鍼灸專門學校) 거기 4년제거든. 거기 댕겼어요. B-29 폭격기, 제일 큰 비행기 있잖아요? 미국

폭격기. 1톤 폭탄 가져 댕기면서 떨어뜨려 버리지요.

내가 일본에서… 히가시나리구(區)지요. 동성구(東城區) 히가시나리구지요. 침구학교는 야간부로 댕겼거든요. 다마스쿠리 카는 데 있어요. 모리노미아라고. 삼궁(森宮). 나무 목(木) 자 세 개(森) 있는 거, 모리노미아 거기 군사공장이 있었거든. 그걸 폭격할라고 B-29가 날아 와가지고 내가 방공호에 들어가 있는데, 거기서 한 50미터라. 폭격기가 조금만 늦게 폭탄 투하 조종기를 누질러도 내가 바로 맞았지요. 방공호 안에 3~4명이 들어가 앉았는데. 50미터밖에 [폭탄이] 떨어져가 있었는데, 보니 커다란 못이 생겨가지고요. 수도관이 터져가지고 물이 채여 그냥 못이라. 0.01초만이라도 늦게 누질렀더라면… 내가 거기 50미터 떨어진 방공호에 들어 앉았는데 거기 폭탄이 떨어졌을 것이지요.

폭탄 떨어질 때 방공호 안이 지진이 일었어요. 가느다란 남기(나무) 위에 올랐는 것을 흔드는 것처럼 그렇게 흔들렸어요. 지진이 그렇게 생겼어요. 0.001초 늦게 눌렀더라도… 대번에 못이 되는데요. 이 때가 해방되기 직전인 1944년 말쯤 되었어요. 일본의 전세가 많이 불리해가 미군기가 일본 본토를 공습하던 때지요. 조금 있다가 히로시마에 원자폭탄이 터졌지요.

■ 일본 명치침구전문학교 수학과 침구 자격증 취득

주아노껭 정립청년학교 여기 졸업하고 침구학교 들어갔어요. 형 찾아가지고 가니 형이 뭐라 했냐 하면, 일본 도찌끼껭… 주경야독을 한 70년 했다. 하루도 허송세월 안하고 계속 노력했다 아이가? 침구학교에 간 동기는 쉬는 시간에 화장실에 가 가지고 똥 누다가 이래 보니까 신문이 하나 떨어져 있는 기라. '명치침구전문학교 학생 모집' 광고가 있었어요. 그거 보고 '여기 들어가면 좋겠다' 싶어가지고요.

당시 우리 종형이 의학에 대한 공부를 많이 했거든. 그래 가지고 그거 보고 그냥 당장에 일 한 것 돈 받아가지고 그 길로 곧바로 대판(大板)으로 갔다 카니까. 걸음은 또 잘 걷는 기라. 키는 작아도 뛰다시피 하면 오는 도중에 차가 없으니 걸어 왔다 카니까. 도찌끼껭 거기 땅굴을 파는데 왜놈이 거기 물자를 감추려고 굴을 팠는데. 왜놈이 그때 창고로 쓸라고 했는데 말이 나가가지고 미국놈이 폭격할까봐 그걸 인자 물탱크라 했거든. 걸 안이라 했다. 얼마나 높았는데요. 천정이. 무슨 걸 안이 그렇게 높으냐?

인자 생각해 보니 우리도 속았어. 걸이라 했는데 사실은 아니라. 창고에다 물자를 감추려고 속였거든. 거기서 일했거든. 직조공장 나와가지고 형 찾아 대판으로 갔거든. 가니까 형이 거기서 일을 하고 있었어요. 거기서 형 따라 일을 했다 카니까요. 그거 뭐 노가다지요. 대판 여기서도 노가다 일 하면서 침구학교는 야간으로 주경야독이지. 노가다밖에 할 게 더 있나? 그때는 일이 천지 삐까리라(아주 흔했다). 그때는 제철공장. 그 때는 일본놈이 사람들이 일손이 딸려가지고(모자라서) 들어갈라 카면 일거리는 천지 삐까리라. 노가다는 한 번씩 했고. 대판성(大版城) 있잖아? 성 밑에 도랑 파는 데도 일 좀 했고, 주경야독이지. 이걸 70년 했다 카니까.

침구술도 전통의술인데 누가 주위에서 해보라고 권유한 것은 없어요. 편창, 가다꾸라 아까 말했제? 허삼룡이라는 놈이 날 씨름 잘한다고 2층 강당에서 씨름한다고 소리 내면 밑에 사무실에서 가만 있나? 저놈은 오른쪽 대수리 잡고 오고, 내는 베장박(벽)이라. 2층이지만 얼마나 길었다. 다닥다닥 기어 내려오다가 나중에 다리를 접쳐 가지고 정말 아팠어요. 얼마나 아팠는지 조금 있으니 부어 가지고 절면서 걸어 다녔지요. 부상 입어놓으니 직원들도 날 나가라 하지도 않고 밥도 먹여주고 놀면서 졸업한 거지. 조경제 영감한테 침 몇 번 맞고 그쳤지. 병원이라도 어디 있나. 있기는 있었지. 가 봐도 별 소용없고. 갈라고 해도 돈도 없고.

  일본에서 침구학교 들어간 거는 의사가 되어야겠다는 생각보다는 순전히 똥 누면서 신문 보고 그랬지. 침구 자격증도 졸업 안했으면 아무 것도 안 되지. 이 4년 동안 얼마나 공부했나? 모두 기억나지. 생생하지. [침구학교 다니면서] 낮에 보통 아침 아홉 시부터 오후 다섯 시까지 일을 했지. 다섯 시 이후 더 할 수도 없으니까. 저녁도 먹어야 하니. 저녁은 먹고 가야 할 때도 있고. 어지간하면 갔다 오면서 뭐 저녁 사먹을 것도 없어. 왜놈들이 그때는 패전 무렵이라 물자가 다 떨어졌어. 배를 얼마나 곯았는지 몰라요. 고래 심줄 있잖아요? 일본놈들은 그걸 '고로(ごろ)'라 카거든. 여기도 그거 있잖아? 포장마차 비슷한 데. 거기서 그거 몇 나(개)씩 사먹고 그랬지. 얼마나 그게 또 비싸기는. 그렇게 배를 곯다가 나중에 한국에 집에 오니까, "까막소(감옥) 갔다 왔나?" 캐요. 너무 야위어 가지고요. 노상 굶다시피 했거든. 쉴 시간도 없지요. 고생 무지하게 했어요. [침구학교] 이걸 나올라고 공부할 여가도 없다. 내가 워낙 머리도 좋고, 성적이 괜찮았기 때문에 저녁에 가서 강의 듣고 또 그 이튿날 일하고 저녁에 학교에 갈 때는 책보 먼지 툴툴 털고 그냥 가져갔다 카니까. 책은 가져가도. 강의만 듣고 그래도 머리가 좋아가지고 성적은 좋았다니까요.

  당시 침구학교에서 공부한 거는 요새 의과대학과 비슷한 게 많아요. 거기서 독일어까지 배웠어요. 생리, 병리, 해부 등 기초과목도 하고 경혈, 침, 뜸 세 과목 모두 다 했어요. 낮에 또 일해야 하니까 공부할 여가가 없어요. 공부 안 해도 강의만 들어가지고도 딴 놈들보다 성적이 좋았어요. 성적이 안 좋은 놈들. 일본놈도 그렇고. 한학 많이 배우고 그래도 중간에 한국 사람들이 몇이 쫓겨 나갔어요. 자격 미달이라고요. 나는 성적이 좋았으니 안 쫓겨 나갔지요. 잠은 좀 자는 편이었지만 배는 엄청 곯았어요. 학교에선 임상도 배웠지요. 침도 배웠고요. 일본인들이 철저히 했지요. 그러니까 나이도 많고 성적이 안 좋으니 쫓아내더라고요. 서넛이 쫓겨났어요.

일본에서 침구대학 졸업장 가지고 밥벌이는 안했어요. 그렇게 할 여가도 없고요. 졸업장만 가지고 해방되니, "쪽바리 손들었다." 이러 캐요. 우리 친구가요. 그래가지고 얼마 안 있다가 결혼 해가지고 우리 할마이가 또 고생 많이 했어요. 시부모들 모시고요.

이때는 내가 침구학교 다 댕겨가지고 졸업을 거의 다 하게 되어 있는데, 명치침구학교 교장인가, 경영자인가? 이사장 택이지요. 아~ 이놈이 4년 동안 그만큼 고생하면서 다녔는데 졸업장을 안 줄라고 버팅기더라고요. 그런데 거기 일 잘 보는 동창생이 있었어요. 침구학교에. 이 사람들하고 몇이 어불리가지고 얼마나 고생하고 그리 해가지고 그 놈을 어떻게 해가지고 결국 졸업장을 받았어요. 지금도 졸업장을 가지고 있잖아요. 명치침구전문학교 4년제 졸업. 전쟁 때문에 그때 4년 졸업인데, 3년 6개월 되어가지고 학교 폐쇄해가지고 안 줄라고 했어요. 그때 왜놈이 전쟁에서 손을 들 직전이었어요. 얼마 안 있어 손들었어요.

그래가 졸업장을 안 줄라 캐가지고 와타나베라는 사람이 부지런하고 일 잘 보는 사람이 있었어요. 거기 몇이 어불러가지고 교장실에 가서 살다시피 해가지고 졸라가지고 졸업장을 받았어요. 지금도 내가 가지고 있어요. 해방되고 난 뒤에 그걸 보고 여기서 해주더라고요. 여기서 [면허 인증을] 해주더라고요. 4년, 침구학교 침 배울라고 4년 동안 하는 사람이 어디 있노? 주경야독이라. 문자 그대로 낮에 일하고. 그 당시는 왜놈이 손들기 직전이라. 일은 쌔삐까리라. 하루 4000엔씩 받고요. 그게 큰 가치 없어요. 낮에 일하고 밤에 학교 다녔지요. 지엽어(지겨워) 죽겠어요.

졸업 다 되어 갈 때 우리 처의 친척집에 좀 있었거든요. 신세졌지요. 일본 대판(大板)에서요. (웃으면서) 어느 날 내가 잠을 자다가 깨니까 우리 교포 친구가 하나 오더니만, "야~ 일어나라. 쪽바리 손들었다." 캐요. 왜놈을 '쪽바리'라 캤거든. 우리는 양반이고요. 깜짝 놀라가지고 얼마나 좋았다고요. 그래가지고 거기서 해방을 맞이했어요.

명치침구전문학교는 대판 아베노바시(市)에 있었어요. 한국인은 임○○ 씨하고 김○○ 씨 셋이 졸업했어요. 처음에는 5~6명이 공부했는데 나머지는 도중에 포기했어요. 우리는 지금도 그래요. 한 번 시작하면 도중하차는 없어요. 내가 생각해도 대단하다고 봐요. 지금도 무슨 일이든지 시작하면 포기 안 해요. 끝까지 해요. 그래서 내가 오늘날 서울대학교 의과대학 대학원 출신이라. 박사학위 거기서 받았어요.

■ 결혼과 해방 전후 공간의 삶

23세에 결혼했어요. 해방 전에 한국에 나와서 결혼했어요. 침구학교는 1944년도일 겁니다. 해방되고 나는 조금 있다가 왔어요. 귀국 과정은 크게 힘들지 않았어요. 1년 조금 못 있다가 나왔어요. 일본에서 침구학교 졸업하고 할 일이 있나. 야미(やみ)장사 좀 해가지고. 비누, 그때 왜놈도 비누 야미장사 하다가 들키면 영창 시켰어요. 그래가지고 우리 교포인 제주도 아이가 오토바이를 했거든요. 화물 실어주는 오토바이를요. 그 아이가 도와주었어요. 같이 타고 가서 내가 내려가지고 왜놈 경찰이 있는가 싶어 망보고 그래 오고. 내가 손들어 '오너라!' 캐서 오고요.

그래가지고 비누를 한 행비(차례) 하니까 그때 돈으로… 가득 싣고 하니까. 그때 역시(매우) 귀했거든. 왜놈 공장이었지요. 거기 할머니가 하도 고맙게 해주어가지고요. 한 행비 하니까 돈이 얼마 떨어졌냐 하면 요새 돈으로 논 닷 마지기 살 돈이 떨어졌으니까요. 불과 한 30~40분 만에요. 오토바이에다 실어가지고 주어버리고 나니. 일본 회사 큰 공장에 할마이가 담당과인데 돈을 바로 주었어요. 그저 주운 거지요.

그래가지고 옛날 '화장자전차방'이라고 동인 4가에 있었거든. 우리 황보 씨 처 일가라. 그분이 한국으로 나올라 카길래 내가 그 분 앞으로 그 돈을 붙였어요. 붙여 놓으니 우리 모친이, 논 닷 마지기 카면 돈이 얼마나 크노? 우리 장인이 "땅 삽시다!" 카니, "이것만큼은 안 된다" 카면서 그냥 돈을 가지고 있었어요. 내가 나올 때까지. 그런데 쌀 한 말 사고 문어 한 마리 사 먹으니 돈이 없어요. 왜놈들 다 들어가버리고 돈을 못 쓸 지경인데요. 논을 닷 마지기나 살 돈을 보냈는데, 왜놈들 있을 때 전쟁 끝나기 전에요. (웃으면서) 힘 안 들이고 벌인 돈은 헤프더라고요.

내가 돈을 부칠 때는 논 닷 마지기 택이었는데, 왜놈들이 있을 때는 사용했지요. 우리 엄마가 내 올 때까지 그 돈을 가져있었다 카니까요. 해방 되고 나오니 쌀 한 말 사고 문어 한 마리 사 먹고 나니 없더라고요. 땅을 사 놓았더라면 부자였지요. 쉽게 번 돈이 헤픈 거는 확실히 알았거든요.

또 그래가지고 쎄가 빠지게 일본에서 약 좀 가져나왔거든. 내가 병원 에도 좀 있었거든. 이시이(いしい)병원이라고요. 거기서 왕진도 댕기고 요. 일본 아이들은 그렇게 별나게 안 했거든요. 약을 좀 사왔어요. 이래가 지고 산토닌 해충약, 기타 약을 내가 가지고 왔어요. 그래가지고 내가 그 약을 좀 팔았어요. 그걸 가지고 밑천 좀 장만했어요.

나는 낮으로 어디든 놀러 댕기고 뭐 어디 볼일 보러 댕기고 돈벌이 찾 아 댕기는 바람에 우리 할마이한테 짬도 모르게 신세 많이 졌거든. 이웃 에 할마이가 내가 있나 없나 캐가지고, 내가 있으면 안 오고 없다 카면 와가지고 다 팔았어요. 우리 할마이가 고생 많이 했어요.

결혼은 23세에 일제 때 했지요. 한국에 나와서 결혼하고 또 들어갔지요. 침구학교 1하년 땐가 그랬어요. 그러고 나서 학교 다 마쳤어요. 우리 할마 이가 점잖고 그래서 보고 나서 그날 바로 결정했어요. 그때 우리 모친이 연세가 한 60살 정도 되었거든. 날 결혼시킬라고 얼마나 애를 썼다고요.

진짜 의미 있게 살았다고 봐요. 허송세월은 안 보냈어요. 23세에 결혼 했거든. 부인은 영천 별곡, 영천 황보씨. 양반이지. 83세지. 현모양처라.

저 사람 덕택에 성공한 택이지. 양반이라. 참을성, 이해심이 큰 게 가장 좋지. 자식들한테 참 현모(賢母)라. 자식들은 4남 3녀지. (크게 웃으며) 할마이 고생을 많이 시켜가지고 내가 지금도 설설 맨다. 인생을 90살 정도 살다보면 모든 것을 경험도 많이 했고, 잘 알게 되더라 카이. 지금은 손톱만큼도 속 안 썩이고, 뭐든지 안 속여.

결혼 후에 혼자 일본으로 갔지. 할마이가 같이 일본으로 올라고 캤는데. 모친하고 어른하고 연세가 많제. 내 중동생이 또 팔 병신이 하나 있었어. 또 같이 살았다 카이. 우리 형이 또 늘 글 읽고 형수가 효부인데 그래도 못 살아가지고 우리 할마이한테 부모 봉양을 맡기고 만주 갔다 카이. 보따리 싸 가지고 바가지 엎어 가지고 만주 갔지. 돈 벌라꼬. 살라고 갔는데 한 2~3년 있다가 해방이 돼뿟다 카이. 그래가 해방 되고 왔더라 카이. 나도 해방 되고 또 왔고.

그 당시에 종질서가 뭐라 했나 카면, "[영천] 상대전에는 우리 고모집이 거지고, 하대전에는 우리 처갓집이 거지고." 이랬다. 할마이가 고생 많이 했다. 지금도 365일 중에 며칠만 빼고 날 원망한다. '날 고생시켰다'고요. 그런데 그게 거짓말이 아닌께 우야노. 의사 시험 내가 39세에 되었거든. 그 때부터 내가 병원을 하고 있잖아.

그때는 내게 은인이 하나 있어. 매약, 약방 있잖아? 그걸 하나 해 주더라고요. 그것 팔고 보태고 그래가지고 병원을 열었지. 약국은 아니고. 매약방이지. 약국은 약사 자격이 있어야 할 수 있지. 매약 자격은 있어야지요. 그건 김우식이라는 우리 친구가 매약허가를 내어 주더라고요. 약도 외상으로 주고요. 그 사람도 매약상이었지요. 지금 중앙 주유소 맞은편에 있었거든. 지금은 죽었어. 거기는 진짜로 큰 은인인데.

최수관이라고 그 사람도 은인이지. 또 황보우출이라고 우리 처일가인데 내한테는 은인이 서이가 있었다고. 날 도와주더라. 황보 우출. 황보 또 출이, 또 '우(又)', 날 '출(出)' 자지. 처족인데 자기 유망한 땅을 할마이 앞으로 사 주었다 카이. 황금동, 옛날 황천동에. 돈은 주고요. 그래도 그 덕을 많이 봤으니 은인 아이가? 그 덕으로 경제적으로 윤택하게 되었다는 것이지. 그뿐만 아니고 사람이 정직하고 어질고 효자더라 카이. 구십 몇 살에 죽었어. 자식이 또 잘 하더라. 효자니까 자기 할매한테 아버지가 하는 것을 보고요. 3년 동안이나 똥 받아냈어.

한 분은 최수관이라고, 경주 오배, 오배 최씨지. 친구로 알아가지고 처음에 대구 와서 여기 집 지을 적에도 그때 비가 와서 다리가 떨어져가지고 자동차가 겨우 지나갈 정도로 그런 데로 지나가면서도 나에게 집 재료를 헐하게 구해주었다 카이. 그거 사가지고 처음에 동인동 바로 옆에다가 집을 지었다 카이. 여기 바로 옆이지. 3년 전에 팔았어. 팔기 전까지는 계속 살았어요. 국가에서 참~ 그거 보면 밉어. 1가구 1주택 할라고 집 안 사고 그냥 갖고 있었는데, 거기 안 살고 3층에 살았다고. 3층이 입원실이거든. 1가구 1주택 안 해주고 세금을 2천만 원인가, 3천만 원 받아가더라고.

■ 영남당요원(嶺南堂療院) 개원, 침구사로서의 삶

매약상은 10년 넘게 한 20년 가까이 했을 기라. 할마이가 계속 약 팔았잖아. 일본에서 가져온 침구 자격증은 별로 써먹지 못했다. 이거 학교에 들어가기는 해도 침이 싫어가지고 공부를 열심히 못했어. 못해도 성적은 항상 좋았지.

일본 사람들이 침구전문학교 지어가지고, 일본 사람들 침구 많이 하거든. 일본에서는 침구만 해도 밥 먹고 살아요. 일본은 또 습기 차는 나라라서 신경통, 축농증 많은 나라지요. 그러므로 침구사들 다 먹고 살아요. 한국보다 성하지요. (웃으면서) 우리 한국에는 침놓고 돈 돌라 카다가 혼났는데, 거기는 남자가 자격증 있든지 여자가 자격증 있든지 하면 둘이 다 해요.

일제시대 침구 자격증은 해방 뒤에도 우리나라에서 그대로 인정해 주었지. 그래가지고 이거 받았잖아. 졸업증은 침구 자격으로 인정되지. 해방되고 한국에 나오자마자 바로 인정받았어요. 해방 뒤에 새로 시험을 쳐가지고 침구사를 배출하지는 않은 거 같아요. 내가 생각할 때는요. 양성하는 학교도 없었고, 아무 것도 없었어요. 정부에선 침구사 양성 노력을 안 하기도 했지만, 지금도 못해요. 왜 그러냐 하면 한의사가 떠들어 사~서 못한다. 숫자가 얼맙니까? 한의사들이. 그 사람들이 모두 떠드는데, 불과 몇 십 명으로 침구사들이 이걸 이겨내나요? 침구제도 부활 노력을 해도 한의사가 반대해서 어려워요.

그 때도 우리 침구회가 있었는데, 지금도 있거든. 지금도 내가 나간다. 침구협회에. 사단법인 대한침구협회. 그 은혜를 내가 잊을 수 있나? 그 친구들도 같이 고생하다가 나는 의사 검정고시 합격하고, 서울대 대학원 졸업해가 의학박사 학위도 받고 이래 놓으니 날로 [대단하게] 이래 생각하지. 그러니 지금도 회를 같이 한다 카이.

침술원도 한 5년 정도 했지. 간판을 5년 정도. 영남당요원이지. 의원이라 못하잖아. 의사가 아니니까. 내가 39세에 의사가 되었거든. 12월 21일에 그때 개업했다 카이. 27세부터 영남당요원 하고 매약방을 같이 한 택이지. 매약상, 간판을 같이 달고 했지. 겸업이지. 약도 팔고 침구도 하고.

27세에 내가 검정고시 처음 봤거든. 그래가지고 39세에 [의사] 검정시험 합격했거든. 딱 10년 걸리더라고. 양의사가 되는데 10년 걸린 셈이지. 아이고~ 시험 내만치 많이 친 사람이 없어요. 국가시험 있잖아? 의대 졸업생과 같이 치는 시험. 그게 내가 제9회 시험, 그것도 내가 단박에 됐뿟어. 그런데 나는 되고 의대 졸업생이 떨어진 경우도 있어요. 의대 6년 공부한 사람이. 그것도 떨어질 수 있잖아. 나도 동산병원에 몇 달 나갔어요.

취직해가.

당시 의료 환경은 대구에 형편없었지. 당시 병으로는 많이 먹고 해서 위장병이 주로 많았어. 음식 관계로. 감기도 좀 있고, 딴 거는 별로 없었어. 병원도 많이 없었어요. 나는 의사 황금시대 지냈다 카이. 지금은 의사들 고생 많이 한데이. 의사도 많이 늘어나고, 유지비가 많이 들어. 기계도 있어야 되고, 인건비용이 많이 들어. 그러이 고전하는 사람도 있지요.

(연구자가 원로 침구사 진기업 씨를 거론하자) 요새도 만난다. 나에게 정말로 고맙게 한다. 맞아. 동료지. 내가 침구업을 조금 했을 기라. (연구자가 침구협회에 '영남침구원'으로 나와 있는 걸 상기시키자) 그런 간판은 안 걸었을 기라. 영남당요원 그걸 좀 하다가 치아뿟을 기라. 양의원하면서 그건 안 했어요. 병원은 49년째지요. 침구는 내가 원래는 싫었기 때문에 그 이후에는 딱 끊었지 뭐. 침쟁이가 왜 그렇게 싫었는지 몰라. 하하하! 침구가 어려워서 그런 게 아니라, 돈벌이가 안 된 것도 그렇지만 '침쟁이' 그런 게 제일 듣기 싫었어요. 검정고시 이후에는 일체 침구 안 했지요.

내가요? 침구학교 졸업했지만, 너무 침구 그게 싫었다 카니까요. 죽고 살지 못해 들어가서도 돈이 없어가… 도중하차는 성질상 못하는 기고. 참~ 울면서 다녔다 카니까요. 4년을요. 침구 제일 싫어요. 지금은 침 안 놓잖아.

당시 의사 아니면요. 침구 이것도 학교 댕길 때 4년 동안 얼마나 싫어하며 다녔다니까요. 해방 후에 여기 나와 보니까네 한 번은 영남침구원 캐가지고 간판 달고 있었는데, 어느 영감쟁이가 한학자라. 군위 삼산동 범실에 '에헴!' 카는 영감인데 아프다고 침놓으려 와 달라 캐요. 그래서 딱 놓아주고 "얼마냐?" 카길래, 요금이 딱 정해져 있었거든. 얼마라고 그카니, "이거 뭐라 카노? 침놓고 돈 받는 사람이 어디 있노?" 카면서, 얼마나 뭐라 카더라 카이. 그래가지고 우야겠노. '약한 놈이 침쟁이'라고 할 수 없이 울면서 왔지. 돈을 주나. 어디. 돈 받을라고 하다가 맞아 죽을라꼬. 돈도 많이 요구도 안 했어. 그랬는데 막 뭐라고 하더라고. '침놓고 돈받는 놈이 어디 있나?' 카더라고. 약한 놈이 낸데, 뭐라 카노. 입도 코도 못 떼고 내빼고 왔어요.

당시 왕진(往診)도 다녔어요. 걸음 못 걸어가 아파가지고 편할라고 오라 카는데 안 갈 수가 없잖아. 가니 그러 카더라고요. 그 영감이 어디 있었나 하면 동인동 3가에 있었다. 나는 동인 4가에 있었다. 아~ 그렇게 못된 소리를 하더라. 고맙다는 소리는 안하고. 왕진은 오라 카면 어디든지 가야제. 답답한데. 시내 밖에도 가지만, 나는 간 일이 없어요. 한 번도. 그때는 처갓집에서 결혼할 때 겨울 양복을 해주었는데 여름에 왕진 갈 때도 그거 입었다. 입을 옷이 없어서요. 참 부끄럽기도 하고요. 침쟁이가 무슨 돈을 벌이노. 왕진 불러 놓고도 돈 안 주는데, 그래서 다시는 [왕진] 가기도 싫고 그랬어요. 양의보다 가치를 덜 인식한 부분도 있지요. 그때는 침놓고는 돈을 안 받는 사람이 많았어요. 그저 술이나 한 잔 얻어먹고 침이나 놔주고 그런 게 머리에 박혀가지고 그 영감이 그랬지요. 그러니 할 말이 있나? 내가 약해가지고 그런데.

침구사들하고는 일요일, 몇 달 만에 일요일 날 한 번씩 만나 점심 먹고 그래요. 침구사회지요. 대구 침구사협회 회원들 모임이지요. (철제 회원지장을 만지며) 이걸 만들라고 그런 고생을 했다. 이것 한지도 40년 정도돼요. '정회원지장 최영조 경북 제1호(正會員之章 崔永祚 慶北第一號)'라고 되어 있어요. 이 모임도 시작할 때는 15명 정도 됐어요. 모두 침구사 자격증이 있는 사람들이지요. 자격 없으면 회에 못 들어가지요.

지금은 대구에 진기업, 성낙도, 나… 김기환이는 얼마 전에 죽었고. 김기환이는 의성에 있었어요. 지금은 둘이, 서이 밖에 없네. 다 죽었네. 침구 역사도 이제 못 들으면 끝이지. 대구 근교 도시에도 별로 없을 기라. 다 죽고, 전국에는 확실히 모르겠네. 얼마 안 가면 이것도 곧 없어진다.

대구에도 우리 서이 죽어뿌면 없지 뭐⋯. 한의사가 침을 놓으니까 침구는 없어지지 않지. 한의사가 모두 침을 놓으니까.

■ 의사 검정시험 도전 10년의 세월

일제 때 일본 놈들이 의사로 있다가 가버리고. 그 전에도 일본 놈이 내어 놓은 제도라. 검정고시 제도가 일제 때부터 있었어요. 왜놈이 해놓은 기라. 해방이 되고도 한 13년 쯤 있었지. 계속. 해방 후에 의사 수가 많이 부족하기도 하고. 일제 때부터 검정제도가 있었다 카이. 일본 놈이 내어 놓은 기라. (이후 검정제도가 폐지된 이유를 묻자) '요새는 의과대학에서 의사가 많이 나오니 더 이상 필요 없다' 이래 가지고 폐지된 기라.

공의(公醫)는 우리도 할 수 있어요. 의사 자격으로 하잖아요. 의사 자격 내가 완전히 할 수 있잖아. 그건 공무원 채용으로 하지요. 개업 의사 중에서 뽑았지요. 한지의사(限地醫師)는 우리 검정고시 의사보다 시험과목이 영 작아. 몇 과목 안 되어요. 옛날에 일본 놈들이 그런 제도를 만들어 놨는데, 그건 곧 없어졌잖아. 약국도 없고 병원도 없는 무의한지에서만 의업을 하도록 하는 제도라요. 지금은 없어졌다. 누가 없앴냐 하면, 김집 씨 아시죠? 미국 의대 나온 소아과 전문의라. 그 친구가 할 때 한지의사를 없앤 기라. 자유로 개업하고 싶은 대로 나가도록 했지. 그러니 의사로 맨든 거지요. 한지[의사]를 없애고. 그것도 좋은 일 아닙니까? 그 아들도 김준인데, 아~레 엊그제 죽었어요. 김준 정형외과 의사 아니가? 대구 사람이지 싶어. 벼슬을 좋아해요. 유별나게. 지금은 어느 양로원에서 꼼짝 말고 드러누웠어. 우리보다 서너 살 나이가 적어. 아들이 죽었는데, 벌써 죽어가지고 되나?

영남당요원 운영할 때는 침구밖에 할 수 없지요. 딴 거를 할 수가 있

나. 딴 거는 못해. 6·25사변 나고 서울 사람들, 저 우에 사람들이 대구로 많이 내려왔어. 그때 한막이(?) 했다 카이. 그때 환자가 많이 와가지고 한식[가옥] 구들장이 꺼지고 이 정도로 많이 왔어. 환자가 많이 와서 그때 그것도 퍼뜩 못 고치고 그대로 했지 뭐. 하하하! 고생 다 말도 못한다. 침과 뜸으로만 하지 딴 거 뭐 할 수 있나? 주사도 못주잖아. 그때도 김영근이라고 의사회 회장이 있었는데, 그기 별나가지고 혹시 주사 놓고 그렇게 하는가 싶어가지고 자주 [요원에] 왔다 카이. 감시하려고. 그래가지고 내가 의사 국가고시 합격하고 명함을 떡 해가 '영남병원' 이래가지고. 차를 합승할 기회가 있어가지고. "자~ 이것 봐라. 나는 이렇게 됐다"고 내밀었지. 그러이 할 말이 있나. 그런데 축하한다는 말 한 마디도 없더라. 얼마나 [날] 애먹였나. 너나 나나 똑같은 자격 갖고 있는데.

나는 지금도 그렇다. 뭐 하나 붙잡고 시작해가 이익 된다 카면 끝장을 봤어. 도중하차는 없어. 도중하차라는 것은 내 사전에 없다. 지금도 내가 그리 생각하는데. 안 그라믄 출세 못 하는데. 이것도 내 딴에는 출세 아니가? 내가 서울대학원 들어갈 때는 지금이나 다른 데는 그런 게 없었는데 우리는 시험 쳐가지고 들어갔다 카이. 안 그러면 검정고시는 안 들라주고. 경북의대 박사과정 대학원에 나가다가 이놈들이 기어이 날 쫓아냈다 카이. 처음에는 여기도 댕겼다 카이. 가까이에는 여기 밖에 더 있나? 서울에는 검정시험 칠 때 10년이나 야간열차 타고. 박진도 가수가 '야간열차' 노래 부를 때는 항시 그럴 때가 생각난다 카이. 밤 12시 30분인가 있었다 카이. 항상 그거 타고 시험 치러 안 다녔나?

나는 주경야독 70년 했어요. 하루도 편안하게 쉰 적이 없어요. 나대로는 성공한 택이지요. 1971년도에 서울대 의과대학에서 박사학위도 받았지요. 공부도 한번 시작해 놓으면 끝까지 최선을 다해요. 박사학위도 서울대학에서 '인삼이 Ccl4(간질환)에 의한 백○간 손상 및 방사선 장애에 미치는 영향에 대하여'라는 제목이 박사논문이라. 대학원에서 이거를 딴 사람은 보통 3~4년 했는데 나는 6년 했어요. 시험 칠 때도 10년 간 서울 오르락내리락 했는데, 그래서 내가 그러지요. 항상 야간열차를 탔죠. 여기도 비워놓고 가야 하니까 야간열차 안 탈 수가 없지. 아침 7시에 서울 도착하여 간단한 식사하고 바로 가고 고생 많이 했어요.

해마다 10년 동안 시험 쳤으니. 어떤 해는 한 해 한번 있고. 어떤 때는 한 해 두 번 있었거든. 의사 검정고시요. 12시 30분 열차 그거 타고 가면 아침 7시 되면 서울에 내리거든. 계속 그거 탔다. 그래서 박진도 '야간 열차' 그것이 나오면 "저게 내 노래다." 그래요. 지금도 생각나고말고요. 하하하! 요새도 박진도 노래 나오지요. 가수 있잖아! 12시 30분. 아침 7시 서울 도착하면 아침밥 사 먹고 9시부터 시험 치러 가잖아. 거의 하루 종일 치지. 스물 네 과목이라.

자신 없는 거는 못 치고, 자신 있는 거만 치지. 자신 없는 거는 다음 해에 준비해가 해야 되지. 스물 네 과목을 한꺼번에 어떻게 준비하나? 신이 아니면 준비 못한다. 서울대학 강당 거기서 자주 쳤는데, 위에서 내려다보면 배는 고프제, 머리는 섰제, 잠은 모지라제. 시험지를 들봐다 보면 머리가 빙빙 돈다. 문제 턱 받아 놔보면 뭐가 뭔지 잘 모르거든. 그래서 한참 엎어 놓았다가, 한참 5분 동안 눈 감고 가만히 앉았다가 치기 시작한다. 안 그라면 뱅뱅 돌린다 카이. 어지러워가지고. 고생 말도 못한다.

그래서 나는 지금도 죽어가지고 '인도환생(人道還生)'. 다부(되레) 사람으로 안 태어난다 카이. 짐승도 얼마나 고생하나? 아무 것도, 사람으로는 죽어도 안 태어난다 캤어. 짐승으로도. 지금도 아~들한테 그 칸다. 안 나온다 했어. 당시 애먹인 과목은 해부학이 제일 어렵다 카이. 전신에 외워야 하니까요. 원래 어려워요. 스물 네 과목 중 3년 지나도록 끝 못 내면 쳇바퀴 돌아. 그게 힘들지요. 앞에 합격해 놓은 것도 무효가 되요. 그게 참 힘들지요. 참 애먹이더만.

난 10년 걸렸잖아? 10년 안에 해도, 쳇바퀴 돌며 해도 검정고시 제도가 있을 동안에는 시험 칠 수가 있잖아. 그때도 3년인가 얼마 넘어버리면 쳇바퀴 도는 게 있다 카니까요. 합격한 과목이라도요. 새로 쳐야지요. 10년 세월이 어디 적은 세월이가? 강산이 변한다 카는데. 1년에 한 번이나 두 번 꼭꼭 치러 다녔어요. 시험 한 해도 빠진 일이 없었지요. 과락(科落)은 40점 이하지요. 40점 이상만 되면, 해부학 가령 100점 맞으면 거기 떼어 붙여 준다 카이. 80점 짜리로 60점 넘으니까 20점이 남으니까 떼어 붙여 주지요. 그거 아니면 제 아무리 천재라도 될 놈이 아무도 없다.

침구사 대접이 마음에 안 되어 가지고 [양의] 검정고시를 죽기 살기로 쳤어요. 그것도 어려워요. 처음에 대구에서 300명 칠 때 서이 밖에 안 됐어요. 이만조 한독병원, 한두 달 전에 죽었다. 또 권재연이라고 있어요. 죽었어요. 그 때는 대구의원. 그리고 또 한 명하고. 당시 스물여덟 살 때였어요. 그때 300명 시험 치러 온 사람 중에 서이만 되었다 카니까요.

걔들은 7년 걸렸고. 나는 10년 걸렸어. 왜 그러냐 하면 나는 아이들 공부도 시키고 살림도 살고 그래야 되었으니까요. 나이도 또 내가 제일 많고 그러니 나보다 3년 정도 그들이 먼저 되더라 카이. 이만조는 81세에 죽었으니까 8년 차이지요. 권재연이는 의사 되자마자 대구의원 하다가 마~ 죽어뿟어요. 고생 많이 했는데. 또 김감봉이라는 사람이 있어요. 거기는 내하고 의사 시험 치러 계속 댕겼는데, 결국 검정제도 없어지는 바람에 마지막 남은 사람들은 몇 십 년 따라 댕겼으니까 좀 수월하게 주더라 카이. 서너 너댓 명 될 끼라. 그래가지고 됐어. [검정시험] 마지막 해는 그랬어요. 10년씩 따라 댕겼으니까요. 좀 수월하게 해가지고 면허증 주더라 카이. 김감봉이는 무슨 의원이더라? 이게 또 운수가 나쁘게 스트레스 많이 시켜놨잖아. 할마이가 하나 죽어뿟다 카이. 그러니 그 순간이 어떻겠노? 링겔 달아놓고 시간만 보내다가 결국 죽어버렸으니까. 그럭저럭 신경써가지고 죽었지 싶어. 수(壽)를 못했어요. 합격해가 한 2년도 못 되어가지고 죽어버렸어요. 권재연이는 한 3년 정도 하다가 죽었고요. 내가 천

구백 몇 년도인가? 좌우간 12월 21일 날 내가 개업했거든. 개업한지가 49년째 난다 하니까. (벽에 걸린 의사면허증을 가리키며) 여기 있잖아. 1974년으로 되어 있는 것은 갱신된 거지. 그 전에라.

홍석제 교수가, 병리학 교수가 있지만 경북대 의대 그 분이 내가 검정고시 시험 칠 때 서이인가 다섯인가 거기 가서 배웠다 카이. 사사(師事)로 강의를 받았어요. 내가 검정 시험 칠 때 병리학 방면에서는 (엄지손가락을 들며) 이거라 잘 했어요. 그러고 나니 다른 거는 저절로 술술 풀리데요. 모든 병이 나는 거는 병리학적으로 나오거든. 강의를 잘 해 주어가지고.

일 안 하면 아이들은 뭘 먹고 사나? 일 하면서 하루에 몇 시간씩 공부하지요. 자인약국… 거기 지금 어데고? 동아백화점 못 가가지고 왼쪽 편에 자인약국이라고 있었어요. 그 사람 집에서 홍석제 경대 교수가 와 가지고. 다섯이? 서두현이 하고 대성치과라고 있었잖아? 죽었제? 그 분하고, 이 이비인후과 조수하고, 그 사람 친구하고. 대성치과 원장하고 서두현이하고 다섯이가 병리학 시험 준비 강습을 받았다 카이께나. 준비성이라. 한몫에 했는데 다 떨어지거나 다 포기하고 나 혼자 붙었어요. 나는 한 번 물면 안 놓는 기라. 서두현이? 마누라가 약사고 서주사는 약사 신랑이라. 이들은 도중하차라 안 돼. 이 둘은 도중하차라. 해보니까 어려워서 안 되겠거든. 나는 병리학 그걸 너무 잘 했거든. 내보고 워킹 콘사이스(walking concise)라고 했어. '일하는 사전'. 눈 감고 있으면서 물으면 계속 서슴없이 내가 답변을 다 했거든. 다섯 시 사사해가 내 혼자 밖에 안 되었거든. 홍 교수한테 1년 정도 강습 받았을 기라. 다섯 과목 정도 받았으면 내가 십년이나 걸릴 게 뭐 있나?

다른 거는 없지 뭐. 내가 엎드려가지고 시간만 나면 책을 봐야 하니까. 낮으로는 일하고 앉아가지고 공부 다 못 한다 카니까. 엎드려가지고. 강습은 홍석제 선생한테 병리학만 받았지. 나머지는 전부 책만 보는 독학이었지. 나는 일본말을 잘 한다 카이. 그때 내가 사범학교 시험치는데, 일본

말을 많이 가르쳤거든. 그때 사범학교도 초등학교 성적이 좋지 않으면 안보냈거든. 내가 철방만 못했지, 다른 거는 모두 잘 했거든. 그래가지고 시험에 철방을 백지로 내어 놓으니까 떨어져 버렸지. 그러니 갈 데가 어디 있노. 도리가 없어 가지고 거기는 1등을 했거든. 산수하고 국어를 너무 잘해놓으니까 후쿠야마라는 일본 놈이 날 거기 딴 데 가지 말고 거기 근무하라 이러 캤거든.

의사고시에는 철방이 없었지. 거기에는 철방이 필요 없는데. 하하하! 철방 있었으면 또 떨어졌지. 지금 생각하면 사범학교 거기 잘 떨어졌어. 안 떨어졌다면 잘되봤자 교장밖에 더 되나. 교장 출신들은 뭐 하냐 하면, 지금 아파트 지키는 그거 하나도 못 얻는 형편인데 나는 정년도 없이 지금까지 하잖아.

■ 양의사로서의 삶과 일상

[침구 하다가] 양의 하면서부터는 사회적 지위가 좀 높아지기도 했을 뿐만 아니라 환자가 많이 왔다 카니까요. 그 당시에요. 병원이 환자로 꽉 꽉 찼다 카니까요. 진료실이요. 100명은요? 하루에 많이 볼 때는 200명씩 봤어요. 24시간씩 봤어요. 그걸 10년 이상 했으니까요. 밤이고 낮이고. 그러니 나중에는 심장이 뛰어서 안 되겠요. 휴식 시간이 어디 있나? 환자가 떨어질 때 그때 잠깐 쉬고요. 그런 걸 10년이나 했다고요. 나중에는 심장이 자꾸 뛰어가지고요. 그 때는 입원실도 꽉 찼어요. 이 때가 1960년 대인 것 같아요. 많이 볼 때 200명씩 보고, 170명, 150명. 하루 평균 100명씩은 봤어요. 10년 동안. 입원실도 꽉 찼어요. 2층에 있어요. 지금은 비어 있지만요. 이 건물이 1971년도에 지었거든. 천장 상량에 거기 보면 1971년으로 적혀 있어요. 여기 오기 전에는 이 건물하고 붙었는데, 내가

2층 집을 하나 지었어요. 거기서 주로 했어요. 거기 방이 하나 있었는데, 그 당시에는 환자들로 꽉 찼다 카니까요. 그건 3년 전에 팔았어요.

이리 해가 돈도 많이 벌었지만, 땅 장사해 가지고도 돈을 많이 벌었어요. 여기 앉아있으면 소개쟁이가 와서 신천동 저기 너더랫키 있었어요. 좋은 것, 헐한 것 나오면 [그 사람이] 여기부터 쫓아왔어. 그러면 환자 떨어질 때 오토바이 타고 가가 보고 사놓으면 돈이라. 내가 땅을 해가지고도 돈을 많이 벌었어요. 땅 가지고 더 많이 벌었지요. 치료해가지고도 많이 벌었어요. 하루 매일 150명씩, 100명씩 봤는데. 그런데 땅을 어릴 때 아이들 앞으로 모두 상속해버렸거든. 나중에 보니 자기들 앞으로 해 놓은 것은 마카(전부) 지 끼라. 그래 우야겠노? 자식하고 싸우고 그러겠나? 마카? 지 끼라. 그래가지고 어릴 때부터 내가 증여를 다 했뿐 기라. 그러니 증여세도 10원도 안 내고. 잘 한 기지 뭐. 지금요. 우리 여기 의사, 현재 의사들 계모임에 여섯 정도 있다가 한독병원 원장이 죽어뿌고 인제 다섯 이거든. 가~들 보면 재산 때문에 그것 증여세 대단하잖아? 상속세. 내가 가만히 보면, 골머리 많이 앓는 택이라. (웃으면서) 나는 그거 10원도 안 주니까네.

집은 이 집 3층이라. 동인초등학교 저기 몇 천 평이 우리 마당이라. 3층에서 들봐다 보고 생활환경이 여기가 최고 좋아. 평생을 여기서 살지요. 65년인가 살고 있지요. 27세에 여기 와 가지고 저 밑에 3년 있다가 저기 학교 모퉁이 이리로 집 지어 온 이후로는 계속 여기에 살아. 여기가 굉장히 살기 좋은 데라. 터줏대감 택이지. 법원 직원이 나한테 번지 물으러 온다. 하하하! 육십 몇 년인가 살았거든. 65년인가? 27세에 와가 저기 모퉁이에 몇 년 살다 그 담에는 계속 여기 살거든. 여기가 진짜 살기 좋아요. 문 턱 열어놓으면 인근에 집이 없잖아. 저 멀리까지 보이고 공기도 비교적 좋아요. 오염도 없고요. 일대의 변화 내용은 내 머리에 환하지요. 64년인가 65년인가 사니까 환하지요.

검정시험 의사 모임도 있는데, 의성계(醫聖契)지요. 6명 중에 1명, 이만조 한독병원 원장이 죽고 다섯 명이 남았어요. 의성회(醫聖會), 계지 뭐. 나, 신피부과의원(신현철, 86), 대중의원(곽영수, 84), 대성소아과(윤경로, 84), 정산부인과(정균용, 80), 한독병원(이만조, 81) 이렇게 6명인데 이만조는 2개월 전에 죽었어. 그 친구도 고생 많이 하고 일도 많이 하고요. 회장은 돌아가면서 해요. 이제 나는 못한다. 나이가 많아 못한다 카이까. 날 빼놓고 해요. 검정 시험자는 지금 3명 있다가 한독병원 원장이 죽고, 대중의원 곽영수하고 나 둘이 밖에 없어요. 대성소아과는 서울대학 출신인데, 퍼뜩 생각이 안 되네. 윤경로다.

매월 마지막 수요일 날 한 달에 한 번씩 만나요. 사십 수년 전에 만들었지요. 내가 만들었어요. 43년 정도 됐어요. 특별한 목적은 없고, 그저 식사나 한 번씩 하고, 친목도모하고 그런 것이지요. 계금(契金)도 좀 모으기도 했지만, 이젠 다 없앴다. 그래도 죽으면 6만원씩 낸다 카이. 의성계 멤버들이 대구 의사 중에는 최고 원로들이지요. 이외에 의사 모임은 더 없어요. 또 다닐 여가도 없고요.

■ 모정(母情)의 그리움과 4남 3녀 자녀들

땅 상속은 할마이가 아이들 앞으로 다 해라 캤고 그 담에는 우리 모친이 여기 동인동에 내가 집을 얻어드렸어요. 여기 학교 옆에요. 그래가지고 여기 오게 됐지요. 우리 모친이 음으로 양으로 나를 위해서 노력을 많이 했어요. 71세에 돌아갔지요. 그것도 내가 많이 몰라가지고 돌아가셨다 카이. 내가 지금 생각해 보니 그게 난소암 택이라. 혹이 커 가지고. 혹이 호박 꼭대기처럼, 꼭대기가 있거든. 어떻게 운동을 잘못해가지고 꼭대기가 딱 젖혀지거든. 젖혀지면 여기 막혀가지고 혈관이 안 통하잖아? 그래가지고 돌아가셨는데 그때는 (자기 병원을 가리키는 듯) 이것도 없고 우리 엄마도 병원에 안 갈라 카고.

우리 모친이 죽기 살기로 날 성공하도록 빌고 갔다 카니까요. 그래서 내가 돈이 있어야 부모한테, 엄마한테 잘 해드리지. 아무도 모른다. 이 세상에. 두 사람만이 안다. 지금도 여기 목걸이에 요만한 단지를 만들어가지고 엄마 유골을 넣어가지고 어디 갈 때 그~할 때는 하고 다닌다. 유골 사리가 나왔거든. 그걸 일부러 쪼그만 순금단지를 만들어 가지고 거기에 넣어가지고 차고 다니거든. 우리 엄마가 내한테 너무나 잘 했고, 울 엄마 아니면 내가 가난해가지고 초등학교도 못 나왔다 카니까.

어른이 경제적으로 힘들고 하니까, 3학년 시켜놓고 날 달래더라 카이. "니 지게 하나 그만 다듬어 줄 테니까, 나무해가지고 그냥 그렇게 살아라." 그랬어요. 우리 아버지가요. 나는 그만 공부하기도 싫고 [내가 살던] 하대전에서 영천보통학교 거기까지 갈라 카면 5리라 카지만, 10리는 족해요. 계속 6년 동안이나 하루도 안 쉬어가지고 개근상 받았어요. 거기 뭐냐 하면 주판이라. 지금도 가지고 있어요. 6년 동안 개근상 부상이라.

모친이 싸워가면서 시킨 거지. 그래. 집 나와 가지고 딴 데서 날 밥해 먹여가면서 학교를 끝냈다 카니까요. 날 잘 되도록 얼마나 빌었어요. 그래서 지금도 난 그러 캐요. '엄마요! 내가 늦게 했지만, 엄마 소원대로 내가 다 했어요. 의사 계급에 의학 박사, 의사 전문의밖에 더 없습니다. 그걸 내가 다 했습니다.' 이 카고요.

여기 절이 하나 있거든. 절. 방 하나 가지고 입원실 하나를 절로 만들어 불상을 모셔놓고 있어요. 우리 모친도 거기에다. 팔달교 거기에 있는 석탑(石塔) 있잖아요? 거기에다 우리 모친 유골을 넣어가지고 있다가 불도 켜고 절에서 늘 축원을 해주잖아요. 그랬는데 스님하고 의논을 해가지고 "우리 엄마는 내가 모시겠다. 나도 여기에 조그만 절이 있으니 그걸 꺼내 돌라" 캤거든. 그러니 스님이 "그럽시다" 카면서 꺼내주더라고요.

그래서 여기 절이 있거든. 우리 할마이도 모른다. 알면 다부 갖다놓으라고 할 거 같아서요. 그래서 할마이도 일체 모른다. (연구자를 지칭하며) 그러니 이걸 아는 사람은 모두 서이다. 아는 사람이 여기까지.

할마이도 내가 공부하고 그럴 때 얼마나 고생을 많이 했나? 그러이 할마이 명령도 거역할 수 없어요. 그러이 할마이한테도 이야기 안하고 속이고 있어요. 또 한 분은 우리 식모 아줌마 있어요. 그래서 한 가지 걱정이라. 내가 죽으면 우리 모친 유골을 우야꼬? 다부 저기 팔달교 석탑에다 갖다 놓을까? 아니면 하대전에 우리 산소가 있거든. 내가 벌어가지고 샀거든. 우리 동네 산을. 거기 우리 어른이 계시는데. 내하고 우리 할마이하고는 옆에다. 조금 있으면 내가 가 가지고 메를 잘 닦아 놓을라고 계획하고 있어요.

그런 모친은 이 세상에 없어요. 나는 그렇게 생각해요. 우리 엄마 제사 때나 어데 좋은 일이 있고 또 먹을 게 많이 생길 때는 반드시 목걸이를 끼고 간다. 내가 의사 되는 것을 못 봐서요. 돌아가시고 2년 정도 있다가 의사고시 합격했어요. 못 봤다 카니까요. 그래서 내가 더 안됐다 카니까요. 그렇게 원하더니만. 지금도 내가 자주 칸다. '엄마요. 엄마 원하던 거 내가 해냈어요. 늦었기는 늦어도요. 하기는 했어요.' 그 카지요. 하기는 했거든. 거짓말 안 했잖아요? 만날 울 엄마가 빌 때 '1등 의사 점지해돌라'고 했거든요. 항상. 검정고시 말고는 길이 없잖아요.

지금 봐서는 아이들⋯ 우리 장남이 오전에 여기서 진료하고 가거든. 같이 해요. 오전에 하고, 나는 오후에 해요. 가정 의학 전공이지. 올해 환갑이지. 가장 많이는 딸이라. 김승만 전 부장판사가 우리 사위라. 딸의 사위 둘 모두가 변호사라. 하나는 국제변호사고, 하나는 우리나라 변호사인데 그게 천재라. 월급이 800만원인가, 1000만원이라. 거기서 또 미국에 2년 동안 공부까지 시켜줬고. 큰 사위랑 우리 집에 변호사가 서이 택이지.

또 내 생질 아이가 변리사인데 직원이 70명이나 되지. 서울공대 나와

가지고요. 우리 셋째 놈이 목사라. 둘째 아들은 금복주 사위라. 금복주 맏딸이 우리 둘째 며느리라. 아들이 금복주 법주 박스를 맡아가지고 저기 성서에서 공장하고 거기 납품하고. 서울대학 정치학과 나와가지고. 그게 어려웠다. 14대 1이었지.

아들 너이, 딸 서이 모두 일곱이라. 그 밑에 하나는 충북 제천에 있는 무슨 대학에 교수가 사위라. 셋째 딸 신랑이지. 둘째 딸은 옛날 부시장, 포항 시장도 했던 이(李)가… 사돈 이름도 모르겠다. 거기 며느리라. 사위는 지금 부산국제영화제 거기 높은 데 있어. 거기서 일하지. 생질 아이는 변리사이고, 가~들 마누라가 약사고. '사(師)' 자가 다 있어요. 손자 한 놈은 금복주 사장 외손녀, 여기 경대 정형외과 레지던트 다 해간다. 생질부 둘이가 약사거든. 우리 셋째 놈이 목사거든. '사' 자가 다 있다. 내 형제는 모두 돌아가고 혼자 남아있다. 나 외에는 모두 초등학교도 못나왔지요.

제2부

경북지역 원로 침구사들의
침구업과 삶

사구침법(瀉灸鍼法)으로 전통 침구를 재해석한 박외식

사구침법(瀉灸鍼法)으로 전통 침구를
재해석한 박외식

-1937년 생-

.
.
.

인터뷰 후기

키 인포먼트(key informant)를 발굴하는 중요한 방법 중의 하나는 '연망(network)' 활용법이다. 질적 자료를 중시하는 인류학적 연구는 조사자에게 필요한 문화적 정보를 제공해 줄 수 있는 핵심 제보자를 얼마나 효과적으로 만나는가가 중요하다. 촌락공동체뿐만 아니라 생업기반을 공유하는 동종업계의 경우에도 핵심 제보자의 발굴은 사람의 연결망을 통해 가능하다. 침구업계는 구성원이 회소하여 지역 단위로는 물론이려니와 전국적으로도 대부분 서로를 인지하고 있다.

원로 침구사 박외식은 대구지역 침구사 진기업을 통해 만날 수 있었다. 대한침구사협회 대구지회장인 진기업은 연구자가 제일 먼저 접촉했던 침구사로서 지역 동료 침구사 성낙도와 최영조 외에 경북과 부산경남 지역의 침구사에 대한 정보까지 가르쳐 주었다. 3회의 면담을 하는 동안 연구자와 어느 정도 라포가 형성되고 나서는 연구과정에 활용하라면서 개인 소유의 침구사협회 수첩까지 건네주었다. 진기업 침구사가 가르쳐준 연락처로 통화한 다음 약속 날짜를 잡아 그의 침술원을 직접 방문했다.

2008년 6월 6일 방문 첫날은 5~6명의 환자가 대기 중이었는데, 면담 시작 20여 분만에 진료를 시작했다. 진료 시작 후에는 쉴 사이 없이 계속 환자들이 내원하여 '틈새 면담'조차 어려웠다. 연구자는 1시간을 달려와서 단 20분으로 면담을 끝내기가 아쉬워서 작별인사까지 했음에도 불구하고, 침술원을 떠나지 않고 침구 시술 과정을 관찰했다. 녹음기를 든 채 침구사를 따라 다니며 특정 시술 장면에 대해서는 질문을 하고 때로는 사진을 촬영했다. 구술자는 쉴 틈도 없이 5~6개의 치료용 베드를 오가며 문진과 사혈, 시침 등을 숙련된 동작으로 해나갔다.

박외식 침구사

그는 1937년 경북 구미시에서 태어났다. 실제 나이는 호적보다 세 살이나 많아 76세다. 침구사 중 가장 나이어린 축에 속해 단절의 기로에 있는 현 상황에서 스스로도 '한국 침구의 마지막 잎새'라고 평한다.

그의 형은 88올림픽조직위원장이자 국회의원, 재향군인회장 등을 역임했던 박세직 씨다. 그는 차남이지만 고향을 지키라는 형의 뜻을 존중하여 줄곧 고향을 지켜왔다. 고향에서 외길 침구 인생을 살아오면서 질병을 다스리는 본연의 일 외에도 침구술을 통한 봉사활동에도 적극적이다.

고등학교 시절 다쳤던 팔을 침으로 완치시킨 것이 그가 침구를 평생의 직업으로 삼게 된 계기가 되었다. 그는 '사구침법(瀉灸鍼法)'을 독자적으로 개발해 시술에 활용한다. 병증에 따라 사혈과 뜸, 침을 병행하는 침법이다. 침은 전기 자극을 가하는 일종의 '전침(電鍼)'이다. 이는 그가 침구에 대한 지속적인 연구와 시행착오를 통해 완성한 것으로, 전통의 현대적 해석에 기초한 침법이다. 그의 침법은 특히 만성·난치성 통증 치유에 효과가 커서 전국에서 환자들이 찾아온다.

그는 침구사 제도의 단절에 따른 전통 침구의 보존을 위해 자신의 침구 경험을 기록으로 남기는 작업을 진행 중이다. 아울러서 한의대에 진학한 손녀에게로 침구 기술을 전승시킬 계획도 추진 중이다. 그는 한국 침구 발전에도 큰 기여를 하고 있다. 수년간 대한침구사협회 감사를 역임하고 2008년부터는 경상도지부장 역할을 수행 중이다.

연보

·1937년 - 경북 구미 인동 출생
·1956년 - 경북고등학교 졸업
·1957년 - 일본 침구 유학
·1965년 - 경북 구미에서 박침진료원 개원
·2002년 - 대한침구사협회 감사
·2008년 - 대한침구사협회 경상도지부장
·2008년 - 경북 구미에서 박침진료원 운영 중

■ 경북 구미 인동 출생과 침구 입문

고향은 여기 구미 인동입니다. 그때만 하더라도 칠곡군 인동, 인동이죠. 구평동 카는 데가 제 고향입니다. 지금도 구평동에 땅마지기가 조금 있습니다. 웃대에 조상님들의 산소도 있고 이렇게 됐는데 … 우리가 어릴 때만 해도 상당히 곤궁하다 … 먹고 살기가 힘들었다, 아주 어려웠다 이 말입니다. 내가 가만히 생각하더라도 생활이 언제 이렇게 되었는가 그럴 정도지요. 아까도 말했지마는 그러니 고향을 못 떠나고 있는 겁니다. (백형 박세직 전 국회의원을 지칭하며) 형의 말이 사명입니다. 그래가지고 "너는 고향을 지켜라." 이기라. 우리 형님이 박세직인데, 남동생은 나 하나밖에 없어요. 여형제는 한 서넛 있지요. 그래가지고 형님 말 들어야 되고. 또 집안의 일, 형님이 해야 하는 일 이런 것도 내가 해주어야 되고. 그래서 고향에 있는 겁니다.

고등학교 다닐 때도 걸어 다니고요. 대구에서는 자취를 했어요. 그때는 얼마나 추웠는지. 그때는 볼펜이나 이런 게 없었지요. 철필이지요. 잉크 찍어 쓰는 거. 아침에 자고 일어나서 공부한다고 책 펴놓고 철필 가지고 찍으니까 글씨가 안 쓰여요. 나중 보니까 잉크가 얼었어요. 우리 말 못합니다. 그 정도로 추웠어요. 몸을 오그리고 그래가지고 공부하고요. 요새 아이들 보면 호강입니다. 그래서 우리 같은 이런 사람들이 남을 동정할 줄 알고. 내가 고생을 해봤으니까요. 그래 마~ 여기서도 내가 좋은 일은 좀 합니다. 안하는 기 아닙니다. 불우이웃돕기도 좀 하고요. 이건 내 자랑이 아니고요.

1950년대지요. 학교 다니면서 팔꿈치가 안 좋았지요. 산에 나무해오다가 눈에 미끄러져가지고 이걸 들받았어요. 그러니까 이게 붓더라고요. 그런데 그때는 병원도 없고. 솔직히 말해가지고요. 공의(公醫) 하나 있었는데 거기는 우리에게 돌아갈 여지가 없었어요. 그래가지고 대구에 나오다 보니까 지금 진기업[1] 씨 삼촌이라. 내가 그 양반한테 침을 맞고 대번에 나았잖아요. 그래서 '야~ 이게 침이구나'라는 생각이 들었지요. 이게 타이밍이 맞았어요. 왜 그러냐 하면, 탁 쳤을 때 당장에 침을 맞기보다는 2~3일 지냈으니까 다친 곳이 붓잖아요. 피가 몰리잖아요. 그때 내가 피를 뺏뽑는 기라. 이렇게 사혈해 뽑는 기라.

아! 그때를 내가 지금 생각해 보면, 침술원에 환자가 한 방 가득한 기라. 여자도 궁디~ 내놓고, 남자도 궁디~ 내놓고 그래가지고 하더라고요. 그때 부항은 지금처럼 이런 것이 아닙니다. 그저 '눈 종재기'라고 하지요. 종지 거기다가 참기름을 부어가지고. 기름이 없으니까 그 따다가 참종이, 문종이로 심지를 맨들어 가지고 불을 댕겨요. 참기름을 약간 떨어뜨려가지고 그 심지를 세우는 것도 밥풀 가지고 붙여가지고 하지요.

쓸 줄은 모르지만, 내가 시(詩)도 한 편 써놓았는데. '돌아가자!'는 제목인데, 시구 중에 '소금 간 꽁보리밥' 그것만 봐도 그때 시절이 참 어려웠다 카는 걸 알 수 있지요. 그때는 반찬 카는 것도 없고, 순수하게 어머니가 했는 것 보면 쌀 조금 넣고 밥이 되지요. 보리밥만 하면 밥이 안돼요. 퍼석거려서 희어져서요. 그러니까 쌀을 많이 넣어봐야 5분의 1 정도 넣지요. 쌀밥 되는 부위는 할머니 떠주고 아들이라 해서 내 좀 떠주고, 내 밑에 여동생들은 맨날 보리밥이지요. 나머지는 모두 섞어가지고요.[2]

그때는 별도로 반찬 카는 것도 없고요. 그때 어머니가 소금물을 맨들어 가지고 손을 적시가지고 주물럭주물럭해가지고 주먹밥이 되는 거지요. 그런데 이걸 싸가지고 가 보며는 이런 면 보자기는 안 되고, 삼비(베)

1 1925년생. 대구시 북구 산격3동 진침술원 원장.
2 면담 첫날 수집한 자료는 자작시 1편('돌아가자')과 각 시도별로 157명의 침구사가 수록되어 있는 『會員手帖-1998년-』(대한침구사협회, 1998), 『鍼灸師法 立法意志 表明 收錄集-1994~1997』(대한침구사협회·침술의학신문사 편, 1998). 월간 <침술의학> 제155호(대한침구사협회 간행, 2008.5.15.) 등이다.

보재기를 … 지금 이래~ 보면 손수건 정도 되지요. 거기에다 싸지요. 삼비 보재기라야 안 시었어요. 밥이요. 옛날 그거 어떤 뜻인지는 몰랐지요. 주면 묵는 기고, 안 주면 못 묵는 시절인데. 그래가지고 간(맛)은 … 다른 반찬이 없잖아요. 된장을 감나무 이파리에다가 옆에 싸가지고 그래가지고 학교 가고오고 하잖아요. 그만큼 우리는 어린 시절이 어려웠어요.

내가 침구에 입문하게 된 동기가 어디에 있느냐 하면은 … 그때는 내가 고등학교 댕길 적입니다. 초등, 중등, 중학교는 여기 구미에서 다녔습니다. 그때는 어려운 처지니까. 방학 때 집에 오면 나무를 한 벗가리 해놔야 쌀 서 되, 보리쌀 그걸 울러 매고 갔습니다. 자취하려고. 칠곡 동명[면]으로 해가~ 절로(저 쪽으로) 걸어서 갑니다. 그래가지고 공부하다 추워가지고 … 책을 보면서 가지요. 혹시 책을 놓고 가더라도 그 이듬해 그 길을 오면 책이 그대로 있어요. 영어 콘사이스가요. 얼마나 반가워요?

지금도 내가 그런 걸 생각합니다. 그 당시에 대구에서 내가 공부를 할 적에는. 그 당시 농촌에는 1년 치고 3분의 2를 산에서 살았다고 해도 과언이 아니지요. 왜 그러냐 하면 그때는 나무도 하고 풀도 베어 와야 되고, 소도 풀을 먹여야(뜯겨야) 되고 하는 것들이 전부 다 산에서 이루어졌던 겁니다. 우리 생활이요.

그때 어느 날 겨울방학 때 나무를 한 벗짐가리 해놔야 보리쌀 닷 되에다가 쌀 서되 그걸 짊어지고 … 인제 그때 동명 카는 데가 있었어요. 지금은 대구시 칠곡이지만요. 동명까지 걸어가야 됩니다. 그래야만 거기서 차를 탈 수 있었어요. 그래가지고 쌀 서되, 보리쌀 닷 되를 엄마가 해주면 그걸 메고 가고요. 또 나무를 한 벗가리 해야 용돈 조금 주고 했지요. 용돈 그것 쪼매 줘도 별 크지 않죠. 하숙할 형편도 못되어서요. 내 혼자 밥 끓여먹고 자취지요. 학교 주변에서 자취도 하고요. 참 우리 사는 게 그때는 형편이 없지요. 뭐 무조건 공부해야 되겠다는 그거지, 뭐 과외다 그런 것은 볼 것도 없고요.

그런 식으로 공부를 했지요. 어른신들의 자식 공부에 대한 열의가 있었지요. 그래가지고 이걸 침구 입문이 어떻게 되냐 하면요. 겨울(방학)에 와가지고 나무를 한 볏가리 해야 되는데, 인제 방학이 끝날 무렵에 말이죠. 내가 나무하러 가가지고 구불렀지요. 나뭇짐을 짊어지고 구불렀지요. 그때가 겨울방학이었는데, 아~ 내가 팔을 다쳤어요. 그때 내가 경북고등학교에 다녔어요. 2학년 땐가 그걸 겁니다. 그때는 의사 카는 게 참 어려웠어요. 공의(公醫) 하나가 있을동말동 했어요. 인동에요. 인동에 한 분이 있었어요. 공의이죠. 정부에서 보내가지고, 지금 같으면 보건소 비슷한 그런 거지요. 정선생이라고 한분이요. 거기 가서 치료받는 것은 과히 어려운 일이었어요. 양방(洋方)이지요.

그래가지고 팔이 붓고 이래가지고 있었는데 … 그때 대구에 사는 우리 숙모가 왔어요. "야~야. 너 팔 그래가지고 안 된다." 이랬어요. 그래가지고 그때 어디 갔느냐 하면, 대구 칠성동에 방송국 옆에 거기 침술원이 하나 있었어요. '진침술원'이라고요. 지금 진기업 씨 삼촌이었어요. 거기 가니까, 그때 학생이 참 귀했어요. 내가 학생모자 쓰고 가놓으니까, "들어오라" 카더라고요. 내가 학생이니까 "아~ 학생! 빨리 들어오너라." 캐요. 우선권을 줬다고요. 그때 학생이 가치가 있었지. 보니까 남자, 여자도 없고(구분하지 않고) 그냥 마~ 다 벗고 누~가(누워) 있는 게 이 쪽은 영감님, 저쪽은 할머니들 있고 그렇게 있었습니다.

그래가지고 그때 내가 여기 침을 맞았어요. 아~ 맞고 나니까, (팔을 들어올리며) 아~ 신기하게 팔이 이렇게 올라가요. 즉석에서요. 단 한번 맞고요. 들었어요(효험이 있었어요). 그래서 부항도 뜨고 이렇게 했는데. 그런 부항은 요새는 볼 수 없지요. 구루무 딱갱이(뚜껑)에다가 참기름에다 심지 비벼가지고 요래 놓고 불을 딩기가지고 탁 붙이는 그런 요법이지요. 그때 그래가지고 내가 하도 신기해가지고 내가 '요걸 배워야 되겠다' 해가지고. 그것 때문에 내가 여기 침에 미쳤는 거지요. 침구에 입문

한 동기가 거기에 있지요. 진기업 씨의 삼촌이 침을 놓았지요. 그분한테 직접 배우지는 못해지만요. 예. 그렇습니다. 그때는 우리나라에 침 카는 게 별로 없었습니다.

■ 일본 침구학원 수학과 침구사 면허 취득

그런데 일본에 가면 학원이 있었습니다. 단기 연수과정이 있었습니다. 그때 내가 안 되겠다 싶어가지고 … 그때 일본에 우리 먼 족(族) 되는 분이 계서가지고 그래가~ 갔습니다. 그때 내가 고등학교 졸업하고 난 뒤지요. 어렸지요. 거기 가 가지고 6개월 과정의 연수과정이 있었어요. 당시에.

그때는 일본에서 침구 자격을 구비하면, 그때는 소원(訴願)제도라는 게 있었습니다. '내가 이러이러한 기술이 있으니까 이걸 허가를 득(得)하게 해 달라'는 제도지요. 우리나라에요. 소원제도지요. 그런 게 지금 한약방, 한약종상 또 조산원 … 조무사, 그런 것이 있고. 침사, 구사 … 그런 것들이 그때 있었지요. 그런데도 경상도에는 안 되고요. T.O가 있는 데가 있습니다. 그래가지고 내가 강원도에 가서 냈습니다. 내가 강원도에 가 가지고 소원제도에 의해 자격을 냈지요. 그런데 당시 처음에는 '내가 이걸 하겠나?' 카면서, 반신반의했습니다. 그러다가 '아~ 안 되겠다. 이걸 조금 더 연구해야 되겠다. 공부해야 되겠다.' 이래가지고 오늘날 이렇게 됐습니다. (웃으면서) 침쟁이가 별로 없습니다. 내가 마지만 잎샙니다.

인동에서 초등학교 마쳤지요. 중학교는 구미에서 했고요. 그래서 지금 여기 친구들이 많이 있습니다. 지금도요. 동기들이 재벌들도 있고, 전부다 국장, 과장 하더니만 지금은 모두 제대(정년퇴직)해 가지고 자기들은 놀고 있지요. 내 혼자만 이렇게 하고요.

내가 일본에 침 공부하러 갈 때는 그때 내가 경북고 졸업하고요. 그런데 뭐 별로 … 학원이라는 게 그거지 뭐. 그때 일본에 우리 집안이 있었지요. 일부는 돌아가시고 또 일부는 한국으로 나왔고요. 그 어른들이 상당히 좋았는데 … 그 후에 또 내가 일본에 갔었지요. 그 사람이 일본에서 침의 권위자입니다. 그 당시에 침이 … 우리 역사까지도 그 당시에 일본이 다 자기들 문화유산이라고 했지요. 그런데 알고 보니 그게 아니라요. 우리나라 거라요. 지금에 와서 보니까요. 그 사암오행침(舍岩五行鍼)이라든가 그런 걸 일본에서는 자기네들 문화유산이라고 생각하는데 아니라는 게 판명났지요. 그래가~ 지금은 '아하! 이거는 한국 거다.'라고 생각하지요. 본시 인제 우리 삼국 시절에 백제를 통해가지고 일본으로 들어갔지요.

일본의 침법은 뜸을 위주로 하는 침이요, 한국은 찔러놓는 침이요, 중국은 사혈(瀉血)을 시키는 침이지요. 제가 알기로는 그리 알고 있어요. EBS인가 거기서도 나왔는데, 침은 뭐 중국에서는 자기들 거라고 하는데 나는 그게 아니라고 봅니다. 아닙니다. 『황제내경(皇帝內經)』인가 거기 보면, 중국 책에 보면 기백(岐伯)이와 황제(皇帝)가 대화한 내용이 있어요. 내용이 뭔가 하면, 기백은 의사요, 황제는 권력잔데. 황제가 말하기를, "우리가 백성들의 세금을 뜯어먹고 사는데 백성들에게 좋은 뭣을 해줘야 하는데 침은 어디서 왔느냐?"라고 하니까, 기백이 "동방국(東方國)에서 왔다"라고 대답했어요. 동방국은 우리나라를 말하는 것이지요. 중국 침의 권위자들은 "아이다. 이거는 한국에서 왔다" 카고 있지요. 그러니까 세계 뭐 중국에서 행사가 있어가~ 우리나라 사람들이 중국에 가면요, 아는 사람들은 모두 이렇게 캅니다. 세계침구연합회니 뭐 그런 데 가면요.

그때는 일본에 침구가 굉장히 권위가 있었지요. 지금도 마찬가지입니다. 현대의학적으로도 안되는 게 많거든요. 그런데 침으로 하면 다스려지는 게 많습니다. 일본은 적극적입니다. 그런데 우리나라 사암(舍岩)이라든가 허준(許俊)의 침법을 자기들의 방식으로 만들었을 정도입니다. 지금도 인정합니다. 현대의학적으로요. WHO에서도 인정을 받고 있어요. 침, 지금은 침 가지고 마취까지도 다 시키고 있으니까요. 침 가지고 하면 후유증이 없잖아요. 약으로 하면 후유증이 남는데요.

■ 외국 환자들도 방문하는 침술원

내가 알려질 수 있는 여건이 되어 있습니다. 왜냐하면 서울서 기러기 아빠처럼 여기 공단에 내려옵니다. 그런 분들이 과장, 부장 이렇게 되잖아요? 그런 분들이 침을 맞고 효과를 보죠. 보면 올라 가가지고 주위 분들에게 연락을 하고 이야기를 하게 됩니다. 그래가지고 우리 집에 많이 오지요. 우리 집에요. 그런 분도 있고, 여러 사람이 다 오지요. 또 여행 왔다가도 오는 사람이 있고요.

또 우리 집에 특이한 거는요. 외국인들이 많습니다. 필리핀, 스리랑카, 거기 사람들 많이 옵니다. 내가 영어를 좀 구사합니다. 이렇기 때문에 통하거든요. 짧은 실력이지만 좋다고 하지요. 말이 통하니까요. 왜관에 있는 신부, 독일신부도 치료했는데, 안 낫는 기 있었어요. "이거는 도저히 안 된다. 독일 들어가서 고쳐라. 우리 한국에서도 안 된다"고 했어요. 아킬레스 근(筋)의 긴장입니다. 부어있는 기라. 부어있는 거는 침으로 안 됩니다. 그 이후로 날 고맙게 생각하고. 병원으로 온(모든) 데로 다 댕기고 했거든요. 그래서 내가 올바로 이야기해 주었더니, 그래가지고 고쳐가지고 나왔습니다. 우리 구미공단에 있는 외국인들은 자기 나라에서는 수준이 굉장히 높은 사람들입니다. 경찰관, 회사 간부직, 공직 등에 있었고.

환자가 많습니다. 딴 데 가면 텅텅 비었습니다. 우리 집에만 그렇지요. '유침'(留鍼) 시간은 보통 15~20분입니다. 나는 영어도 하고 일어도 하고 중국어도 하고 또 독일어도 하고요. 외국 환자들이 오면 기본 인사는 해

부항기구   침통   침 소독기 내부

야 되죠. 그러니까 환자가 왁작왁작하지요. (다리 아픈 환자를 가리키며)
이 분은 일본에서 오랫동안 계셔가지고 일본사람 한가지라요. 옛날에 학
교 다닐 때 이 양반을 내가 한국어를 가르쳐줬어요. 우리 고향 사람이라
요. 이 사람은 일본말 하고, 나는 한국말 하고 그러다 보니 서로 커뮤니
케이션이 맞지요.

■ 한국은 세계 침술의 종주국

   침구는 전통의술이고 또 전통 문화의 중요한 한 부분으로서 정신이 깃
들어 있습니다. 그럼에도 불구하고 침구사법이 없어 지금 소멸 단계에 있
는 것 같습니다. 그래서 현재 상황이 어떠하고 또 어떻게 해야 할 것인가
하는 문제들에 대한 여론 형성도 필요한데요. 이게 본시 우리나라 문화입
니다. 고유문화죠. 이게 5천년이 넘는 우리나라의 순수한 우리 할아버지
들의 정신문화, 샤머니즘의 하나에 속하지요.
   그런데요. 우리나라에서 보면요. 지금 우리나라 박물관에 소장되어 있
는 뼈침[骨鍼]이라든가 돌침이라든가 이런 것들이 1926년에 발굴, 보관되
어 있다는 것도 내가 알고 있습니다. 그런데 그 안에서, 한 5천년 역사
속에서 흘러내려오면서 그야말로 침에 대한 선각자라고 말할 수 있는 사

암(嵩岩) 선생을 중추로 해서 허준이니 뭐 여러 학자들이 많이 나와 있습니다. 이것이 본시 우리 한국에서 중국으로 갔다가 중국에서 우리나라로 들어오는 것이 고구려 평원왕 때 정립되어 가지고 나왔습니다. 그것은 중국에 가면, 세미나라든가 연중행사 뭐~ 이런 것이 있습니다. 세계침연(세계침구연합회)이라든가 이런 것이 있는데, 거기 가면 우리를 상당히 우대적으로 인정을 합니다. 중국에서도요. 우리 침구계에서는요. 침의 종주국에서 왔다고요.

거기 보면 침구의 역사라든가 그런 게 중국의 저서에 되어가 있습니다. 그래서 그걸 보고 아는 사람들은 알고 있는데 … 우리나라는 지금 침구가 중국에만 있는 줄 알았지만, 그게 아니라 우리 문화가 들어가 가지고 그것이 바로 한 바퀴 돌아가지고 한국에 왔다가 고구려, 백제 그 시절에 일본으로 또 건너갔지요.

그래서 이게 삼국의 침법이 다 틀립니다. 우리가 보면은요. 일본하고도 틀리고, 중국하고도 틀립니다. 그게 왜 그러냐 하면 … 주체성은 뭐~ 침 자극을 줘 가지고 그렇게 한다 이 뜻이지만, 중국은 사혈(瀉血)을 위주로 한 침법을 많이 씁니다. 지금 현재적으로 볼 때요. 우리나라는 그냥 찔러 놓는 거고. 일본은 그게 아니라 뜸, 구(灸)를 위주로 한 침입니다. 동양 삼국에 침이 각기 좀 다르지요.

우리나라의 순수한 이러한 문화유산을 가지고 계승 발전을 해나가야만 우리의 고유한 문화전통을 세워나가는 올바른 길인데, 이것이 우리가 일본의 식민지 정책으로 지배를 받을 때 사암 침법 같은 것은 일본 사람들이 가져가 가지고 저거 문화다 이렇게 했는데. 역사학자들이 보니까 '아아! 이게 아니구나.' 카는 것을 다부(되레) 토해냈지요. 그래가지고 그게 우리 문화다 이렇게 됐는데.

■ 침구법의 소멸과 부활의 필요성 및 한계

지금 우리에게 시급한 것이 무엇이냐 하면요. 이걸 입법시키는 문제가 가장 큰 것입니다. 입법 문제가 내가 알기로는 언제부터 그게 됐냐 할 것 같으면, 박정희 대통령 그 시절에 천명기 보사부장관이 … 의사 출신입니다. 그래가지고 '아~ 이거는 뭐~ 침은 한의사가 하면 된다.' 이렇게 되어가지고 한의사에게 넘어갔습니다. 그런데 지금에 와가지고는 이러한 법령이 보면 아주 골치 아프게 되어 있는데.

한의사들은 지금 침술이 저그들의 고유 권한이라고 이렇게 말합니다. 그러나 모법(母法)에 보면 엄연히 '침구사'라는 게 있습니다. '침사(鍼師)'라는 게 있습니다. 중국에도 침사가 있고, 일본에도 침사가 있고, 인제는 세계 각국에 전부 침사가 다 있습니다. 법은 있어도 이걸 시행을 못하는 나라가 우리나라입니다. 이거 종주국이라 카면서요. 그래서 WHO에서도 약 40여 가지의 병은 침으로 치료된다고 인정을 하고 있습니다. 세계보건기구에서요.

그래서 우리 침구사들도 이걸 가지고 상당히 노력을 해왔습니다. 소원도 하고 뭐도 하고 막 많이 해왔는데, 최근에는 어떻게 됐냐 하면 한의사들이 의사하고도 싸우고 있습니다. 지금 분쟁 중에 있습니다. 내가 잘 모르겠는데, 의사들이 깊게 침을 찔러가지고 그거 할 수 있는 MIS인가 뭔가 이런 게 있습니다. 그걸 해가지고 침을 성행하고 있죠. 의사들도 침을 하고 있습니다. 양·한방 간에는 엄연한 차이가 있지마는, 중국에서는 의사가 침을 놓고 약을 주고 다 합니다. 6개월 코스 침쟁이도 있고, 여러 가지가 있습니다. 그런데 아깝게도 우리 대한민국에는 나를 기점으로 해가지고 보면 몇 사람이 없습니다. 다 죽어갑니다. 그래가지고 그럼 이게 효능 면에는 어떻게 되어 있느냐 하면요. 우리나라의 침은 … 이런 침이 계승 발전되어야 됩니다.

옛날 걸 고집을 해가지고, 옛날 것만 쓴다고 해가지고 될 게 아니고요. 지금으로부터 몇 백 년 전의 사람하고 지금 사람하고 비교해 볼 때 의식주가 하마 다 틀립니다. 나는 그렇게 봅니다. 체질 특성도 달라지고요. 사람의 생각하는 바와 먹고 잠자는 것까지 모두 행동 통일이 다 안 되어 있지요. 이렇게 때문에 제가 볼 때는 현대적인 침의 뭣이 되어야 봅니다. 그래서 지금 그걸 계승 발전시킨다고 있는 그런 걸 지금 한의 쪽에서 쓰고 있습니다. 많이 쓰고 있습니다. 그러나 일부는 반갑지만, 그래가지고는 환자를 못 고친다는 겁니다. 그러니까 이거는 천 사람의 침쟁이가 있다면 모두 각각 다 틀립니다. 자기의 노하우가 있다는 겁니다. 이것을 우리가 공표해야 됩니다. 저 말 알겠지요? (침술원 내의 책장을 가리키며) 여기 침구 관련 책들이 쭉 있지요? 이거 될 일이 아닙니다. 여기서 여기로 옮겨놓았고, 저기서 요리 옮겨놓았다는 것뿐이지, 이렇게 해서 될 일이 아니라고 봅니다. 지금 와가지고 사암(舍岩)을 찾는다, 뭐를 찾는다 하는데 이렇게 해선 안 됩니다. 왜? 안 되는 이유가 있어요.

2백 년, 3백 년 전에 쓰던 침을 가지고 현대 사람이 그걸 맞아내느냐 하면 못 맞아낸다 이겁니다. 손에 2개, 발에 2개, 4개 놓아가지고 병이 낫습니까? 안 낫습니다. 왜? 현대 침은 아주 가늘거든요. 그걸로는 자극이 안 됩니다. 지금 가까운 여기에 대학교 한방병원이 있는데, 거기 가보이소. 환자가 몇 명이나 있는지요. 선생이 환자보다 더 많이 있습니다.

더 급한 게 무엇이냐 하면 요겁니다. (자료집을 한권 꺼내면서) 지금 우리 애로사항이 여기 『鍼灸師法 立法意志 表明 收錄集』에 있습니다. 이걸 가져가서 보시고 … (신문 한 부를 건네며) 요거는 지금 침구술에 관한 신문이 나옵니다. 월간 <침구신문(鍼灸新聞)>입니다. 이것도 한번 보시고요. (시 한편을 보이며) 이것은 내가 지은 시입니다. '돌아가자' 카는 시지요. 동창회를 가보니 친구들이 너나 할 것 없이 모두 늙어가요. 그걸 내가 어떻게 … 우울이 터져서 이렇게 그걸 표현했어요. (침구사법 입법을 지칭하며) 이게 해결되지 않으면 안 됩니다.

(환자 보호자가 구술자에게 제자를 키우길 권유하자) 바로 그겁니다. 왜 그걸 하지 않는지를 알겠죠? 바로 침구사법이 없으니까요. 그런 걸 아시라고 제가 이걸 말하는 것입니다. 이게 왜 그러냐 하면 … (환자 보호자를 지칭하며) 저분이 나한테 배우라고 그랬어요. 가르쳐주고 싶지만, 안 되는 이유가요. 영창 보내니까 그렇지요. 나는 관계가 없지요. 나는 무관한데, 이게 의료법에 걸린단 말입니다. 지금 왜 그러냐 하면, 한의사와 침사 간에 서로 으르렁거리고 있고 … 지금 신경이 날카로운 데다가 "여보세요! 어디서 침 맞았어요? 거기 어딥니까?" 캐 가지고 신고해버립니다. 그러면 가는 거예요. 뭐가 됩니까? 그렇게 되도록 못한다 이 말이에요. 아무리 그~하더라도요. 여건을 만들어야 됩니다. 여건이 되더라도, 법이 없는 한 안 됩니다.

내 손녀가 한의대 댕기더라도, 그것도 메이비(maybe)죠. 지(자기)가 하기 싫으면 나는 못하게 합니다. 안 됩니다. 어디까지나 자기가 원하고 자기가 할 수 있어야 되지요. 그러니 내가 "내 같으면 한의대 갔으면 좋겠는데 … 절대 상황은 아니다. 내 희망사항이다. 절대 상황은 너한테 달린 거다"고 했지요.

■ 침구 지식·기술의 전승과 임상 경험 자료의 디지털화

우리들 원로들 말을 존중해야 되고 그렇게 해야 되는데, 이걸 이야기해 줄만한 채널이 없습니다. 저 말 알겠지요? 무슨 말인지요. 망치 세 번만 두드리면 됩니다. 우리 같은 자격을 가진 사람들이 '너는 침구업을 나이 몇 살까지 하고, 사회봉사 하는 양(격)으로 일주일에 두 번이나 세 번

대학 강단에 가가지고 이야기를 해줘라'는 거지요. 그러면 내 치고도 내 나이가 75세입니다. 내가 나가가지고 거기서 강의를 하는데, 그 새카만 아~가 전부 다 눈방울이 빠릇빠릇한데 내가 거짓말하겠느냐 이겁니다. 절대 내가 거짓말 못합니다.

이걸 보세요. 내 자랑 아닙니다. 내 손녀가 올해 대구한의대 들어갔습니다. 내가 절대적인 상황은 아니다. 내가 이걸 계승 발전시키기 위해서는 내가 하고 있는 것을 남가~야(남겨두어야) 되겠다 … 이것이 바로 인류에 대한 공헌이랄까, 내가 남기고 가야 할 거 아니냐 그렇게 생각합니다. 옛날에 서양 말로 'Art is long, life is short.' 이렇게 했는데, 나는 그게 아니라고 봅니다. 'Name is long, life is short.'라고 생각해요. 그러면 '내 이름 석 자를 남기고 가겠다. 그러니까 이건 내 절대 사항이 아니다. 희망 사항이다. 네 알아서 해라.'고 했어요. (손녀를 지칭하며) 그러니 이놈이 거기(한의대)로 갔어요. 그러니까 '이거는 뭐가 되는 것 같다.' 이래가지고 하마 내 나이가 75세이니.

(준비해둔 자료집을 펼쳐 보이며) 선생님이 오신다고 이렇게 준비해 놨어요. 요런 책자를 내가 지금 만들고 있습니다. 이런 거는 어딜 가더라도 없습니다. 요새 글 읽기 싫어합니다. 그림 보기 좋아하지요. 이렇게 사진과 함께 다 해 놓았습니다. 내가 임상한 결과지요. 내가 해가지고 병이 낫은 과정입니다. 저런 책장의 책들은 암만 보더라도 없습니다. 내 경험, 임상한 거지요. (임상 자료집을 펼쳐 보이며) 이겁니다. 바로 이걸 내가 만들어 내야 되겠다 생각하지요. 나도 인제 죽으면 그만인데요. 그래서 내가 지금 이걸 하고 있고요. (자료가 내장된 컴퓨터 화면을 보여주며) 이것도 보세요. 우리 침구사들이 컴퓨터 이거 하나라도 못 만집니다. 이건 내가 자랑하려 하는 게 절대 아닙니다. 뭐 할라고 내가 자랑해요. 자랑할 필요도 없고. 안타까운 맘에서 지금 이 카는 겁니다.

(자신의 임상경험 내용을 사진과 설명 등으로 스크랩북에 정리해 놓은

내용을 컴퓨터에 입력시켜 디지털화해 놓은 화면을 내보이며) 이게 전부 다 깁니다. 고혈압에는 어떻고, 두통이 어떻다. 무릎 관절, 염좌 … 이런 게 여기에 전부 다 들어앉았습니다. 쉬운 거 하나 볼까요. 오늘 진짜로 잘 오셨습니다. 이거 봐요. 임상과정을 모두 이렇게 모두 순서대로 해놓은 겁니다. 이렇게 사혈(瀉血)을 하고, 이렇게 침을 놓고 하는 방법을요. 현대적인 침법(鍼法)이 되어야 한다는 겁니다.

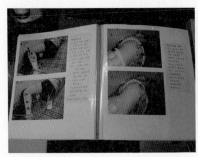
임상경험 스크랩 : 사진과 설명

임상경험 디지털 집성

이건 SSP라는 물리기구에 속하는 것인데, 침 역할을 합니다. (사진을 가리키며) 이렇게 디스크 수술을 했지요? 이런 분들도 옵니다. 다른 방법이 없어요. 피는 이런 정도로 뽑으면 된다 … 이거는 내가 죽을 때까지 아무 지장이 없어요. (다른 컴퓨터 화면을 보여주며) 이거 보세요. 이거는 재수술해야 됩니다. 그러면 드러눕게 되든지 낫든지 두 가지 중의 하납니다. 한 부분에서 아픈 거 … 나는 나대로 이렇게 하고 있습니다. 구(灸)도 이렇게 처리하고요. 여기 허연 연기는 뜸 '구', 쑥으로 놓고 뜨는 겁니다. (또 다른 화면을 보여주며) 이거 봐요. [임상]과정을 내가 다 해놓았어요. '이렇게 하니 낫더라.' 카는 거지요. '너희들이 암만 사암이고 뭐고 다 따져 봤자 소용없다. 현대는 현대를 따라가야 된다. 병이 ….' 나는 이렇게

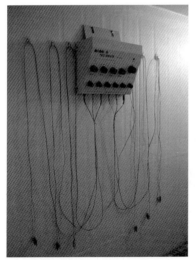
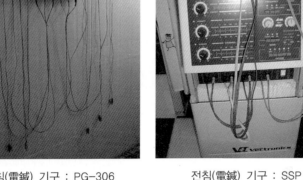

전침(電鍼) 기구 : PG-306   전침(電鍼) 기구 : SSP

생각해요. (사진을 보며) 살갗에 검은 부분 이건 뜸을 뜬 자리지요. 이래
가지고 낫는다는 거지요.

옛날에 일본은 뜸을 중심으로 했거든요. 이렇게 하면 빠릅니다. (다른
화면을 가리키며) 이거는 물리치료에 속하는 것이고요. SSP는 'Silver
Spart Point'라고 하지요. 이 기구가요. (또 다른 화면을 가리키며) 이거 봐
요. 이만큼 수술한 사람도 있어요. 이거 병원에 백날 댕겨봤자 헛방입니
다. 솔직한 말로요. 수술 후에 후유증이 오지요. 이거 봐요. 이만치 잡아
째가지고요. 이런 거는 요렇게 치료해야 된다는 거지요. 현대적인 방법으
로 …. 그러니까 클래식(classic)과 모던(modern)이 합쳐진 거지요. (다른
사진을 보여주며) 봐요. 디스크 초기 증상은 이렇게 치료한다는 거지요.
그러면 또 나옵니다. 이건 내 자랑 같습니다. 이건 지금까지 내가 쭉~
해나온 것입니다. 오늘도 하는 것입니다. 항상.

이렇게 치료 내용을 글로 써놓고 사진을 찍습니다. 이건 내가 자랑하

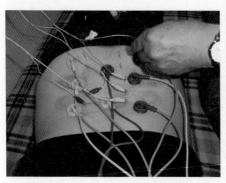
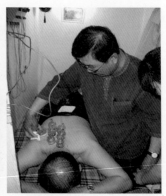

SSP와 PG-306를 활용한 혈침 시술　　　　혈침 시술 전 단계 사혈

려고 하는 게 아니고, 이거라도 남겨 놓아야 하겠다는 생각에서지요. 이
건 너무 아까운 학문이라. 그러면 이러다 내가 그냥 죽었다고 하면, 그렇
게 가정하면 학교에 나온 애들은 내 나이가 되었을 때야만 비로소 이걸
이해를 할 수가 있지요. 요 단계를 갈 수 있다는 거지요. 앞으로 이런 식
으로 정리해서 책으로 내놓아야 되겠다는 거지요. 손녀가 한의학을 공부
하니, 내가 더 희망을 가지고 더 열기를 내는 거지요.

　본시(본래)는 내가 6월 6, 7, 8일 놀려고 했습니다. 하지만 놀 수가 없
어 오전만 하고 오후에는 나도 내빼야 합니다. 술도 안 먹고 담배도 안
피우고 내가 오직 좋아하는 거는 저기 저수지에 앉았다가 빵이나 좀 먹
고 있다가 오는 게 충전하는 거죠. 스트레스 해소하는 것이죠. (연구자가
낚시 장소에 따라가고 싶다고 하자) 아니에요. 오시면 안 됩니다. 나는 오
토바이 저거 티고 댕깁니다. 우리 아들, 며느리는 전부 자가용 타고 댕깁
니다. 본시 그런 겁니다. 짚신으로 돈을 벌어가지고 구둣발로 차 던지는
기라. 그게 인생살이입니다. 자식들은 평생 빚이고요. (연구자와 면담 종
료를 선언하듯) 이제 끝입니다.

　(연구자가 '침구 인생'을 이해하고 싶다면서 한 번 더 온다고 하자) 그

럽시다. 내가 안 캅니까? 이렇게 했는 데도 없다. 이렇게 남기려고 하는 것도 없다. 책에도 없다. 내 경험한 것을 수록한 거지요. 내 보따리를 모두 내놓은 게 아닙니까? 딴 거 없잖아요? 박사님! 잘 협조해 주이소. 우리 침구계가 … 내가 마지막 잎새가 될 겁니다. 나중에 내가 하나 쓸 거예요. '마지막 잎새, 대한침구사협회 마지막 잎새 박외식' 카고 멋진 거 하나 쓸 겁니다.

■ 침구 위기와 인력의 소멸 단계

전국에 침구사가 한 50명 등록되어 있는데, 그 중에 반은 이미 들어앉았고, 안 하고요. 대구의 진기업 씨도 하다가 말다가 하잖아요. 그러니 없습니다. 그러니까 내가 마지막 잎새라 카잖아요. 내가 칠십 다섯 먹은 사람이 '마지막 잎새'다 카면 이건 끝난 것입니다. 인생은 볼 것도 말 것도 없고요. 대구에는 진기업, 성낙도 씨가 있고, 부산에는 박정규 씨가 있고. 우리와 같은 박(朴) 가입니다. 경북에는 나 말고는 없습니다. 우리 보건소에서 나를 보배적인 존재라 캅니다. 인간문화재라 카니까요. 심각한 거를 떠나서 침구사법이 없으니까요.

(침구사법의 부활 문제를 거론하며) 지금 눈치만 보고 바라꼬(기다리고) 앉았는 기지, 우리가 가 가지고 뭐라고 이야기 할 수는 없지요. 해봐야 아무 것도 들어주지도 않고요. (1998년도에 간행된 침구사협회 <회원수첩>을 건네며) 이거 가져가소. 여기 살아있는 사람도 있고, 죽은 사람도 있어요. 대충대충 다 맞습니다. 일요일은 놀기도 합니다만, 그래도 급한 환자가 예약하면, 우얍니까?(어떻게 합니까?) 내가 살아있는 한은 해야지요.

공부하는 것 외에는 구미를 떠나본 적 없습니다. 대구에서 고등학교

하고. 침구 공부 때문에 일본 갔던 적 외에는요. 우리 형님이 안 그랬으면 벌써 서울로 올라가 버렸지요. 시골 상대한 게 아니고. 돈 벌려면 넓은 곳으로 가야지요. 내가 갈라고도 했는데, 형님이 고향 지키라고 해서요. 인제는 뭐 가도오도 못하겠고요. 나이가 들어서요. 앞으로는 구미에 뼈를 묻어야지요.

구미에는 침구사가 내 혼잡니다. 경북에서도 혼잡니다. 예전에는 침구사가 있었지요. 그래서 보건소에서도 상당히 자랑거리라고 이야기해요. 침구에 대한 어떤 법적인 문제가 생기면, 경찰서라든가 와서 참고인으로 위촉해서 묻곤 하지요. 그러면 답변을 해주고요. 그런 사건들이 한 번 씩 가끔 생깁니다. 증인 그걸 해주니까 돈도 주데요. 무허가 침구 계통에서도 나오고, 한의 계통에서도 나오고요.

법적 전문 내용을 모르잖아요. 그러니까 경찰에서는 보건소에 연락해 가지고 '정식 침구인이 누구냐?' 캐가지고 소개받아가지고 내가 나가지요. 그런 사건이 어디서 나오는가 하면, 환자 쪽에서 나오지요. 이리이리 해서 어디 가서 치료를 했는데, 잘못 됐다 그거니까 경찰서에다 신고를 할 게 아닙니까? 그러니까 경찰서에서는 업소, 의료계통에 찾아갈 거 아닙니까? 조사하러 가지요. 의료계 증인을 하나 내세워서 묻게 되지요. 그러면 그것에 대해서 법적인 것을 묻지요. 그런 것은 경찰 계통에서도 잘 모릅니다. 어떻게 하는지를요.

■ 사혈침법 시술의 실제

▶ 목 디스크 환자

(목 디스크 환자를 시술하면서) 나는 간단합니다. 우리가 우리 몸에 맞는 모든 의료시설이라든가 뭐 이른 게 되어 있어야 하는데 이런 게 안 되

고 뭐 ~ 상품이라도 우리 몸에 맞는 상품, 그런 거를 만들어야 되는데 지금 허울 좋게만 막 만들어가지고 '이것이 좋다.'고 카면서. 특히 뭐~ 어떤 것이 있느냐 하면 '메모리베개' 카는 게 있어요. 요새는 베개가 전부 다 스펀지 베개, 카시미론 베개 또 메모리 베개, 뭐 ~ 가죽베개 … 별 게 다 있어요. 그런 것을 우리 정부(보사부)에서 이런 걸 베고 자 가지고 우리 국민들이 괜찮느냐 하는 것을 먼저 임상실험을 하고 난 다음에 시판 허가를 내야 하는데 이거는 그게 아니라요. 무조건 '좋다' 이거라요. 무조건. 형식 승인만 해가지고 하게 되니까 이게 뭐 됩니까?

옛날 내 이야기 하나 할게요. 옛날에 우립 집 사랑채에는 겨울 내도록, 눈이 오도록 우리 사랑방에 주무시고 그래 또 뭐 우리가 대접하고 그리 했는데. 그 당시 잠잘 때 보면 전부 다 몽침(나무베개)입니다. 베개 하나도 없어요. 그런데도 그 어른들이 '어깨가 아프다', '목이 아프다', 뭐 '어디가 아프다'고 하는 사람을 하나도 못 봤습니다. 요새는 환자들 중에 열사람 중에 여섯 사람이 목 디스크 비슷하게 해서 다 옵니다. 그래서 내가 캅니다. "절대 그런 베개 베면 안 된다"고요. 목은 미주신경이기 때문에 발끝 까지 갑니다. 디스크 같으면, 목 디스크 수술하면 … 집안에 의사나 약사가 있으면 물어보라고 해요. 그러니 베개가 너무 물렁물렁해도 안 된다. 내 머리라 할지라도 몇 킬로그램이 나가는지 모른다 이기라. 아무도요. 보편적으로 볼 것 같으면, 3~4킬로그램 나갑니다. 머리가요. 그러면 요 뼈가 어떻게 유지되느냐. 물렁물렁한데, 받쳐줘야 된다. 이런 이야기를 내가 많이 하는데, 하다 보니까 요새 손님이 좀 떨어졌어요. 전부 다 뭐 교정하고 그런다고요. 그렇다고 해서 요새 보면은 … 이것도 문제점입니다. 그 사람들이 밥을 먹고 그~ 한다고 하면서 직업의식을 가지고 하는데.

'대체의학'이라고 하는 게 있습니다. 대체의학 이 사람들이 교정한다, 뭐 추나요법을 한다, 소주마사지다, 척추교정이다, 이런 것들은 전부 불법행위입니다. 그러니 이런 사람들이 어떤 제도화를 만들어가지고 교육이 돼서 국민들에게 건강을 한 부분이라도 사소한 부분이라도 위임할 수 있는 제도가 있어야 됩니다. 외국에는 다 있습니다.

'카이로프랙틱' 카는 이런 거는 미국에서도 가르치는 대학교가 있습니다. 그러나 우리나라에는 그런 게 없습니다. 이거는 전부 다 추나요법이나 이런 것이 전부 다 한의사들의 전유물이라 생각하고 있고. 의대 갈라카면 색맹은 시험이 돼도 합격이 안 됩니다. 지금은 맹인들도 침을 놓고 앉았습니다. 이거는 누가 만들었느냐? 전두환 전 대통령 시절에 "야! 이 사람들아. 거기 가가지고 불쌍한 사람들 좀 도와주기 위해서 좀 하면 안 되나? 3푼(分) 정도 침놓는 것도 괜찮다." 그래가지고 지금 침 행위를 하고 있습니다.

목 디스크는 요즘 생활병과 관련이 있지요. 또 경기가 나쁘면 목병이 많습니다. 이렇기 때문에 내가 맨 처음에 이걸 고쳐야 될 문제는 무엇이냐 하면, 베개를 의료기관에서 사용하는 진료실 베개 요 정도의 쿠션을 가지고 또 요 정도의 두께를 갖도록 만들어야 한다는 거지요.

▶ 비만증의 체형불균형 환자 : SSP 사혈용 기계

이게 SSP라는 기계입니다. '실버 스파트 포인트(Silver Spart Point)'라는 겁니다. 내부에 침 같은 게 장착되어 있습니까? 자극이 있는데, 은(銀)이 장착되어 있습니다. 미세한 자극을 줍니다. 일제입니다. 지금 한 대에한 2천만원 정도 합니다.

요즘 오시는 환자들은 주로 목병이 많고요. 옛날부터 허리 병입니다. 허리 디스크. 좌골신경통 … 아까도 여기 있었지마는요. (허리가 뒤틀려 신체 균형이 맞지 않는 어느 여성 환자를 세워놓고) 일어서 봐요. 여기 보세요. 이상하잖아요? 한 쪽으로 돌아가는 겁니다. 이걸 어떻게 관찰하느냐면요. 이거 봐요. 오른쪽이 이만큼 돌아갔어요. 이런 병입니다. 허리가 돌아가는 겁니다. 우리가 이걸 보고 "아! 돌아가는구나." 카는 걸 압니다. 한쪽으로 긴장되고 한쪽으로 그~한 거니까 … 인체는 이쪽이 A면 이쪽이 B입니다. A, B가 딱 그~합니다. 음과 양이라 캅니다. 음과 양이 서로 땡기고 있지요. 그러니까 한쪽이 줄 당기기해가지고 쓰러지면 가잖아요. 따라가잖아요. 그러니 건강한 쪽으로 따라갑니다.

이거는 척추의 긴장으로 인해 그렇게 오는 겁니다. 이런 거는 치료 3일만 하면 어지간히 낫습니다. (환자를 바라보며) 자~ 허리 이거는 낫거든. 인제 자~ 살 좀 **빼야**하고, 나하고 약속 걸고 … 하하하! 이래가지고 뺀 사람이 많아요. 나하고 약속을 해가지고요. "당신 이러면 안 됩니다. 이거 살 안 빼면 어떤 것이 오느냐. 허리뿐만 아니라 다리, 무릎도 옵니다. 체중을 못 이겨가지고요. 그 다음에 퇴행성 관절, 발목 이런 게 다 옵니다. 그 다음에는 뭐 옵니까? 성인병이 옵니다. 이런 데 치료방식이 … 나는 사혈(瀉血)을 위주로 합니다. 이런 거는 뼈에는 아무런 이상이 없습니다. 뼈에 이상이 있으면 못 걷습니다. 당연히 못 걷습니다. 그러니까 요거를 … 긴장을 했거든요. 긴장을 풀어주어 여기에 피가 순환이 잘 되어야 합니다. 혈액순환. 그래서 요래 하면 좋은데, 한의사 양반들은 부항기(附缸器)를 한 두어 개만 뜨고 맙니다. (자신의 술법을 가리키며) 이렇게 피를 뽑는다고 해가지고 절대 우리 인체에 영향을 미치지 않습니다. 내가 오늘날까지 해도 어떠한 부작용이 나 가지고 나를 오라니 가라니 뭐 병원에 오라니 그런 일이 없습니다. 그리고 경북 구미 천지에는 병원에서도 나를 인정합니다. 아~ 거기 갔다 카면, 그~ 합니다. 또 내가 "안 된다. 이거는 병원에 가라. 약을 먹어라."고 분명히 이야기합니다. 그러므로 여기 모 병원에는 날 인사차 찾아오는 사람도 있고, 그런 사람들이 더러 있습니다.

▶ 사혈침

지금 찌르는 이거는 사혈하기 위한 침입니다. 아주~ 몇 번 안 찌르잖아요. 댓 번 요리 쿡쿡 찌르면 됩니다. 이건 사혈침입니다. 사혈침을 쓰고 소독이 철두철미하게 되어야 합니다. 그래서 요런 부항만 붙이는 행위는 의료행위가 아닙니다. 또 피를 뺐다 카면 의료행위입니다. 우리 의료법에서는요. 피를 냈다 이거는 의료행위입니다. 그래서 요새 보면 좋은 일이긴 한데, 목욕탕에 가면 '공(空)부항'을 붙이는 게 있는데 … 그래 캅니다. "이래 붙이지 말고 좀 촘촘히 붙여라." 하고요. 부항을 붙이는 게 있는데 … 어디 처삼촌 묘 벌초하듯이 여기 하나 저기 하나 그리 하면 백날 해도 헛방입니다. 촘촘히 붙이면 모세혈관을 확장시키니까 혈액순환이 되잖아요. 효과가 있지요. 그러니까 시시하게 침놓는 것보다 낫습니다. 그래서 내가 카지요. 이런 부항기를 가정에 준비했다가 피곤하다 싶으면 등어리에다 좀 빽빽하게 붙여주면 그보다도 더 좋은 없다니까요. 왜? 척추에 모든 게 다 붙어가 있는 기라. 간, 신, 위, 폐, 비 … 등등 뭐 할 거 없이 여기 다 붙어 있으니까요. 이게 고속도로라요. 여기만 잘 다루어주면 뭐 괜찮은 긴데. '그걸 해라'고 캐 줍니다.

(시술 중인 환자를 가리키며) 이 환자는 통증도 수반하는데 이런 환자는 나한테 오면 다 낫데요. 지금 놓는 침도 경혈 자리를 모두 잡아서 놓지요. '풍문(風門)'이라든가, 여기 '승산(承山)', '위중(委中)'이라든가 그걸 기준으로 해서 제가 치료를 하고 있습니다. 요거는 '방광경(膀胱經)'이라는 겁니다. 방광경 … 경락혈이 제일 길고 큰 것입니다. [몸] 뒤에는 거~진(대부분) 다 방광경입니다. '독맥(督脈)'과 '임맥(任脈)' 빼놓고는요. 여기 모두 혈 자리가 다 있습니다. '곤륜(崑崙)'이다, 이거는 '승산'이다, '위중'이다 해서 있는데, 이거는 하나의 표본이지 꼭 그렇게 하라는 것도 없습니다. 사실은요. 그러니까 침은 백 사람, 천 사람이 놓아도 놓는 방법이 다 틀립니다. 어느 것이 효력이 빠르냐 하는 그게 문제라요.

개인마다 침놓는 방법은 달라도 근본 원리는 있지요. 여기는 뭐 우리가 '대경O'을 중심으로 해서 '명문'(命門)을 중심으로 해서 침을 놓는다 카는 게 있습니다. 그거는 베이직(basic) 단계지요. 쉽게 말해서 그걸 꼭 그렇게 이용하는 게 아닙니다. 해도 안 되고요. 환자의 상태에 따라서 치료를 하지요. (조금 전 보여주었던 자신의 침구 임상 스크랩 자료를 상기시키면서) 아까도 봤잖아요? 뜸을 뜬다, 안 그러면 SSP를 그~한다, 침을 놓는다 이런 게 있는데, 이런 환자의 경우에도 침도 놓고 다 해야 됩니다. 그리고 내가 아무리 그러 캐도 헛방입니다. 환자가 내 말을 안 들을 때는요. (환자를 가리키며) 이런 경우에는 드러누우면 허리가 더 아픕니다. 내가 "집에 가서 누워있어라." 카면 … 반듯하게 드러누워 있으면 허리가 더 아픕니다. 옆으로 누워 있어야 합니다. 그래야만 척추가 이 무게를 … 이게 약간 좀 기울어져 있잖아요? 그러므로 바로 드러누우면 이게 땅에 대이므로 허리가 더 아픕니다. 척추는 약간 굽어있는 게 정상입니다.

■ 전기침과 독창적 침술 노하우

그래서 긴장을 풀어주기 위해서 침을 놓습니다. 침을 놓는데 … (침 기계를 조작하며) 이게 무엇이냐 하면 PG-306인데, 이건 '전침(電鍼)'에 속합니다. 전기침(電氣鍼). SSP라는 기계도 있지요. 두 종류의 전기침은 시술과정에서 상호 보완성을 지닙니다. 우리나라에서는 아직 이것도 안 됩니다. 침을 꽂은 다음 전기 접속기를 침에다 물립니다. 물려가지고 어느 정도의 전기 주파수를 보냅니다. 보내게 되면 긴장을 풀어주게 됩니다.

연구자가 "[PG-306] 침놓은 자리[3]하고 SSP 자리[4]하고 다르네요?"라고

---

3 시침 후 침 몸통에다 벽면에 부착된 전기글러브를 끼워 미세한 파동의 자극을 가함.
4 사혈 후 그 자리에다 여러 개의 침두(針頭)가 장착된 SSP전기침 장치로 시침하여 자극을 가함.

묻자) 자극이 다르지요. 틀리지요. 요게 인제 주위에 긴장되어 있는 것을 정체된 기혈을 풀어주는 거지요. 미세하고 아주 부드럽습니다. SSP가 자극이 더 강합니다. PG-306 이건 아주 부드럽습니다. 명지(주)고름 같다고 하지요. SSP 전기침 이걸로 자극을 더 강하게 하면 마취까지 됩니다. 이걸로 마취시켜 수술까지 합니다. 이건 10분 내지 15분 간 실시합니다.

침을 통해 전기 자극이 가해지지요. 아주 미세한 전기가 몸에 맞도록 요. 자극을 가해서 뭉쳐있던 기혈을 원활하게 하는 거, 풀어주는 그런 원리지요. 아주 쉽게 말하자면, 요새 건강식품, 건강치료지요. 병원 같은 데 보면 맨날 몸속에다 넣잖아요? 인젝션(injection). 수술하고. 제가 볼 때는 이게 아주 … 신체 원형을 그대로 보존하면서 치료하는 거죠.

내가 하는 게 원만하다는 게 아니고, 이렇게 하니까 '낫더라' 카는 기 한 해 두 해 해가지고 되는 게 아닙니다. 지금 한의대 다니는 애들 보고 "너 이래 해봐라." 카면 손이 떨려가지고 못합니다. 바로 그게 노하우거든요. 경험이거든요. 그래서 제가 이런 얘기하기가 좀 뭐합니다만, '의사는 젊을수록 좋다'는 거지요. 왜? DNA다, 뭐다 해가지고 계속 새로운 이론이 발견되니까요. 반면 '한의계통은 늙을수록 좋다'는 겁니다. 왜? 경험방이니까요. 그래서 지금 딴 데 가더라도 요렇게 침놓는 데는 없습니다.

이거는 나만이 가지고 있는 독창적인 거지요. 우리 집에 전화를 해보면 아가씨 말이 나오는데, '3일 연속 치료받으세요.' 그 소리밖에 없습니다. '나는 침 전문의다' 카고요. 그러니까 "오늘, 낼, 모레까지 연거푸 딱 해가지고 안 낫으면 오지마라" 카지요. 이럴 때는 "내가, 나는 못하는 기다" 카지요. 치료 과정도 매번 틀립니다. 오늘 치료는 요리 했고, 내일 치료 또 틀리고, 모레 치료가 틀립니다. 단계가 있습니다. 내 노하우지요.

어디든지 그 지방에 가면 제일 사정을 잘 아는 사람이 누구냐 하면 택시 운전숩니다. 택시 운전수한테 물어보면 다 압니다. 우리 집에 내가 데려오라는 소리 안 해도 척척 환자를 모시고 옵니다. 그러니까 쪼매 있으면 내가 로열티(royalty)를 받을 수 있습니다. 왜 그러냐? '돌팔이 박침'이 여기 몇이 생겨 있습니다. 그러니까 나는 상당히 좋아하지요. 나는 뭐~ 내 업권을 침범한다는 그게 아니고요, 나를 흉내를 냈다 카니까 얼마나 감사합니까? 그래가지고 요새 침을 하고 있는데, 시술료를 오히려 나보다 더 많이 받습니다. 그 사람들은 한번 찌르면 2만원이고, 나는 1만원이고요. 본시 우리가 '공정가격'이라고 대한침구사협회에서 만들어져 있는 거는 3만원입니다. 1회 침술 가격이요. 그리고 난 다음에 좀 특이하게 침을 놓고 하면 4만원, 5만원도 받습니다. 그러나 여기는 내 고향입니다. 고향은 떠나지 못하고, 형님이 "너는 고향을 지켜라" 이래요. 우리 형이 박세직입니다. 형님 얼굴을 볼라 카면, 내가 거짓말 하거나 그~할 수는 없지요. 그래서 내가 고향을 지킨다고 하고 형님하고 약속을 했어요.

(허리 아픈 환자를 진료하며) 자~ 이거는 좀 이상한 이야긴데요. 경기가 좋으면 허리 아픈 환자가 많고, 경기가 나쁘면 목 아픈 환자가 많고. 그런데 요새는 베개 때문에 목 아픈 환자가 많아요. 이 분은 오늘이 둘째 날입니다. 이렇게 시술했는 거 보면 표 나잖아요? (첫 번째 시술 부위를 가리키며) 요 사이사이로 이렇게 한 번 더 시술합니다. 그러이 인제 내일 오면, "어떠냐?" 해서 "많이 좋습니다." 카면 또 치료방법이 바뀝니다. 내가 하는 게 이래요. 뭐 딴 거 하는 거는 아무 것도 없습니다. 부항, 침 … 뜸은 인제 병증이 특이할 경우에 하지요. 그런 거지요. 딴 거 없습니다.

■ 다양한 침술법과 임상의 실제

▶ 손발 저림과 통증을 호소하는 서울 환자

(서울에서 내원한 여성 환자를 바라보며) 서울서 왔지요? 지금 팔이 저립니까? 왼쪽이 저린다고요? 손도 저리고 팔 전체가 다요. 서울에서 이곳

저곳 다니면서 해볼 거 다 해보셨지요? (좀 하기는 했는데, 하도 여기가 유명하다고 해서요.) 아니, 나는 유명 안합니다. (유명하다고 내려오라고 캐 사가지고 지금 왔습니다.) 혈압이 있습니까? (혈압이 있어서 약을 먹는데, 지금은 모르겠어요.) 혈압 약을 오늘도 드셨지요? (예. 혈압이 지금은 제일 높을 때가 133 정도 높게 나타나지요.) 예. 됐습니다. 혈압 약을 드시면 혈압이 있다고 봐야지요. 이게 손이 저리면 요기 6번입니다. 이 손가락에 저리면 7번, 요게 8번입니다. 목뼈가요. 요게 5번 그렇게 되어 있습니다. 그리고 여기 5번이 그~하고, 여기 1번, 2번, 여기는 T1번, 여기서 병이 옵니다.

지금 아지매가 제일 많이 저리는 게 요기지요? (지금 손가락은 별로 저리지 않는데, 어깨하고 팔 전체가 아프다 안 아프다가 하고요.) 여기가 아프고? 팔은 위로 올라갑니까? (올라가기는 올라가는데, 앞으로 하고 뒤로 하고 그게 좀 안 됩니다.) 아지매! 이것도 중요하지만, 제일 중요한 거는 혈압입니다. 혈압 약을 먹는다고 해서 중풍이 안 오는 기 아닙니다. 중풍 걸린 사람 치고 혈압 약 안 먹는 사람 없습니다. 예. 그러니까 제일 중요한 기 여깁니다. 여기를 풍지혈(風池穴)이라 카거든요. 풍문(風門), 대추(大椎) … 혈맥이 그렇지요. 오늘 아지매한테 치료해야 할 사항이 여기서 여기까지입니다. 그런데 혈압이 있기 때문에 강력한 자극을 줄 수 없습니다.

병증에 따라 치료법이 다릅니다. 그러니까 '아~ 여기는 요리 해야 되겠다. 저리 해야 되겠다.' 카는 게 다르지요. 나는 이런 사혈을 위주로 하는 침법이기 때문에 이럴 경우에는 구(灸, 뜸)를 해야 합니다. 하지만 그렇게 하면 자극이 너무 강하기 때문에 혈압이 올라가서 쓰러질 수 있습니다. 그러니까 오늘은 안 됩니다. 그러니 치료 시술하는 정도가 있지요. 어느 정도 이렇게요.

(연구자가 서울에서도 환자가 오느냐고 묻자) 미국서도 오는데요. 일본서, 미국서 많이 옵니다. 그 사람들은 여행 겸해서 뭐 여기 유명하다 하니

까 여길 찾아오고 하는 거지요. (웃으면서) 와봐야 별 볼 일 없어요. 낫는 사람은 낫고. 그러나 내 성의껏 해보지요. (연구자가 전통 침술의 전승 필요성을 언급하자) 이게 참 문제입니다. 우리나라 실정이 … 침의 종주국이라 하면서 이제는 역수입이 되고 있어요. 중국에서 다부(되레) 들어오고 있어요. '동씨 침법'이라든가 유명한 침법이 많습니다. 솔직히 말씀드려가지고 단시간에는 치료가 안 된다는 겁니다. 시일이 간다는 거지요. 그렇지만 내가 이렇게 하는 거는 단시간입니다. 바로. 바로바로 효과가 나지요.

▶ 중풍 치료를 위한 혈압침, 혈침법

인제 혈압에 대한 침도 있습니다. 그것도 다른 곳에는 아무 데도 안합니다. 나만 하고 있지요. 혈압을 내리게 하는 등의 치료를 하는 침이지요. 그리고 또 '혈침법(穴鍼法)라는 것도 있습니다. 이거는 머리에서 발끝까지 침을 놓는데, 약 120개를 놓습니다. 굵은 침을 가지고 놓습니다. 그거는 인제 뇌일혈이나 뇌경색일 때 그렇게 쓰는 침이 있는데, 옛날에도 그런 양반들(침구사들)이 그걸 많이 썼는데 이제 다 죽었어요. 그래서 남았는 기 내가 그걸 조금 흉내 내고 있지요. 시침하기가 참 어렵습니다. 위험 수위에 대한 시퀀스(sequences)가 있잖아요? 있는데, 인제 제일 그~한 것은 혈압입니다. 팔이 아프다 이게 문제가 아니고요. 혈압은 났다 카면 그것으로 끝나니까요.

그럼 혈압이 생기는 이유가 뭐냐? 그러면 내가 알기로는 혈압은 현대의학적으로 말하면 고지혈(高脂血)입니다. 고지혈. 혈관 벽에 지방이 많이 끼였다는 거지요. 혈관이 가늘어지지요. 피가 덜 통하게 되고요. 그러니까 그게 인제 고지혈인데, 이거는 개개인이 스스로 막아야 합니다. 개인이 음식관리를 해서요. 왜 그러냐 하면, '혈전(血栓)'카는 게 있습니다. 우리가 보통 말하는 혈전은 현대병원이나 한의나 똑 같습니다. 그런데 한의는 계통이 무엇으로 되어 있느냐 하면, 경혈이 피가 놀래가지고 어혈

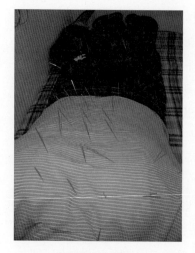
중풍 예방 혈침

(瘀血)이 되면 움직이는데 그 피가 어디 가가 달라붙는 걸 혈전이라 카는 여기까지고요. 정리하자면요. 현대병원에는 이를 뭐라고 하냐 하면, 혈전이 오는 그것을 혈압환자가 그게 되기 쉽다 그거지요. 그 정의가요. 그게 비슷한데, 그게 어디에 가서 붙느냐? 그게 머리에 붙으면 뇌일혈이나 뇌경색이 되고, 심하면 뇌출혈이 된다는 거지요. 그게 바로 순환기 계통의 '중풍'이라는 거지요.

그러면 그걸 막기 위해서 환자가 어떤 조치를 위해야 되느냐? 지금 이겁니다. 내가 지금 하고 있는 거지요. 사혈시켜버리면 말끔해집니다. 이런다고 완전히 낫는 거는 아닙니다. 그때그때의 위험 수위를 낮추어 줄 수 있는 거지요. 그래가지고 효력이 발생되는 거는 한 달 있다가 오는 사람, 두 달 있다가 오는 사람도 있고, 또 일주일이 멀다하고 쫓아오는 사람도 있어요.

▶ 신체 교정을 위한 혈침 시술

(비만하면서 몸이 뒤틀려 불균형한 여성 환자를 시술하면서) 이게 내가 말하는 '혈침법'인데, 인제 이 양반은 오른쪽이 다 안 좋습니다. 다 안 좋은데, 인제 기혈을 다 풀어주자. 그러면 아마 다 좋아지겠지 않나 생각돼요. 이분은 오른쪽에 통증이 옵니다. 골반 있는 데 안에 다 붓고요. 오른쪽 팔과 다리가 아프지요.

(침을 들어 보이며) 이게 옛날 침입니다. 이거 봐요. 이게 '작대기침'입니다. 요새 이런 침을 쓰질 않습니다. 쓰는 데가 없어요. 재래침이지요.

순수하게 우리나라에서 사용하던 침법 여러 개 중에 한 부분이 됩니다.

(환자의 전신에 침을 놓으며) 이 아지매가 사업을 ·하다가 약간 실패를 했던 모양이라요. 그래가지고 심적으로 그래 당했는데, 여러 군데를 치료하러 댕겼어요. 심지어는 2백만 원짜리 벌침도 맞아보고. 봉침(蜂針), 봉독(蜂毒)이지요. 이래도 안 되어가지고 최근에 나한테로 왔어요. 어제 왔어요. 어제 대충 치료했는데, 오늘 조금 낫다 이라니까 퍼뜩 생각 났는 기 혈(血)을 다 돌려줘야 되겠다. 부분 부분에만 해가지고는 안되겠다 싶어가지고 그래 이래 혈침을 놓습니다. 이 방법은 어데 딴 데 들어봐도 없어요. 이런 침법을 쓰는 것이요.

요런 것도 인제 알아야 합니다. 침 한 개를 가지고 쫓아 다니는 것은 겁을 내야 합니다. 의사가, 침사(鍼師)가요. 침 한 개를 가지고 달려들 때는 겁을 내라는 거지요. 침을 한 옴큼 거머쥐고 달려들 때는 겁을 내지 마라는 거지요. 그거는 피하 침법 밖에 안 된다. 하나는 '심자'(深刺)를 한다는 거지요. 침이 '심자' … 하나 가지고 인제 침을 놓을 때는 깊이 찌른다 이거예요. 한 개니까. 여러 개를 놓는 거는 피하(皮下)로 놓는 거지. 피부에. 쉽게 말하면 피부에 1mm 내지 2mm. 이건 나 아니면 볼 수 없는 침법입니다. 이래 하는 데가 없습니다. 대한침구사협회에 가더라도 혈침 놓는 데가 없어요.

■ 일종의 비술(秘術) : 연수(소뇌)와 백회혈 사혈침

(뒷목 부위를 가리키며) 그래서 제일 신경 쓰이는 부위가 여깁니다. 물론 하기는 하겠지만, 한의사들이나 양의들은 여기 손을 못 댑니다. 안 댑니다. 왜 그라냐 하면, '연수'(延髓)라는 부위가 있거든요. 소뇌. 여기가 연숩니다. 아주 겁을 내는 뎁니다. 아주 전문적인 지식이 필요한 곳이지

요. 여기는 침을 꽂아가~ 해도 한의사들은 거저 피부만 건드려 놓지, 더 찌르질 않습니다. 그런데 '너는 간이 크게 왜 그렇게 하노?' 카겠지요? 나는 책을 좀 더 깊이 있게 봤습니다. 옛날에 이런 말이 있습니다. '길 가다가 쓰러지면 사금파리를 깨가지고 뒷목의 피를 내라. 그러면 인명을 구하리다'라는 구절이 있습니다. 사금파리 카는 것 압니까? 그걸 깨면 그건 소독을 안 해도 되잖아요? 완전 칼입니다. 바로 깨가지고 바로 쓰니까요. 여길 피를 내라 카는 거, 그렇게 되어 있는 걸 내가 책에서 봤어요. 그래가지고 내가 이걸 씁니다. 요 정도 같으면 내가 사혈해도 되겠다고요. 그래가지고 내가 과감하게 그걸 씁니다. 그렇다고 해도 지금까지 수년이 되어도 아무런 이상이 없습니다. 그래서 이게 혈압환자, 목 디스크 환자에게 아주 필요합니다. 이거 안 건드리면 하나마나입니다.

그런 데 시술하면 눈이 밝아집니다. 왜 그러냐? 시신경이 바로 여깁니다. 시신경의 대차 부위거든요. 여긴 '풍지혈'(風池穴)이지요. '풍문혈'(風門穴)은 어깨 부위입니다. 어깨가 뻐근하고 차츰 … 젤 처음에 바람이 '풍문'으로 해서 들어온다고 그래가지고 '풍지'라 하지요. '풍지'라 카는 거는 바람 '풍(風)' 자, 못 '지(池)'지요. 여기에 모이는 곳이지요. 여기서 상태가 심해지게 되면 바로 뒷머리 끌어안고 넘어가게 됩니다. '아이고!' 카면서요. 그런데 이렇게 사혈해 주면 깔끔하지요. 눈도 밝아지지요. 내가 알고 있기로는 그렇게 되어 있습니다. 이렇게 하면 머리 아픈 것도 개운해요.

요렇게 사혈하는 곳도 없습니다. 내 나름대로의 노하우입니다. 이런 게 아까 보여드린 '임상치료 스크랩'에 다 들어 있어요. 내 보따리를 다 내어놓았다 카니까요. (환자를 바라보며) 자! 아지매! 주먹을 쥐세요. 주먹을 쥐고 이렇게 하세요. 여기를 '백회'(百會)라 캅니다. 정수리 부분이지요. 나는 특이하게 여기 피를 뽑습니다. 사혈을 시킵니다. 요새 항간에는 여기 찔러놓고 중풍 안온다고 떠들고 한 사람 앞에 4만원, 5만원 받고 있습니다. 내가 생각하기로는 여기 피를 뽑아가지고 중풍 안 온다 카면, 이건 노벨의학상 감이라 캅니다. 중풍 없는 나라가 어디 있습니까? 다 있습니다.

그래 내가 카는데, 내가 말하는 요 정도는 사혈을 해도 좋다, 그러면 도움이 된다고 봐요. 백가지 병을 고친다고 '백회'입니다. 이게 그렇기 때문에 상당히 … 혈압환자는 코가 막히고 눈이 침침하고 그럴 때 여기 피를 뽑으면 대단히 눈이 시원합니다. 인간은 퓨즈(fuse)가 두 군데 있어요. 바람이 올라온다, 혈압이 올라갔을 때 어디로 오느냐? 코피가 나게 됩니다. 자연 출혈이지요. 자! 그것도 참 거기 대한 것도 에피소드가 있습니다.

옛날에 내가 환자를 보다가 황당한 일이 있었죠. 내가 이 환자에게 강력한 자극을 줘가지고 코피가 났어요. 시술하다가요. 그래가~ 이걸 코피를 막을 방법이 없습니다. 그건 찌져야 되거든요. 그래가 내가 환자를 안고 순천향병원으로 갔죠. 큰 병원이지요. 그래가지고 가니까, 그 의사가 나를 알아요. "선생님이 박침진료원에 원장 아닙니까?" 그래요. "예! 집니다." 카면서 "이렇게 이렇게 해서 왔어요" 카니까, "아~ 이거는 자연출혈이 되었습니다. 만일 이걸 안했더라면 이 양반은 중풍이 걸렸습니다. 뇌일혈이나 뇌경색이나 뇌출혈이 되었을 겁니다." 이렇게 칭찬을 해주잖아요. 나는 놀래가지고 침술원을 전폐해놓고 갔잖아요. 또 그게 무서운 일이지요. 이 아지매가 나한테 수년간 댕깄는 기라.

그 이튿날 가니까 전부 순천향병원 환자복을 입고 있는 사람들이 환자 타고 댕기는 휠체어 타고 쭉~ 나라비(줄을 지어) 해가 서 있어요. 우리집 문 앞에 문도 열기 전에요. 이 사람이 얼마나 피알(PR)을 해재꼈는지. 병동에 있는 사람들이 다 왔어요. (웃으며) 와~ 내가 우스워서요. 이건 하나의 재미난 이야기이지만요. 그렇게 내가 확실하게 배웠는 거는 뭐냐? 물론 책에는 있는데, 확실하게 배운 거는 의사한테 또 배웠다는 거지요. 그걸로 인해 나는 피알이 더 됐고요. 하하하! 그렇게도 해봤어요. 일종의 시행착오지요. 어지간히 자극을 줬는데 … 나는 그 사람을 생각해서 했는 것이지 고의적인 거는 아니잖아요? (환자를 보며) 오늘은 요 정도만 합시다. 왜 그러냐 하면 혈압만 없으면 또 내가 멋있게 치료할 건데, 혈압이 많아서요.

중풍으로도 많이 오는데 나는 중풍 환자는 안 받습니다. 왜냐하면 전문병원이 생겼기 때문이지요. 심하면 환자를 거기로 보내줘야지요. 내가 환자 욕심내면 뭐 할 겁니까? (대기실의 많은 환자를 가리키며) 저렇게 오는데 내가 뭐 환자가 더 필요합니까?

■ 침구 의료장비와 전통 침구의 현대적 계승, 발전

(침구 관련 장비를 가리키며) 이것도 전부 일본 겁니다. 나는 우리나라 걸 안 씁니다. 이만치 파장이 안 나오고요. 파장이 부드럽지 않습니다. 아직까지는 일본만큼 정밀하지 않으니까요. 국내 것도 있지만, 쓰보면 환자들에게 틀립니다. 일본 거는 정밀하고 파장이 아주 부드럽고요. 그런데 한국에는 아직 이 정도 안 됩니다. 비싸더라도 이런 기계가 좋지요. 그런데 우리나라도 이런 걸 많이 연구해야 됩니다. 일본이 월등하게 발달되어 가 있고 가격도 배가 비쌉니다.

이건 SSP입니다. Silver Spart Point라고 캅니다. 침의 역할도 하고 물리치료의 역할도 합니다. 벽에 붙은 저거는 PG-306이라고 하지요. 저거는 글러브를 침에 끼우면 아주 미세한 파장이 나옵니다. 침을 놓은 상태에서 끼우면 아주 부드러운 파장이 나옵니다. 일종의 전기 자극입니다. 한국에서도 나오지만, 아직 일본 것을 못 따라 갑니다. 요런 거는 레이저(Razer)입니다. 이건 한국 겁니다. 뚫고 들어갑니다. 아무런 감각, 자극을 안 느끼지요. 안 느끼고 깊이, 심부에 5cm정도 들어갑니다. 책에 그렇게 되어 있습니다. 나는 이걸 마비된 증상에 씁니다. 이건 빛입니다. 빛이 나옵니다. 지금 우리 나이에 침구사들이 이런 장비 갖추어놓고 침놓는 사람은 나밖에 없습니다.

요거는 빔(Beam) 카는 겁니다. 광선을 빔이라 카지요. 빔이 나옵니다. 요거는 뜸을 뜨는 역할을 하는데, 피부가 데이지가 않지요. 어떤 자극을 줘도요. 이것도 빔이지요. Sport Beam이라 캅니다. 일본에서 나온 겁니다. 나만치 이렇게 갖춰놓는 데도 없습니다.

이걸 쉽게 말하면, 과거와 현대를 크로싱(crossing)시켜가지고 치료하는 겁니다. 이전에 제가 말씀드린 바와 같이, '전통 침구의 계승 발전' 카는 맥락과도 유사한 거지요. 그렇지요. 왜 그러냐 하면, 우리가 침으로 명인(名人)이라 카면, 어떤 '역사의 중추'라 이 카는 게 있잖아요. 침구계의 중추가 있다면요, 우리가 역사계의 중추 카면 이순신 장군님을 많이 들먹이잖아요. 그와 마찬가지로 우리 침구계도 중흥을 일으켰다 보면, 사암(舍岩) 같은 어른들입니다. 사암의 오행을 보면, 동양철학적으로 해가지고 인간을 소우주로 보고 아주 섬세하고 짜임새 있는 철학이 들어있습니다.

그거 원리는 다 맞다 그겁니다. 아주 신기하고 아주 탁월합니다. 우리 어른들이 장기(臟器)의 구조를 몰라도 어떻게 그런 걸 다 알았느냐 할 정도로 굉장히 존경스러울 정도입니다. 진짭니다. 사암오행에 보면, '대장이 나쁘면 폐가 약하고, 또 폐장에 병이 들면 대장에 어떤 영향이 온다.' 카는 게 모두 다 맞는 말입니다. 그런께나 우리가 맥을 짚어보고 '아하! 이 양반은 대장이 나쁘다. 폐가 건실하다.'는 거지요. 그러면 그거를 도와주고 또 병이 든 거는 사(瀉)해주는, 없애주는 그러한 보법(補法)과 사법(瀉法)의 침법을 썼습니다. 그런데 왜 지금 그게 안 맞나 카면은 … 그때 사람들하고 지금 사람들하고는 체질이 안 맞는다는 겁니다. 체질이 다르기 때문이죠. 그때만 하더라도 진짜 못 먹고 살았는데. 그런 침법을 쓴다고 가정합시다. 하더라도 병을 하나 고치자 카면, 이거는 팔이 아프다 카면 2주, 3주가 걸릴란지 몇 주가 걸릴란지도 모릅니다. 영원히 안 될란지도 모릅니다. 왜? 이 사람이 장(腸)이 나빠가지고 팔이 아프다면 그 팔을 고치려고 장을 회복시키려고 하면 세월이 없다 이겁니다(시간이 하염없이 가버린다 이겁니다). 첫째 조건은 시간이 고마 무한대다 이겁니다.

요새 내가 보이까네, 우리 친구들 6.25전란 때 다리 하나 떨어져나가도 지금까지 살고 있다 이겁니다. 그런데 장이 나쁘다 카면 죽어뿐다 이기라. 그런 걸 보면, 도저히 이게 맞지 않고요. 또 침의 가공기술이 틀리다는 겁니다. 이것 내가 꼭 하고 싶은 말입니다. 그러면 지금 그때 썼던 침법을 그대로 쓴다면, 침의 자극량을 현대 사람들이 아무도 맞아내지 못합니다. 아무도 안 맞는다 이겁니다. 돈 준다 캐도 그런 거는 귀찮다는 거지요. 다 달아나지요. 한방만 찔러도 전류가 흐를 정도니까요. 옛날에는 죽기 아니면 그거니까 … 의원이 거기밖에 없으니까 불처 없이 거기 가는 게 아닙니까?

내가 학생시절에 진침술원에 침을 맞을 때 거기가 유명하고 또 잘하니까 거기 가는 기라요. 우리 이웃집에도 할아버지가 침놓고 있었습니다. 솔직히 말해가지고요. 그 어른은 돈도 받지 않고 풍년초[5] 한 봉다리(봉지) 사다드리면 되게(많이) 좋아했습니다. 명절 때 세배 드리러 가면 아주 좋아했습니다. 그렇게 했지, 인술(仁術)을 그 당시에는 돈을 결부시키지 않았습니다. 그게 진짜 인술이지, 지금은 모두 상술인데 현재 침을 놓고 있는 분들, 자격을 가지고 있는 분들, 침사(鍼師)를 제외한 자격을 가지고 침을 놓고 있는 사람들이 그렇게 하고 있습니다. '이거는 사암이다.' 해가지고 침법을 쓰는데, "거기 가니까 침을 어떻게 놓습니까?" 하니까, "손등어리 2개 놓고, 발등어리 2개 놓더라." 카는데, 그렇게 4개 놓는 거는 사암오행침법인데 그건 백날 해봐야 헛방입니다(효험이 없습니다). 그러니까 그런 양반들이 하는 기 잘 낫는다면 환자들이 나한테 올 필요가 없다 이겁니다.

---

5 봉초 담배의 일종.

오지도 않고요. 그런데 태반이 돌아댕기다 오는 사람이거든요.[6]

■ 사혈전침(瀉血電鍼), 전통 침구 계승 방안의 시급성

그러면 내가 쓰는 이 침법은 무엇이냐? 인제 침도 바꿔줘야 되겠다 이겁니다. 전기요법을 쓰야 되겠다는 거지요. 아프다 카면, 아픈 부위를 보고 어떻게 공격을 해서 치료를 해줘야 되겠다는 거지요. 그게 바로 내 침법입니다. 그러니까 우리 집에는 3일 치료해가지고 안 낫거든 오지마라고 합니다. 나는 엄연히 이야기합니다. '이거는 안 된다'고요. 그런데 내가 지금까지 볼 것 같으면, 요통인 경우 3번 넘어가 가지고 안 나으면 오지 마라 카니까요.

지금 세상이 어느 세상입니까? 인공위성 타고 달나라 가는 세상 아닙니까? 지금 와서 계수나무 찾으면 안 된다 이겁니다. 그러니까 이렇게 전기요법을 하더라도 빨리 회복이 되고 빨리 나을 수 있는 방법을 택해야 된다 이겁니다. 이게 침구 발전이지 딴 게 없습니다. 그러면 내가 요 단계까지 했으니까 이걸 물려주고 저 세상으로 간다 하더라도 이걸 더 발전시킨다면, 내가 3번 한 것이 다음 세대에서는 한 번에 된다 이겁니다. 그러니까 침을 옛날 것을 굳이 찾을 필요가 없다 이겁니다. 침도 발전을 해나가야 된다 이거지요.

딴 나라를 볼 것 같으면 파장이 1초 동안에 몇 번을 때리는데, 우리가 손으로 비비고 있다는 것은[7] 우리가 이렇게 해서 될 일이 아니다 이겁니다. 쉽게 말하자면, 자전차 타고 가는 사람과 택시 타고 가는 사람 중 어

---

6 '의료쇼핑(medicine shopping)'으로 일컬어지듯, 치료를 위해 마치 쇼핑하는 것처럼 의료기관 여러 곳을 전전하는 행위를 의미한다.
7 시침 후 자극을 가하기 위한 행위의 일종.

느 사람이 빠르요? 택시 타고 달아나는데 자전차 따라 가겠어요? 그건 안 된다 이겁니다. 후퇴다 이겁니다. 우리의 문화유산이지마는요. 그거는 뼈 다구는 놔두고 새로 이걸 발전시켜나가야 된다 이겁니다.

그러면 첫째 조건은 뭣이냐 하면, 내가 뭣을 좀 안다고 그러는 게 아니라 내 같은 경험이 있는 사람이 대학교 강단에 올라가 가지고 … 그 새카만 우리 손자들에게 내가 거짓말하겠어요? 바른 이야기를 해줘야지요. 학교에서 배웠다 카는 그런 사암이나 찾고 오행침법을 찾아가지고 지금 될 게 아니란 것입니다. 후퇴 중의 후퇴입니다. 그걸 내가 말하겠다 이겁니다. 그걸 이렇게 손으로 돌려가지고 되겠어요? (전기침 장비를 가리키며) 그래 이렇게 파장이 1초 동안에 몇 만 번씩이나 때리는데.

따라서 이걸 발전시킬라 카면, 가장 쉬운 방법이 뭣이냐 카면 내가 항시 이야기하지마는 국회에서 방망이 세 번만 때리면 된다 이겁니다. 지금은 나도 늦지 않다 이겁니다. 대한침구사협회 같은 데 있는 유능한 사람을 강단에 세우라 이겁니다. 이때까지 돈을 벌어먹든, 의술을 펼쳤든 간에 남은 시간에 가지고 있는 의술을 후배들한테 전부 다 가르쳐주고 가라 이 말이지요. 그래야 이거 우리뿐만 아니고 후배, 후손들이 잘 지낼 수 있고 더 좋은 기술을 연마할 수 있다 이 말입니다. 비단 내가 침만 가지고 이 말 하는 게 아닙니다. 빵을 내가 이만큼 구웠어도 무슨 기술이 있어도 있을 겁니다. 그러면 제과학과에 가서 강의를 해주고 하는 그런 법적 제도를 만들어라 이겁니다. 돈 들일 것도 없어요. 명예박사 하나 주면 됩니다. 종이에 글자 하나 쓰면 될 거 아닙니까? 원로 침구사를 활용할 법적 근거를 만들라 이 말이죠. 그러면 전통 침구가 어느 정도 계승이 된다 이거지요.

현재 전국 11개 대학에 한의학과가 있지만, 침구 계승이 안 됩니다. 그리고 침구가 자기네들의 독점적인 소유물이라 생각하고 자기네들이 당연히 해야만 된다는 그런 건데, 그것은 옳지 않다고 봅니다. 그런 법은 없습니다. 내가 볼 때는요. 침구법은 아직까지 모법(母法)은 있으니까, 이것을 살려가지고 후배 양성을 해야 되고요. 비단 우리나라에서만 환자를 보는 게 아니고, 해외에 나가가지고 돈 벌어오면 그게 외화 획득이지요. 건설한다고 땅굴만 파고 그것만이 아니지요. 이런 기술을 가지고 다른 나라에 가가지고 치료하는 데 열흘 걸리는 걸 가지고 우리가 3일, 2일 만에 나순다(낫게 한다) 카면, 우리 집에 환자가 오지 않을 사람이 어디 있습니까? 나는 그렇게 생각합니다.

그런데 이게 시급합니다. 다 죽어갑니다. 인제 침구사가 몇 명이 남아 있지 않습니다. 우리 침구계는 그러니까 이 양반들이 목소리 크게 지를 건더기도 없고, 그것뿐만 아니라 그런 힘도 없고 기운도 없는 기라. 그러이 이게 문제가 크다 이겁니다. 그 사람들이 평생 동안 축적해 놓은 경험들이 전부 다 사장(死藏)된다 이겁니다.

내가 여기서는 한 예를 들어서, 병이 여러 개가 있다 이 말입니다. 내가 이 중에서 자신 있게 고칠 수 있는 그런 거는 누구나 한가지씩은 다 가지고 있습니다. 특이하게 우리 집의 경우에는 요통 요법 같은 게 있습니다. 3일만에 다 낫습니다. 지금도 굉장히 골치 아픈 게 있습니다. 3차 신경통 같은 거 … 이것은 치료기술이 아주 국보적(國寶的)인 것인데, 내한테 오면 효과 봅니다.

3차신경통. 이런 거는 내한테 해보면 '예스다, 노다'가 다 나옵니다. 심지어는 의학적으로 그게 뭐 뇌세포가 어떻게 돼있니, 뇌암이 어떠니 이러고 있습니다. 그렇게 고생하는 사람들이요. 이거는 내만이 알고 있다 이 말입니다. 치료방법을요. 이런 환자를 많이 치료했지요. 이런 사람들이 … 병중에 제일 자살률이 많은 게 3차 신경통입니다. 눈이 아프고 머리가 아프고, 코가 아프고 머리가 아프고, 귀가 아프고 머리가 아프고, 이가 아프고 머리가 이프고. 그 중에 하나지요. 이가 아파가지고 머리가 아픈 사람이 병원에 가가 이를 모두 빼버려도 머리가 아픕니다. 그런 거는 나

한테 오면 고치거든요. 그런 거는 한의학 책에 암만 봐도 안 나옵니다. 내가 죽어뿌면 그만입니다.[8]

■ 시행착오 후 창안해낸 사혈침(瀉血鍼)

옛날에 경북 구미에 오면 전통 침 찾는 사람이 다 있습니다. 다 헛 기(허사)라요. 그거는 올바른 침쟁이가 연구해야 되는데, 그거는 이미 넘어갔어요. 왜? 내같은 경우에 해 볼 거 다 해봤다 이 말입니다. 사암으로부터 다 해보고, 다 해봐도 안 된다 이 말입니다. 시행착오를 모두 거친 거지요. 그런 시행착오 안 겪고 그게 뭐가 됩니까?

제일 처음에 내가 침구에 입문해가지고 일본에 가서 뭘 했지요. 해봐도 그것 비슷한 원리, 원칙이라요. 그런데 그걸 해봐도 안 되더란 말입니다. 그러나 내가 이제 나름대로의 침을 하고 … 시행착오도 있지요. 물론 그거는 손님들에게 미안한 것도 있지만요. 지금 내가 하고 있는 침구법은 최고다 이 말입니다. 딴 거는 볼 것도 없다 이거지요. 그래서 농촌이라든가 어디서든 보면은 내 맨치로 부항을 붙여놓고 뜨고 카는 그런 사람들이 … 침구사가 아닌 일반 개인이 많이 하고 있습니다. 좋으니까요. 안 좋으면 누가 그리 합니까?

딴 거는 없습니다. 나는 이걸 사혈을 위주로 한 침입니다. 내가 만들었다고 볼 수 있지요. 한번 생각해 봅시다. 헌혈을 100번이고, 200번이고 했는 사람들 있습니다. 그 사람들 다 살았잖아요. 그러면 아픈 부위에 있는 혈액을 몇 시시(cc) 뺀다고 해서 축나는 것은 없다 이 말입니다. 그러면 이 사람이 뼈도 이상이 없다, 신경에도 이상이 없다 그러면 그게 뭡니

---

8 전승이 되지 않음으로써 자연 사멸되어버린다는 의미.

까? 피 아닙니까? 피. 그 주위에 있는 피를 좀 없애주자는 거지요. 혈액순환이 안 되니까 이런 병이 온다는 거지요. 혈액순환을 좀 시켜주자는 거지요. 그러고 난 다음에 이 주위에 피가 안 도니까, 결과적으로 뭐가 옵니까? 통증이 수반되지요. 그러니까 굳지요. 따라서 부드럽게 만들어주자는 거지요. 그러면 다 되는 걸 가지고 약을 먹고 그러면 뭐가 됩니까? 할머니, 할아버지들이 전부 다 얼굴 붓고 배 붓고 하면 약물 중독이 되어가지고 나중에는 약도 안 듣습니다.

우리가 의료보험을 하고 있는데, 이런 얘기를 해도 될지 안 될지는 몰라도 약물을 너무 남용한다 이겁니다. 이래 놓으니 항생제 투약을 더하고 있다 이겁니다. 왜? 내가 여기 과거사 이래~ 보면요. 이렇게 얼굴이 붓고 몸이 붓고 그런 사람들이 별로 없었어요. 그런데 요새는 잘 먹어서 그런지는 띵띵 부어가지고 온다고요. 내가 볼 때는 약물 중독이라요. 심장 구멍을 막아버리지요. 그래서 "요새 밥 얼마나 먹어요?" 그러면 "나는 밥 쪼매밖에 안 먹습니다." 그래요. "그럼, 약 먹었소?" 카면, "예. 약을 많이 먹습니다." 캐요. 그러면 보나마나한 얘깁니다. 그래가지고 그 사람이 약을 먹고 병이 나았냐 하면 그게 아닙니다. 내가 볼 때는요. 그래서 집안에 약사나 의사가 있으면, 그래도 되는가 한번 물어보라 이 말입니다. 특정 부위가 아픈 경우에는 피의 문제이고, 주위를 부드럽게 해주어야 하지요. 사혈하고 침을 놓고 간단한 물리치료 하면 부드러워지지요. 부드러워지면 괜찮지요. 뭐. 이런 원리에 의해 이런 기계들도 쓰는 거지요.

■ 호침(毫鍼)과 알콜 부항 시술

내가 사용하는 침은 보통 호침(毫鍼)[9]이란 게 많이 나옵니다. 호침이라 해가지고 쓰고 있는데, 옛날 침 굵은 거 그걸 많이 씁니다. 한의원에서 쓰는 가늘은 거 비교하면 중간쯤 되고요. 요새는 이런 침 많이 씁니다. 또 많이 팔리고요. 소독은 철두철미하게 해야 합니다. 보통 '호침'이라고 합니다. 한 치 3푼(分)짜립니다. 옛날 푼으로 따지자면요. 요새 쓰는 침을 '양침'이라 카지요. 일회용 침은 따로 있습니다. 전통 침 하고는 또 다릅니다.

전통 침이라 카는 것 자체는 사암이나 허준이나 뭐 이제마 선생이나 이런 분들이 쓰던 침을 가지고 인제 '한침(韓針)'이라 카고, '양침'이라 카는 거는 인제 전기요법이나 이렇게 쓰는 걸 말하겠지요. 침이 안 굵은 거지요. 격이 틀린다 카지요. 사람의 복장은 옛날 사람이고, 행동은 현대 사람이라. 요새 침놓는 기 그렇다 이 말이지요. 만약에 침놓는 법, 침법은 옛날식으로 하고 거기에 침은 현대식으로 쓴다. 그래서 효력을 발생시킬 수 없다. 그래서 이것을 계속 발전시켜야 된다 이거지요. 그런께 침은 오래 하면은 자기의 노하우(knowhow)가 있습니다. 어떤 책에서도 발견할 수 없는 게 있습니다.

그런데 내가 항상 얘기하는 게 뭐냐 하면요. 여기 내가 지금 침을 놓고 있는데, 이런 방법이 저기 있는 책에 한 구절이라도 있으면 나는 표절이라 하겠지만, 나는 절대 그렇지 않습니다. 할 수도 없고요. 이게 없어요. 한의서든 현대 책이든 이런 게 없어요. 아무 데도 없어요. 따라서 내 침 시술법은 독창적이라 할 수 있지요.

오늘이 제일 조용한 날입니다. 3일 하면 그냥 떨어지는데요. 오늘 이걸 한번 보세요. 이건 특이한 겁니다. 요런 것들을 이렇게 하는 게 노하우입니다. 이게 '한도'라 카는 겁니다. '한조', '한도시'라 카지요. 히프, 대퇴부 여기 치료는 … 요통이지요.

(시술 환자를 가리키며) 이분은 근본은 여기에 있는데, 여기로 내려가

---

9 "길이가 3촌(三寸) 6푼(六分)으로서 끝[尖]은 민 망연과 비슷하다. 경락을 조절하여 통비(痛痺)를 제거한다." 김두종, 앞의 책, 379쪽.

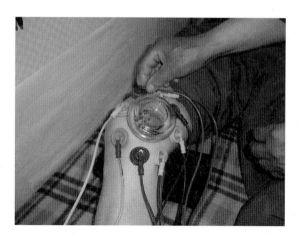

알콜 부항침

는데, 여기가 제일 아픈 데지요. 이거는 내가 제일 처음에 이러한 침법으로 침을 맞은 거예요. 진선생[10] 삼촌한테 가서 침을 맞은 기 바로 이거지요. 거기에서 발전했는 것이지요. 그 당시에 이렇게 했다는 것은 아닙니다. 메칠 알콜입니다. 불이 바로 붙습니다. 진공상태에서 빨아들이는 것입니다.

옛날에는 종지에 불을 붙인 것입니다. 원리는 유사합니다. 나는 메칠알콜을 썼다는 그런 거지요. 요런 것들이 인제 옛날 것하고 종합한 것에 속하지요. 종합해가지고 아하! 나는 인제 요렇게 쓰야 되겠다 카는 거지요. 책에 있는 게 아니지요. 이런 거는 전국에 내 혼자밖에 없습니다. 이 시술법은 나대로 이름을 붙였는데, '특수 알콜 부항'입니다. 알콜 부항도 여러 가지가 있습니다. 뭐 모양도 여러 가지인데, 이거는 그런 게 아닙니다. 그래도 치료 효율만 나오면 좋으니까. 목적은 특수하게 제작된 거는 아닙니다.

나는 어디 가더라도, 백화점을 가더라도 어디를 가든, 외국으로 가든

---

10 대구광역시 복현동 진침술원 원장 진기업(1925년생).

병(甁)을 많이 봐요. 내 용도에 맞는 것이 있는가. 예를 들어, 향수병을 보더라도요. 향수가 10만원이 되든, 20만원이 되든 향수를 보는 게 아니고, 병을 보고 사는 거라요. 그래가지고 그 병을 나대로 만드는 거지요. 병의 크기와 넓이에 따라, 시술 부위에 따라 각기 다르지요. 시술 부위가 크면 큰 것을 써야 되고, 작은 부위에는 작은 걸 쓰고요. 이렇기 때문에 나는 병을 많이 봐요. 내용은 필요도 없고.

그러니까 이것 보세요. 이렇게 해서 3일 만에 일어나는 것을 ⋯ 이 사람을 진찰했다 캅시다. 내가 명의인데, '아~ 이 사람이 장이 좀 나쁘구나.' 캐 가지고, 그러면 나쁜 장을 어느 천 년에 회복시키겠어요? 그거는 말도 아니다 이거요. 그런데 대다수가 지금 그걸 따르고 있다 이 말입니다. 그래가지고는 안 낫는 거지요. 그래가지고 손등거리, 발등거리에다 놓아가지고요.

■ 박침진료원을 찾는 사람들

▶ 교통사고 후유증 환자의 통증 완화 요법

(4개월 전 왼쪽 뇌를 다쳐 2차 수술까지 하고 물리치료를 받고 있지만, '통증'으로 방문한 환자를 맞아하며) 그게 중풍(中風)이라. 그게 바람이라. 꼭 혈압이 높아가지고 바람이 오는 게 아니라, 다쳐도 바람이 오는 기라요. 오른쪽 팔다리가 아파요? 이거는 왼쪽 뇌를 다쳤기 때문이지요. 약간의 아사까지, 입이 돌아갑니다.

요게 침입니다. 지금 침하고는 다릅니다. 한번 맞아보세요. 작대기침입니다. (장침을 들어 보이며) 이게 옛날 침입니다. 처음이라요. '영광이다' 카고 가만히 있으세요. (환자가 통증을 느끼는 반대쪽에 시침하는 것에 대해 의아해하는 반응을 수용하며) 하하! 내가 알고 있습니다. 그런 침도 있습니다. 아픈 쪽에는 안 쓰고, 안 아픈 쪽에다가 쓰는 거 이걸 '좌변우치(左邊右治)'라고 합니다. '좌측이 안 좋으면 오른쪽에다가 쓴다.'는 거지요. '우변좌치(右邊左治)'도 있지요. 이런 침법이 있습니다. 이건 옛날 침법입니다.

그런데 지금 내가 그걸 쓰는 게 아니고요. 적요적(摘要的)인 침법을 씁니다. 이쪽이 안 좋으니까, 안 좋은 데다가 침을 놓는 겁니다. 그러니까 그걸 아시고 … 이런 경우에 인제 만약 사암이나 오행침을 놓게 된다면, 아픈 쪽에 2개 저기 2개 그렇습니다. 뭐 그래 놓는데 그것 가지고는 안 되지요. 이거는 전형적인 중풍치료의 침입니다. 제가 쓰고 있는 거는 어디서든 다 쓰고 있습니다. 어데 없이 다 이렇게 쓰고 있는데. 그런데 내 침이 굵다. 가는 것하고 굵은 거하고 차이점이 배도 더 됩니다. 효과가요. 이거는 '한침법(韓鍼法)', 한침입니다. 침이 굵습니다. 이거 뭐 당장에보다는 이렇게 하면 혈(血)이 돌거든요. 병에 따라서 침이 다 틀립니다. 그게 처방이거든요. 다 똑 같은 게 아닙니다. 병에 따라서 침놓는 게 틀립니다.

이건 중풍 관련 치료법입니다. 기혈(氣血)을 통하게 하는 방법입니다. 침놓는 방향이 직선, 사선(斜線)으로 다른데, 혈(穴)에 따라 다르게 놓는 것입니다. 여기는 전기 자극은 안합니다. 너무 자극을 해도 안 됩니다. (2명의 환자를 비교하며) 여기는 중환자이고, 여기는 누구라도 일상생활의 병이고요. 저기는 특이한 경우입니다. 좀 중환자라고 보아야 됩니다.

제가 이야기하고 싶은 거는 전통이든 현대적인 침법이든지 간에 내 침법은 책에도 없고 아무 데도 없습니다. 내가 지난번에 책을 만든다고 해 놓은 것도 아무 데도 없으니까 표절이 안 되지요. 나만이 하고 있는 거지요. 사암이라든가 허준, 이제마 선생 등 쟁쟁한 우리 어른들이 편찬한 책들의 침법에 대해서는 '전통'이라 할 수 있지요. 그렇지만 내처럼 이렇게 하는 것은 내 혼자만 하는 것이니까 독창적이지요.

(환자가 시술 후 시원하다고 말하자, 크게 웃으면서) 사암 오행침을 맞

았다고 하면 아무도 시원하다고 하지 않습니다. '아이구! 아프다'라고 하지요. 만일 여기서 한사람이라도 사암 오행침을 맞기를 원한다면 내가 봐드릴게요. 그러면 고함을 치며 내빼버려요. 어디 침 맞고 앉아있을라고요. 그렇게 굵은 침을 가지고 하면 '저 사람 미쳤다'고 하지요.

▶ 견비통환자, 목 디스크 - 물렁 베개가 문제다 -

요새 이런 환자가 많습니다. 왜 그러냐 하면 베개에 원인이 있지요. 물렁물렁한 기라. 이건 사회문제입니다. 인체에 관한 것은 우리 정부에서 생활에 필요한 법이 돼야 합니다. 무슨 말이냐 하면, 규제할 거는 규제해야 되고요. 꼭 외국의 소고기만 그런 게 아니라, 일상생활에서 쓰고 있는 물건들을 … 이런 베개들 중에는 카시미론 베게다, 메모리 베개다, 스펀지 베개다 이런 것들도 인체구조에 하나도 맞지 않습니다. 여자 분들은 비싸면 무조건 최고 좋은 것으로 압니다. (시술용 베드 위의 베개를 가리키며) 요런 것은 의료기관에서 만든 것입니다. 메모리 베개다 카는 것들은 의료기관에서 만든 게 아닙니다. 상품화한 것입니다

왜 내가 이 카냐 하면요. 매스컴에서 '어깨 아픈 데 이 베개 배고 나니 낫더라. 목이 아픈 데 이 베개 배고 낫더라.'고 하니, 모두 거기에 현혹하는 기라. 일반 사람들은 내 머리가 몇 kg 나가는지 모릅니다. 보통 3~4kg 나갑니다. 그러면 작은 경추가 어떻게 해서 3~4kg 되는 머리를 지탱할 수 있느냐 하는 것입니다. 그러니 스펀지, 메모리 베개 자고 나면 착 가라앉는 기라. 자기 머리를 지탱할 능력이 없는 기라. 그러므로 이런 목 디스크가 생기는 기라.

또 그 뿐만 아니라, 40대, 50대 하면 '사십견'. '오십견' 하는데, 70, 80% 원인이 어디 있느냐 하면, 목에 있는 기라. 목에서 신경이 내려가는 기라. 쉽게 말하면 목 디스크지요. 목에는 미주신경이 있기 때문에 발끝까지 내려가지요. 그러므로 목 디스크는 수술이 안 되는 이유가 거기 있

어요. 하지 마비가 와버립니다. 그래서 내가 말하는 기 목 베개 쿠션이 어느 정도가 되어야 된다는 것은 여러 사람을 상대로 한 통계에 바탕해서 만들어주어야 합니다. 그런 법을 만들어야 합니다. 그게 바로 생활의 법입니다.

태반이 이런 원인에서 오는 것입니다. 이 아지매도 그런 것에 가까운 병입니다. (환자의 목뼈를 가리키며) 이게 경주(頸椎) 제5번입니다. 목뼈지요. 여기 통증을 하소연합니다. 그런데 실은 (윗부분을 가리키며) 여기에 근본 원인이 있습니다. 하지만 여기 손 못 댑니다. 잘못 되면 미주신경 건드려서 하지가 마비되어 버립니다. 그러니까 이게 얼마나 통탄할 일입니까? 병원에 간다고 해서 나만치 이렇게 못합니다. 이렇게 하는 사람은 없습니다. 의사들은 "여기 오십견입니다" 카고 맙니다. 한동안 우리 집에 이런 환자가 수월찮게 많았습니다. 그래서 내가 대단히 강조했습니다. "당신! 집에 가서 베개 바꾸소." 캤지요. 뭐 카시미론 베개다, 뭐 베개밴다 그렇게 말했지요. 이 아지매도 그거라요. 환자의 고통을 덜라 카면, 빠른 시간 안에 병을 나~사야(낫게 해야) 합니다. 그것이 바로 의도(醫道)입니다. 이거를 어떤 상술(商術)로 보면 안 됩니다.

▶ 바람 맞은 환자

선풍기를 하루 종일 쐬면 마비되어 버립니다. 피부감각이 둔해져요. 젊으니까 그렇지만, 내처럼 70세가 넘으면 마비가 와요. 선풍기 병이지요. 이건 아픈 침이 아닙니다. 보통 피하 2cm정도 들어갑니다. 반신(半身) 마찬가지입니다. 선풍기 바람 쐰 쪽이거든요. 얼굴까지 다 옵니다. '아사풍'이란 게 있는데, 안면신경 마비죠. 선풍기를 계속 쐬고 자면 입이 돌아갑니다. 바람이 들어가는 게 아니고, 갑자기 외적 작용으로 피부를 차갑게 하면 마비가 와버려요. 피부 체온을 유지 못하게 하면요. 균형을 잃게 되기 때문이죠. 침술은 결국 균형을 바로 잡아주는 원리죠. 침을 찌르면 찌를 때마다 신경에 자극이 가잖아요. 그게 바로 복구가 되는 거지요.

우리가 치과에 가서 이 빼고 나서 아프다고 차게 하면 입이 돌아가잖아요. 안면신경 마비가 오는 수도 있고. 그냥 안면신경 마비가 오는 경우가 있지요. 내적으로 혈압이 높거나 신경을 많이 쓰거나 그럴 때도요, 아사풍이라 그러지요. 안면신경 마비 증세라고 하지요. 앞으로 '큰 거(병) 보낸다.'는 예고지요. 그건 순환기 계통에 '중풍'을 보내니 조심하라는 거지요.

중풍은 외적인 것도, 내적인 것도 있습니다. 여기는 외적으로 오는 경우인데, 침도 침이지만 그만 샤워를 하루에 몇 번 해버려요. 열 번을 해버려도 좋아요. 진짭니다. 수건 가지고 그냥 문때는(문지르는) 기라. 그렇게 하면 살아납니다. 이게 신경이라는 것이, 피부가요. 여기 안 좋지요. 머리에는 다 찍히가~ 있는 기라요. 머리 어디 안 좋은 데 … 카지만, 여기에는 침을 못 놓습니다. 여기에는 신경이 성냥 알맹이 반톨 정도 희끔하게 나타납니다. 한 박자가 살짝 늦습니다. 이런 경우에는 샤워를 하루에 열 번, 스무 번 하면 됩니다. 6개월만 하면 낫습니다. 여기가 아프고 해도 피부를 문때고 문때고 하면 신경이 삽니다.

이게 병이 또 같지는 않거든요. 사람의 개성이 다르고 뚱뚱한 사람, 마른 사람 체격도 다 틀리고. 우리가 피의 A, B, C 카듯이, 혈액형처럼 사람이 다 틀리니까 병도 다 똑 같지는 않지요. 이런 사람은 이리 하면 낫고, 저런 사람은 저리 하면 낫고 이런 사람은 이리 하면 낫고 하는데, 낫는 사람도 있고 안 낫는 사람도 있고요. 그러나 평균적으로 나 자신의 점수를 스스로 매긴다는 것은 어려운 이야기죠. 하지만 약 80% 정도는 치율(治率)을 나타낸다 봐야죠. 우리 집에 전화해 보면 나오지요. '3일 연속 치료 받으십시오.'라고 녹음된 게 나오는데, 3일 연속 치료하고 나면 거진(대부분) 낫습니다. 월요일부터 시작하면 수요일까지 거진 다 떨어졌습니다..

■ 침구의 장점과 인술 실천의 정직성

그러니 하루에도 수십 명씩 침을 놓으니까, 이게 손에 다 익는 거지요. 이걸 처음처럼 외우려고 하면 이게 그렇게 됩니까? 이거 내가 침쟁이가 된 것을 좋게 생각하는 것은 의료 기구를 간단하게 보관해서 어디라도 가가지고 고통 받는 사람들을 나~사줌으로써 나도 모르게 자부심이 생기고 남으로부터 인격적인 존경을 받을 수 있고 이래서 굉장히 좋은 겁니다. 그래서 우리 손녀도 올해 한의대 갔어요. 내가 그렇게 했어요. "나는 이게 절대 상황이 아니고, 내 희망사항인데 너도 거기 갔으면 좋겠다." 카니, 그놈이 그렇게 갔어요.

우리 얘(아들)는 이게 아니었죠. 반 공무원으로 있었는데, 거기 원해서 갔고. 이건 자질이 맞아야 되지, 억지로 할라 캐가지고 되는 게 아니지요. (아들에 대해) 아~ 이놈은 여기에 자질이 아니라고 생각했어요. 종업원을 데리고 있어도 '아~ 이놈은 이것으로 되겠다.' 카는 아이가 있지요. 그런 경우에는 "너는 여기서 이것만 배워도 네가 평생 먹고 살 수 있다." 카면서 가르쳐 줍니다. 왜? 딴 데서는 이렇게 안 하니까요. 딴 데서는 일주일이나 해도 안 되지만, 여기서는 2~3일만 해도 되니까요.

병원보다 의료 수가가 싸다는 것, 또 시간적으로 절약이지요. 나는 병원에 대해 잘 모르겠는데, 병원에 대해 보면은 이거 뭐 진찰해야 되제, 어디 아프다 카면 구석구석에 다 피도 뽑아야 되제, 뼈도 사진 찍어봐야 되제, 내장기능 사진 찍어봐야 되제 하면 굉장히 큰돈이 들어가거든요. 한번 잘못 그~하면 50~60만원 들어가지마는 우리 집 같으면 불과 몇만원이죠.

원칙적으로 하면 좀 많습니다. (벽에 붙은 '침구시술 수가표'를 가리키며) 본시 저게 수가(酬價)는 아닙니다. 1만원이 기준으로 되어 있지만, 보통 우리는 3만원, 4만원 됩니다. [대한침구사]협회에서 정한 게 있는데, 3

만원이죠. 보사부에서 내려온 의료수가지요. 이거는 내 고향이지, 또 내가 어릴 때부터 자라왔고 하니까 뭐 제게 몇 십 년 되었지요. 그래도 여전히 저 수가를 받고 있어요. 다른 데는 비유할 필요도 없지마는 뭐 내보다 더 많이 받을 겁니다.

내가 그 카지마는, 지금은 먹고 살만하고 사회에 환원한다는 의미도 있고, 또 저희 형님[11]이 또 계시고 하니까, 그 인격이라든가 그런 걸 보더라도 동생이라는 면목이 항상 눌리잖아요? 내 행동거지를 잘 함으로써 우리 형님 얼굴도 있는 거고, 또 내 얼굴도 있는 거고. 그러니 항시 그렇게 보여지네요. 또 수가도 올리지 못하고요. 또 정직해야 되겠다 카는 거지요. 내 모토(motto)가요. 이거는 '될 거는 되고, 안 될 거는 안 된다'고 하지요. 나는 굳이 안 되는 걸 하라고 절대 안 그럽니다. 딱 3일 해보고 '좋나? 안 좋나?' 물어보고, '좋다' 그러면 "당신 마음대로 하세요. 당신이 침을 더 맞고 싶으면 맞고, 안 맞아도 나을 수 있으니까 요대로 지내보시고, 며칠 지내보시고 안 좋거든 와 보시오." 카고 말하지요.

다음은 치료 후 쉬어야만 발바닥의 통증이 나을 수 있지만, 일을 해야 한다고 고집하는 환자에게 시술하지 않았던 사례이다. 의도(醫道)의 정직성을 보여준다.

> 환자 : 서서 작업하는데요. 하루 종일 8시간씩 작업하는데, 발바닥
> 이 아파서 왔어요. 양쪽 모두가요. 이쪽이 좀 심해서요.
> 침구사 : 이거는 당신이 일을 안 해야 낫습니다. 왜 그러냐 하면 발
> 뒤 굽은 별도로 있어요. 사실은 이게 아픈 게 아니라, 이
> 안에가 아픕니다. 요게 반사되어요. 요 뼈가 구두 뒤창처
> 럼 되어있어요. 하루 종일 서 있으니까 당신 체중을 못 이

---

11 88올림픽조직위원회 위원장과 구미·성주지역 국회의원을 역임하고 2008년 당시 재향군인회 회장으로 있던 박세직.

　　　　　 겨서 그래요. 그런데 그거는 침을 놓아도 안 낫습니다. 쉬
　　　　　 어야 됩니다.

환자 : 쉴 수가 없는데요.

침구사 : 그래도 안 됩니다. 뼈에 이상이 있는 거는 안 됩니다. 저런
　　　　　 것도 내가 돈 벌기 위해서는 침놓고 하면 되지만, 나는 그
　　　　　 런 양심은 안 가져요.

환자 : 어깨 이쪽이 저리기도 합니다.

침구사 : 좀 쉬고 할 때 오세요.

환자 : 발바닥이 아프다고 할 때 다른 데서는 침으로도 좀 해주던
　　　　　 데요?

침구사 : 쉬어야만 됩니다.

환자 : 어깨가 좀 결리는데요?

침구사 : 쉬어야 해요.

환자 : (다소 역정을 내며) 쉬는 것만 말씀하시지 말고요.

침구사 : 안 그러면 안 되지요. 무조건 쉬어야 됩니다. 안 쉬면, 내
　　　　　 가 침을 놓으면 내일 못 일어납니다. 딴 데 가면 침놓아
　　　　　 요. 그러면 그 사람 돈만 뺏는 거지요. 쉬어주어야 돼요.
　　　　　 침놓아도 안 돼요. (환자를 보낸 후) 내 입장은 내 양심껏
　　　　　 해야 되지요. 아~ 내도 침놓아도 돼요. 그러면 하루쯤은
　　　　　 괜찮아요. 하지만 그거 해가지고는 안 되지요. 나아야 되
　　　　　 지요. 나는 절대로 집에 가더라도 반성해요. "집에 가거라.
　　　　　 보냈다." 그게 아이다. 그 사람을 위해 하는 기라요. 그 사
　　　　　 람에게 당장 필요한 거는 쉬어야 할 처지니까요. 저래가지
　　　　　 고 자기가 몸을 무리해가면서 일을 해가지고 남는 게 뭐
　　　　　 가 있겠어요? 저거는 쉬면 마땅히 낫는 기라요. 자기 체중
　　　　　 을 못 이겨서 하루 종일 서 있으니까 다리가, 발바닥이 아
　　　　　 픈 거지요. 쉬어야죠. 안 쉬면 어떤 치료가 돼요? 내가 똑
　　　　　 바로 가르쳐주는 거예요. 아~ 내가 찌르면 돈 1만원 받는
　　　　　 데요.

　　나는 그리 됩니다. 나는 사혈요법이기 때문에 통증을 수반하는 거는
피가 관련되지요. 우리 집에서 신경이 이상 있는 거는 하매(이미) 중풍이

라든가 이런 거겠지요. 또 좌골신경통, 디스크라든가 그런 거는 신경계와 관련되므로 오랫동안 치료해야 됩니다. 혈행(血行)으로 오는 거는 빠릅니다. 나한테서는요.

그 다음으로 뼈로 오는 거는 침으로는 안 되는 겁니다. 어떤 침으로도 안 됩니다. 이거는 병원으로 가야 됩니다. 정형외과보다는 큰 병원으로 가서 MRI 찍어보고 그래가지고 스스로 자기가 병을 알고 있어야 됩니다. 만일 척추에 관한 병이라면 척추가 함몰될 수도 있습니다. 추(椎) 간판이 녹아가지고 합쳐질 수도 있고, 또 추 간판이 삐져나올 수도 있고, 이간이 될 수도 있고 그러므로 이런 거는 꼭 사진을 찍어봐야 됩니다. 내 병이 어느 정도라 카는 거는 내 스스로 알아야 됩니다. 어느 누가 아무도 아는 사람이 없습니다. 그걸 나술라고(낫게 하려고) 내가 노력해야 하지요. 의사라도 다 맡겨놓을 수 없죠. 이런 걸 내가 분명히 이야기하지요.

나는 어려운 시절에 살았기 때문에 항시 그게 앞서잖아요. 나보다도 환자가 형편이 없는데, 그에 따라서 내가 수가를 정하고요. "조양아! 저기는 50%다. 할인이다." 이렇게 할인도 해주고요. 또 불쌍한 사람은 그냥도 치료해주고요. 또 외국인은 몇 년 전에는 돈을 안 받았습니다. 또 구미에 어떤 행사가 있을 때 운동선수들이 전국적으로 올 때는 내 스스로가 선수단은 무료로 진료해주라 이렇게도 하고요. 우리 집에 선수가 올 때는요. 그게 구미의 이미지가 아니겠습니까? 내 마음에서 우러나와 가지고 해줘야겠지요. 구미에서 나만 침을 놓지 않겠지만요. 내 소문을 듣고 오니까, 내 체면은 차리지요. 과장해서 인사를 받는 거는 아니지만, 내 스스로가 그렇게 해주는 게 도리가 아니겠냐 싶어 카는 거지요. 내기 쪼매 여유가 있다는 거지요.

20%가 치료 안 되는 경우는 내가 이야기를 하지요. "이거는 이러이러한 병이니까 3일은 요양하세요." 카는데, 이걸 못하는 사람도 있잖아요. 뭐 직장 상사라 칼 때는 앉아있어야 되고 그럴 때는 내 말을 못 듣는 거

아닙니까? "이런 경우에는 치료 효과를 못 봅니다"라고 미리 이야기 하죠. 나도 사람인데 말을 독하게 안 듣는 사람도 있겠죠. 그러면 내가 이 캅니다. "이러면 아지매 돈만 버리지, 치료는 안 됩니다." 카지요. 왜 그러냐 하면 이런 사람들은 내일 안 나가면 모가지 짤리니까(해고되니까) 또 직장에 나가야 되고 이러니까 이렇지. 내 이야기대로 '쉬어라' 카면, 쉬고 그리 하면 낫지요.

80% 치료율이라 카지만, 20%는 뭐냐? 말을 안 듣는 사람, 자기관리를 안 하는 사람이죠. 그건 어쩔 수 없잖아요. 내가 따라 댕길 수도 없는 거고요. 그런 건 어쩔 수 없어요. 병 치료 적기를 놓쳐 늦게 오는 경우도 많지요. 그러면 3일 치료만 해도 가능한 것이 5일 하면 효과를 봅니다. 그런 경우는 이틀 정도 추가해서 치료하면 잘 낫습니다.

중풍은 굉장히 어렵습니다. 그런 것은 뇌에 관련되는 병이 아닙니까. 그러니까 내가 외부에서 침을 찔러가지고 뇌까지 전달시키려고 하는 거니까, 시간이 많이 가면 됩니다. 환자는 날 믿어야 되고, 또 나는 환자가 어떤 것이 불편한지 잘 보고 치료하고요. 그런 경우도 있습니다. 초기에 오그려가지고 손을 못 펴든 사람이 나한테 와 가지고 … 한 30년 전인데, 침을 맞아가지고 그날 폈어요. 그 양반은 댕기면서 오늘날까지 이야기합니다. 어디를 가서 앉으면 "내가 손을 요렇게 펴지 못했는데, 다리가 고부라져서 펴지 못했는데 침 시술 받아 걸어갔다."고요. 작년인가 재작년인가 하더라도 여기 작대기가 많이 있었습니다. 작대기 짚고 와가지고 세워두고 가버리고요. 또 기부스도 여기 하고 왔는 것을 끌러 놓고 … 수북하게 있었어요. 그런 경우는 허다하지요. 내 자랑 같습니다만, 그런 사람들이 소문을 냅니다.

이렇기 때문에 내가 낼 모레 죽는다 카더라도, 우리나라를 살기 좋게 만들라 카면 어떤 것을 … 그런 질문이 들어오면 의료인의 몇 만분의 일, 먼지에 속하겠지만 나는 말하고 싶은 게 하나 있지요. 좋은 것은 우리가 서로 간에 퍼뜨리자는 것이지요. 자기만 가져있지 말라. 이거는 내 소유물이라 생각하지 말고 전부 다 남기자는 것이지요. 남기는 방법이 법적 보장이 돼야겠다는 것이지요. 이게 제일 첫째지요.

나만 이런 걸 가지고 있는 것이 아니라, 선배나 후배라든가 자격이 없는 사람들 모두가 다 가지고 있습니다. 그 사람 나름대로 모토를 가지고, 예를 들면, 이 사람은 하다못해 두통을 잘 고친다든가 이 사람은 비염을 잘 고친다, 이 사람은 팔을 엘보우(elbow)를 잘 고친다, 이 사람은 허리를 잘 고친다든가 뭐가 있어도 다 가지고 있다 이 말입니다. 그것을 내 소유물로 생각하지 말고, 이걸 사회에 환원한다는 뜻에서 무엇을 만들어야 한다는 것이죠. 그러한 기구가 있어야 되겠다는 거지요. 이거는 마음만 먹으면 돈이 안 드는 것 아닙니까? 이런 것을 하나 만들어서 우리가 문화전달이랄까, 후세에 혹은 세계를 위한 것이랄까, 그런 타이틀을 걸어놓고 이런 걸 내놓으면 안 되겠냐는 거지요.

■ 침구사법 부활의 필요성

지금 침구사협회에서는 세계침연(세계침구사연합회)이라고 해가지고 중국이라든가 뭐 교류를 하며 무료봉사 등 많이 하고 있습니다. 그러므로 돈이 개재되지 않으므로 법적인 저촉사항이 아닌데도 그것조차도 문제시 할라고 하는 사람도 있습니다. 그러니까 이런 기 아니고 법적인 테두리 안에서 법에서 인정하는 모임, 기구 안에서 가능한 것을 만들어서 후세에 퍼뜨리는 방법을 강구해야 합니다. 안 그러면 침구사법이 중국, 일본 등 다 있거든요. 우리나라에는 없습니다. 그러나 모법(母法)은 있으니까, 이걸 토대로 침구사법을 만들어가지고 후배 양성을 할라 카면 가능하지요.

우리가 지금 해결해야 할 점은 무엇인가? 침구사법을 만들어라. 그러면 전통이든 뭐든 30만, 40만 돌팔이 중에서 전통을 하는 사람도 있고, 현대로 하는 사람도 있고, 모든 사람들이 다 나올 것이라고 봐요. 제 말 이해하시겠죠? 그래서 중국의 몇 억 되는 사람들보다도 더 두뇌가 발달된 사람들이 나올 것입니다. 우리나라에 그 소질이 많거든요. 그러면 우리나라 국위 선양하는 것 아닙니까? 그리고 의료비 적게 들고 또 즉효(卽效)보고요. 그러면 해주는 만큼 국민에게 보답하는 것 아닙니까? 나는 그렇게 생각합니다.

지금 자격은 없지만 자기 기술을 가지고 있는 사람이 전국에 수십만이 있는데, 이 사람들은 어디 단체도 만들어 봉사활동도 많이 합니다. 지구(支區)들에요. 학회 위주로요. 이런 것들이 활성화되어야 하고요, 또 대체 의학이라는 것이 있지요. 스포츠마사지다, 경락이다, 척추교정이다, 추나 요법이다 이런 것들이요. 이런 것을 어떤 테두리로 하나로 묶어가지고 법제화한다면 의료 수가도 싸고 빨리 치료할 수 있고 그렇게 되어야 하는데, 그런 법적 테두리가 없으므로 전부 다 돌팔이 위주입니다. 그러이 오늘 하루 한탕만 잘하면 끝이 난다는 그런 건데 … 의료란 것은 그런 것이 아니잖아요? 그런데 선불을 받아놓고 무슨 사고 났다 카면 내빼기(도망가기) 바쁘고요. 이것 민폐거든요. 이런 어떤 법적 제재가 없다 카는 거.

의료보험도 문제점이 있습니다. 약한 집단에서 지금 의료보험이 없습니다. 잘못하면 공적 자금이 많이 샐 수도 있지요. 이는 국가적 차원에서 법을 집행하는 사람들이 엄격하게 따져 이루어야 되지요. 이제 나이가 들어가고 낼 모레 내가 죽는다고 보면 이런 것도 이루어져야 되겠다 이 말입니다.

첫째로는 침구사법이 되어야 합니다. 침술이란 한의사들의 독점물이 아니라, 우리 침구사의 독점물도 아니라 … 국가적으로 침구사가 인정되어야 합니다. 미국에서 자격 얻기가 굉장히 어렵거든요. 미국, 중국, 일본에도 침구사 제도가 있다 이 말입니다. 오로지 한국에서만 없습니다. 신태호 대한침구사협회 회장이 제일 들고 나오는 게 바로 이겁니다. 한의사계나 양의계에서 서로 으르렁거리고 있는데, 이런 것이 통합돼가 잘 해가 양성화되어야 합니다.

그러므로 우리가 침구를 발전시킬라면 딴 거 없어요. 몇 사람 남지 않았지만, 빨리 침구사법을 만들고 의료보험을 해줘야 합니다. 그래야 우리 국민에게 고루고루 좋은 의료혜택을 줄 수 있고요. 또 의료 경비도 적고요. 사실은 일반 한의사들한테 환자가 가면, 3,000원입니다. 나는 9,000원 3배를 받잖아요. 이것도 모자랍니다. 서울 같은 데는 2만원, 3만원 받는다고 가정하면 몇 배입니까? 침 맞으러 오고 싶어도 못가는 기라. 당장에 3만원, 2만원 하기 때문에요. 그러므로 고루고루 의료보험 혜택을 줘야지요.

그러면 우리는 왜 의료보험을 안했느냐? 우리 선배들이 멀리 내다보지 못하고 그랬는 기라. 협회장이란 사람들이 앉아가지고 돈키호테처럼 '우리가 제일이다' 이거지요. 자기 혼자가 제일이지. 국민들에게 고루고루 혜택을 준다는 그런 생각은 못했지요. 국가로부터 우리가 받아야 할 거는 받아야 하는 게 아닙니까? 그러므로 국민들이 전문치료를 못 받고 있다는 거지요. 왜? 의사들도 주사 의료보험은 안 되지요. 몇 만원짜리 주사 쓰더라도 모두 다 받습니다. 한의사 한약 짓는 데 의료보험 안 됩니다. 그러면 한의사는 그렇다 치고 침쟁이 우리도 그렇습니다. '아~ 전문인이니까 우리는 그런 거 안 한다.'는 그게 아니다 이겁니다. 똑 같이 흘러가자. 그래도 우리는 명(命)대로 못 살고 죽을 긴데. 안 그렇습니까? 있을 때 고루고루 혜택을 줘야 되지. "지금이라도 하면 좋지요. 나도 몇 번인가 소원(訴願)을 했지요. 협회에다가요. 지금이라도 '안 늦다 해라."고요. 이거 뭐 우리라고 이렇게 해가지고 될 일이 아니다. 국민들에게 고루고루 혜택을 주어야지요.

그래서 여기 오는 사람들은 병·의원이나 한의원이고 온 데로 돌아 댕기다가 열흘이고 스무날이네 되고 나서, '아~ 이거 안 되겠구나.' 카면서 나한테 오는 기라. 소문 듣고요. 그러니까 내도 여기서 돈 벌겠다고 마음 먹으면 3만원이다 카고 뜩 걸어놓고 '올라면 오고 말라면 마라'라고 해도 올 사람은 옵니다. 3만원이라 해도 여기가 빠르니까요. 치료효과가 시간적으로 빠르니까요. 그렇지만 내 고향이고 내가 여기서 뼈를 묻어야 되고, 또 내가 자손이 있고 그러니까 그걸 못합니다. 그러니 이게 안 됩니다. 이게 그렇도록 헝클어져 있어요. 침구사법이 되고 또 의료보험이 되면 우리 국민들에게 많은 혜택이 돌아갈 수 있지요. 싼 치료비용에다 빠른 치유효과는 물론 전통 침구의 계승도 되고요.

그러니까 침구를 해보려고 하는 사람도 많고, 침구전문학교도 생기고요. 그렇게 될 수 있어요. 내 치고도 침구 강의할 수 있어요. 왜 못합니까? 내가 하는 것도 병이 낫는 긴데, 안 낫고 사기 치는 기 아이다 이겁니다. 또 데려다 놓고 실시해 봐라. 아직 내 침법을 한 번도 공·사적으로 가르친 적은 없습니다. 내가 그런 한의사들 오면 대번에 할 기 있어요. "너그들은 전부 다가 학교 배운 거는 5%밖에 안 된다. 95%는 사회 나와서 배워야 된다. 95%라는 것은 경험이 있어야 된다. '경험의 스승은 최대의 교수다.'라고 내가 대번에 칠판에다 써놓아요.

내가 20년 전에 전국 고등학교 체육선생을 대상으로 교육연수원에서 강의나간 적이 있어요. 한복을 입고 새파란 나이에 나갔지요. 내가 칠판에다가 'Acupuncture'라고 쫙 쓰니까 눈이 동그래져요. "당신네들은 응급처치하는 방법부터 배워야 된다. 그것이 바로 스승이다." 그 카면서 강의 했어요. 내가 학생 앞에 선다면, 이렇게 말할 겁니다. "너희들 여태까지 가지고 있는 사고를 버려라. 안 그러면 강의를 듣지 말아라."라고 칼 겁니다. 학교에서 "이론적으로 요런 것이다. 요런 것이다."라고 우리가 다 배우지요. 사회에 나오면 아니라요. 우리 인수분해 배웠지요. 삼각함수 배웠지요. 사회에 나와서 써먹은 적이 있습니까? 다 필요 없어요.

한의대에 침구과가 있습니까? 나는 한 번도 들어본 적이 없습니다. 모법이 그렇게 되어 있습니다. 1960년대 박정희 정부 때 천명기 보사부장관이 침구법을 없앴습니다. "한의사에 의해 하도록 하면 될 게 아이가?" 이거예요. 그런데 그 전에는 법이 있었습니다. 그러니까 그게 죽지 않았습니다. 그러므로 한의사들은 침구가 자기들의 영역으로 생각하고 있어요. 하지만 그렇지 않아요. 법을 엄격히 따지면요. 지금 우리가 명맥을 이어온 대한침구사협회가 있고, 한의사회가 있고, 의사협회가 있는 겁니다.

그래서 내가 말하잖아요. 지금이라도 늦지 않다. 그러니까 법적 테두리에서 하자는 거예요. 그러면 내가 '빠드(part)'가 있는 기라요. "그러면 좋다. 침구사법을 만들어 가지고 뿌리를 세워라. 그러면 내일이라도 당장 내가 가서 강의를 해주마." 이거지요. 그러니 협조가 안 되지요. "우리가 침구사법을 만드는데, 너그가 협조하면 우리가 얼마든지 도운다."는 거지요. "너그도 침놓고 약도 짓고, 우리는 침만 놓고 그렇게 하면 될 거 아이가?" 이겁니다. 그러니 이런 경우가 법적으로 만들어져야 됩니다. 위에서 커뮤니케이션이 돼야 됩니다. 그러면 우리가 얼마든지 협조하지요. 과거 일부 우리 회원들이 책을 만들어가지고 한의대 가 가지고 강의도 해주었어요. 그런 분들 다 죽었어요. 그런데 이동백 씨의 '유주침법'이라는 침법인데, 우주를 다스리는 … 흐를 '유(流)' 자, 주입할 '주(注) …『유주보감(流注寶鑑)』이지요. 자기가 창시, 원조라 이거지요. 침구사지요.

■ 독창적인 사구침법(瀉灸鍼法)의 원리와 전통의 재해석

침을 놓고 돌리는 거는 그만큼 자극을 주라는 거지요. 그런데 뭐 좌측으로 돌리면 뭣이고, 보(補)가 되고, 우측으로 돌리면 사(瀉)가 되고 카는

데 그런 거 믿지 마라 캐요. "그런 거 되지도 않는 소리만 하고 앉았네." 그래요. 그러니까 침도 변해야 한다는 거지요. 현대적으로요. 사람이 변했는데 침이라고 해가지고 예외일 수는 없다는 거지요.

(옛날 침을 보여주며) 자~ 한번 봐요. 옛날에는 이런 겁니다. 크지요. 이런 침이죠. 이게 옛날 침입니다. 그네들한테 가면 이런 침 구경도 못합니다. 전부 가늘은 이런 거 가지고 하지요. 그런데 이걸 가지고 뭐가 돼요. 그래서 내가 안 캅니까? 이런 침 가지고 놓았다 카면 여기 맞을 사람이 아무도 없지요. 아파 가지고 고함지르는데요. 전류가 흐르는데요. ('박침진료원'에서 사용하는 침을 가리키며) 저기 전기로 충격하기 위해 내가 가는 침을 일부러 쓰는 겁니다. 이게 자극이 가거든요. 계속. 전통침 저걸 쓰고 있지요. 구미서도요.

전국적으로 의료기관이 남는 데가 구미입니다. 여기 500m 안에 한방병원이 2개나 버티고 있습니다. 그래도 보소. 여기 쪼매한 데 여기도 환자들이 박작박작거리지만 거기는 없어요. 사람은 현재 사람인데 침법은 옛날 침법이라? 침도 옛날 침을 쓰라 이기야. 그러면 여기 몇 사람이나 가서 침 맞겠어요? 한번만 맞아도 기겁을 하고 나자빠져버릴 걸요. 아무도 안가요. 그냥 와서 맞으라 캐도 안 해요. 그러니 뭐가 필요하냐 하면 노하우지요. 옛날 나도 했다 이겁니다. 사암 것도 써보고 허준 침법도 써보고 다 써보아도 안 된다 이거예요. 그러니 이거는 독창적인 개발이 필요하다는 거지요. 내가 연구해야만 되지요.

그러니까 꼭 '허준 침법을 쓰라, 사암의 침법을 쓰라' 그게 아니라, 독창적 침법이 좋으면 그것을 따라야 되지요. 안 그래요? 사암 침법을 해서 1주일 만에 나았다고 하면, 그거 아닌 내가 쓴 침법을 '박가네 침법'이다. 내가 박가니까요. 내 것으로 병이 3일 만에 치료된다면, 1주일보다는 이게 더 낫다 이거지요. 이런 걸 만들어야 하지요. 출판물의 자유는 있으니까 많이 만들어내지만, 거기에도 진실성이 있어야 되지요.

(책장에 꽂혀있는 새로 간행된 침구 관련 책들을 가리키며) 이런 것을 다 읽어보면 다 되는 줄 아는데, 해보면 안 된다 이겁니다. 말짱 도루묵입니다(모두 허사입니다). 자기들 이름만 내놓았다는 거지요. 한 가지라도 실효성 있게 되는 게 아니지요. 이건 표절 등거리입니다. 이 책에서 저 책으로, 저 책에서 이 책으로 옮겨 놓은 거지요. 자기들에게 책이 상품화되어 가지고요. 사회에 권위의식을 자랑하는 식이지요. 그러니 여기 있는 것들을 본떠서 모방하는 것은 아닙니다. 나대로 가지고 있는 요대로 하니까 낫더라 카는 내용을 모아낸 것이지요.

나의 것은 한마디로 '사구침법(瀉灸鍼法)'이라 캅니다. 내가 말하고 싶은 거는, 침으로 될 수 있다는 것은 첫째 내적인 뼈에 이상이 없는 거는 거의 다 될 수 있다는 것입니다. 즉 어느 신경계로부터 올 수 있는 것들이지요. 그런데 뼈로 오는 것들은 안 됩니다. 어떤 방법으로도 안 되지요. 그것을 수술해야 됩니다. 그 외는 됩니다. 그러니까 머리가 아프다고 말할 것 같으면, 침을 놓거나 피를 뽑아버리면 됩니다. 침을 놓아가지고 온화하게 만들었고, 사혈을 해버리면 편안하잖아요. 낫잖아요. 거기다가 어떤 한 자리가 그~하면, 경혈을 따라가면서 뜸 뜨버리면 바로 낫잖아요. 뼈가 이상이 없는 거, 이런 거를 내가 말하는 거죠. 틀림없죠.

침을 먼저 놓는 것도 아니고, 사혈을 위주로 해서 그 주위에 피가 돌도록, 만들도록 해줘야 되겠다 하는 것이 첫째이고. 둘째는 구(灸)를 한다는 거지요. 구를 하게 되면, 특수한 단백질인 '히스토코신'이 만들어지지요. 우리 몸에는 어떤 자극을 주면 반응이 생기지요. 안 그래요? 반응. 자! 여기에 누구 왔다. 적이 들어왔다. 그러면 백혈구가 집합합니다. 바로 그겁니다. 뜸을 뜨면 바로 그렇게 됩니다. 적이 들어왔으니까 우리가 방어하자. 그러므로 백혈구가 모이면서 생기는 특수 단백질 히스토코신이 생겨가지고 온화하게 해줍니다. 그러니까 또 침을 놓지요. 부드럽게 해주잖아요? 그러면 다 되는데, 이걸 뭐 어렵게 해요. 그걸 무슨 법(法)이다, 무슨 법이다 카고요. 그거 필요 없다 이 말이지요.

아까 내가 말했잖아요? '맥을 짚었다, 이 사람이 폐실대장허(肺實大腸虛)다' 이런 게 무슨 말인고 하면 … '폐실'은 폐에 약간의 병이 있다는 거고, '대장허'는 대장이 약하다는 거지요. 이 환자가요. 과학이 오늘까지 이렇게 발달되었는데, 이 팔 하나가 아픈 것이 그러한 맥진(脈診) 결과가 나왔다고 합니다. 한 달 만에 대장이 낫겠어요? 폐가 보강되겠어요? 그것은 못 고친다는 거나 마찬가지지요. 그걸 보고 보사법(補瀉法)으로 침을 놓는다는 게 됩니까?

나는 만약에 팔이 아프다고 하면, 맥진 필요 없다. 나는 아픈 부위에다 곧바로 한두 번, 세 번만 시술하면 낫는데요. 뭘 그래요. 당장에 내가 뜸 몇 번만 놓아버리면 통증이 가셔버리는데요. 그걸 쉬운 말로 하면, 옛날에 우리가 전통침. 전통이라 카는 그 뜻은 좋은데, 그것은 역사에 놔두고 우리들이 그러한 테두리 내에서 침을 연구했다고 가정하고 현대적인 침을 개발해야 됩니다.

현대사회에서 택시 타고 가겠어요? 자전차 타고 따라 가겠어요? 허준이나 그런 침법을 쓴다면, 자전차 타고 따라가는 것이나 마찬가지입니다. 지금 대번에 달나라로 로켓 타고 갑니다. 그런데 시대가 바뀌었는데, 옛날의 과거만 찾아가서는 안 됩니다. 바뀌자는 것이지요. 그러니까 모던(modern)과 클래식(classic)이 합치는 거 지금 하는 거 아닙니까? 현대적 장비에다가 … 그때 레이저가 있었겠어요? 아무 것도 없는데. 하다못해 맥진도 지금은 기계가 한다던데. 그런 것은 헛대궁 소리 하지 마라 이거요. 사람이 짚어도 잘 모르는데, 기계가 짚는데 어떻게 정확하다 단정할 수 있겠어요? 그걸 짚었다고 가정합시다. 그렇더라도 아마 '대장허', '폐실'이라고 하면, 그걸 어느 천 년에 보강할 수 있겠습니까? 폐가 나쁘고 대장이 나빠가지고 약을 지어가지고 이 팔을 나술라 카면 말도 아닙니다. 거기다가 그걸 보강할라고 침을 놓는다고 소생할 수 있습니까? 예? 바이러스로 오는 것인지, 내 기가 모자라 영양실조로 오는 것인지 어떻게 압니까? 나는 당장에 그 소리를 하고 싶어요. 그러니까 그런 거는 떠났다. 이미 우리가 달나라 가는 것 같으면, 달나라 가는 거지, 맨날 전통 그것만 찾다 보면 아무 것도 아니다 이 말입니다.

■ 혈압침과 금침(禁鍼) 구역

(환자를 지칭하며) 여기는 우리 집에 자주 오는데 혈압입니다. 혈압치료도 나는 가능합니다. 딴 데는 안 됩니다. 왜? 침놓을 자리에 침을 못 놓으니까요. "그러면 너는 간이 배 밖에 나왔냐?" 카겠지요. 그게 아닙니다. 나는 경험에 의해서 가능하지요. 그러니까 아까 안 카든가요. 한의대생들이 여기에 있다. 우리 손녀가 지금 한의대에 댕깁니다. 요새 오전 근무 알바(아르바이트)로 오는데, 야(이 아이)~도 알다시피 오전 근무하면 2만원 줍니다. 배우라 캅니다.

이게 왜 그러냐 카면, 침법이라 카면 어떤 그게 있는 게 아니고요. 솔직해 말해가지고요. 책에 보면 다 나와 있습니다. 그거하고는 좀 다른 문제입니다. 내 몸에 익숙해져야 되고, 내하고 환자하고가 맞는 그런 거를 만들어내야 합니다. 이 환자는 이게 맞으니까 내한테 오는데, 혈명(穴名) 같은 거는 똑같이 써야 되는 게 아닙니까? 풍지(風池)다 뭐 침을 놓을 수 있는 자리 등 … 그런데 침을 놓을 수 있는 자리가 있고 못 놓을 자리가 있고, 뜸을 뜰 수 있는 자리가 있고 못 뜨는 자리가 있습니다. 그것을 내 체험으로 해야 됩니다. 좋은 혈을 이용하면 아주 효과적이죠. 그런 게 있는데, 그거를 이용 못하면 효과를 발휘 못하는 거 아닙니까? 그게 바로 그겁니다.

옛날에 '오성과 한음' 중의 하나는 의사라, 한의사라. 그래서 한음이 갔는가? "울 아버지가 많이 편찮은데 니가 와서 …." 둘도 없는 친구라.

둘 다 학자인데. "울 아버지 맥진을 하고 네가 약 좀 지어 도." 캤는 기라. 그래서 와서 보고는 친구 아버지에게는 말 못하는 한음이가 오성에게 "야! 너 아버지 말이다. 비상(砒霜) 서(세) 돈(錢)을 갈아가지고 그걸 복용시켜라." 캤는가 그리 했대요. 독극약이죠. "그걸 갈아가지고 복용시키면 대번에 낫는다." 그리 말했어요. 절친한 친구인데, "우리 아버지 죽이라 카는 기가?"라고 했지요. 왜 내가 이걸 말하는가 하면, 그게 바로 여기에 해당되기 때문이지요.

딴 데 가면 이리 안합니다. 절대 이리 못합니다. 이리 하면 다 죽는 줄 압니다. 당장 구급차에 실려 가고 그러는 줄 압니다. 그게 아닙니다. 이리 해도 된다 이겁니다. 내가 아까 '사구침법'이라 안 카든가요? (사혈을 실시하며) 이것 보세요. 이거 사혈하는 것 아닙니까. 구(灸)로 할 단계는 아직 아니고요. 이렇게 기혈을 통(通)해주면 혈압이 20씩 떨어집니다. 이 혈압환자가 여기 거머쥐고 "아이고!" 하면서 넘어갑니다. 그런데 이렇게 피를 뽑는다 해가지고 죽는 게 아닙니다. 삽니다. 지금 머리에 혈압이 끝까지 올라가고 있는 기라요. 그러니까 이것을 빨리 내리는 방법이 있어야 할 거 아닙니까? 그렇다고 해서 혈압 약을 2개, 3개 먹는다고 내려지는 게 아니잖아요. 이런 사람이 병원에 간다고 해가지고 내리는 방법은 아무것도 없습니다.

(환자가 혈압 약도 듣지 않는다고 답하자) 예. 약도 안 들어요. 이때는 어떻게 해야 되겠는교? 이리 하면 내가 당장 혈압을 체크하면 20씩 떨어집니다. 그리고 이렇게 하는 사람이 당장 "아~ 살았습니다. 개운합니다." 라는 대답이 나옵니다. 이게 중요합니다. 아까 한음과 오성의 비상 약 이야기는 바로 이겁니다. "너그 아버지 사혈 좀 해주라. 등어리 하고 뒷목 하고. 뭐 이리 하면 된다." 칼 때 일반 사람들은 찌르면 혈압이 더 올라 갈 거 아닙니까? 안 그렇겠어요? 자극이 가해지니까요. 의사가 할 수 있는 사람이 있고, 내처럼 할 수 있는 사람이 있고, 이걸 암만 해도 안할 사람이

있습니다. 안합니다. 등뼈를 따라서 쭉 내려가며 사혈합니다. 그러니까요. (시침 부위를 가리키며) 이것 보세요. 풍지, 풍부, 풍문(風門) 카기도 하고. 여기 거머쥐고 넘어가는 기라요. "아이구~" 하면서요. 바로 여깁니다.

그런데 한의사들은 침은 어떻게 놓나 하면요. 가느다란 침을 가지고 안 자빠질 정도로 꽂아봐요. 이게 연수 부위거든요. 잘못 찌르면 그대로 가는 기라요. 육신은 꼼짝도 못하는 기라요. 여기 잘못 찔러놓으면요. 이걸 내가 실험을 했는데요. 개구리 뒤에 침을 꽂아 봐요. 소뇌(小腦)를요. 그러면 똑 바로밖에 못가요. 옆으로는 안가요. 토끼도 그래보고요. 그만큼 중요한 자리지요.

그런데 학교에서는 위험한 여기는 절대 금침(禁鍼) 구역이요, 금구(禁灸) 구역이라고 해요. 못 대지요. 만약에 이 양반이 한의사나 한방병원에 가든지 "여기 사혈 좀 해주소." 카면, "그만 가소" 칼 겁니다. 쳐다보지도 안 해요. 자! 그 다음은 머리입니다. 머리에 백회(百會)입니다. 백회혈 여기에 사혈하면 … 첫째, 뭐가 되나? 혈압이 올라가면 두 군데가 영향이 있습니다. 눈하고 코하고요. 이래가지고 바로는 물에 들어가면 안돼요. 아무리 우리가 소독한다고 하더라도 그~하니까요. 이렇게 등뼈를 따라서 위에서 밑에까지 사혈합니다. 보통 여기다가요, 가학중에(갑자기) 혈압을 내린다고 하면요. 침을 좌~악 놓습니다. 그런데 여기만 해도 급한 사람은 살립니다. 요리(이렇게) 하면 진짜 낫고요. 바로 물에 들어가지 말고요. 이게 혈압침(血壓鍼)입니다. 이렇게만 하면은 괜찮아요.

■ 노인 골다공증 환자와 사구침법(瀉灸鍼法)

이분은 대구서 오신 어른입니다. 좋으면 오라고 했는데 … 보시면 … 연세가 좀 있지요? 이 어른이 부지런하셔가지고 사다리 이래(이렇게) 하다가 떨어졌어요. 뼈는 이상이 없는데 타박상을 입었어요. (보호자를 보며) 지금 뼈가 나았지요? 이건 누구나도, 우리도 옵니다. 골다공인데, 다 절립니다(걸립니다). 앉아도, 누워도, 서도 걸리고 저리고 아픕니다. 파스를 붙였지요? 본시 여기가 아픈 것도 이 위에서 신경계가 이렇게 내려옵니다. 갈비뼈가 내려와 있지요? 신경계가 갈비와 갈비 사이에 있습니다. 마디마디에요. 근본 원인은 여기에 있습니다. 이거는 어느 누구에게라도 오고 있습니다. 이 어른은 50%가 넘습니다. 현대의학적으로요. 골다공. 이런 거는 병원에 가야 됩니다. 골밀도 검사를 해야 됩니다. 하면 몇 %가 있습니다. 나는 25%인데, 보험이 안 됩니다. 적어도 50%는 되어야 합니다. 여기는 50%가 넘습니다. 그래서 내가 치료해드리는 방법은 방금 이 뼈가 편해야 됩니다. 그래야 이게 편해집니다. 여기에 혈액순환이 안 되지 않습니까?

(환자가 "선생님! 여기 왼쪽다리가 평소에 많이 저립니다"라고 말하자) 예. 지금 상태가 이렇습니다. 이런 어른은 한의사가 침을 놓는데, 손등어리와 발에다 놓지요. (연구자를 바라보며) 그동안 내 역설을 많이 들었지요? 어느 천 년에 손등어리 2개, 발등어리 2개씩 침을 놓아가지고 이게 낫는다고요?

아까 어떤 사람 보냈지요? 당장 쪼매는 어떨런지 모르겠지만, 하루 종일 일하는데 … 발바닥이 아픈데 드러누워야 낫지, 그 사람은 가서 또 일하는데. 그게 되는교? "일 안하고 쉬겠습니다." 캤으면, 하마 아까 내가 침 놔주었어요. 그런데 "일은 해야 되겠습니다." 안 캅디까? 그게 문제입니다. 그래도 내가 양심이 있으니, 그 정도로 이야기 해주는 것이죠. 인제 내가 이야기하는 것 알겠죠? 그래서 내가 지금 이렇게 하는 이유를 알겠죠? 아까 내가 "안 된다" 카는 이유도 알겠죠?

우리나라에 현재 30만, 40만 돌팔이가 있어요. 그 중에 하나하나는 무얼 해도 하고 있습니다. 현대 정식 코스 나온 애들보다도 낫다 이 말입니다. 만일 한의대생이 여기서 강의를 듣는다면, 내가 무슨 말을 한다고 했어요? "너희들! 여태까지 배운 거는 5%다. 95%는 지금부터 배워라. 배우기 싫으면 가거라"라고 할 겁니다. 바로 이겁니다.

내가 입으로 암만 이야기해도 되겠어요? 그 사람들은, 자기들 배운대로 그리 하면 낫는다고 하는데, 그렇지만 낫기는 뭐가 나아요? 그렇다고 요롷게 피를 뽑는다고 해서 어른에게 어떤 안 좋은 영향이 가냐 카면 절대 없습니다. (환부를 가리키며) 절대 여기가 편해야 합니다. 골다공[증]도 … 자체가 칼슘이 빠져나가잖아요. 그러니 혈액순환이 안 되잖아요. 늘어져 있잖아요. 그러니 이게 혈액순환이 되나요? 안 되지요. 그러니 이리 누워도 아프고 저리 누워도 아프고 그런 겁니다. 어른들이 길을 가다가 앉았다 섰다가 가고, 궁둥이 툭툭 두드리고 가는 것도 이것 때문입니다.

황수관 교수가 DNA가 어떻고 저떻고 칼 때 굉장히 기대가 컸습니다. 안 그렇습니까? 자! 골다공이다, 주사 한 대로서 자기 몸의 DNA를 뽑아내어가지고 이것을 가지고 양성화시켜 가지고 주사 한 대 재차 놓으면 뼈가 다 튼튼해지는 거 아닙니까? 그러면 몇 백 년 살 수 있는 거 아닙니까? 나는 굉장히 기대했습니다. 언젠가는 나옵니다. 침으로는 안 되고요. 될 수가 없지요.

그러니까 여기 주위에 엎어지면 한의원이 있는데, 치료가 안 된다 이기라. 너그가 백날을 해사~도 언젠가는 '비 백(be back)'이라. 내 시처럼 '돌아오라' … 돌아와야 돼요. 안돼요. 지금 그걸 옛날 것을 찾아서는 안 되고, 현대적인 그것에서 무엇을 찾아야 해요. 집구석 다 망해요. 왜? 약이 옳은 게 있어요? 전부 중국에서 수입하는데요. DDT 쳐가지고 허연(하얀)데요. 그게 됩니까? 한번 생각해 보세요. 얼마나 답답한지 몰라요. 참! 우리 손녀가 한의대를 댕기지만요. 이런 게 많이 알려져 가지고 생활에 가까운 의료법이 만들어져야 세상이 살기 좋게 되지요.

이분도 허리가 아파요. 이거는 다 낫아요. 이건 병이 아니라요. 이건 누구라도 올 수 있는 병입니다. 빠른 시일 안에 치료기간이 짧아져야 합니다. 그것이 환자를 위하는 길입니다. 오늘 세 번째지요? 쪼매 낫지요? 이거를 보통 양방(洋方) 쪽으로 가면, 일주일에서 열흘 걸립니다. 돈 쓸 것 다 씁니다. 피 검사 해야 되지요. MRI 찍어야 되지요. 의료보험 된다고 하지마는, 안 되는 기 있잖아요? 우리 보면, 1회 시술에 1만원 하면 되는데, 줄잡아봐야 3만원 아닙니까? 그러니 얼마나 편해요.

여기서 만일 "오늘도 똑 같습니다." 카면, 구(灸)가 들어갑니다. 내가 '사구침법(瀉灸鍼法)이라 캤지요? "아~ 이게 똑 같습니다." 카면, "아~ 에. 혈압, 당뇨 없지요? 오늘 뜹니다." 카면서, 그러면 구가 들어가지요. 또 침을 놓으니까, '사구침법' 아닙니까? (연구자가 "구가 들어가면 어떤 치료 작용을 목표로 해서입니까?"라고 묻자) 여기서 긴장이 형성돼 가지고 이틀을 해도 치료 효과가 나타나지 않아, "똑 같습니다." 카면, 구를 하는데 구가 침보다 낫습니다. 왜? 자극량이 강하니까요. 왜? 살을 불로 뜨니까요. 뜸이 침보다 낫지요. 그렇지만 단, 못 쓰는 이유가 있어요. 혈압 환자, 당뇨 환자는 안 됩니다. (골다공 노인 환자 보호자가 "아버지! 뜸 한번 뜰까요?"라고 하자) 안 됩니다. 저분은 병원에 가서서 어쨌든 골다공 약을 드셔야 합니다. 저럴 때가 병원이 필요합니다. (웃으면서) 구는 안한다면, 이 경우에는 '사침법(瀉鍼法)'이 되겠지요. 하나가 빠졌으니까요.

■ 교감신경통 환자와 유도침(誘導鍼) 시술

(환자를 가리키며) 교감신경통 환자입니다. 우리가 흔히 늑간(肋間)이라 합니다. 횡격막(橫膈膜)이 있는데, 이게 어디서 내려오는가 하면, 척추를 타고 척추에서 신경이 이렇게 끝까지 갑니다. 그래서 우리가 '단마진다'고 옛날에 그랬지요. 바로 이겁니다. 이거는 사혈을 위주로 해줍니다. 그

런데 여기다 침을 잘못 놓으면 큰일 납니다. 왜 그러냐 하면, 갈비뼈가 있거든요. 갈비에다가 침을 찔러버리면 … 이게 허파입니다. 폐공(肺孔)이 뚫립니다.

돌팔이 같은 놈은 여기도 아프다 카면 침을 줍니다. 침주면 안 됩니다. 그래서 이 경우에는 유도적인 침을 놓습니다. 다리에서 침을 주어가지고 여기까지 올리지요. 자극을 마치 포(砲)를 쏘는 것처럼요. 유도침이지요. 그렇게 침을 주는 방법이 있고, 내만치로 이렇게 1㎜ 찔러가지고 피를 없애버리지요. 나쁜 피가 그렇게 하니까요. 그러니 '사구침법' 카지요. '사(瀉)' 자가 뭣인지 알지요? '사' 자가 먼저 들어간다 했지요. 딴 데는 가면 침부터 놓고, '사'를 하지요. 나는 안 그래요. 완전히 틀립니다.

(연구자가 "다른 곳에서도 원장님 하는 걸 모방해서 할 수도 있지 않습니까?"라고 말하자) 그렇게 할 수가 있는데, 그럴려면 과거를 다 버려야 해요. 내가 생각하고 있는 것 하고 너그들이 가지고 있는 것 하고는 거리가 영~ 거리가 멀다. 그걸 버리기 전에는 못합니다. 왜? 못하는 이유가 있습니다. 한의사들은 내가 가르쳐줘도 안합니다. 이유가 뭐냐면, 한의사들이 졸업할 때까지 양의사들의 위생시설에 대한 모든 공부만 해왔는 기라요. 뇌에 쌓여있는 것이 병원 의사와 가깝다 이 말이지요. 그게 어디 됩니까? 그래서 아무리 가르쳐줘도 안 됩니다.

그러니까 내가 말하는 것은 … (시술 환자를 가리키며) 이 피 보세요. 새까맣지요? 피가 이렇게 깜할 수 있나요? 안 좋은 피지요. 그래 이걸 놔두고 어느 천 년에 내가 손등어리, 발등어리에 침놓았다고 없어지겠느냐 하는 것이죠. 이 양반은 잠이 안 편합니다. 깊은 잠을 못잡니다. 밤새도록 몸부림을 칩니다. 왜 그러냐 하면, 첫째 조건은 여기 혈액순환이 안 되는 기라요. 그러니 여기 요렇게 붓잖아요. 이걸 고치는 방법이 내한테 있어요. 딴 데서는 아무리 해도 안 됩니다. 오랜 경험에서 나오는 겁니다.

이건 간단합니다. 제일 처음에는 나도 당황했지요. 책에는 된다고 하는

데, 책대로 해보아도 안 되는 기라요. 왜 그럴까 했지요. 그래서 내 몸뚱아리에 … (팔을 걷어 보이며) 이런 데 이거 다 뜬 것입니다. 뜸자립니다. 책을 들여다보고 방 안에서 발가벗고 내 혼자 … 전부 다 이게 뜸자립니다. 침을 못 놓게 하는 곳도 있어요. 그런 데도 침놓아보고요. 불이 확 나요. '아~ 이게 죽는 거구나.' 하면서 뺐지요. 그래. 임상을 어디서 합니까. 하루아침에 되는 게 아니지요. 로마가 하루아침에 생긴 게 아니지요. 그러므로 나이가 들고 경륜이 쌓여지면서 많은 임상경험과 연구, 시행착오를 통해 가능하지요. 내가 젤 처음에 사암이니 허준이니 하는 침법을 다 해봤지만, 그게 다 되는 게 아니더라고요. 그래서 바로 '이게 아니다'고 생각했지요. '사구침법' 이거 시작한 것은 오래 됐어요.

여기 아프지요. 여기가 중심입니다. '천종(天宗)'이라는 자리입니다. 이거는 형사가 범죄인을 잡아가지고 팔을 비틀어서 여기를 쥐어박는 곳입니다. 그러면 힘이 쫙 빠지는 곳입니다. 일종의 급소입니다. 과도하게 팔을 많이 쓰거나 그래서 그러지요. 이게 심하게 아프면 이야기만 해도 여기가 쿵쿵 울립니다.

그러니 인체 부위마다 팔이면 팔, 손이면 손에 '요혈(要穴)'이 있습니다. 중요한 혈이지요. 그것만 알면 침은 다 배운 겁니다. 요혈을 중심으로 해서 침을 놓고 또 뜸을 뜨지요. 이게 경각골(硬角骨)에서 천종혈이지요. 그 다음에 목에서 어깨로 넘어가는 데는 '견정혈(肩井穴)'이 있는데, 이것도 요혈입니다. 뒷목에는 '풍지혈', '풍부혈' … 여기는 '대추혈(大椎穴)', 머리는 '백회혈'이지요. 요혈입니다. 사실 우리 몸에 중요한 혈은 몇 개가 안 됩니다. 그걸 기점으로 해서 침을 놓습니다. 몇몇 혈 자리는 한·중·일 나라 간에도 정확한 위치가 일치를 보지 못하는 부분도 있습니다. 다 내세울 것이 있잖아요? 일본에서는 사암 침법 같은 것도 처음에는 자기 나라 것이라고 해보다가 나중에 우리나라의 관련 고서적을 내놓고 그러니까 '아~ 이게 아니다' 이렇게 나오지요.

제3부

부산지역 원로 침구사들의
침구업과 삶

'간첩 침쟁이'로 소문난 부산·경남의 유일한 침구사 박정규

'간첩 침쟁이'로 소문난 부산·경남의
유일한 침구사 박정규

-1924년 생-

·
·
·

환자와의 감응술(感應術)과 인술 실천
시아게(재침, 再鍼) 침술법과 시술 용어
시침(施鍼) 시간과 자입(刺入)의 정도
덕은침술원의 일상과 운영방식
지난한 인생 여정과 강한 정신력, 풍류 치유
침쟁이는 팔자사주, 노년의 직업병
회고록 속의 침구 인생사

인터뷰 후기

·

·

　대구경북 지역을 통틀어 전문 침구사는 모두 4명(1명 양의사 전환)에 불과하다. 연구자는 최소 5~10인의 원로 침구사를 대상으로 심층 면담을 진행할 계획이었으므로 지역적 범위를 넓히지 않을 수 없었다. 따라서 대구의 진기업(1924년생, 진침술원) 침구사를 통해 부산경남 지역 침구사의 소재를 확인해보았다. 박정규 침구사가 유일하며, 대한침구사협회 부산경남지회 회장을 맡고 있었다. 남파 간첩 출신으로서 '간첩침쟁이'로 더 잘 알려져 있다고 했다.

　2008년 5월 8일 부산에 거주하는 지인의 안내를 받아 그의 침술원을 방문했다. 연로하여 거동이 다소 불편함에도 불구하고, 아직까지 많은 환자들을 성심껏 돌보고 있었다. 약 2시간의 면담 동안 거침없고 솔직한 그의 성격을 읽을 수 있었다. 파란만장한 시대를 살아온 이 땅 어버이의 전형을 보는 듯했다. 일제 강점 및 광복 전후 시기의 혼란과 뒤이은 6.25전쟁과 분단, 이념 대립 등 역사의 질곡을 온 몸에 걸머쥐고 살아왔음을 그의 인생사를 통해 느낄 수 있었다.

| 박정규 침구사 | 덕은침술원 |

회고록『死線을 넘고 넘어』를 모두 읽고 난 5월 22일 두 번째로 그의 침
술원을 찾았다. 이 날은 구술자의 침 시술과정을 관찰할 요량으로 일부러
근무 종료 시간보다 40여분 일찍 침술원을 들어섰다. 남녀로 구분된 2개
시술실의 20여 개 베드마다 환자들이 빼곡히 들어차 있었다. 그는 숨 돌
릴 겨를도 없이 베드를 타고 돌며 왼손에는 수십 개의 침을 들고 오른손
으로 계속해서 시침하고 있었다. 연구자는 시술 장면을 몇 컷 촬영하고는
녹음기를 들고 쉼 없이 움직이는 그를 따라다니면서 환자 특성과 증상,
시술원리 등에 대해 물었다.

그는 1924년 3월 15일 경남 양산군 상북면 외석리에서 부 박성록과
모 윤귀련의 6남매 중 장남으로 태어났다. 그는 상북공립보통학교를 마
친 후 줄곧 농사일을 거들며 고향을 지켜왔다. 8.15 광복 이후 좌우익의
이념대립은 그의 마을까지 영향을 미쳤다. 그는 이를 피하고자 처자식까
지 남겨둔 상태에서 1948년 10월 창군의 일원으로 국군에 입대한다. 하
지만 곧 6.25전쟁이 일어나 물밀듯이 밀려드는 북한 인민군을 맞아 서울
미아리전투에서 장렬히 싸웠지만, 결국 포로가 되어 이북으로 끌려갔다.

포로수용소 감금과 인민군 강제 편입, 협동농장 관리, 노동당 입당, 해
주 경제간부학교와 공산대학 졸업, 밀봉교육, 남파 등과 같은 일련의 일
들이 21년 동안 이북에서 이어졌다. 이북에서는 결혼도 해서 3남 1녀의

자녀까지 났다. 그는 남파 후의 대민공작 수단으로 간첩 밀봉교육을 받는 과정에서 침술을 배운 것이 평생의 천직이 되었다.

그는 1971년 8월 북한 대남공작원으로 남파되자마자 곧바로 자수하여 침구사로서 새로운 삶을 시작했다. 남한에는 이미 침구사 제도가 소멸되었지만, 북한에서 침구사 자격을 취득했을 뿐만 아니라 귀순자 생계 대책 차원의 정부 특별 배려로 1979년 11월 침구사 자격증을 발급받을 수 있었다.

자수 후 귀향하자 자신은 1950년 7월 1일자로 이미 전사자 처리가 되어 있었다. 입대 전 갓 태어났던 딸은 죽고 아내는 10년이 지난 뒤 재가했다. 그는 남한에서 다시 결혼해서 현재 1남 1녀의 자녀를 두고 있다. 대한침구사협회 고문과 부산경남지부장을 역임했으며, 2008년 현재 여전히 현업에 종사 중이다.

연보

•1924년 : 경남 양산 출생
•1938년 : 경남 양산군 상북공립보통학교 졸업
•1939년 : 일본 고베에서 6년 거주
•1945년 : 귀국, 결혼
•1948년 : 10월, 대한민국 국군 제5연대 입대
•1950년 : 6월, 서울 미아리 153고지 전투에서 인민군 포로
•1950년 : 7월, 함경남도 회령 포로수용소 감금
•1951년 : 1월, 인민군 강제 편입
•1953년 : 5월, 인민군 제대
•1954년 : 8월, 황해남도 배천군 협동농장 관리위원장
•1956년 : 3월, 노동당 입당
•1960.년 : 3월, 해주 경제간부학교 졸업
•1964년 : 10월, 해주 공산대학 졸업
•1965년 : 1월, 평양 동양의학중앙병원 침구사 근무
•1968년 : 2월, 평양 마람초대소 남파 밀봉교육 과정에서 침술 수련
•1971년 : 8월, 북한 대남공작원(간첩)으로 남파 즉시 자수
•1979년 : 11월, 부산광역시로부터 침구사 자격증 수령
　　　　　　대한침구사협회 부산지부 입회
　　　　　　부산 동래구 온천동에서 덕은침술원 개원
•1979년 : 12월, 대한민국 원호처로부터 월남귀순용사 원호증 수령
•1980년 : 3월, 대한침구사협회 부산지부장. 중앙회 고문
•1998년 : 1월, 서울특별시 경찰청 숭의회 고문 및 명예회장
•2001년 : 10월, 세계침구연합회 국제의료봉사단 입단
•2003년 : 5월, 육군본부로부터 전사 무효 명령 발령 통보서 수령
　　　　　　8순 기념으로 회고록 『死線을 넘고 넘어』 간행.
•2003년 : 6월, 국가보훈처로부터 참전 유공자 증서 수령
•2008년 - 부산광역시 동래구 덕은침술원 운영 중

■ 경남 양산 출생과 고베(神戶)에서의 일본생활

(건네준 회고록을 가리키며) 역사가 여기 다 있습니다. 내가 태어나기로는 경남 양산 출신입니다. 그래서 옛날에 우리 족보를 이야기하면 촌에서 농사를 한 100석을 했는데, 조상 때부터 불우이웃 돕기를 한 집안입니다. '가객(佳客)'이 지나가면 전부 양산군 시골로, 여기 편해골로 지나가야 하는데 그때는 가객이라 했습니다. 지나가는 사람들을요. 그런 사람들이 오면 우리 집에 무조건 들리거든요. [재산이] 좀 있으니까 밥해주고 옷 해주는 것은 그렇게 해줄 수 있습니다. 그런데 내가 보기에는 호롱불 밑에서 짚을 추려가지고 밤새도록 짚신을 삼아가지고 그 사람들 옆구리에 채워주면서 가다가 신발 떨어지면 갈아 신으라고 줍니다. 우리 할아버지가요. 그 정도로 불우이웃돕기로 이름난 집안인데, 그래서 여기까지 왔는데.

군에 가기 전에는 일본에 있었어요. 고베(神戶). 열여섯에 가가지고 열일곱, 열여덟, 열아홉, 스물 … 6년 있었어요. 보통학교 졸업장 손에 들고 일본에 갔어요. 일본에 공부할라고요. 일본에서 중학공부보다도 뭐냐? (회상에 잠기며) 뜻이 있었지요. 한국에서 학교를 보통학교 졸업하고 나니까네 일자리도 만만찮고, 있어봤자 촌놈밖에 안되잖아요? 그러니까 돈이 좀 있으니까 소를 한 마리 팔아가지고 일본 유학을 갔다고요.

일본 들어갔는데, 일본에서 5, 6년 있으면서 공부는 안했어요. 들어가보니까 마땅찮으니까 일본에서 왜놈 밑에서 일을 했다고. 왜놈 밑에 일을 하니까 그때 일본말도 좀 할 줄 알고 아이가 좀 영리했거든. 그러니까 왜놈들이 일을 시켰어요. 일본 사람 밑에서 일 봐주었지요. 그때는 상점, 회사 등에 심부름 했지요. 왔다 갔다 심부름 하는 거. 일본말 좀 할 줄 아니까. 학교 공부하면서 우리 일본말 좀 배웠거든. 그런 역사가 있어요. 일본에서 돈은 많이는 못 벌었어도 옷 사 입을 정도는 벌어가지고 나왔어요.

그런데 왜놈 밑에 있는데, 빨간 종이를 손에 들리더라고요. 쇼슈레이. 왜놈 군대에 영장이 내려왔다 이래요. 영장 나오니 군에 가야 될 게 아니오? 일본에서는 당시 군에 가서 훈련을 받지요. 군에 갈라고 영장을 손에 들고 나오는데 해방이 됐다니까요. 나오는 그날에요. 일본에서 주로 고베(神戶)에 있었지요. 그때는 일본말도 좀 할 줄 알고, 왜놈들이 뭘 시켜보니 영리하거든요. 영리하니까 점원으로 있었는데, 일본 여자하고 결혼시켜 줄라고 했는데, 장남이라 결혼할 수 없잖아요? 그러다가 영장 내려 와가 그걸 손에 들고 나오는데 해방이 됐어요.

결혼은 군에 가기 전에요. 군에 가면 대(代)가 끊어지잖아요? 내가 장남이니까. 그러니까 대를 잇기 위해 결혼해가~ 종자를 받을라고 결혼했어요. 했는데 결혼하고 나서 바로 전쟁이 났어요. 그러니까 21세 때 일본에서 일본군에 징병1기에 걸렸잖아요. 갑자생(甲子生). 징병1기에 걸렸는데, 그래가지고 일본군에 갈라고 빨간 종이를 손에 들고 나오는데 해방이 됐어요.

■ 광복 전후 시기의 혼란과 창군 요원 입대, 6.25전쟁

그 후 귀국해가 촌에 있었는데, 보도연맹 생기고 정치가 복잡해가지고 '촌에 있어가지고 될 일이 아니다.' 이런 생각이 들어가지고 그래서 지원해 갔어요. 국군에. 해방 후 당시 좌우익으로 갈라져 상당히 시끄러웠지요. 당시 내 고향에도 그런 여파가 많았지요. 보도연맹, 보도연맹원이 왔다 갔다 하고. 조직이 있어가지고 가담하라 카고요. 그래서 내가 … 보도연맹 가면, 내 생각에 그게 좋은 자리는 아니라. 정치가 복잡할 때는 무슨 조직에 들어가는 게 손해거든요. 내 판단에 '이럴 바에 차라리 군에 가는 게 낫겠다.' 이래가지고 군에 갔지요.

당시 좌우익 틈바구니에서 희생된 사람도 많아요. 내가 군에 갔다 오니까. 조직에 들어가 가지고 많이 죽었더라고요. 보도연맹 들어가 가지고 죽은 사람도 있고, 빨치산에 들어간 사람도 있고. 그때 박헌영, 사상 제일 주의 … 박헌영이가 보도연맹 조직자거든. 이북 가니까 박헌영이 하고 이강국이 이런 사람들이 처형 받았어요. 미제 고정간첩이라고 그래가지고 사형 받았어요. 내 이북 있을 때요. 결국 사형 받았어요.

도저히 내 판단에 촌에 있어가지고 될 일이 아니더라고요. 눈을 좀 뜬 셈이지요. 일본에 좀 있었고 해놓으니까, 정치에 대해 판단은 못해도요. 좀 시끄러운 것은 사실이라. 이런 정세 속에서는 무슨 단체에 들어가도 안 되고 할 때고 '차라리 우리나라 군에 들어가는 게 낫겠다.' 싶어가지고요. 사정이 좀 복잡하니까, 사실은 군에 가면 안 되는데. 장남이니까. 그러나 무릅쓰고 갔지요. 정세를 봐서는 도저히… 불리한 조건에서는 도저히 촌에 있기는 곤란하니까 군에 자원입대했어요.

군에 갈 때는 딸이 하나 있었는데, 오니 죽었더라고요. 당시에는 자원이지요. 월급도 없었어요. 지원병인데요. 그때 부산에 한군데 조직되어 있었어요. 감천[동], 부산에 감천 5연대라고 생겼어요. 5연대에 내가 바로 입대했거든요. 5연대 1대대 1중대. 거기 입대해가지고 울진, 삼척, 영해 일대에 무장공비 토벌작전에 참여하고. 북한에서 전쟁 일으켜 넘어온 거지요. 넘어오고 또 여기(남한)에 조직이 있어가지고요. 박헌영이가 조직한 그런 군대지요.

일본에서 나온 동기는 그리 된 거지요. 일본에서 왜놈 군대 1기 걸려 가지고 나오는데 해방되면서 … 촌에 있어보니까 정치가 복잡하고 도저히 이래가지고 될 일이 아니다. 장남으로서 군에 가서는 안 되거든. 그렇지만 장남이 문제가 아니고, 이런 판국에서 사람이 진리를 찾아갈 적에는 제일 좋은 게 위험하지마는 군에 가는 게 좋겠다 싶었지요. 또 군이 생겼고요. 군 창립일이 1948년 10월 1일 아닙니까? 그날 바로 갔어요. 10월 1일에. 창립되는 그날 군에 갔지요. 그땐 지원병이지요.

1948년 10월 1일이 우리나라 국군 창립 기념일입니다. 군이 생긴 창군일입니다. 그때 내가 1차로 들어간 거예요. (벽에 걸린 당시 군복 차림의 사진 액자를 가리키며) 그때 사진이 저기 있는데, 저게 중사 때 거지요. 그때 가

이등중사 시절(1949.8.15)

서 울진, 삼척, 영해, 영덕 무장공비 토벌작전에 참여해가지고 그래서 휴가를 왔어요. 그러니까 1950년 6월, 6.25가 터졌어요. 그때 참전을 어디서 했냐 하면, 서울 미아리전투, 미아리 도봉산 153고지 육박전 하다가 목도 찔리고 이빨 빠지고 중상을 입고 함경북도 회령 포로수용소에 감금되었지요. 포로가 되어가지고요.

그런데 여기서는 사망으로 되어가지고요. 국립묘지에 비석 세우고, 사망 통지서 내어가지고 '전사 처리'가 되어 버렸어요. 집에서는요. 그러니까 마누라는 한 10년 살다가 딴 데로 시집가 버리고요. 연금 타다가 가버리고요. 그래가지고 내가 오니까네, 형제 한분이 … 동생, 친동생이 법무관 중령으로 제대했어요. 지금도 살아있는데. 역사를 … 또 다른 동생 하나는 군에 가서 헌병대 하다가 제대해가지고 저승 갔어요. 20년 되었어요.

여기 와서 혼자 있는데, 나이 49세 되어가지고 남자 혼자 살 수가 없잖아요. 그래서 결혼했는데, 이화여대 나온 처녀한테 결혼했어요. 지금도

살아있는데, 그분이 사회사업 했어요. 둘이서 의논하기를, "아들 딸 둘만 낳고, 나머지는 사회사업 하자고 했지요. 돈은 내가 벌 테니까 사회사업 하자고 의견을 모았지요. 그래가지고 [부산시] 부녀협의회 회장에다가 평화통일국민회의 중앙회 자문위원에다가 상임위원까지 했어요. 부인이요. 그래가지고 작년 10월 달에 국민훈장목련장 훈장까지 받았어요. 거기서 난 아이가 1남 1녀입니다. 딸은 미국 유학 가서 결혼 안하고 지금 미성년으로 있습니다. 아들은 회사 보안과에 과장으로 진급됐어요. 그런 역사를 다 말할 수는 없고요.

■ 포로의 몸이 된 북한생활, 밀봉교육과 남파

그러니까 이북 포로수용소에서 구사일생으로 살아가지고 어디로 배치되었냐 하면 황해남도 연백 벌판, 연백군에 배치되어가지고 농사했어요. 농사했는데, 하늘이 도왔는가 조상이 돌보았는가 곡식이 쏟아졌어요. 호남평야 다음에 대의평야 아닙니까? 곡식이 쏟아지는데 쌀가마니가 마~ 평양으로 그냥 피차빵총으로 트럭으로 막 싣고 올라가니까 김일성이가 눈이 동그래가지고, "도대체 전쟁 끝나고 먹을 것도 없는데 이게 어디서 났느냐?"고 했어요. 그러니까 [주위에서] "이런 사람이 있다"고 하니까, 날 그리로 불러 올렸어요. 그래가지고 올라가가지고 거기서 협동농장 관리원, 책임자로 하다가.

후에 가만히 보니 … 밀봉교육 들어갔어요. 간첩, 남파 목적으로 밀봉교육을 시켰는데. 한 5만 명을 훈련시켜 놓고. 북한에서는 6개월 정도 일대 일 교육을 받았지요. 일 대 일로 붙었으니까요. 완전 마스터가 된 거지요. 집중적으로 임상도 하고, 이론교육도 받고 … 거기서 치료도 했어요. 평양 동양의학중앙병원이라고 있는데, 거기서 치료하다가 왔어요. 침구사 하다가 남파함과 동시에 … 그러니까 가~(그 아이)들이 밀봉 교육 시켜 가지고 무기를 가져가야 될 게 아닙니까? 직업 훈련으로, 사람 고쳐 주고 하라 카는 … 그래서 고쳐주고 했는데.

이북에서 올 때 직업 훈련으로 … 간첩으로 나올라 카면 직업이 있어야 될 게 아닌교? 그러니까 고도의 기술을 배워가지고 죽은 사람도 살릴 수 있는 이런 기술을 배웠으니까, 이걸 무기로 삼아가지고 위장간첩으로 하라는 거지요. 그런데 자수하고 보니 할 게 없잖아요? 그래서 이걸 손을 댔는데, 그런데 손을 대자마자 그냥 바로바로 다 낫아 버렸어요. 침술은 북한에서 배운 거지요. 밀봉교육의 일환으로요. 스물일곱 살 때 이북으로 [포로 되어] 들어갔지요. 그러니까 삼십 조금 넘어서 침술을 배웠지요.

중국에서 온 사영광 하고 … (다른 이를 기억해내느라 잠깐 동안 생각한 후) 사영광이란 그분이 유명한 침구학 박삽니다. 중국에서도 유명한 박사인데, 북한에서 초청한 겁니다. 일 대 일로 교육을 받았습니다. 아~ 오해평이란 또 한 사람이 있습니다. 그 두 사람이 초청받아가지고요. 이들한테 비밀리에 침술 교육을 받았습니다. 고도의 밀봉교육을, 침 기술을 배운 거지요. 기술이 좋더라도 운이 틔어야 됩니다. 운이 안 틔면 안 됩니다. 아무리 기술이 암만 좋아도 운하고 합이 맞아야 됩니다. 운이 안 따르면 안 됩니다. 능력이 아무리 좋아도 운이 안 따르면 안 됩니다.

그 중에서 1971년 5월 달에 적십자 예비회담이 있었는데 그 장소에 평양에서 캄보디아 원수 노르돈 시아누크가 망명했거든요. 북경에 망명되어 왔을 때 평양에 초청되어 왔어요. 초청된 그 장소에 내가 대표로 참석했어요. 그래서 그때부터 '아~ 이제 나를 지목했으니까 남한으로 보내겠구나.' 이렇게 생각했어요.

북한에서도 결혼을 했습니다. 사리원 간호대학 졸업한 여자인데 … 군병원, 군인만 병원에 근무하는 간호사하고 이북에서 결혼시켜 주었어요. 우리처럼 결혼도 마음대로 못하잖아요? 거기서 3남 1녀를 낳았어요. 그런데 1971년 8월 27일 간첩교육 후 남파를 시켰어요. 남파를 했으니까 고향 찾아왔을 게 아닙니까? 울진군 서생면 진하 부락으로 왔지요.

그래가지고 남한 당국에서 "기술이 뭐이냐?" 해서 "침(鍼)이다." 캤어요. 그러면 생계를 위해 배운 걸 해야 할 거 아니오? 그런데 운이 틔었는지는 몰라도 환자에게 손만 가면 … 병원에서 "죽는다"고 하면서 "집으로 가라." 카는 환자들을 업고 들어와서 치료하면 그 자리에서 바로 걸어나가곤 했어요. 그런 거를 운이 틔었는가, 기술이 좋았는가는 모르겠는데. 여하튼 그래가지고 환자들이 하루에 몇 백 명씩 막 밀려들었는데, 전국적으로 다 왔어요. 일본서도 오고요. 전국에서도 막 왔어요. 그런 기간이 38년 정도 되잖아요. 1971년도부터니까요. 지금도 먼 데서 많이 옵니다. 몇 십 명씩 옵니다. 그러니까 이걸 안할 수도 없고요. 내가 벌인 거는 … 사회사업 하는 게 재미있어가지고 벌인 거를 내가 돈 다 쓰고요.

그런데 뭡니까? 때론 탈북자로 취급돼요. 사실은 탈북자가 아니지요. 고향 찾아온 건데요. 탈북자로 왔으니까, 탈북자들은 처음에는 사람들이 적을 때는 내가 먹여 살리기도 했어요. 지금은 작년까지만 해도 여기에 협조를 많이 했어요. 그런데 인제는 끝났지마는요. 그런 세월을 흐르다 보니까 지금 이걸 안할 수도 없는 거예요. 아니 내가 아무리 … 몸이 허락하는 한 해야지요. 사람 살려달라고 들어오는데 문을 닫아놓아도 안됩니다. 환자를 세워놓을 수도 없고 쉴 공간도 없고요. 계속 밀려오는데. 아침은 5시부터이고 오후에는 4시에 끝납니다.

그 때는요. 왕진(往診)요? 말도 못합니다. 아이구! 지금은 거의 왕진을 안 나가는데. 꼭 필요하면 어쩌다 가지마는. 그때는 왕진이 문제가 아니지요. 반공교육 있지요? 반공교육이 얼마나 있었냐 하면, 그~ 저~ 교육청에요, 일주일에 한번 정도지요. 그때는 억수로(매우) 심했습니다. 계속 나갔지요. 이북정치, 문화사회, 군사문제에 대해서요. 그때는 이북정치를 우리나라에 알려야 했지요. 그때는 반공교육이 심했지요. 그때는 반공교육을 국시 제1호로 했습니다. 박정희 시대요. 지금은 그런 데 별로 관심이 없는지 모르지만, 그때는 교육을 많이 했습니다. 주로 경남, 부산 쪽으로요.

■ 남한에서의 침구사 자격증 취득

북한에서는 침구 밀봉교육을 6개월 받고, 그 후에 침구사로 있다가 나왔으니까요. 책에 모두 나와 있습니다. 1971년 자수하고 개업은 바로 못했지요. 5년 후에 개업했지요. 거기 있는 허가를 가지고요. 여기에 법이 있는데 안 해주잖아요. 내가 박대통령 시절에 나왔는데, 전두환 시절에 홍성철이란 보사부장관이 있었어요. 보사부장관이 치료하러 여기에 왔어요. 왔는데 … 보사부장관이 하는 말이 … 그 사람이 함경도 은율 사람인데, 그 가정을 내가 잘 알거든요. 왜냐하면 북한 있을 때 내가 갔으니까요. 집이 아흔아홉 칸입니다. 윗대는 지주인데, 부자였어요. 위에는 유치원 하고 밑에는 탁아소 하고요. 그런 내용을 잘 아니까요. 집안을 잘 아니까, 홍성철 그 양반이 "도와줄 게 있느냐?" 캐서, "내가 침 기술은 좋아도 법치국가에서 허가 없이 할 수 없으니까 이거 좀 해결할 수는 없습니까?" 캤지요. 올라가더니만, 박대통령 시해당하기 한 일주일 전에 보사부장관이 재가를 받았을 게 아니에요? 마음대로 할 수 없으니까, 대통령한테 받고 그 다음에 장관한테 받고, 치안국장 뭐 전부 다 해서 받았지요.

시험은 칠 것도 없지요. 박채원 씨라고 치안국장 하는 분이 중풍이 딱 걸렸어요. 그래서 어떻게 했냐 하면, 면회 가는 요량 하고 위장을 해가지고 갔어요. 시술해가지고 딱 3일 만에 일으켜 세웠어요. 완치를 시켰지요. 의사들도 모르지요. 그러니까 이 사람들이 … 박채원 씨가 하는 말이 "서울 명동 거리에다 좋은 장소를 줄 테니까, 이 다음에 돈은 벌어가지고

침구사 자격증

갚으면 되니까 있으라"고 그래요. 그래서 나는 "23년 만에 고향 왔는데, 고향 구경도 하고 그래서 그냥 집으로 갈랍니다." 카면서 그냥 내려왔어요. 내려오고 보니까, 그때 중앙정보부장이 누구냐 하면 이후락 씬데, 평양 가게 되었거든요. 이후락 씨한테 내가 쭉 설명해가지고 성공하고 왔잖아요. 성공해가지고 와가지고 이후락 씨가 "애로사항이 뭐냐?"고 했어요. 그래서 이후락 정보부장 재가를 받아가지고 비법적으로… 그러니까 정책적으로 봐 줄 수는 있는데 법적으로는 안 되잖아요? 정책하고 법은 별개잖아요.

그래가지고 [침술업을 하다가] 고발이 자꾸 들어 와가지고 그래가지고 홍성철 씨 만나가지고 "사정이 있다" 카니까, "그럼 좋다" 캐가지고 침구사 허가를 냈지요. 한 5~6년 고생하다가 허가를 받았어요. 침구사 자격이지요. (벽에 걸려 있는 침구사 자격증을 가리키며) 저기 있잖아요. 부산시장, 그때는 부산시장이 하는 게 아니지요. 책에 보면 나와 있습니다. 보사부장관, 옛날에는 지방장관이 해주었는데, 내가 나올(허가 받을) 그 무렵에는 이미 그런 시효가 끝나버리고 보사부장관만이 허가를 줄 수 있도록 법이 개정되었어요. 침구사 제도가 없어진 상태에서 일종의 특별 케이스지요. 시험제도가 있는 것도 아니고 … 그래가지고 했는데, 침구사는 침사(鍼師), 구사(灸師) 자격증이 따로 있는데요. 침구사 자격증을 받았지요.

다음은 침구사 자격증 교부와 관련한 행정 절차 및 문서 내용입니다.[1]

---

1 박정규, 앞의 책, 151쪽.

▶ 보사부장관의 침구사 자격증 발급 조치 공문(1979. 10. 31)

제목 : 침구면허 갱신

내용 : 귀하에게 침구사 면허를 갱신 교부하도록 부산시장에게 지시
　　　하였으며 1979. 11. 15일까지 부산시청 보건과에 출두하여 수
　　　령하시기 바랍니다.

▶ 부산시장이 발급한 침구사 자격증 통보 공문(1979. 11. 12)

제목 : 침구사 면허 갱신 교부 통보

내용 : 귀하가 보건사회부장관에게 제출한 침구사 면허증 갱신 신청
　　　서가 당 시(市)로 이첩되어 왔으므로 의료법 부칙 제2호 및 제
　　　7호 동 시행세칙 제59조에 의거 침사 자격증으로 갱신 교부
　　　토록 조치하였으니 인장 지참하여 당 시(시민과)에서 자격증
　　　을 수령하시기 바랍니다.

▶ 침구사 자격증 발급(1979.11.12)

■ 침술로 소문난 명의

　내가 여기 와서 하는 중에 … 양의사고 한의사고 간에 병원에서 쓰러
져가지고, 고혈압으로 쓰러지잖아요. 졸도해가지고 6시간 안에 오면 그
자리에서 치료해가지고 바로 걸어갑니다. 특수한 기술을 가졌습니다. 그
다음에 3일 안에만 와도 업고 들어와도 치료하면 자기 발로 걸어 나갑니
다. 그러면 현재까지 하루에 환자들이 몇 십 명씩, 60~70명씩 오는데 오
늘도 많이 왔는데. 그게 치료해가지고 효과가 있어야 되지, 효과가 없으
면 암만 선전, 매스컴 통해도 그 때뿐입니다. 매스컴 통하는 거는 그것으
로 끝납니다. 그렇지만 이거는 나한테 병을 고친 사람들의 입으로 통해가

지고 오기 때문에 사방으로 퍼졌지요. 문어다리처럼 퍼져가지고 그래가지고 지금 하루에 60~70명씩 오지요. 그리 오지 싶어요. 서울서도 많이 옵니다. 대구, 대전, 부산 … 그 다음에 고성, 남해 저 쪽 바닷가에는 더 갈 데가 없잖아요? 오면 여기가 제일 가깝잖아요? 그러니까 이리로 다 몰리지요. 전국적으로 옵니다.

그래하고도 너무 기술적으로 뛰어나니까 손님이 모이니까 4촌이 논 사면 배가 아프잖아요? 그래서 나중에는 무마되고 말았지마는요. 동종업계에서도 시기나 질투가 있었습니다. 전국적으로 침구사들이 20~30명이 있어요. 회비도 안내고 총회 등에 잘 나오지도 안 해요. 침구사들은 보통 나이가 구십이 가까이 되거든요.

엠브란스뿐만이 아니고 택시 타면 기사들이 선전부장입니다. 지금 택시 기사도 영업용 하는 사람들은 모르지만, 개인택시 있지요? 지금 나보고 20년, 30년 하는 개인택시 하는 사람들은 '간첩 침쟁이' 카면 다 압니다. 별명이 아니라, 실제로 간첩입니다. 자수했으니까요. (웃으면서) '간첩 침쟁이'라고 해야 통하지, 그냥 무슨 침술원 카면 모릅니다. 처음 했던 침술원은 국민은행 바로 뒷집입니다. 저기서 하던 데는 불이 나가지고 여기로 옮겼어요. 번지수만 조금 다르지요. 여기서 내가 38년째 계속했어요. 1971년부터 지금 이 자리에서지요. 면허증 취득한지는 1979년도고요. 자수하고부터 오랫동안 … 한 6, 7년 뒤에지요. 고생 말도 못합니다. 그 당시에요.

죽은 사람 내가 살려준 환자들이 내를 선전해 주어서 많은 사람들이 소문 듣고 옵니다. '간첩 침쟁이' 캅니다. '간첩 침쟁이' 카는 말은 참 어떻게 보면 좀 불리한 말 같은데도 나한테는 참 좋은 말이라. 왜냐하면 그것으로 인해서 내가 생활터전을 만들었고 또 '간첩 침쟁이'라는 그 말 자체로 가지고 이 사회에서 유지하고 존경을 받는 게 아닙니까? 이걸 볼 때는 '간첩 침쟁이' 카면 좀 듣기는 싫어도 그 말 자체가 내가 듣기는 안 싫어요. '간첩 침쟁이' 그게 맞다. (크게 웃으며) 사실은 내가 간첩으로 나왔으니까 '간첩 침쟁이' 아니랄 수도 없고요.

지금도 서울 가면요. 한 번씩 회의 가거든요. 부산서 온다 카면, 택시를 타면 "부산에서 옵니까? 혹시 부산에 '간첩 침쟁이' 압니까?" 캐요. 그래서 "내가 바로 그 사람 아닙니까?" 카면, 웃으면서 "아이고! 미안합니다." 카지요. "다 공개되어 있는데, 내가 아니랄 수 없잖아요?" 카지요.

서울에서도 침 맞으러 많이 옵니다. 여기 지금 외국사람 … 일본에서도 많이 오고요. 외국사람 많이 옵니다. 작년 8월 30일 날 <뉴욕타임즈 (Newyork Times)> 지에 5대 명의 중에 내 이름이 났답니다. 그걸 나는 몰랐는데, 외국에서 온 사람들이 그런 이야기를 해요. "우째 왔나?" 카니, "그걸 보고 왔다." 캐요. 어떻게 보면 참 기이한 운명이지마는, 내가 생각하기에는 인생이 … 뭣이랄까? 허허허!

'간첩 침쟁이' 카면 많이 안 좋은 것 같아도 … 그 말 자체가 듣기 싫어야 되는데, 듣기 좋아요. 왜? 간첩으로 나와도 [침 놓아가지고] 돈 벌었으니까. 부자가 되었으니까 어쨌든 많은 사람들 생명을 내가 살려 줬으니까, 지켜줬으니까. 간첩이든 말든 이름 자체가 문제되는 게 아니라 그로 인해 많은 생명을 살리고 많은 좋은 일 했고요. 자본주의사회에서는 돈이 있어야 안 됩니까? 아무리 명예가 좋아도 돈한테는 못 이기잖아요. 그러니 그런 점이 있어요.

지금까지 이 손 하나만으로 15억 이상 벌었을 겁니다. 우선 사회사업한 것도 그렇고요. 내가 벌인 것만 봐도 많이 벌었습니다. 세금도 많이 냈습니다. 옛날에는 세금을요. 전국적으로 '사'(師) 자가 붙은 거 침구사, 변호사, 한의사, 의사, 판사 이런 거 '사' 자 붙은 사람들 중에서 세금을 최고로 냈어요. 1년에 한 6천만 원씩 냈어요. 한창 전성기 때요. 요새도 인정과세를 1년에 5월 달에 내는데 몇 백만 원 냅니다. 그리고 내 개인으로 내는 거, 부산시에 내는 거, 그걸 무슨 세금이라 캅니까? 소득세 말고 주민세지요? 주민세를 내가 한 달에 2백만 원씩 냈어요. 재산과는 관계없이 명예로서 … 주민세 중에서도 소득이 많은 경우에는 더 내지요. 2백만 원, 3백만 원씩 냈어요.

요새도 몇 십만 원씩 내는데. 내가 볼 때는 나이도 구십 줄에 들고. 많은 생활을 했으니까 이젠 세금을 좀 안 내야 되나 이런 생각도 드는데, 세금을 내는 거는 좋습니다. 나라를 위해서 내는 거니까요. 세금을 난 내면 이 나라가 어떻게 운영됩니까? 세금을 내는 것만 해도 나는 참 고맙다고 생각합니다. 정년이 없고 아픈 사람 병 고쳐주고 또 사람들한테 존경받고 다 그게 침을 놓을 수 있기 때문이지요.

■ 침의 종주국 대한민국, 사멸 기로의 침구사

우리나라 침술이 중국에서 나온 게 아니라 옛날에 함경도 웅기에서 나온 겁니다. [우리나라가] 침의 조상 격입니다. 그러므로 사실은 우리나라가 침의 조상입니다. 그걸 중국에서 가져가가지고 발전시킨 거지요. 뿌리를 밝혀내야 하지요. 침이 중국에서 나왔다고 하지만, 웅기에서 나온 겁니다. 침의 역사를 이야기하자면, 침의 종주국은 우리나라입니다. 그렇지만 역사를 말하면, 중국에서 넘어온 것으로 또 이야기되지요. 어떻든 간에 침의 역사가 한 4,000여 년 됩니다.

석기시대에는 돌로 가지고 했습니다. 돌 침입니다. 그런데 불이 발견되면서 쇠가 만들어졌잖아요? 그 다음에 쇠침입니다. 요새는 은이 나오고 또 금침이란 게 있어요. 자꾸 발전했어요. 그런데 석기시대까지 거슬러 올라가면 … 그런 역사를 이야기하면, 웅기라는 곳에서부터 침이 연구가 되었다는 말이지요. 조상은 그러한데, 중국에서 먼저 왔다고 그러지요. 어쨌든 간에 석기시대부터 돌을 가지고 했다는 거지요. 그 후에 쇠침이 나왔고 은침, 금침 등으로 자꾸 발전되어 나왔지요.

제가 대한침구사협회 부산경남지부 회장입니다. 부산과 경남 다 포함해서 침구사가 내 혼자밖에 없습니다. 옛날에는 2,700여 명이나 됐는데. 역사를 이야기하자면요. 우리나라에 침구사법이 아직도 없습니다. 법이 아직도 없어요. 그러면 어떻게 되느냐. 해방된 다음에 1945년 8.15해방과 동시에 왜놈 밑에서 허가 있던 사람을 우리나라 법으로 갱신해 줬어요. 바꿔줬다고요. 법이 있었던 게 아니고요. 그걸 바꿔가지고 우리나라 법으로 만들어 주었는데, 그때 전국으로 2,700명이 있었어요. 상당히 많았지요. 그런데 해가 가고 날이 갈수록 … 사람의 생명이 한계가 있잖아요. 자꾸 죽으니까요. 그래 왜정 때가 언젭니까? 그래 죽고 나니까 부산·경남에서 몇이 있었는데, 인제 결국은 현재로 말하면, 내 혼자 남았는데.

대구에는 성낙도 씨하고 진기업 씨하고 둘이 있고. 그 다음에는 대전에 두 분 계시고, 그 다음에 서울에 몇이 있고. 전국적으로 명단이 등록되어 있는 사람은 25명 정도, 한 30명 정도 되는데 실제로 침구업을 하고 회비 내고 하는 사람은 15명에서 20명 정도밖에 안돼요.[2] 그러니까 침구사법이 될 수가 없지요. 왜냐하면 침구사법을 해주고 싶어도 파워(power)가 되어야 하는데 한의사들이 많잖아요. 한의사들이 딱 눌리고 있어가지고 이게 안됩니다.

그런데 여기는 환자들이 주로 어디에서 오느냐 하면 외국에서 많이 옵니다. 일본에서는 자주 오고요. 일본, 미국 … 작년 8월 30일 날 미국 ~ 무슨 ~ 미국에 유명한 무엇입니까? 의학 부문에 있는 거, 아니 미국 신

---

2 대한침구사협회 사무총장(김상배, 1933년생)에 의하면, 침구사는 서울 31명, 인천 4명, 대전·충남북 9명, 대구경북 6명, 부산 7명, 경기 4명, 강원 2명, 광주·전남북 4명, 경남 2명, 제주 4명 등으로 분포하여 총 73명이다. 이렇게 차이나는 이유에 대해 그는 회원들이 영업소 이전 후 협회에 신고를 하지 않기 때문이라고 한다. 하지만 상당수는 고령으로 사망하거나 폐업하여 실제로 현업에 종사하는 침구사는 통틀어 50명 미만이다.

문에서 제일 유명한 뉴욕타임즈 거기에서 5대 명의 중에 내 이름이 났어요. 그래가지고 그걸 보고 나한테 찾아오거든요. 찾아오는데 지금 현재로서는 부산경남에서 내 혼자밖에 없거든요.

해방 직후에는 침구사법을 우리가 했지마는, 그 사람들 한의사들은 6.25전쟁 일어나고 서울에서 부산으로 후퇴할 그때 법을 바꿔버렸어요. 빼앗아버렸어요. 실제로 말하자면요. 현재로서는 침구사법이 없어도 그 사람들은 한의과대학도 있고 하니까네 침구를 할 수 있잖아요? 법적으로요. 엄하게 말하면 침은 우리나라에는 법도 없지마는 그런 사람들 다 가고 세상 떠나고 없는데, 정부에서 침구사법만 만들어 줍니까? 한의사들이 반대하니까요. 그런데 양의사는 중립입니다.

내년에 세계침술대회 한다고 하는데, 자금이 없잖아요? 그러니 빈약합니다. 한의사는 파워가 센데, 우리는 밑천이 없으니까 대결을 못합니다. 법치주의니까 할 수 없어요. 이 좋은 치료법을 왜 좀 보급을 못 시키는가 생각하면 참 그게 안타깝지요. 힘으로 되는 것도 아니고, 법으로 해야 하는데. 나는 해결책이 없다고 봐요. 방법이 없잖아요. 국민 여론이 꼭 전통 침술을 이어야 된다고 하면 모르겠지만요, 그렇지만 아무리 여론이 세어도 법 테두리 안에서 움직여야 하지요. 법이 있기 때문에요. 전체가 하면 되는데, 반대파가 있거든요. 한의사가 반대 안 합니까? 아이구! 그거 이야기 다 할라 카면 끝이 없습니다. 이 정도 하고 말아야 합니다.

■ 전통 침구의 장점과 업권 갈등

우리나라에서 침구가 왜 발전 못되는가 하는 것은 현대의학에 눌려가지고 그렇지요. 현대의학에 눌려가지고 빛을 못 보지요. 앞으로 누가 대통령이 되어 정권을 잡든지 간에 이걸 해줘야 됩니다. 서민들이 돈 적게 들지요, 밑천 안 들지요. 그렇잖아요? 돈이 적게 들고 서민들에게는 침으로 해결될 수 있는데, 왜 이걸 허가를 안주나 이 말입니다. 지금 허가를 안주고 있거든요. 법이 없습니다. 지금도 허가 안줘요. 우리도 며칠 전에 회의 갔다 왔는데 … 양의사는 중립이고요. 그런데 한의사는 목숨 걸고 반대하지요. 자기 밥그릇 뺏기거든요. 그러니까 반대를 하거든요. 그렇다고 한의사가 경맥, 경락을 통해서 그걸 잘 아느냐 하면 아직 모릅니다. 제대로 배우는 사람도 없고요.

양의사는 6년을 공부하면 실습을 하잖아요? 한의사는 6년을 학교에서 공부하면 더 할 게 있습니까? 실습하는 사람이 없습니다. 양의사는 졸업해가지고 병원에 가가지고 환자를 통해서 직접 환자를 치료해야 의사가 되지 않습니까? 인턴, 레지던트 해가지고 전문의 자격을 따야 되잖아요? 그런데 이거는(한의사는) 그게 없잖아요? 이거는 그게 없으니까. 제일 문제는 … 누가 정권을 잡든지 간에 이 문제가 해결돼야만 우리나라가 발전하고 … 돈 적게 들고 서민들 구하는 데는 이것 밖에 없잖아요? 현대의학으로 가면 약을 줘야 하고 주사를 줘야 되지 않습니까? 그게 다 필요 없다고요. 약, 주사가 뭐 필요합니까? '꿩 잡는 게 매!'라고요. 죽은 사람 살리는 게 제일이지요. 반대를 위한 반대를 해서는 안 됩니다. 누가 해도 이걸 반드시 해결하고 들어가야 합니다.

내가 볼 때는 양의사는 중립입니다. 의학박사도 나한테 오면 죽은 사람도 내가 딱 살려내는데요. 그렇잖아요? 양의사는 반대 못하지요. 증인이 있잖아요? 현재 쓰러진지 6시간 이내에만 오면 이거는 약도 필요 없고 침 한방이면 끝납니다. 그런데 양의사는 중립인데, 한의사는 목숨 걸고 반대합니다. 밥그릇 싸움입니다. 그렇다고 한의사가 이걸 제대로 하냐 하면 그렇지 못합니다. 왜? 양의사는 6년 공부하고 인턴, 레지던트 등 6년을 더 공부해야 전문의 따고 의사가 되잖아요? 한의사는 그게 안됩니다. 가르치는 선생 자체가 침도 안 놓아보고 책만 보고 가르치고 책만 보고 배우고요. 실습이 없잖아요. 실습시킬 사람이 없잖아요? 그러니까 끝난 거지 뭐. 그러면 이 법을 누가 만드냐 하면 정부에서 만들지요. 앞으로 누가 대통령이 되든지 간에 이 문제가 해결돼야 서민도 살고 건강도 지키고 돈도 적게 들고 아주 좋은 의술인데 … 또 전통도 이어나가고요. 세계 역사에서 중국이나 스리랑카, 미국 등에서도 이거 허가가 있습니다. 우리나라에만 없습니다. 왜 허가를 안주느냐? 한의사가 반대하기 때문입니다.

한의사들이 나한테 배우러 와도 안됩니다. 가르쳐는 주지만, 똑 같거든. 침놓는 거 한번 보면 똑 같거든. 한번 보면 '아~ 그렇구나.' 카면서 그냥 갑니다. 침 배우러 오는 사람은 더러 있는데. 딱 한사람이 [부산] 서면에서 하고 있는데, 나한테 배운 한의사가요. 우리나라 법은 한방대학을 나와야 침을 놓을 수 있잖아요? 나한테 와서 1년 동안 침을 배웠어요. 그 외 사람들은 보니까네, 똑 같으니까 배울 필요성을 못 느끼고 그냥 갔어요.

침구를 잇기 위한 노력을 말도 없이 많이 해왔어요. 내가요. 침구사협회 노력하는 데 가서 … 세계침구학회 학술대회도 했어요. 서울에서요. 세침연(세계침구연합회)도 있지요. 우리나라에서 '수평고시' 해가지고요. 우리나라 침구사 제도, 공인된 법이 아닌데, 침구사협회에서 신태호라는 회장이 그분이 노력을 많이 해가지고 지금 세계침구사연합회 부회장도 하고 있는데, 법이 없으니까 못하잖아요, 법치국가에서요. 이걸 누가 법을 만들어주는가 하는 게 문제인데. 국회에서 만들어주든가 … 국회에서 통과돼야 됩니다. 법치국가에서는 입법기관이 안하면 안 되지요. 지금 진행 중에 있는데 참 힘듭니다. 2년 있으면 된다, 3년 있으면 된다고 하지만, 내가 볼 때는 한의사들이 반대하기 때문에 안 되는 기라요. 한의사가 반대하든 말든 국회에서 통과시키면 되는데, 통과가 안 되잖아요. 국회에선 다수결로 하는데 안되잖아요. 그게 인제 문제라.

■ 침구 전통의 단절과 전통 계승의 어려움

침구 전통이 끊어진다고 봅니다. 왜? 우리나라는 법치국가이기 때문에 파워가 있어야 됩니다. 국회도요, 보지마는 돈을 가지고 먹입니다. 한의사는 파워가 세니까 뻔한 게 아닌교? 누가 막을 사람이 어디 있습니까? 법치국가인데. 공산국가는 계급 가지고 하지만, 자본주의 사회에선 이거 (돈) 아닙니까? 자기 기술대로 돈을 벌어라 이거지요. 그런데 나쁜 짓 하면 용서 안한다는 거지요.

제자를 나는 절대 안 기릅니다. 암만 기~라도(키워도) 안됩니다. 길러놓으면요. 침술법이 없으니까, 침을 놓잖아요. 그러면 법에 걸립니다. 안 되지요. 제자 길러놓아도 뭐합니까? 법치국가인데 하면 안 되지요. 지금도요. 기술이 좋아가지고요. 유능한 침구사가 많습니다. 허가 없어도 그런 사람들이 많아요. 침협(鍼協)이라고요. 국제적으로 하는 게 … 우리가 수평고시[3]라 해서 한 게 전국적으로 몇 천 명이 되는데, 그 사람들이 기술이 좋습니다. 좋은데 왜 시술을 못하느냐? 법이 없으니까 못합니다. 법만 생기면 그 사람들 중 유명한 한의사가 될 사람들이 많습니다. 그걸 누가 해주느냐 그게 문젭니다. 내가 볼 때는 … 그건 밥그릇 싸움인데, 그렇다고 한의사가 해주겠어요? 한의사는 안 된다고 하잖아요. 한의대학이 앞으로는 … 내가 볼 때는 양의사를 배출시켜가지고 해야지, 한의사가 나와 봐야 침 자꾸 얘기해도 그게 뭐 안 됩니다.

침을 실습해야 되는데, 양의사는 6년 공부해도 6년 다시 공부해야 되잖아요? 인턴, 레지던트 통해서 전문의 자격 따야 되잖아요? 그런데 이건 (한의사는) 그게 없잖아요. 누가 가르쳐 줄 거예요? 그러면 끝난 거지요. 한의사가 제대로 침구 전통을 이어주어야 되는데 안 되니 큰 문제지요.

---

3 일종의 민간자격

아니, 한의사가 침을 연구해가 해야 되는데, 실습해 줄 사람이 없잖아요.

한의과대학 나와가지고 우리 집에 침 배우러 온다고 옵니다. 와도 안 배울라 합니다. 왜? 침놓는 걸 보니 똑 같은 경락에 똑 같은 치료[법]인데 배울 게 있습니까? 그러니 안합니다. 암만 해봐야 헛일입니다. 이들도 전통적으로 하는데 … 실습을 해야 되는데 실습할 자리(과정, 장소, 선생)가 없습니다. 이론적으로 배우고 … 이론 하고 실천이 배합되어야 하는데 … 이론만 가지고 안 되잖아요? 한의사도 6년을 공부해 나와도 다시 6년을 양의사처럼 인턴과정을 통해 더 공부할 수 있는 그런 기술을 제공하는 장소가 있어야 되잖아요? 그게 없잖아요? 그런 시설 자체도 없고, 그렇게 하는 데도 없고.

국가적으로 보완해 주는 제도가 있어야 됩니다. 국가에서 안하면 안 됩니다. 이 법이 대통령이 만드는 것도 아니고, 국회에서 통과되어 가지고 침구사법을 통과만 시켜주기만 하면 인재가 많습니다. 인재가 지금 3천명이 대기하고 있습니다. 자격증 없는 인재가요. 기술을 배우고도 법이 없기 때문에 시술을 못하고 있잖아요? 이걸 누가 해결하느냐 이겁니다. 해결할 사람이 누구입니까? 절대 안 됩니다. 내가 생각할 때는 안 되지 싶습니다. 우리 세대에는 안 되지 싶어요. 그런데 이 법을 통과시키려고 수십 명이 지금 많이 노력합니다. 국회 안에서도 침법을 통과시키려고 하는데 숫자가 모자라니까 통과를 못시키죠. 언젠가는 내가 볼 때 세월이 가면 되지 싶은데.

전통 침구사가 모두 사라져도 '수평고시'라 해서 배출된 기술 좋은 사람들이 많은데, 시술을 못하고 있습니다. 수평고시는 우리가 협회 내에서 자격을 준 거지요. 그래도 수평고시 해가지고 기술은 좋지만, 시술은 못하지요. 법이 없으니까요. 지금 수평고시 해가지고 있는 사람들이 전국에 수천 명이 있습니다. 중국에서 침술자격 받아온 사람들도 더러 있어요. 북경대학을 졸업해도 유리나라에서는 침술 영업 못합니다. 우리나라 법에 의해서는 못합니다. 북경대학을 졸업한 유명한 침구 박사가 왔는데도 못합니다. 옛날에 [북한에서 밀봉교육 받을 때] 오해평, 사영광 그런 분들은 기술만 가르쳐주었지.

내가 볼 때는 우리나라 문젭니다. 나는 인제 가는 굿지(곧 죽을 부류)니까 죽으면 끝나지만요. 내가 인제 외람된 말이지만, 죽을 날이 딱 15년 정도 남았습니다. 알죠. 죽는 시간이요. 올해 1924년생인데, 85셉니다. 15년 뒷면 102살입니다. (크게 웃으며) 어떻게 아느냐고요? 저승 갔다 왔으니 알지요. 국립묘지에 비석이 있다니까요. 대한민국 창군될 때 1차로 군에 들어간 사람 아닙니까. 전쟁 날 때 육군 중삽니다. 척 보면 알아요. (벽에 걸린 사진을 가리키며) 저기 사진이 있습니다.

그때는 미안하지만 내가 키는 작지마는요, 아주 귀염성이 있어요. 외모 상으로 볼 때 사람이 순해 보이잖아요? 여자처럼 생겨 순하니까, 김일성이 그놈이 '누가 봐도 간첩으로 인정 안하겠다.' 이렇게 생각했겠지요. 그런데 '외유내강', 겉으로는 순해 보이지만, 속으로는 억수로(매우) 강합니다. 왜 그러냐 하면 이북에서 그런 과정을 통했기 때문에 사람이 강해져 버렸어요. 몇 번이나 죽다가 살아났으니까, 저승까지 가서 염라대왕 만났으니까 생활력이 강해지지요. 쉽게 말하면 외유내강입니다. 겉은 순하지만, 속은 강합니다. 그래서 간첩 한 거 아닙니까? 거짓말 같지요? 염라대왕 하고 담판 하고 왔어요. 세 번이나 염라대왕 문 앞에 갔는데, 안받아 준다 아닙니까? 꿈결 같지요? 염라대왕이 "네 이놈! 지독한 놈인데, 내가 연락할 때까지 있어라." 캤어요. (크게 웃으며) 그런데 그 기간이 지금 15년 남았습니다. 102살.

■ 침 시술의 기본 원리와 치료 사례

　침술은 주로 사용하는 도구가 침인데, 침의 종류는 몇 가지가 됩니다. 깊은 데 찌른 거, 얕은 데 찌르는 것도 있고. 피 빼는 거 사혈침(瀉血鍼)도 있고, 삼릉침(三稜鍼)도 있고요. 침 이름이 대략 있지마는, 침 종류가 따로 있는 게 아니고. 침은 여러 가지가 있는데, 사용[用處]에 따라서 다양하지요. 수지침(手指鍼)이라고 있어요. 약한 거, 손바닥에 놓는 거, 침이 약합니다. 가늘고. 나는 수지침 사용 안합니다. 아주 옛날 고대사회에 우리나라에 보면, 돌침을 사용했습니다.

　침은 물리치료에 속합니다. 약이 안 들어갑니다. 운동요법, 약이 아니고요. 주사는 약물치료 아닙니까? 약이 안 들어가면 안 되지요. 이거는 물리, 운동신경, 경락(經絡)을 통해가지고 … 침은 경맥(經脈)하고 경락이 있거든요. 책에 보면 다 나와요. 경락이나 경맥 카는 것은 오직 침구학에서만 있는 말인데, 현대의학으로는 이해가 안 되지요. 경락에다 자극을 주어가지고 죽은 신경을 살리는 것입니다. 뇌출혈도 괜찮아요. 아무 관계도 없습니다. 현대의학하고 이야기하면 외람된 말이지만 좀 문제가 있어요. 그런데 오직 침에서는 경락에다가 자극을 주어가지고 신경을 살리는 건데, 이거는 침구학을 많이 연구한 사람은 알아요.

　경락이란 거는 오직 침술에만 있습니다. 경락하고 경맥인데, 이걸 가지고 하기 때문에 현대의학으로서 이야기 하면 그게 잘 안통해요. 침술은 한마디로 물리적 요법으로 [병을] 고친다는 점이 가장 큰 장점입

침통

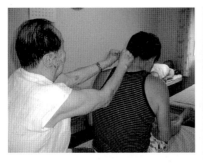 

시침 : 목　　　　　　　　　　　　시침 : 손

니다. 기계나 약, 주사로 하지 않고 물리치료지요. 경락이나 경맥을 통해서 신경에 자극을 주어가지고 신경을 살리는 거지요. 현대의학으로서는 이해가 안 되지요. 사람 생명을 살리지요. 지금 여기 점바치(무당)가 해가지고 정신적으로 해가지고 살리는 것도 있지요. 정신, 정신이지요. 옛날에 참새가 여기 앉아 있다면 정신통일로 '악!' 하면 못 날아갑니다. 정신요법이지요. 내 정신 가지고 내 기(氣)를 거기에 넣으니까, 아무리 새를 쫓아도 못 날아가지요. 경락, 경맥 카면 … 이거는 경락에 자극을 주어가지고 경맥을 통해 시술하기 때문에 현대의학으로서는 이해가 잘 안되지요. 그런데 학교에서 현대의학을 어떻게 배우는지는 몰라도, 침술은 우리 조상들이 옛날 석기시대부터 연구된 거지요.

남은 생애 기간 동안 가장 이루고 싶은 일은 침구사법을 국회 통과시키는 것입니다. 그게 가장 큰 꿈입니다. 후계자를 양성해야 합니다. 이거는 돈 안 들고, 밑천 안 들고 서민들 살리고 ….

▶ 뇌출혈 졸도 환자 시술

왕진도 부산, 경남으로 많이 다녔지요. 큰 병원에, 대학병원에도 많이 다녔어요. 지금도 병원에 갑니다. 딱 한 가지만 이야기 할게요. 부산에 지

금 … 서울 세브란스병원 치과 박사가, 원장이 부산대학병원 치과 원장
으로 있어요. 대학병원에는 본과하고 치과하고 따로 되어 있어요. 치과
원장이 세브란스병원 졸업, 아니 명예를 가진 분인데 약 4, 5년 되었어요.
졸도했어요. 말문 닫고 쓰러져 버렸어요. 서울대학병원 112호실에 입원
해 있는데, 숙수무책 아닌교? 현대의학으로는 방법이 없잖아요? 말문 닫
고 쓰러져버렸으니까요. 그런데 누가 곁에 있다가 내 과거 역사를 아니
까, 제자가 있다가 나한테로 연락이 왔어요. 차를 가지고 왔어요. "갑시
다." 카면서요. 밤 8시쯤 되어 갔어요. 완전히 쓰러져가~ 의식을 잃어 불
명 상태였지요. 시술을 했어요. (강조하는 어투로) 딱 깨어났어요. 그 자
리에서요. 깨어나 가지고 조금 있다가 정신을 차렸어요. 그래가지고 내가
"한 달 안에 완치시킬 자신이 있는데, 도저히 거리가 멀어 올 수가 없으
니 …"라고 했어요. 여기서 서울까지 거리가 얼맙니까?

그래가지고 해운대 신시가지에 자택이 있어요. 거기에는 1시간이면 되
거든요. 가서 2주 만에 완전히 완치시켜 가지고 현재도 치과 원장 하고
있습니다. 지금도 한 번씩 옵니다. 한 달에 한두 번씩 옵니다. 가벼운 뇌
출혈이지요. 의식불명이라. 그러니 뇌에 이상이 생기니까, 양의로는 현대
의학으로서는 주사로 되는 게 아니라요. 그리고 시간문제거든요. 또 그걸
수술하면 안됩니다. 칼 대면 안 됩니다. 지금도 마찬가집니다. 지금도 칼
대는 거 하고 안 대는 거 하고 다릅니다. 칼 대 버리면 끝납니다. 그냥
침으로 통하게 합니다. 기(氣)와 피(血)가 가도록 합니다. 죽은 걸 살리는
겁니다. 가서 그 자리에서 딱 살렸어요. 말문 틔워주고요. 그래가지고 15
일 만에 완치시켜 가지고 지금도 원장 하고 있어요. 그 사람이 산 증인
입니다. 그 사람한테 물어보면 내 기술을 다 이야기 할 겁니다.

(연구자가 원리를 설명해 달라고 하자, 웃으며) 그건 이야기해봐야 모
릅니다. 올 때 업고 들어오면 걸어서 나갑니다. 요새도 근(筋) 무력증(無力
症)이라고 신경마비증 있잖아요? 신경 '근' 자, 신경무력증, 무력증 있지

요? 그런 것(환자) 들어오면 시술 후 그냥 나갑니다. 침으로 시술해서 혈 (血)로 통하게 합니다. 그걸 이야기 다 할라 카면 끝이 없지요.

▶근 무력증 환자 치료

한번은요. 한 5년 전에요. 경상대학병원에 진주 거기에 왕진오라고 해서 갔어요. 허리 아파가지고 대학병원 입원해 있는데, 의사가 치료하는 과정에서 중풍이 걸렸어요. 딱 마비가 되었어요. 그러니 곧바로 전화로 연락이 왔어요. 소문이 나 있으니까요. 여기서 갔지요. 가는데 2시간, 오는데 2시간 해서 4시간이 걸리지요. 두 번 왕진 가가지고 완전히 성한 사람 됐어요. 6시간 안에 가야 하지요. 말문 닫고 딱 쓰러져 버렸는데, 두 번 치료하고 나서 완전히 회복됐어요. 한번에 100만원씩, 200만원 받았어요. 그래서 운전기사한테 10만원 주고요. 그런 역사가 있는데, 지금도 오라고 하면 대학병원에 가면 무조건 왕진료는 10만원 받습니다. 개인이 부르지요. 현재 증인이 계시는데.

병원 측에서는 침 치료를 안 좋아해요. 저거는 못 고치면서 그렇게 하지요. 지금도 며칠 전에 한 20일 정도 되었는데, '근 무력증'이라고 있잖아요. 문어다리처럼 완전히 가버렸어요. 병원에 치료해가 됩니까? 한 3일 치료해가 안되니까 여기 업고 들어왔어요. 3일 만에 걸어 나갔어요. 한번 딱 침 맞고 걸어 나갔는데. 3일 딱 오더니만, 7일 오라고 했는데 5일 만에 그냥 치료가 끝나버렸어요.

경락하고 경맥 … 침에서는 경락하고 경맥을 통해서 시술하거든요. 경락, 경맥이라는 게 있습니다. 기혈(氣血)이 잘 소통되지 않아서 그런 거지요. 신경에서 무력증이 생겨서지요. 말 그대로 '무력증' 아닙니까? 문어다리처럼 흔들흔들 가버리지요. 앉지도 못하고 툭 자빠져버리지요. 척추에서 오는 병은 하체를 못 씁니다. 그거는 시술이 안 됩니다. 척추에 이상이 생겨서 하체를 못 쓰는 병은 시술이 안돼요. 안 되는 것도 있어요.

[침이라고 해서] 무조건 다 되는 것은 아닙니다. 그런 거는 안 되고, 근무력증 전신적으로 오는 거는 경락이나 경맥을 통해 치료가 되는데, 그런 거는 될 수가 없지요. 안 되는 것도 있어요. 다 되는 것은 아닙니다. 근무력증의 경우는 정체된 기혈을 소통되게 치료하는 거지요. 경락이나 경맥을 통해 하는데, 그거는 침술 연구하는 사람이나 알지 현대의학에서는 안 나타나는 것입니다. 과학적으로 안 나타납니다. 증명이 안 됩니다. 이 거는 과학이 아니니까요. 경락이 뭣이고 경맥이 뭣이냐 카면, "그게 무슨 소리냐?" 캐요. 과학이 뭣입니까? 옛날에 저거 없을 때는 과학이 있었습니까?

■ 회고록 『사선(死線)을 넘고 넘어』

내가요. 지금 내 역사를 쭉 들었는데, 좀 특수하다고 봐야 돼요. 좀 건망증이 있긴 하지만, 어릴 때 시작해서 지금까지요. 이야기 할라 카면 다 합니다. 책 한번 읽어보면 압니다. 하나하나 다듬습니다. 놀랍니다. 여기 간첩 넘어와서 중앙정보부에 1년 있으면서 책을 만들었는데, 딱 1년 있었습니다. 안기부지요. 자수해가지고 그때 쓴 초안을 가지고 새로 만들었지요. 한번 읽어보면요.

내가 한 가지만 이야기 할게요. 면허증까지 전부 다 되어 있는데 … 이것 좀 보세요. 내가 희미해서 그런데 … (회고록 속의 '북한 농업지도 관리체계도'를 가리키며) 이걸 높은 놈도 모릅니다. 나는 협동농장 관리위원장이었기 때문에 이렇게 기억할 수 있습니다. 요대로입니다. 기억을 더듬어 만든 겁니다. 이 책 안에 쓴 글이 한자라도 과장되었거나 거짓말 있으면 안되고 아주 정확합니다. 읽어보면 압니다. "저 사람이 암만 천재라도 다소 잊어버리는 게 있고 그런데 어떻게 다 아느냐?" 그렇니다.

비법(秘法)도 있는데 그런 책 보면 압니다. 책에 있어요. 나도 이야기 참 많이 하는데, 그 내용을 책에 다 읽어보고 나서 … 거기 보면 세밀하게 다 나와 있어요. 내가요. 이 책을 쓰는 과정에 … 지금도 그리 못씁니다. 아무리 정신 좋은 사람이라도요. 장소, 이름, 성 등이 아주 정확합니다. 내가 좀 특수해요. 내 아이큐가 아마도 150, 160은 되지 싶어요. 그 책을 읽어보면, 특수합니다. 그 책은 지금 만든 게 아니고 간첩 넘어와 가지고, 아침 9시부터 저녁 5시면 끝나잖아요. 이런 큰 방을 하나 줍니다. 이런 큰 집을 주는데, 내가 그렇게 했어요. "200자 원고지 하고 연필 하나 주시오." 그래가지고 내가 그걸 썼어요. 그걸 토대로 해가지고 살을 붙여가지고 쓴 거예요.

그런 과정을 이야기 다 할라치면 한정이 없습니다. (회고록을 건네며) 그래서 내가 책을 한권 드리겠는데요. ≪사선을 넘고 넘어≫라는 책입니다. 그 책을 보면 내가 더 이상 이야기할 게 없습니다. 그게 아주 세밀하게 나와 있습니다. 왜냐하면 그때 당시에는 내가 참 외람된 말이지만, 내 자랑은 아니라도 어릴 때 시작해서 고향땅에서 시작해서 내가 살아온 역사를 전부 기록을 다 했어요. 그래서 <동아일보>에 '악몽의 6.25 스물두 돌-사선을 넘고 넘어-'를 연재했어요. 그걸 토대로 해가지고 내 팔순 때 팔순잔치를 '허심청'에서 한 500여명 모여가지고 했어요. 그때 이걸 팔순 기념으로 출간했어요.[4] 책을 보면 정확한 게 나옵니다.

'민족도 조국도 하나이건만'이라는 시(詩)[5]도 있습니다. 내 삶의 역사를 이상개라는 시인이 간단히 정리한 것입니다. (벽에 걸려 있는 시 액자를 가리키며) 저걸 조금 읽어보세요.

---

4 박정규, 『사선(死線)을 넘고 넘어』, 간행추진위원회, 2005(2003).
5 '빛남' 도서출판 대표인 이상개 시인이 구술자의 팔순을 맞아 그의 인생사를 시로 엮었다. 한글 원칙의 편집 방침에 따라 한자와 한글를 병기하였다.

<민족도 조국도 하나이건만>

이상개 작

민족(民族)은 하나인데 조국이
두 개란 말인가
조국(祖國)이 두 개인데 민족은
하나란 말인가
지구상에 단 하나 남아
있는 분단의 나라
남녘 땅 영취산(靈鷲山) 정기 타고
태어난 선생(先生).

하늘이 준 사람인가
운명의 장난인가
해방된 조국의 기둥 되려고
국군(國軍)이 되었건만
북한의 기습공격으로부터
터진 동족상잔의 한국동란
용약 출전하여 미아리 전투에서
포로가 됐네.

부상당한 몸으로 회령 땅
아오지탄광 돌고 돌아
인민군 강제(强制) 편입(編入)되어
포로교환에도 빠지고
일구월심(日久月深) 고향땅 부모
처자식 그리워하며
철저하게 복종하며
기회를 엿보았네.

노병(老兵)으로 제대하니
협동농장에 배치되었네.
몰래몰래 부르던 노래
꿈에 본 내 고향

노동당 입당하고
해주공산대학 수석 졸업
밀봉교육 삼 년에
침투지령(浸透指令) 받았네.

아, 분단의 나라여 조국도
민족도 하나이건만,
원산에서 공작선 타고
서생해안 상륙하여
곧바로 자수(自首)하여 광명 찾고
고향 찾아가니
이십 일년(二十 一)년 만에 나타난 전사자(戰死者)라니
상상이나 했으랴.

인간세상 이별은 무엇이며
생사는 또 무엇인가
희망(希望)도 없고 살아갈 마음도
없는 나날의 고통(苦痛)
밀봉교육으로 배운 침술이
우연 아닌 필연으로
새 삶의 길을 여는 지침(指針)이라
하늘이 명(命)하셨네.

소문난 침쟁이로 '간첩침쟁이'라
불리었으나
오로지 인술 베풀며 앞장서서
봉사활동 하셨네.
자상한 아내에다 장성한
아들딸은 든든한 믿음
노익장(老益壯) 시택(時擇)6 선생이시여
부디 홍복(洪福)을 누리소서.

'민족도 조국도 하나이건만'
제목의 시 일부

---

6 시택. 구술자 호(號).

■ 위험한 환자 시술과 법적인 공방

비방(秘方)을 풀이해가 될 일이 아닙니다. 배우는 과정에 일 대 일로 붙어가지고 '밀봉교육', 비밀리에 배우는 '밀봉'이라는 거 알지요. 간첩 밀봉교육을 통해서 침구를 배웠는데. 지금은 다 잊어버렸는데, 아주 위급한 환자가 왔을 때 남이 못하는 나만의 출중한 기술은 있지요. 그거는 딱 환자를 보면 알지요. 북한의 일 대 일의 사사(私事)를 통해서도 익힌 게 있지마는 많은 경험을 쌓는 과정에서도 익히지요.

첫째로 쓰러져서 오잖아요. 오며는 오바이트 했는가, 토했는가, 뇌에 이상이 있어 오면 토하거든요. 자꾸 토하면 … 옛날에는 그랬는데, 지금은 안그럽니다. 옛날에는 구토하든 말았든 간에 손만 대면 나샀는데, 이제는 사람이 … 내가 침놓고 죽으면 '침놓고 죽었다.'고 합니다. 그렇잖아요? 현대의학으로 죽는 거로 와서 … 그런데 이 시술을 할라 카면, 제일 처음으로 '이 환자가 죽겠는가, 살겠는가 그것부터 알아야 합니다. 죽을 사람에게 침놓으면 당연히 죽지요. 죽을 사람은 내가 치료해도 안 죽겠는교? 자꾸 오바이트 하고 의식이 없고 하면 … 옛날에는 그랬는데, 요즘은 손 안댑니다. 옛날에는 병원에 가도 안됐는데, 요새는 그런 환자가 침술원에 들어올 때 딱 보고 자꾸 토하고 그러면 "병원에 갔다 왔느냐?"고 물어봅니다. 병원에 갔다 왔다 카면, 병원에서 끝내고 왔기 때문에 더 이상 진찰할 게 없잖아요. 병원에서 안 된다고 집에 가라고 했기 때문에 침 맞고 죽었다는 소리는 않겠지요. 그렇지요. 과거가 있으니까.

하지만 그것도 모르고 손댔다가 탈나면 채입니다(법적으로 책임을 추궁당합니다). 한번은 어떤 일이 있었냐 하면, 어떤 환자가 들어왔어요. 이미 뇌에 이상이 생겼었어요. 시간이 바쁜데, 어디 출장 가는가 놀러 가는가 하는데 환자가 들어왔어요. 하다 보니 사람이 의식불명이 되어버렸어요. 가는 굿지(과정)니까 가는 중에 … 그래가지고 병원에 갔어요. 병원에 가서 검사를 하니까, 메리놀병원에 박사가 뭐라고 하냐 하면, "이 환자는 지금 그런 게 아니고 이미 뇌에 이상이 생겨가지고 뇌출혈이 되어가지고 가는(죽는) 사람한테 침을 놓았지, 침 맞고 그런 게 아니다."고 했어요. 증명해준 거지요. 보면 알지요. 그래가지고 판명이 되어가지고 죽게 되고 말았는데, 그런 일도 있어요.

현재 환자가 오바이트 하면, 뇌출혈 아니면 뇌에 이미 이상이 생긴 것이므로 손 안댑니다. 가만히 놔두어야 됩니다. 병원에서 의사한테 죽은 거는 여유가 있잖아요? 나한테 침 맞고 죽었다고 하면 문제가 달라지지요. 의학박사한테서 죽었다고 하면 자기 처리하기에 달렸지만 … 빠져나올 방법이 있지만, 여기는 그런 게 없거든요. 지금은 극도로 신경을 많이 씁니다. 예를 들어, 잘못된 사람 침놓으면요 십겁(十劫)합니다(큰 어려움을 당합니다).

(간호사가 소송까지 갈 뻔한 사례도 몇 번 있었다고 말하자) 몇 번이나 있었지요. 그래가지고 내가 재판까지 받아가지고 조용히 되고 말았는데. 그런데 지금은 나도 좀 약아져가지고, 내가 고칠 수 있어도 손을 안댑니다. 왜? 뭐한다고 그거 해가지고 딴소리 들을 겁니까? 병원에 가면 그런 사람들은 병원에서 죽는데요. 그런 사람들은 병원에 가면, 병원에 보내면 다 죽었어요. 내가 안 된다 카는 사람이 병원에서 살은 사람이 별로 없어요. 죽게 되어 있어요. 그게 판단인데요. 간호원은 어떠냐 하면요. "손대지 마시고 가만히 두세요." 캐요. (이에 간호사는 이러한 상황에서 실제로 소송까지 비화되는 사례를 많이 봐왔다고 말했다.)

■ 외국 환자들도 찾아오는 덕은침술원

(간호사를 가리키며) 여기서 10년째 일하고 있습니다. 여기서 나하고

10년쨉니다. 유일하게 7명 중에 다 나가고 혼자입니다. 과거에는 물리치료실이 있었지요. 경리가 있었지요. 물리치료실에 3명, 경리가 하나, 그 다음에 침 … 간호원이 모두 7명 있었거든요. 입원실에 23개 병상까지 두었거든요. 침은 입원실 있으라 카는 조항이 없는 모양이데요. 입원실 못한다 카는 것도 없고, 있으라 카는 것도 없는가 봐요. 요새는 입원실을 없앴지만, 그때 한창 할 때는 들어오지도 못해요. 사람이 죽는다 캐도요. 죽는다 캐도 한사람도 죽었다는 사람이 없거든요. 병원에서 죽는다고 집으로 가라 캐도 여기 오면 다 살았어요. 그때 입원실이 22개 있었어요. 혼자서 봤지요. 저녁에 끝나잖아요? 입원실에 있는 사람들이 중환자거든요. "여기 사람 죽는다. 와 봐 달라." 카면, 요리 갔다가 … 한 달만 하면 죽을 지경이에요. 그래서 외부에다가 방 하나 얻어놓고 출퇴근했다고요. 저녁에 갔다가 … 병원에서 죽는다 캤기 때문에 여기 오잖아요. 혹시 죽은 사람도 있어요. 그런데 나보고 죽었다는 소리는 안 해요. 왜? 이미 병원에서 죽는다 캤기 때문에 "죽어도 좋으니까 봐 달라." 카는 말이 있잖아요. 병원에서 죽는다고 하면 여기서도 죽지요. 그런데 병원에서 죽는다 캐도 여기서 사는 것도 있지요. 병원에서 죽는다고 집으로 가라 캐도 여기 와서 살은 사람들이 많아요.

한번은 세 살짜린가 네 살짜린가 경기(驚氣)를 하는 아이가 있었는데, 대학병원에서 "얘는 죽으니까 집으로 싣고 가세요." 카면서 치료를 안해주어서 돌아갔지요. 가다가 소문 듣고 '이왕 죽는 것 한번 보이자.' 그래 가지고 데려와서 눕혀놓았어요. 보고는 "이거 안됩니다." 캤어요. "세 살싸린데 죽어도 말 안할 테니까, 한 번만 봐 주세요." 캐서 치료해서 살렸지요. 억수로(매우) 건강합니다. 잘 자랍니다.

또 어떤 일이 있었냐 하면 … 간호원은 잘 알지마는, 아이가 나자마자 우는 기~요, 죽어라고 웁니다. 아침부터 저녁까지 계속 울어재끼는데, 그렇잖아요. 갓난아이가. 병원에 가도 모릅니다. 금방 낳은 아이가 우는

데, 울음을 안 그치고 계속요. 백일 안에는 손 안댑니다. 백일이 되어도 그냥 우는 거예요. "백일 되면 오시오." 그랬는데, 딱 백일이 됐어요. 백일 되어 왔는데, 이때까지 그냥 우는 거예요. 침 딱 한번 맞으니 좀 덜 울었는데, 세 번 맞으니까 그쳤어요.

지금 다 컸어요. 다 나았어요. 발바닥에 '용천'(龍泉)이라는 혈이 있는데, 여기다 침을 놓고 그 다음에 '기해'(氣海)에다, 단전이라 캐요. '곡골'(谷骨), '중극'(中極), '관원'(關元), '기해' 등의 혈(穴)이 있는데, 뭣이더라? '관원'이라 카고 '기해'라 카는데. 거기에다 발바닥, 둘째 발가락 밑에 거기에 그냥 찔렀다 빼는 거예요. 3일 만에. 그 근처에다 딱 돌려가지고 몇 번 비벼가지고 그 자리에서 딱 뺍니다. 아이들은 안 꽂아둡니다.[7] 그러면 그 뭣이라 캅니까? 어린 아이들 배탈 나가지고 똥질 자꾸 하는 거 대장염이라 하지요. 틀림없습니다. 침으로 치료됩니다. 아예 설사 잘잘 하잖아요. 딱 찌르면 듣습니다. 아이들 설사하거든요. 자꾸 토하고 설사하고 … 여기를 '용천혈'이라 카지요. 둘째 발가락 밑에 여기를요. 톡 틔어 나온 곳 거기하고 단전 밑에 거기 찌르면 바로 낫아 버려요. 이해가 잘 안되지요? 설사 짤짤 하는 아이가 침 딱 찌르면 그 다음 날 딱 멎습니다. (어떤 원리로 그런 현상이 나타나는가를 묻자, 크게 웃으며) 그것은 나도 모릅니다. 그걸 애기할라 카면 너무 복잡한데 ….

■ 침술의 신비성, 과학을 뛰어넘은 침술

침은 과학이 아닙니다. 침은 과학이라 하지 않습니다. 침은 과학에 속하지 않지 싶습니다. 과학이 아니고, 경락, 경맥 같은 것도 … 이걸 과학

---

7 원하는 자극을 주기 위해 침을 놓은 후 일정 시간 동안 꽂아두는데, 이를 '유침'(留鍼)이라 한다. 하지만 아이는 그냥 찔렀다 빼는 '직침'(直鍼)을 한다.

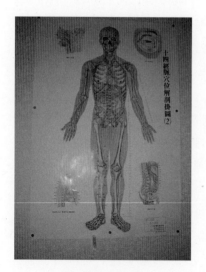

14경맥혈위해부괘도
(十四經脈穴位解剖掛圖)

적으로 분석하라 카면요. 옛날에요. 이북에서 책 그것 뭐더라. 교재로 쓰던 건데, 이렇게 크지요. 일본에서 나온 책인데. 침을 과학이라고 말할 수 없지요.

경락, 경맥 카는 기 과학이 될 수가 없죠. '신비'라 칼까요? 신비, 귀신 같다. 귀신 '신'(神) 자, 비밀이라는 '비'(秘) 자고. 기혈하고 경락, 경맥. 12경락에다가 임맥(任脈), 독맥(督脈)을 합하여 14경락으로 되어 있지요. (벽면에 부착된 혈위도(穴位圖)를 가리키며) 저기 그림도 하나 붙여 놨는데. 혈은 31개인가 … 몸 곳곳에 있는 이걸 다 알아야지요. 어느 병에는 어디에다 침을 놓는다는 것을요. 침은 기본 경락, 경맥이 있고. 그 외에 찌르는 '아시혈'(阿是穴)이라 카는 게 있지요. 본 혈에 관계없이 '보충하는' 아시혈이라 카지요. 그걸 '아시혈'이라 카는데, 찌르면 찌르는 만치 손해나는 거는 없어요. 기본 혈에 경락, 경맥 외에 '아시혈'이라고 아픈 데에다 자극을 주는 별도로 하는 기, '아시혈'이 있어요. '아시혈'이라 그렇게 말하는데.

침은 과학이 아닙니다. 침을 과학이라 카면, 경락이나 경맥은 무슨 소리요? 그게 해명이 안 되잖아요? 이북에서 유명한 침술 한 사람이 이름은 생각나지 않는데 그 사람이 하다가… 김일성이가 세계 각국으로부터 초청해다가 … 100여 나라에서 초청했는데. 세계 의학 박사들을요. 초청해다가 그걸 과학적으로 분석했지만 실패했어요. 그래가지고 그 사람이 자살을 했는데, 그 책이 이만치 컸어요. 억수로 많았다고요.

'신비'라 카는 거는 귀신 '신' 자, 비밀스럴 '비' 자. '신비'라 카는 거는 신비성이 있다 그 말이지요. '신비'라 카는 거는 과학이 될 수 없죠. 그렇죠? 이 세상에 '귀신'이라 카면 과학이 됩니까? 과학에는 귀신이 아니죠. 귀신은 과학이 아니잖아요? '신비의 침술'이라 카는 겁니다. 내가 옛날에는 '신비의 침'이라고 달력을 만들어가지고 1년에 한 백 권씩 배포를 했어요. 달력. 월력(月曆)이죠. 월력을 만들어가지고 '신비의 침'이라고 해가지고 광고도 많이 냈어요. 귀신 '신' 자, 비밀 '비'자. 신비. 그건 과학이 아니죠. 침은 과학이라는 소리는 아무도 안하지요. 과학이라는 말을 들어봤어요? 침은 과학이라 안합니다. 침은 과학이라 칼 수 없어요. 과학이라 카는 것은 … 경락, 경맥이라는 게 과학이 아니기 때문에 오직 침구술에만 있을 수 있는 그런 용어인데. 침을 과학이라고 카는 사람은 없습니다. 내가 생각해도 그걸 과학이라고 말을 못합니다. 그러니까 그걸 '신비'라 카는데. 경락, 경맥 카는 기 현대의학으로 검사해 보면 안 나타나거든요. 안 나타나니, 그건 과학이 아니지요. 나도 증인(증명) 못했어요. 안 나타나요. 나타날 수가 없어요. 그렇게 때문에 침은 과학이 아니고, 뭣이라 칼까? '신비'라 카지요.

(쓰러진 사람을 침 시술로 벌떡 일어서게 하는 것을 분석, 설명 가능한지를 묻자) 사람은 설명하는 것보다도 … 순간적으로 틀어지는(정상에서 벗어나는) 게 많거든요. 그런 경우가 많잖아요? 실례를 들어서, 순간적으로 맥이 막혔다든가 혈액순환에 장애를 받는다든가 이런 거는 있는데, 그걸 경락과 경맥을 통해서 통(通)해주는 겁니다. 소통 되도록요. 그것도 신비입니다. 그건 과학, 과학이 아니잖아요.

(간호사를 가치키며) 침놓는 데를 알아가지고 내가 어데 잘 못 찌르면 '여기 찔렀다'고 모라 캅니다. 하하하! 그런데 거기 찔러도 관계없어요. 침은 아무 데나 찔러도 관계없습니다. 내가 여기 찌르고 여기 찔렀다고 해서 생명에는 지장 없습니다. 침을 놓으면 피가 나는데요. 피가 날 수도

있습니다. 실례를 들어서, 독사한테 물렀잖아요. 독이 들었잖아요? 피를 뺍니다. 어데 빼느냐? (정수리 부분을 가리키며) 여기 '백회'(百會)라고요. (머리를 사방 중앙으로 가르며) 요래 직선, 귀에서 양쪽으로 한가운데로 올라가면 거기를 '백회'라 카지요. 정수리. 백 '백(百)' 자, 모을 '회(會)' 자라 카지요. '백가지 병'이 온다 카지요. 여기서 직선, 양쪽으로 이래 이래 직선으로 올리면 한가운데 '백회' 아닙니까? 여기에다 피를 내어 버립니다. 백가지 병이라 카는 … 백회에다 피를 내버리면 독(毒)이 싹 빠져 버립니다.

그리고 '용천'. 어린아이 경기 하는 거 있죠? 경기하거나 배탈 나는 거, 똥질 자꾸 하는 거, 설사 자꾸 하잖아요? 여기 둘째 발가락 사이(발등) 여기를 '용천혈'이라 캅니다. 여기, 여기 피는 안 빼고 그냥 침으로 찔러 버려요. 찌르면 피도 날 수 있고. 거기하고 배꼽 밑에 '관원', '중완'(中脘)하고 세군데, 여기(용천) 놓고 두 군데. 발 여기에다 쭉 찔러버리면 설사가 딱 멎습니다. 틀림없습니다. 그런데 이런 거는 현대의학으로는 이해가 안 되지요. 이해가 될 수가 없지.

(연구자가 "현대의학은 세균으로 접근하잖아요?"라고 말하자, 다소 답답한 투로) 아이구! 세균이고 뭐고 찌르면 낫는데 뭐~ 세균이 뭐 있능교? 그렇게 침은 과학이 아니라 카니까요. 자꾸 그러네. 밑천도 안 들고. 보세요. 설사 짤짤 하지요. 배탈 나지요. 물론 어른들은 '중완'에 놓으면 1시간 정도 있습니다. 제일 오래 있는 거는요. 중완, 상완, 하완을 찔러가지고 오래 있어야 내려갑니다. 그거는 틀림없어요. 뱃속에서 자꾸 굴굴거리며 소리가 나고 가스가 채여 불편한 거 그런 것도 침 맞으면 틀림없습니다. 그런데 배가 채여가지고 오는 사람들이요. 북적북적 소리 난다고 해도 그건 시간이 좀 갑니다. 약 1시간 갑니다. [침을 놓고] 좀 오래 갑니다. 왜? 중완 침은 위장에 소화되어 가지고 다 배설되어야 하므로 기간이 오래 걸립니다. 아이들은 그냥 찔러 버립니다. 꽂아놓는 게 없고요.

침을 꽂아두는 거는 '유침'(留鍼)이라 그럽니다. 아이들은 '직침'(直鍼)이라 합니다. 그 자리에 바로 찔러 버립니다. 유침은 안합니다. 그게 다릅니다. 아이들 하고 어른하고 차이가 바로 그겁니다. 경기(驚氣)하는 아이들요. 직침 … 발바닥에 … 설사하는 것도 거기에 찌르면 딱 멎습니다. 틀림없습니다. 울다가도 딱 그칩니다. 우는 아이들도 … 되게 정신없이 우는 것도 딱 찌르면 안 웁니다. 왜냐하면 속이 편하니까 안 울거든. 그렇잖아요? 뭔가 불편한 데가 있으니 울다가 편안하니 안 울거든요. 틀림없어요.

현대의학에서는 이야기해도 아무도 안 통합니다. 제일 산 증인은 현재 부산대학병원 치과원장한테 물어보면 돼요. 거기 마누라는요. 마누라는 고대 나오고, 남편은 세브란스 병원 나오고요. 부부간에 그런데, 며칠 전에 왔다 갔어요. 책도 주고 했는데 … 그런 의사들은 인정하지요. 그럼요. 병원에서도 안 되는 거를 나한테 와서 고쳤으니까요. 그런 사람은 당연히 인정하지요. 침 맞으러 오는데요. 죽은 사람을 살렸으니까요. 자기가 졸도했잖아요? 현대의학으로는 손을 못 댄다 카는 것을 내가 고쳐놨으니까요. 인정하면서도 뭣인가 모르게 저거 기술은 저거가 최고라고, 의사들은 저거가 최고라고 생각하지요. 내가 이런 이야기 하면, "저거 뭐야! 부러진 침 가지고 … 간첩인 거 저거 뭣도 모른다"고 생각해요.

■ 환자 시술 관찰 및 면담기

시침 모습과 '의자-환자(醫子-患者)'간의 상호작용 등을 관찰하기 위해 업무 종료시간을 1시간 정도 남겨둔 오후 3시 경에 덕은침술원을 들어섰다. 남자와 여자로 구분된 각 시술실 내부에는 10~15개의 진료용 베드마다 시침을 기다리는 환자들이 빼곡히 들어차 있었다. 대부분이 어깨나

허리 등의 만성 통증 환자이거나 중풍, 뇌경색으로 인한 수족 마비, 두통 등의 환자들이었다. 환자의 연령 또한 대부분 60대 이상의 노인들이었다.

환자들은 베드에 드러눕거나 앉은 자세로 아픈 부위를 드러내 놓은 채 그의 손길을 기다리고 있었다. 베드마다 해당 환자에게 시침할 20~30여 개씩의 침이 미리 놓여있었다. 구술자는 연로하여 약간 불안한 걸음걸이지만, 민첩하게 베드를 타고 돌며 시침했다. 바삐 손을 움직이면서도 한편으로는 농담과 노래로 가라앉은 분위기를 밝게 하려고 노력했다. 침에 대한 두려움을 불식시킴으로써 시침의 효과를 극대화한다는 그의 행위는 환자와의 '감응'을 통해 인술을 실천한다는 전통의료 철학의 실천이었다.

연구자는 한 움큼의 침을 왼손에 쥔 채 베드를 오가며 시술하는 구술자의 행동을 관찰함과 동시에 시침 모습을 사진 촬영했다. 동시에 베드를 옮겨 다니면서 쉴 사이 없이 움직이는 그를 따라다니며 환자의 병증과 시침 내용 등을 질문했다. 다음 내용은 이와 같은 과정에서 연구자가 구술자와 환자, 보호자, 간호사 등과 나눈 이야기다.

▶ **뇌경색 환자 시술**

연구자(이하 '연') : 이분은 어디가 안 좋아서 찾아왔습니까?

박정규(이하 '박') : 뇌경색, 뇌출혈이라. 오른쪽이 출혈이기 때문에 왔어요. (초진인 듯 환자를 바라보며) 병원에서 오는 길이죠? 병원에 입원하고 있지요? 침이 물리치료입니다. 침은 운동이 아닙니다. 침은 약이 안 들어갑니다. 물리치료에 속합니다. 약물치료가 아닙니다. 오른쪽 뇌가 막히면 에스(S) 회로로 왼쪽으로 간다고요. 해가 동쪽에서 서쪽으로 지지요. 이거는 오른쪽에서 왼쪽으로 가고, 왼쪽에서 오른쪽으로 갑니다. 이 환자는 오른쪽에서 이상이 생겨가지고 왼쪽 수족을 못쓰게 되어 있습니다. 그러니까 언어장애는 별로 안 받지요. (환자를 보며) 말을 잘 하지요? 노래

도 잘 부르지요? 흘러간 옛 노래? 남인수, 고복
수, 백년설, 현인이 부르던 '신라의 달밤', '나그
네 설움', '대지의 항구' 한차례 부르다가 아직
안 죽고 남아 있는 설운도, 태진아, 나훈아, 조
용필, 송대관, 현철, 김건모의 '잘못된 만남' …
말을 더듬는 사람은 노래 부를 때 절대 안 더듬
습니다. 왜? 머리 안에 녹음이 되어 있거든. "두
만강 푸른 물에 노 젓는 뱃사공 ~ 흘러간 그
옛날에 옛 님을 싣고서 ~ " 녹음이 되어 있어
서 더듬을 수가 없지. 다 돼 있지. (크게 웃으
며) 그러니까 말 더듬는 사람이 노래할 때 절대
더듬지 않습니다. 안 더듬습니다. 잘 부릅니다.

환자 2 : (침구사의 말에 관심을 보이며) 계속 말할 때는 말을 자꾸
　　　　더듬는데, 노래할 때는 딱 안 더듬어요.

박 : 박자도 맞고 … 안 더듬어요.

보호자 : (자기 순서임을 이야기하며) 요쪽입니다.

환자 1 : (등에다 침놓을 순서라면서) 나는 등입니다.

박 : (농담을 걸며) 등이라 카는 거는요. 가로등, 형광등, 신호등 …
　　그 중에 '가로등'이라는 노래가 있어요. "가로등도 졸고 있는
　　비오는 골목길에 ~ 두 손을 꼬~옥 잡고 ~ "

간호사(이하 '간') : (일본인 환자의 방문을 알리며) 원장님! 일본 할
　　　　　　　　　　아버지 인제 오셨는데요?

박 : 일본 할아버지? 와도 돼요. 할 수 없지 뭐.

연 : 일본에서도 환자가 옵니까?

박 : 예. 일본에서도 많이 옵니다. 강 건너편이 바로 여긴데 ~ 뭐
　　일본에서는 더 갈 데가 없잖아요? 이리 들어오면 부산인데 뭐.

연 : 일본에서도 침구사가 많이 있을 텐데 선생님께로 옵니까?

박 : 일본에는 '양침(洋針)'이라고 침이 약해. 머리카락 같애. 일본침
　　은 침이 다릅니다. 머리카락 같은 거 몇 개 놔놓고 … 일본서
　　많이 오지요. 옛날에는 일본사람 때문에 … 여기 농심호텔 와
　　가지고요. 호텔에 왕진 오면 저녁부터 밤 10시까지 계속 왔어
　　요. 일본에서 제일 많이 옵니다.

연 : 호텔에다 방을 잡아놓고 기거하면서요?

박 : 그렇지요. 입원해가지고. 요새는 일본에서 저런 분이 한 번씩 오지마는. 요새도 호텔에 가는 사람이 더러 있는데. 일본서 더러 옵니다. (일본인 환자를 지칭하며) 일본서 여기 와서 자고 한 번 더 침 맞고 간답니다. 관광도 하고 … 그런 사람 많습니다. 구경삼아 오는 사람도 많고, 소문 듣고 오는 사람도 있고. 부산이 [일본과] 가깝거든요.

연 : 순전히 선생님 만나서 치료받으려고요?

박 : 그렇지요. 업고 들어와도 걸어 나가니까요. 효과 없으면 옵니까? 누가 뭐라 사도 현대의학 암만 좋다고 해도 현대의학은 한계가 있잖습니까? 뇌출혈에는 방법이 없잖아요? 수술밖에는 … 칼로 잡아 째잖아요. 나는 찔러 조집니다. 나는 칼 절대 안 댑니다. 몸에 칼 대면 안 됩니다. 사람 몸에는 맹장 외에는 모두 필요합니다. 귀도요, 구멍만 내놓으면 될 긴데 요래 났거든. 코도 위에 뚫으면 비 들어갈까 봐 밑으로 뚫어놨거든. 한 개만 뚫으면 순서가 없어서 두 개를 뚫었거든. 다 필요하거든. 조물주가 인간을 만들 때 다 필요한 만큼 다 해놓았어요.

연 : (시침하는 다른 환자를 가리키며) 이분은 어디가 안 좋아서 왔습니까?

박 : 이분한테 물어 보세요.

환자 2 : 내요? 풍(風) 예방한다고요.

연 : 그런 증세가 조금 왔습니까?

환자 2 : 아니에요. 내가 원래 아버지도 풍이 있었고, 그래서 유전성이 있다고 해사서 하여튼 침을 맞으니까 그런지 이 침을 맞고 나면요. 하여튼 몸이 가볍고 개운합니다. 예방 차원에서요.

한자 3 : 경남 진주에도 한분 그런 분이 계시는데, 세 번만 맞으면 풍은 예방이 된다 카대에.

연 : 진주요? 경남 아닙니까?

환자 3 : 나도 부산에서 진주로 침 맞으러 가고 그랬는데.

연 : 그분이 아직도 살아 계십니까?

환자 3 : 살아 계십니다. 법원 옆에요. 그런데 그분은 몸이 불편해서 앉아서 다 해요. 나이는 많지 않더라고요.

환자 2 : 우리는 어릴 때부터 옛날에 침 안 있습니까? 우리 집 옆에 고모부님 되시는 분이 침을 놓았거든요. 발목 다친 거, 삔 거 가면, 3일 내로 가면 피 빼 버리고 하면 대번에 괜찮았어요. 여기 와 보면 침도 크고 괜찮아요.

연 : 좀 아프지요?

환자 2 : 조금요. 아픈 곳이 있고, 좀 덜 아픈 곳이 있고요. (나이를 묻자) 75셉니다. (다리 정맥류 현상에 대해 질문하자) 이거는 '정맥류'라고 하데요. 수술은 10월 달에 하자고 해요. (중풍 예방 침을 맞는 것을 염두에 둔 듯) 이것과는 관계가 없고요. 침을 맞아보면 몸에 침이 안 맞는 것도 있는 모양이라. 우리 집사람은 침 맞으면 안 돼. 나는 맞고 나면 좋아. 아침 자고나면 가뿐하거든.

연 : 어떤 상태일 때 [침을] 맞으면 가뿐합니까?

환자 2 : 하여튼 움직임이 많이 어색해요. 움직임이 … [침] 맞고 나면 깨끗하고 자유롭지요. [침] 효과라고 봐야지요.

연 : 자주 오십니까? 정기적으로 맞습니다.

환자 2 : 한 달에 한 번씩 내 체질로 봐서는 한 달에 2~3회씩 맞아도 되겠는데 … 아직까지 크게 아픈 게 없고 해서 달에 한 번씩 맞아요.

연 : (일본인 환자를 가리키며) 이분이 일본에서 온 분입니까?

박 : 후쿠오까.

연 : 어떤 경로로 [덕은침술원을 찾아] 왔습니까? 소개로 온 겁니까?

박 : (일본인 환자와 이야기 한 후) 여기 알고 왔다고 하는데 …. (환자 4를 시침하며) 오토바이 사고 나서 목이 부러졌어요. 목 경추(頸椎)가요. 5번, 6번.

연 : 후유증입니까?

박 : 아니. 완전히 업고 들어와 가지고 침으로 이젠 걸어댕깁니다. 그렇지요. 완전 죽은 송장이 들어왔는데요. 병원에서 "안 된다. 노. 안 된다. 가라." 캤는데요.

연 : 몇 개월이나 치료받았습니까?

박 : 2개월 정도 됐지요. 완전 죽어서 들어왔는데요.

간 : 원장님! 휠체어 탄 아저씨 '시아기'부터 먼저 하세요.

박 : 여기는 병원에서 안 되는 거 옵니다. 병원에서 "노. 안 된다. 죽는다."고 하면서 "집에 가라." 카면 여기밖에 올 데가 없잖아

요. 안 그라면 저승가야 되는데요. 여기가 저승 가는 정류장이
라요. 하하하! 저승 가는 입구. 여기를 거쳐야 저승 가거든요.
여기 안 거치면 [염라대왕이] 안 받아줍니다. 휴게소입니다. 저
승 가는 과정의 휴게소입니다. 여기 거쳐야 저승 가거든요. 여
기 안 거치면 안 받아주지요. 갔다가 도로(되레) 온다니까요.
"너 여기 더 살다가 오세요." 캐서(말해서) 여기 오면 고치거든
요. 여기는 전부 그런 분들입니다. [치료가] 된다면 병원에서 하
지요. 여기 뭐 하러 오겠어요? 옛날에 백병원, 대학병원에서
MRI 없을 때는 척추에 물 빼 봐 가지고 벌겋게 나오면 죽어라
고 "집에 가라."고 하면, 업고 들어오는데 6시간 안에 오면 그
자리에서 고쳐가지고 그냥 걸어갑니다. 3일 넘어가면 [고치는
데] 시일이 좀 가야되고 … 바로 오면 [시침해서] 바로 낫아 버
립니다. 그건 아무도 모릅니다. 현대의학, 의학박사도 많이 옵
니다. 대학교수도 많이 오고요.

연 : 주로 오시는 환자분들이 중풍, 뇌경색… ?

박 : 그렇죠. 중풍, 위장병, 머리 아픈 거 … 빈혈 … (일본인 환자
를 가리키며) 뇌경색으로 왔고, 여기 와서 나았어요. 여기서 치
료를 상당히 했어요. (일본 환자에게 치료과정을 물어본 후) 2
년 되었다 하네요.

연 : 뇌경색의 경우 [침을] 전신에 놓고 있는데, 어떤 원리로 치료하
려고 하는지 그게 궁금합니다.

박 : 그렇지요. 목에도 바늘 꽂고, 두 번씩 앞뒤로 침을 다 맞습니
다. [왜 낫는지는] 그건 아무도 모릅니다. 나도 모르지요. 신비
스런 거지요. 신비 … 귀신 '신'(神).

연 : 제가 알기로는 기혈(氣血) 막힌 부분을 침으로 소통시킨다고
보는데요?

박 : 그렇지요. 당연히 … 그런데 그 '기(氣)'라 카는 기 문제 있다
이거지요. '기'가 무엇인지 모르지요.

연 : 그걸 아무도 모릅니까?

박 : 모르지요.

연 : 양방에서도 규명을 못합니까?

박 : 예. 못하지요. 과학이 아니니까요. 이게 곧 '신비'지요.

연 : (휠체어를 타고 있는 환자를 보며) 이분은 왜 오셨습니까?

환4 : (상당히 어눌한 어투로) 뇌 ~ 경 ~ 색 ~.

연 : 뇌경색?

박 : ('환자 4'를 시아게 시침하며) 여기가 문제다. 여기. 다른 사람
은 여기다 침을 안 놓거든. 여기는 두통, 뇌출혈, 뇌경색 … 뇌
에 이상이 있는 사람 ….

연 : 뼹 둘러가면서 목덜미에 침을 놓는 거는 이것도 경혈을 잡아서
놓는 거 아닙니까?

박 : 그렇지요. 혈을 잡지요. 가령 등 뒤에 놓는 거는 '예풍', '천주'
(天柱), '풍지(風池)' … 이게 '천주(혈)'이거든요. '천주'는 '상
천주', '하천주'가 있어요. 머리가 많이 아픈 사람은 '상천주',
'하천주' … 혈은 두 개거든요. 언제든지 혈이 두 개로 되어 있
거든. 한 개가 있는 게 아니고. 이거는 '풍지', '예풍' … 머리
아픈 거는 반드시 여기를 안 통하면 뇌가 안 통한다고. 머리
아픈 사람은 여기를 짚으면 그 자리에서 머리가 안 아프거든
요. 머리가 아파죽는다고 머리를 뒤집어 싸고 찡그리고 들어와
도 침을 딱 찌르면 통해버려요. 그 자리에서. 시간문제도 아니
에요. 주사는 시간이 좀 있어야 하잖아요? 이거는 찌르면 바로
통하지요. 그래서 '일침이구삼약(一鍼二灸三藥)'이라 카지요.

간 : 원장님! 여기 아저씨 마저 하시고, 여자방 시아게 좀 하시고요.

환자 보호자(여) : 아이구! 저 아저씨 걸음이 영~ 많이 좋아졌다.

연 : (환자를 가리키며) 이분도 많이 나았습니까?

박 : 많이 나았지요. 잘 걸어요. 자꾸 좋아지지요. 그런데 이 병 자
체가 추위를 많이 탑니다. 뇌경색, 뇌출혈은 … '뇌' 자가 들어
가는 병은, 중풍은 추위를 많이 탑니다. 다른 사람보다도 특별
히 더 춥습니다. 그래서 요 기간이 4월, 5월, 6월 장마 전에 제
일 잘 낫습니다. 치료가 잘 된다는 겁니다.

연 : 그게 무슨 이유가 있습니까?

박 : 이유가 있죠. 만물이 소생하는 계절 아닙니까? 3, 4월은 요새
는 미류나무 있지요? 포플러 그거를 거꾸로 꽂아놔도 잎사귀가
납니다. 만물이 소생하는 계절 아닙니까? 그것도 사람은 자연
속에 살기 때문에 무시하지 못합니다. 자연환경의 지배를 받잖
아요? 그럼은 그러니까 자연 속에서 소생할 때는 혈도 잘 통하
고. 내가 치료해 보면, 경험에 의하면요. 그런데 다만 한 가지

주의할 거는요. 여름에 장마 칠 때 벼락 때릴 때 그때는 침을 중지해야 됩니다.

연 : 그것은 왜 그렇습니까?

박 : '우뢰'라 카는 거는 전기를 타거든요. 침의 쇠로 … 그러니까 들판에 일하다가 벼락 칠 때 뇌성 칠 때는 삽이라든가 곡괭이 등 쇠로 만들어진 철근을 버려야지 손에 쥐면 안 됩니다. 또 고목나무나 큰 나무 밑에 가면 안 됩니다. 주의해야 됩니다. 침으로 병이 왜 낫느냐 카면 그게 좀 문제가 되지요. 침술은 과학이 아니니까. 하하하! 낫기는 낫는데, 왜 낫는가를요.

연 : 낫기는 낫는데 왜 낫는가 이걸 밝히지는 못한다 이거지요?

박 : 알기야 알지요. 침술에서 나오는 … 경락, 경혈, 12경맥, 경락에 12개거든요. '임맥'과 '독맥'을 합하여 14경락, 경맥인데 이걸 통해서 혈로 통해주는 기~.

연 : 선생님은 침을 전신에다 다 놓습니까?

박 : 다 놓습니다. 병에 따라서 ….

연 : 어떤 병에 대해 침을 주로 많이 놓는 편입니까?

박 : 제일 많이 놓는 기 뇌출혈, 뇌경색 … 뇌에 이상이 생긴 병에 제일 많이 놓지요. 그 다음에 신경통, 관절염 등 여러 가지지요.

연 : 침을 꽂아놓는 시간은 어떤 원리에 따릅니까?

박 : 그게 '유침'(留鍼)인데요. 본래 정확히 말하면, 침을 찌르면 통합니다. 그런데 기간이 위장병은 좀 오래 있으면 좋고요. 약 1시간요. 그 다음에 보통 15분인데, 너무 섭섭한께 30분으로 보거든요.

연 : 오랫동안 [침을] 꽂아둘수록 병에 효과가 더 좋습니까?

박 : 효과가 좋다기보다는 … 병에 따라서 예를 들면, 위장병 같은 거는 ○○○를 풀어줘야 되니까. 위에서 나오는 분비물이 내려가는 기간이 꽤 오래 걸리기 때문에 약 1시간 정도 있으면 좋아요. 위장병이 제일 오래 있고, 그 외에 유침은 5분 내지 10분인데 15분까지도 괜찮고요. 오래 있다고 좋은 게 아닙니다. 침은 찌르면 통합니다. 그런데 사람은 기분상 좀 더 있으면 좋다 싶어가지고 유침한 상태로 좀 더 있고 싶거든요. 기분에 맞춰 줍니다. 기분 나쁘면 저거 아버지도 때려죽입니다. 하하하! 이 세상에 기분에 죽고 살잖아요? 환자가 기분이 좋으면 병도

좋아집니다. 환자가 기분이 좋을 때는 병도 스트레스도 풀리고, 스트레스가 쌓이면 효과가 적지요.

연 : 선생님께 침 맞는 분들은 모두 기분이 좋아 나가는 것 같습니다.

박 : 그렇지요. 기분 좋습니다. 여기 오면 병이 낫고 안 낫고 간에 여기만 왔다 카면 마음이 벌써 심리적으로 안정이 되잖아요? 하하하!

연 : (여자 시술실로 들어가는 구술자를 뒤따라가며) 여긴 여자 시술실인데 들어가도 됩니까? 허락해 주세요.

박 : 들어오이소.

연 : 이분은 왜 오셨습니까?

박 : 이분도 뇌경색 증세로요. 좋아졌어요. 이제는 예방 차원에서 한 번씩 옵니다. 내가 오라고 해서 오는 게 아니고, 환자가 한 번씩 … 딴 데 가면 환자가 이렇게 없어요. 여기는 많습니다. 옛날에는 하루 200명씩 왔는데, 요즘은 70-80명씩 와요. 현대 의학 쪽에 박사가 소문 듣고 한번 견학 왔어요. 아침부터 저녁까지 환자를 한 80명 봤어요. 환자를 진찰도 안하고 들어오면 침을 바로 놓아버리거든요. 물어보지도 안하고. 그러니까 "무슨 비결로 환자를 진찰하느냐?"고 해요.

환자는 자기 아픈 걸 표시하고 들어옵니다. 배 아프면 구부리고 들어오고, 허리 아프면 찡그리고 들어오고, 머리 아프면 … 여러 가지고 … 환자가 들어올 때 벌써 표시하고 들어오거든. 그러므로 안 물어봐도 맞아요. 물어볼 필요가 없어요. 그러면 찌르면 그냥 나사요. 그런데 아무렇게 찌르는 게 아니고, 모두 침 혈(穴)이 있습니다. 이게 그냥 막 찌르는 게 아닙니다. 현대 의학은 좀 이야기하기가 … 이런 게 좀 이상하게, 좀 무식한 것처럼 안 보입니까? 진찰도 안하고 뭐 치료도 안하고 소독도 제대로 안하고 막 갔다가 찔러 재키니까요. 소독이야 하지요. 남이 보건대 막 찔러 재키니까요. 침은 자체 소독이 됩니다. 침 자체가 백혈구를 통해서 … 물체가 들어가잖아요? 들어가면 백혈구가 포위를 합니다. 포위를 하면 … 옛날에는 침은 소독을 안 했습니다. 그냥 바로 찔렀어요. 그런데 요즘은 병이 발전하기 때문에 소독을 철저히 하지요. 고온멸균 소독기에다가 철저히 해가지고 치료하지요. 옛날에는 침 대롱 안에 넣어가지고 그냥 찔렀어요.

▶ 백혈병, 저혈압 환자 금침(禁鍼)

연 : 침을 놓아서 혹시 안 좋은 것도 있습니까?

박 : 제일 문제되는 거는 백혈병, 백혈병에는 침을 놓으면 안됩니
다. 안되지요. 이유가 있지요. 침을 놓으면 백혈구가 소멸되거
든. 백혈구가 외부 물체가 들어가면 싸움하거든요. 전쟁합니다.
나쁜 놈이 들어왔기 때문에요. 그 중에서 약한 놈은 죽습니다.
침을 맞으면 피로하고요. 그리고 심한 저혈압은 … 60 이하로
떨어지는 심한 저혈압에는 좀 문제가 있습니다. 어지러운 데는
요. 침이 잘 듣습니다. (침 맞고 심하게 힘든 경우에는) 당뇨가
있거나 무슨 심한 저혈압이거나 무슨 이유가 있겠지요. 심한
저혈압은 백혈구가 소멸되기 때문이지요. 싸움하는 과정에 약
한 놈은 죽거든요. 강한 놈은 살아 남지마는요. 그래서 옛날부
터 침 맞고는 '잘 먹어라' 캤거든. 잘 먹어야 되지, 못 먹으면
안 되거든요. 그 이유가 있어요. 왜? 침을 맞으면 그만큼 피로
를 느끼거든. 요새는 잘 먹기 때문에 잘 먹으라는 말을 안 하
잖아요. 그렇게 때문에 잘 먹으라는 말을 안 하잖아요. 그렇기
때문에 백혈구가 그만큼 손해를 보니까요.

연 : 어떤 사람은 침을 맞으면 기(氣)가 빠진다고 하던데요?

박 : 그게 맞는 말입니다. 기가 빠지는데, 그 대신에 기를 소생을 시
켜야지요. 음식을 잘 먹어가지고요. 그런데 고혈압 환자는 [침
맞고] 피가 맑아지니까, 고혈압 환자는 침을 맞으면 혈압이 내
려갑니다.

연 : (여성 환자를 가리키며) 이분은 왜 등에 온통 멍이 들었습니까?

환 7 : 부항을 떠서 그래요.

박 : 자기네 집에서 자체로 ….

환 7 : 몸이 결리고 그래서요. 집에서 내가 뜯어요.

박 : 그러면 안돼요. 그러면 됩니까?

환자 7 : 안 돼? 아파서 죽을 판인데.

박 : (웃으며 농담으로) 차라리 죽는 게 헐케 친다.

환자 7 : (농담을 받으며) 죽으면 안돼요. (자녀 혼사가 아직 남은

듯) 아직 일이 덜 끝났는데. 우리 새끼들 ….

박 : (웃으며) 죽으면 안 되지요. 좀 이상하지요? 죽는 게 헐케 친~
다(계산된다) 카니까요. 안 낫을 밖에는 헐케 치이잖아요? 죽으
면 밑천이 안 드니까요. 병원에 입원하면 돈 들잖아요? (웃으
며) 아무래도 죽을 수밖에 없으이 빨리 죽으면 헐게 치입니다.

연 : (웃으며) 환자분들이 많이 섭섭해 하겠는데요?

박 : 아니. 환자가 섭섭해 할 게 아니라, 내가 의사가 섭섭해 하지
요. 병원에 안가니까. 하하하!

연 : (다른 환자를 가리키며) 이분은 어떻게 오셨습니까?

환 8 : 귀에 소리가 나서요. 소리 나고 어깨가 아프고 ….

박 : 그런데 병원에 가면 다 못 고칩니다. 병원에서 안 되는 것만
이리 오면 돼요.

연 : (환자를 보며) 병원에도 가보셨지요?

환 8 : 예. 병원에 가도 잘 안 되요. 전에 여기 와서 고쳤어요.

박 : 병원에서 안 되면 이리 온다고요?

연 : 병원에서 안 되어가지고 이리 와서 고쳐나가는데, 선생님이 만
일 안계시면 어떻게 됩니까?

환 8 : (크게 웃으며) 큰일 나지요. 건강하게 오래 사셔야지요.

박 : 앞으로 20년 남았습니다.

연 : (웃으며) 지난번에는 15년 남았다고 하던데요?

박 : (웃으며) 그러니 자꾸 올라가잖아요.

연 : 진짜로 염라대왕이 오지 마라 하겠어요.

박 : 예. 안 받아 줍니다. 내가 죽을 것 같으면 … 국립묘지에 비석
이 있고 연금 타고 제사 지내고. 대한민국 육군 중사 아닙니
까? 미아리전투에서 포로가 되~가 혼자 이북에 끌려갔다 아입
니까? 23년 만에 왔는데. (한 여성 환자를 가리키며) 이 분 역
사를 압니까? 억수로 건강하지요. 옛날에 한 10년 됐지요?

▶ 뇌출혈 및 만성두통 환자 시술

환자 9 : 10년 넘었어요.

박 : 10년 조금 넘었지요? 완전 케이오(KO)되어서 죽었어요.

환자 9 : 쓰러져 왔어요.

박 : 뇌출혈로 그냥 쓰러져가지고 의식불명으로 말문 닫고 와가지
　　고 방에 눕혀놓고 … 나샀는데 ….

연 : 선생님 치료 받고 나샀어요? 아무렇지도 않은 듯하네요. 연세
　　가 몇입니까?

환자 9 : 올해 60세라요.

연구자 : 그럼 오십에 그랬네요? 여기 또 증인이 계시네요?

박 : 요새도 마찬가집니다. 병원에서 죽는다고 집에 가라 카면요.
　　여기 오면, 바로 오면 낫습니다. 6시간 안에만 오면요. 뇌출혈
　　은 6시간이 지나면, 동광이 퍼지면 안 되거든요. 눈에 동광이,
　　조리개가 퍼지면 위험하거든. 토해도 안 되고. 토하면 뇌에 이
　　상이 있는 그거든.

연 : (다른 환자를 가리키며) 이분은 어떻게 오셨습니까?

환자 10 : 머리가 아파서요. 정기적으로 침을 맞고 있어요.

박 : 틀림없습니다. 머리 아픈데 병원에 가면요. 엠알아이(MRI) 찍
　　어오라 카는데, 엠알아이 찍으면 뭐합니까? 찍어봐야 ….

환자 10 : 옛날에 … 삼십 몇 년 되었다 그지요? 선생님, 그지요?
　　죽었다가 선생님이 살렸어요.

연 : 왜 그랬습니까? 쓰러졌어요?

환자 10 : 그때 머리가 아파가지고 약을 먹으니까 … 약방에서 약
　　을 먹지마라 카더라고요. 그래도 어쩝니까? 머리가 아픈
　　데요. 그래서 약을 먹었더니, 그 질로 바로 쓰러져버렸어
　　요. 그래서 병원에 가니까, 뇌 검사 전부 다하고요. 촬영
　　다해도 아무 이상이 없는 기라요.

연 : 그럼, 기계에 안 나타난다는 겁니까?

박 : 글쎄요.

환자 10 : 그래서 선생님이 왕진 오셔가지고. 급하니까 오셔가지고,
　　그래가지고 입원해가지고.

연 : 30년 전에요?

환자 10 : 삼십 한 사오년 전입니다.

박 : 그러면 선생님 침구업을 하던 초창기 아닙니까?

박 : 맞습니다. 내가 여기 39년째입니다. 1971년도에 북한에서 왔으
　　니까요.

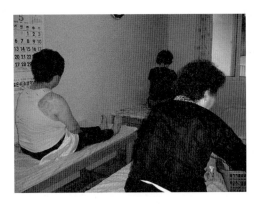
여성 시술실

환자 10 : 그때부터 1년에 한 두 번씩은 계속해서 와서 침을 맞고
　　　　　　있습니다. 머리가 아프면 여기 오지요.
박 : 그때는 이리 안하고 건강했어요.

■ 침구의 장점과 보사법(補瀉法)

(일부 환자에 대한 시아기[再鍼] 시술을 남겨놓은 상태에서) 오늘 인제
끝났어요. 오후 4시 됐잖아요. 오후 4시면 끝납니다. 왜 일찍 침을 끝내
느냐 하면 … 침은 늦으면 효과가 없습니다. 사람은 생명체이기 때문에
자고나서 하는 것 하고, 오전에 하는 것하고, 오후에 하는 것하고 차이가
있습니다. 왜냐하면 오후 되면 피로를 느낍니다. 사람이 생명체이기 때문
에 뇌를 소모하는 기간이 길면 길수록 피로를 많이 느끼게 되어 있어요.
의학적으로 그렇게 되어 있어요.

현재 소련, 중국, 이북이 공산국가 아닙니까? 공산국가에서는 사무직에
있는 사람을 점심시간 2시간을 줍니다. 점심시간에 한숨 자라 이겁니다.
책상에서 졸리니까요. 노동하는 사람은 관계없고요. 그래서 점심시간 2시

간 주어가지고 … 그러니까 저녁 늦게까지도 안 졸립니다. 지금 현재도 그리 하고 있어요. 그러니 피로도 풀고 있어요. 안 가 봐도 알아요. 나는 이북에서 그렇게 하다가 왔으니까요.

침구의 가장 큰 장점이라? 그러니까 쉽게 말해서 서민들이 돈은 적게 들고, 아무나 헐케(값싸게) 치료할 수 있고, 밑천이 적게 들고 치료효과가 좋고 그런 게 장점 아닙니까? 현대의학으로 가면 검사해야 되고. 검사하는 데 돈이 많이 들잖아요? 여기는 침 한방이면 끝나잖아요.

엠알아이(MRI) 검사하면 몇 십 만원 들고. 그런 장점이 있고. 그 다음에 현대의학이 암만 발전한다 해도 못 고치는 걸 침으로 고칠 수도 있거든요. 그렇잖아요? 현대의학으로는 못하는 거는 이리 다 옵니다. 현대의학에서 뇌출혈이다, 뇌가 터졌다 카면 "침술원 가시오." 했지요. 그런데 요새는 현대의학이 자기네가 다 처리해 버려요. 이리 보내주면 되는데. 옛날에는 안 되면 이리 왔잖아요. 옛날에는 갈 데가 없으니까요. 옛날에는 척추에 물 빼보고 엠알아이가 없으니까, 척추에 피가 벌거이(빨갛게) 나오면 방법이 없잖아요? 집으로 가라 이기라. 그렇지만 나~(나이) 많은 사람은 가서 죽으면 괜찮고요. 하지만 젊은 사람이 병원에 가자마자, '죽는다'고 집으로 가라 카면 갈 데가 없잖아요? 그러면 이리 들어옵니다. 여기 업고 들어오면 그 자리에서 걸어 나갑니다. 그걸 누가 압니까? 그런 신비성이 … 그건 아무도 모릅니다. 현재도 그래요. 현재도 병원에서 근(筋) 무력증 같은 거, 신경 무력증 같은 거는 현대의학으로 힘들거든요. 그라면 치료하다 안 되면 이리 오는데, 며칠 맞으면 혼자 걸어요. 그건 아무도 모르지요. 이게 큰 장점이지요.

현대의학으로 안 되는 거는 침으로 된다 이겁니다. 이게 장점 아닙니까? 그거 참 이상하지요. 현대의학이 암만 발전해도 침을 못 따라 갑니다. 침은 역사가 4천년이고 현대의학은 1백년밖에 더 됩니까? 그렇지요. 역사로 보나 어떤 면으로 보나 침이 위력이 센데, 그런데 왜 침구사 허가를 안주느냐 그게 인제 문제라요. 법치국가니까 법 테두리 내에서 움직이라 이거라. 중국에서 침술로 북경대학을 졸업해도 우리나라에서 침 허가를 안줍니다. 업권 다툼 외에 여러 가지 이유가 있겠지요.

침구에도 '보사법'(補瀉法)이라는 원리가 중요합니다. 여기도 보사법이 있지요. 보법(補法)하고 사법(瀉法)이 있는데. 보사법은 무슨 따로 있는 게 아니고, 환자가 기(氣)가 떨어졌다든가 이럴 때는 보(補)해 주고, 고혈압이라든가 이런 데는 사(瀉)해주고요. 보사법이라 카는 거는 환자에 따라 다르기 때문에 설명하기가 힘들지요. 환자 자체가 보해 줄 사람이 있고, 사해 줄 사람이 있고 그렇지요. 환자에 따라서 다르니까요. 스스로 판단해야 하는 문제지요. 경험입니다. 임상입니다. 기술이 문제가 아니라, 임상을 얼마만큼 경험을 가졌느냐 그게 문제지요. 아무리 기술이 좋아도 임상이 없으면 안 되잖아요.

현대의학도 마찬가지잖아요. 의학박사도 많은 경험을 쌓아가지고 지내오는 과정에서 체험을 하고 이래가지고 박사가 되는 거지요. 학교에서 배우는 거는 이론 아닙니까? 이론은 반드시 실천을 동반해야 되거든. 실천 없는 이론이 없고, 이론 없는 실천이 없잖아요. 실천과 이론은 연결되어 있잖아요? 그렇죠. 반드시 이론은 실천을 통해서 검증이 돼야 하거든. 그러니 이론만 가지고는 안 되고, 실천만 가지고도 안 되잖아요? 그러니 이론과 실천은 인과관계라. 인과관계 알죠? 철학에서 원인과 결과 그걸 인과관계라 하지 않습니까?

그러므로 침술 치료에도 이론과 실천이 겸비되어야 하고. 보사법은 이걸 활용할 때는 오랜 임상경험 그걸 통해 환자를 판단해야 되는 거지요. 침 찌를 때 침을 돌리거나 찌른 채 좀 놔두었다가 다시 쿡 찌르기도 하는 행위들도 보사법과 다 관련돼요. 사하는 거 하고 보하는 거 하고.

침을 돌리는 방법, 방향은 관계없고, 위치에 따라 다르고 경락과 경맥에 따라 다르지요. 그거 다 얘기할라고 하면 참 힘들어요. 복잡합니다. 손에 매여 있으니까요. 환자에 대한 많은 경험을 통해서 가능하죠. 보사도 있는데, 치료하는 사람에 따라서 사해줄 사람도 있고, 보해줄 사람도 있는데. 그게 결정적 문제는 아닌데, 일부는 해당이 됩니다.

그런데 침을 맞으면 기가 빠집니다. 백혈구가 그만큼 손상을 입거든요. 당연하죠. 왜? 물체가 들어왔기 때문에, 다른 물체가 들어오면 그걸 포위하잖아요? 그 과정에서 약한 백혈구는 사멸되고, 강한 것만 살아납니다. 옛날에는 잘 먹으라 캤거든요. 침을 맞으면 피로를 느낍니다. 그렇죠. 침 많이 맞으면 피로를 느낍니다. 왜? 백혈구가 손상을 입기 때문이죠. 그걸 보충하는 거는 먹는 거로 해야 되는데, 요새는 잘 먹기 때문에 … 옛날에 못 먹을 때는 잘 먹어라 캤어요. 침을 맞을 때 미역국이라도 끓여 먹고 몸을 보하라, 잘 먹어라 캤는데, 요새는 잘 먹기 때문에 그런 말이 없잖아요. 다 잘 먹습니다. 그러니 특별히 강조 안 해도 해결되어 나가기 때문에요.

지금까지 뇌경색 등으로 쓰러졌던 환자들이 침을 통해 효과를 본다는 것은 사실이고, 또 신비스런 부분이 있긴 합니다만, 일반적인 의학적 원리에 의해 어떻게 설명이 가능한지 그건 잘 모릅니다. (크게 웃으면서) 그런 건 환자한테 물어보소. 나도 잘 몰라요.

■ 북한의 동의학과 침구제도

이북의 한의학제도, 침구사제도가 어떻는지 궁금하지요. 이북에는 침구사 제도가 뭐이가? 침하고 약밖에는 없거든요. 우리나라에 현대의학이 들어온 지가 100년이 조금 넘었을 뿐입니다. 침은 역사가 깊습니다. 그래서 북한에는 현대의학이 많이 파고들지 못하고, 이남에는 미군이 주둔하면서 현대의학이 빨리 들어온 거예요. 이북은 현대의학이 늦잖아요. 그러니 이북에는 현대의학보다는 고대의 침이라든지 한약 이런 걸 기본으로 하거든요. 거기에는 환자를 침이나 한약 가지고 많이 고치거든요. 주로. 거기는 좀 차이나지요. 그런데 침의 종주국은 본래 중국과의 국경에 있는 함북 웅기 거기에서 나는데, 중국에서는 저그가 종주국이라 하고 우리는 우리가 종주국이라 하는데, 어느 머리를 가든지 침의 역사가 깊은 거는 사실이라. 그런데 이남보다는 이북이 침이 발전하고 있는 거는 사실입니다. 틀림없습니다. 또 주로 침을 많이 사용하고요.

이북에는 침구대학이 따로 있기보다도 침 가르치는 학교가 많지요. 북한에는 전문 침구사제도가 지금도 살아있습니다. 동양의학중앙병원이라고요. 평양에 가면 적십자병원 안에 침만 전문으로 하는 병원이 있어요. 한약 하고 같이 하지요. 규모는 여기 이런 데보다는 작지만, 다 있습니다. 있고. 여기는 침구가 인정이 안 되잖아요? 허가 없이는 못하잖아요. 아무리 기술이 좋아도 법치국가니까 허가 없이 침 못 놓잖아요. 법에 걸리니까요.

(북한에 있을 당시를 떠올리며) 당시 평양동양의학병원에 침구과가 있었지요. 남한보다는 한의학 계통으로서는 거기가 좀 발전했다고 봐야지요. 약도 많고요. 현대의학은 우리가 더 발전했고. 현대의학이 들어온 지 100년이 조금 넘었잖아요? 침을 한지는 역사가 길잖아요? 여기도 옛날에는 모두 침을 가지고 … 발을 삐었다든가 무슨 부스럼이 났다든가 하면 침을 가지고 고쳤잖아요? 현대의학이 들어온 지는 100년에 조금 넘었습니다. 기독교가 들어오면서 현대의학이 들어왔거든. 마찬가지지요. 이북이 현대의학에서는 좀 뒤떨어졌지요. 많아 뒤떨어졌지요.

북한에서는 한의학을 동양의학, '동의(東醫)'라 카지요. '한의사'라고 부르지도 않습니다. 침구사는 침구사라 하지요. 그러니까 이남에는 현대의학이 많이 발전했고, 이북에는 현대의학보다도 옛날 고대 한의학 부문이 좀 더 발전했다고 봐야지요. 차이가 그거지요.

철학에서요. 공산주의 철학하고 자본주의 철학하고 분리되는 게 뭔가 압니까? 물질이 선차(先次)라 카면 그건 공산주의입니다. 의식이 선차라 카면 자본주의입니다. 거기서부터 물질과 의식이 두 갈래로 갈라지는 게 공산주의 철학과 자본주의 철학이 분리되는 것입니다. 우리나라에서는 의식이 선차라 카지요. 철학에서 … 공산주의에서는 물질이 선차라 캅니다. 그러니 의식과 물질의 차이에 따라서 공산주의 철학하고 자본주의 철학이 갈라지잖아요. 이론적으로는 '물질이 선차'라는 말이 맞겠지요. 의식보다. 그렇지요. 하지만 실천에 옮기는 면에서는 또 그렇지 않습니다. 이론을 실천에 옮겨야 되는데 … 없는 사람을 구제하는 데에 있는 사람의 재산을 빼앗아가지고 없는 사람한테 나눠(나누어)준다는 게 이론은 좋지요. 그리 안 됩니다. 거기에는 또 비리가 있어요. 높은 놈 저거는 잘 먹고 밑에 하자(下者)는 형편없지요.

그리고 이북에 가면요. '10호 상점'이라는 게 있어요. 아무나 가는 기 아니고, 높은 사람한테만 판매하는 상점이지요. 장관들이나 특권층만 가는 데가 분리되어 있지요. 거기는 아무나 못 들어갑니다. 계급 차이 아닌교? 만일 공산주의라 카면 계급 차이가 없어야 하는데, 또 그런 계급 차이도 있어요. 그건 이북에서 생활해본 사람들이나 알지, 이론적으로는 모릅니다.

이론적으로 보면, 공산주의가 상당히 좋지요. 그렇잖아요? 있는 사람 재산 가지고 없는 사람 같이 노나 먹자. 이론은 좋죠. [하지만] 그리 되느냐? 실제로는 그리 안됩니다. 말은 그리 해놓고 실제와 행동이 다르고, 이론과 실천이 다르고, 말과 행동이 다릅니다. 그게 공산주의입니다. 그건 사회주의 속에서 생활해보지 않으면 모릅니다. 나는 체험해 보았기 때문에 23년이라는 기나긴 세월을 거기서 몸담고 살았기 때문에 내가 공산주의도 알고 자본주의도 알고.

■ 귀순자 모임과 섭섭한 마음, 남북한의 가족들

내가 1979년도에 [침구사] 면허가 나왔는데, 부산에는 침구사가 몇 분이 있었지요. 한 6, 7분이 있었지요. 지금은 다 죽었어요. 동종업종 침구사들과 계(契)모임도 했지요. 그리고 조직이 있었는데, 뭐냐 하면 보건소에서 한 달에 한 번씩 조사를 했어요. 법적으로 한 달에 한 번씩 등록하는 기 있었어요. 그때는 부산에 한(약) 열 명 정도 있었어요. 이런 분들하고 한 달에 한 번씩 정기적으로 만났지요. 회비도 내고요. 조직도 있었지요.

그러던 것이 나중에 중앙조직이 생기면서 연결되어 가지고 … 침구사 법은 없는데 전국적 조직이 생겨가지고요. 전에는 내가 허가가 없었는데, 무허가로 있었으므로 참여 안했지요. 무허가로 있었기 때문에 막 고발이 들어오고. 홍성철이라는 보사부장관이 치료하려 와가지고 내가 탄원서를 냈어요. 보사부장관한테요. (박정권 때를 혼돈한 듯) 전두환 때 했거든요. 자기가 "내가 해주겠다." 이래가지고 … 보사부장관도 마음대로 못하잖아요? 법치국가니까. 재량을 받았죠. 도장 받았지요. 대통령한테 허락 받아가지고 침술을 인제 법적으로 통과됐는데 … 그런 3일 만에 박정희가 시해되었어요. 이거는 박대통령이 죽고 나서 내 동생이 법과를 나와가지고 군 법무관으로 있었거든요. 소령으로. 법무관으로 있어놓으니까 이게 비법(非法)이라. 허가를 냈는데도 많이 제재를 받았어요.

고향 친구 22명과도 계를 모았는데, 현재 내가 회장하면서 울진, 제주도, 설악산, [용인] 자연농원 등지로 구경시켜 주고. 내가 돈을 들여 가지고요. 몇 천만 원을 내가 돈을 내어가지고 구경시켜 주고요. 그때 돈을 많이 벌었으니까 금배지도 만들어 달아주고 했어요. 70대 되니까 절반 죽고, 80대 되니까 거의 다 죽고 지금 내 혼자 남았어요. 모임이라 카는 게 그냥 친목단체이지요. 단체 이름은 생각 안 나는데, 계금도 모으고요.

내가 여기 와서 뭘 했는가 하면, 이북에서 온 귀순자들 모임이 있었어요. 부산경남지부에 월남 귀순용사들 회장으로 있으면서 많이 협조했어요. 생활지원도 하고 정책지원도 많이 했는데, 그걸 정부에서 의심을 많이 하더라고요. 이북 출신자들 모이니까, 그때 저그가 어떻게 판단했는지는 모르지만, 우리는 친목단체인데 이북 사람들끼리 모임을 가지니까 좀 의심을 가지더라고요. 우리는 그게 아닌데. 그래서 '이럴 바에야 … ' 카면서 해산하자 캤지요.

한 달에 한 번씩 회식을 했어요. 내 돈으로요. 돈을 많이 벌이니까. 회식도 하고 친목을 다지며 잘해 나왔는데. 회비도 대주고 장학금도 주고요. 이래가지고 했는데, 정부에서 별로 좋게 생각하지 않더라고요. 그래서 '이럴 바에야 … 우리가 좋은 일 하면서 나쁘게 인식 받겠나?' 그냥 해산해 버렸어요. 그때 25명이 모임에 참여했지요. 해산할 때 내가 현찰 100만원씩 주었어요. 그라고 나서도 … 뭐~라 캅니까? 이북에서 넘어온 탈북자단체 … 사실은 내가 탈북자가 아니지요. 그래도 탈북자[단체]에다 나를 넣어놓고. 지원 받을라고 나를 가입시켰겠지요. 그래서 내가 거기에도 기부를 많이 했어요. 돈도 많이 대주고 책도 주고 했는데, 이제는 모두 끝났어요.

한 10여 년 전에 해산했지요. 정부에서 별로 안 좋아 하대요. 좋은 일이지만, 좋은 일 하면서 우리가 의심받을 바에야 차라리 해산하자 캤지요. 그때는 중앙조직이 생겼지요. 사실은 내가 탈북자가 아니지요. 지원도 많이 했어요. 지금은 모두 끝났어요.

그런데 한 가지 좀 섭섭한 거는 전쟁나기 전에 대한민국 육군 중사 아닙니까? 대한민국을 위해서 죽음을 무릅 쓰고 나라를 위해서 몸 바쳤는데, 6.25전쟁 때 불행하게도 미아리 전투에서 포로가 되었어요. 끌려갔는데 여기서 죽었다고 연금 타고 제사지내고 다했잖아요? 전사자 처리해서요.

그런데 살아오니까, 자수를 했는데도 뭔가 모르게 자꾸 의심을 하더라고요. 이북에서 김일성 교육을 받았다고요. 나는 철저한데, 확실한데. 나라를 위해 몸 바쳤다가 대한민국 고향으로 왔는데. 내가 참 대한민국을 위해 몸 바쳤는데 의심을 받으니까 내가 좀 섭섭하더라고요. 수사기관에서 조사도 하고, 한 번씩 이북에서 간첩이 들어오면 혹시 만났는가 접선하는가 이상하게 생각하더라고요. 그게 제일 섭섭하더라고요. 세월이 가면서 해결이 되었거든. 와 봐야 깨끗하거든. 그렇죠.

내가 대한민국 중사로서 몸 바쳤다가 참 불행하게도 포로가 되어 이북에 끌려갔다가 이북의 정치교육을 받고 왔어요. 24년간 받고 왔어요. 대한민국에 남파될 때는 간첩교육 받고 왔을 게 아니오? 밀봉교육, 간첩교육 받고 왔어요. 받았는데 … 사람이 충성을 다할라고 군에 갔는데, 역적은 될 수 없잖아요? 아무튼 일정한 기간까지는 의심을 받았어요. 그건 사실입니다. 좀 섭섭했지요. 그러나 세월이 가고 나라가 자꾸 이러니까 반공교육도 많이 다녔어요. 표창도 많이 받았고요. 그런 거는 세월이 가면서 해결되었어요. 나는 참 하나밖에 없는 조국이지만, 둘도 없는 이 나라를 위해 희생됐는데. 그게 내가 생각하기에는 좀 섭섭했는데. 정책적으로 당연히 그렇게 되었으니까, 세월이 그렇게 만들었으니까요. 그건 세월이 가면 해결되는 거죠.

나는 침술의 후대 전승 계획은 아예 안 가졌습니다. 왜 그러냐고요. 너무 힘이 들어서요. 나는 이건 나만 해먹지, 대를 이어주는 거는 안 되겠다 카는 판단을 한 거지요. 자식한테는 이걸 물려주어서는 안 되겠다 싶은 생각이지요. 나는 이왕 배운 도둑질이니 해먹지마는, 자식은 좀 더 좋은 직업으로 편안하게 살 수 있는 길을 택하도록 하겠다는 거지요.

나는 너무 애를 먹어놔서 자식한테는 이걸 물려줄 생각이 없어요. 내가 한 대(代)에 고생하면 됐지, 자식한테까지 이걸 물려줘서는 안 되겠다 생각했어요. 권유조차 안했어요. 그쪽으로 공부시켜주지도 안하고요. 딸은 학교 선생질 합니다. 유학 갔다가 이제 왔어요. 결혼을 안했어요. 아들이 그 밑이지요. 딸은 35세, 아들은 32세요.

사회사업은 부인이 주로 했지요. 부산시 부녀협의회 회장, 평통(평화통일국민회의) 자문위원, 평통 상임위원. 그래가지고 작년에는 국민훈장 목련장 받았어요. 나도 그런 거지요. 둘이서 같이 했지요. 나는 귀순자를 위해서 하고요. 거기는 부녀회, 평통 계통으로 하고요. 돈도 많이 들지요. 돈 벌인 거 거기 다 줬잖아요. 한 10억 들었습니다. 지금까지요. 돈 벌인 거는 전부 사회사업 다 하고 지금은 없습니다. 여기 집만 있지요. 전부 사회에 환원했잖아요. 사회 사업한 보람이 결국 국민훈장 받았고, 나는 사회적으로 참 사실은 존경받고 있다고 봐야죠.

사람이 태어났다가 자기 마음대로 못하는 게 두 가지입니다. 재산을 아무리 모으고 싶어도 한계가 있고, 자식을 아무리 출세시키고 싶어도 안 됩니다. 절대 안 됩니다. 이 두 가지는 어떤 사람이라도 아무리 복 많은 사람이라도 안 됩니다. 절대 안 됩니다. 그 두 가지는 어떤 사람이라도 아무리 복 많은 사람이라도 안 됩니다. 자연에서도 마찬가지지 않습니까? 공작새가 참 모습은 좋잖아요? 좋죠. 노래는 못 부릅니다. 꽥꽥! 소리 지르잖아요? 모든 만물이 인간뿐만 아니라 자연에서도 그렇고, 다 좋게 해줄 수가 없잖아요? 한 가지 좋게 해주면 반드시 한 가지는 불리하게 되죠.

(연구자가 북한가족 생각이 많이 나지 않느냐고 묻자) 안 납니다. 왜 안 나느냐 하면, '올라갈 수 없는 나무는 쳐다도 보지 마라'고 벌써 포기해버렸기 때문에 그걸 머리에, 염두에 둘 수 없지요. 잊어버렸습니다. 완전히. 누가 얘기하면, '아하!' 카지요.

그런데 10년 전에 연락을 한 번 받았어요. 어떻게 받았냐 하면, 아침 5시에 침술원 문을 열었는데 전화가 왔어요. 새벽 5시에. 옛날에는 4시부터 일했거든. 문을 여니 전화가 왔는데, "중국입니다." 카더라. "내가 이북 가족을 조금 알고 있는데, 소개를 해줄까요?" 해요. 큰 아들은 뭐고, 둘째는 뭐고, 셋째는 뭐고, 막내딸은 뭐고 … 가족관계를 이야기했는데, 다 알아요. 이름도 성도 나이도 다 맞고, 마누라도 맞는데. 그게 다 맞는데 다만 요구가 "돈 50만원만 송금해 주면 좀 더 자세히 알려주겠다."카는 전화를 받았어요.

그런데 한 일주일 후에 안기부에서 조사가 나왔어요. "이북에 전화 걸었나?"고 해요. 그래서 "여보시오. 내가 아침에 나와서 전화를 받긴 했어도 한 일은 없다. 할 수도 없고." 캤지요. 그런데 조사가 나왔어요. 그래서 "여보시오. 그럼 당신네들이 전화를 받았으면 나보다 더 잘 알 게 아니가? 밤중에 홍두깨이듯이 한데 …" 카니까, 나보고 큰소리친다고 해요. 그러면서 "당신 그러면 백(배경)이 있나?" 캐요. 그때 김영삼 시대 때 박관용 씨가 국회의장 했는데, 우리 집안 동생 됩니다. "박관용이 비서실장 있다." 카니까 좀 숙져요. 그런 사건이 한 번 있었는데, 여기 와서도 한동안은 의심한 거는 사실이라. 요새는 의심 별로 안하는데.

내가 나올 때 큰 아이가 16세 때 헤어졌으니까 … 38년 되었으니까 한 오십 넘었겠지요. 아들 서이, 딸 하나. 16세, 13세, 10세, 6세 등이었지요. 막내도 지금은 마흔이 넘었지요. 지금 잘 살고 있을 걸요. 나도 이만하면 잘 됐다고 봐야지요. 그렇지요? 자본주의 사회에 와서 돈도 벌일 만큼 벌이고, 사회사업도 했고, 좋은 일도 했고, 인생에 나왔다가 뭐 다른 일이 있습니까? 그러면 좋은 일이지요.

■ 환자와의 감응술(感應術)과 인술 실천

두 달 전에 부산 모 의학박사가 소문 듣고 왔어요. 아침 10시쯤 왔어요. 그날 약 70명쯤 치료했거든요. 병원에 가면 진찰해가지고 청진(聽診), 타진(打診) 그런 거 다 해가지고 치료해야 할 거 아닙니까? 환자한테 질문도 안하고 들어오는 사람마다 여자는 이 방, 남자는 저 방 들어가게 하고 그냥 무조건 침을 찔러대는 겁니다. 다 끝나고 나서 원장이 "좀 알아봅시다. 어떻게 진찰하고 어떻게 치료합니까?" 카면서 묻는 기라요.

진찰 안합니다. 침술원 들어올 때 벌써 아픈 사람들은 표시하고 옵니다. 허리 아프면 구부리고 들어오고요. 그렇잖아요? 배 아프면 구부리고 들어오고요. 들어올 때 각기 표시하고 들어오거든. 물어보기도 하지요. 한마디 물어볼 수도 있고, 안 물어볼 수도 있기도 한데. 그냥 찌릅니다. 그러니 치료가 좀 이상하잖아요? 그럴 수가 없죠? 환자를 청진, 타진 등 진찰기를 대가지고 치료해야 하는데, 왜 진찰도 안하고 제대로 물어보지도 안하고 그냥 치료하는가 이기라. (웃으면서) 그게 좀 문제지요.

눈물이 난다 카면, "손수건 하나 줄까요?" 카면서 내가 말로써 농담도 하는데, 침 카면 벌써 공포가 생기잖아요? 무섭지요. 그래서 환자들을 웃깁니다. "하품 난다." 카면, 상품(上品) 다 팔아먹었으니까 남은 건 하품(下品) 밖에 없잖아요? 젊었을 때 상품 다 팔아 먹었기 때문에 남은 것은 하품뿐일 거 아닙니까? "웃긴다."다 카면, "해수욕장 가세요." 캐요. 물에 뜨는 게 '우끼(うき)' 아닙니까? 가을철 감나무 밑에 가면 '툭!' 카는 데 가면 생감이고, '착!' 카는 데 가면 홍시라. 그런 식으로 농담 비슷하게 우스개 소리도 한마디씩 합니다. 간호원은 말한다고 나보고 모라 캅니다 (나무랍니다). 환자 보고 그런다고요.

또 노래도 부르지요. 노래도 흘러간 노래, 남인수, 고복수, 현진이, 백년설이 '신라의 달밤', '나그네 설움' 등등을 부르다가 안 죽고 남은 게 나훈아, 조용필, 설운도, 송대관, 현철, 태진아 있잖아요? 그러면서 노래도 한마디씩 불러요. 노래 부르면요. 박수가 납니다. 한곡 더 부르라고 해요. 간호원은 노래 부른다고 자꾸 뭐라 캅니다. 사람은 기분을 맞추어야 병이 낫지, 그렇잖아도 침이라 카는 기 공포를 유발시키는데 거기다가 무조건 찌르면 안 되거든요. 여담 같지만, 그런 부분도 좀 있어요. 양의사는 그런 거 없잖아요.

침술은 복잡합니다. 경락이란 게 있고, 경맥이란 것도 있어요. 경락하고 경맥을 통해가지고 치료가 되는 거예요. 현대의학으로는 경락, 경맥 카는 걸 모르잖아요? 눈에 보이지 않는 경락 하고 경맥을 통해 시술하는데, 그런 거 다 이야기할라 카면 끝이 없고요.

환자가 들어올 때 첫눈에 어디 아픈지를 어느 정도는 알지요. 딱 보면 알지요. 환자가 들어올 때 표시하고 들어오잖아요? 성한 사람처럼 들어오지 않지요. 물론 어디 아픈지를 물어도 보지요. 간호사는 안 물어보고 한다 카는데, 물어도 보긴 하는데. 금방 이야기했다시피 환자를 안심시켜 놓고. 환자 마음이 안심이 되어야 하는 기 아닙니까? (경청하는 환자를 가리키며) 저 사람한테는 여담이지만, 침이 흐르면 "손수건 하나 줄까요?"라고 해보지요. 그런 식으로 환자를 안심시켜야 합니다. '침' 카면 누구나 다 공포를 가지잖아요. 아픈데 안심시켜 놓고 치료하면 더 좋지요. 그런 것도 있고, 여러 가지 이야기가 있는데, 이거는 모두 말로 되는 게 아니고.

뜸도 뜨지만 될 수 있는 대로 본인에게 뜸자리를 표시만 해줍니다. 옛날에는 뜨주었지만, 연기도 나고 또 냄새가 나니까 혼자서는 복잡해서 안돼요. 옛날에는 뜨주었으므로 "왜 요즘은 안 뜨주나?" 카기도 해요. 그래서 표시만 해주지요. 뜸뜨면 또 돈 더 주어야 되거든요. 시술료는 첫날은 2만원, 둘째 날부터는 1만원씩 받아요. 우리 집에 현재 시술 수가가 그렇습니다. 침구사협회에서 정한 시술료는 침, 뜸이 각 2만원, 왕진료는 5만원으로 되어 있어요. 요새는 10만원 줘도 안갑니다. 왕진료는 보통 대학병원에 가면 10만원 줍니다. 가면 내가 달라고 안해도 본인이 10만원 줘요.

의사로서는 이 환자를 정신력을 가지고 어떤 일이 있어도 고치겠다는 각오와 정성이 필요하지요. 농담을 하면서도 정신관계는 필요하죠. 이 환자를 안정을 시켜가지고 기를 넣어가지고 고쳐주겠다는 것 때문이지요. 내가 환자들에게 흘러간 노래도 부르고, 와이당(わいだん, 농담)을 하고 여러 가지로 하거든요. (웃으면서) '웃긴다.' 카면 '해수욕장으로 가라' 카고, '하품 난다.' 카면 '상품(上品)은 다 팔아먹었기 때문에 하품밖에 없다.' 그 말도 되지요. 그거는 아무나 못합니다. 와이당도요. 금방 말 떨어지자마

자 바로 해야 되지, 한참 생각하면 와이당이 안됩니다. 말이 딱 떨어지면 바로 집어넣어야 와이당이 되지, 생각해가 하면 와이당이 안됩니다.

나는 노래나 와이당 이런 것도 인술을 베푸는 시술의 연장선으로 보지요. 노래를 부르는 것도 환자한테 맞는 노래를 불러야 됩니다. 이 환자가 무엇을 요구하는가에 대해서요. 환자가 언어장애를 받아서 오면, 노래를 시켜봅니다. 노래 중에서 받침 없는 오래를요. '대전 브루스' 같은 노래는 받침이 덜하잖아요. 시키지요. 시키면 잘 불러요. '잘 있거라. 나는 간다. 이별의 말도 없이. 떠나가는 새벽열차 대전 발 영시 오십분.' 이렇게 나오거든. 그러면 환자는 기분이 좋잖아요. 그러면 이때 환자에게 침을 시술합니다. 기분 좋으니까 잘 듣는다고(시술 효과가 좋다고요). 기분에 죽고 사는데, 뭐 기분 좋으면 환자들도 … 그러면 노래시킵니다. 실제로 그럽니다. 노래시킵니다. 시키면 하지요. 잘 합니다. 말 더듬는 사람이 노래는 안 더듬습니다. 이미 머리에 입력이 되어 있게 때문이지요. 그러면 기분이 좋거든. 그럼 치료합니다. 기분 좋으면 업고 들어와도 나갈 때 걸어 나갑니다.

그건 내 기하고 환자와의 합일(감응)에 의해 시술 효과가 나지요. 내 기가 환자의 몸속에 들어가지요. 그것도 일종의 의술입니다. 그렇지만 환자가 들어오면 "어디 아프노?" 해가지고 막~ 갔다 찌르고 피나 쑥~ 뽑고 "나가세요. 저기서 기다려요." 카면 되겠어요? 여기 의사가 한번 왔다가 시술하는 것 보고 놀랩니다. 질문하죠. "우째 그리 아느냐?"고요. 환자가 들어오는 걸 보면 다 알잖아요. 환자가 아픈 표시하고 들어오니까 물어볼 것도 없잖아요. 그리 안하면 또 환자를 다 못 봅니다.

환자가 하루에 몇 백 명, 몇 십 명 밀려오는데 이들을 다 처리해야 될 게 아닙니까? 하기는 해야 되겠고, 시간은 없고 지엽(지겹)잖아요. 지엽우니까 와이당 해놓고 노래 … 환자들에게 노래도 한 번씩 불러놓고 안심을 시켜놓은 다음에 시술합니다. 그리 합니다. 필요할 때는 디스코 춤도 추고요. 잘 춥니다. 그런 것이 다 인술에 속합니다. 모르는 사람들은 좀 이상하게 생각합니다. 기분이 좋아야 되잖아요. 여기 들어오면 … 침 카면 벌써 정신적으로 기분이 안 좋습니다. 침 카면요. 그것 자체가요. 그래서 들어오면 마음에 안정을 시켜놓고 시술하니까. 거기에다 내 기를 넣어주고 하니까 낫게 되어 있어요.

이 세계에서요. 여자 궁디(엉덩이)~ 내만치 많이 본 사람은 더물(희소할) 겁니다. 진짭니다. 다 봤습니다. (농담조의 웃음으로) 날씬하면 고속도로, 동그라면 다마내이(양파)이고, 쑥 들어가면 오리 궁둥이고, 크면 시베리아 벌판이고 … 이런 우스개 소리도 많이 합니다. 노래도 부르고요. 내가 농담도 많이 합니다.

그런데 의사는 시술하기 전에 환자의 마음을 안정시켜야 합니다. 그렇잖아도 침이라 카면 누구나 공포를 가지거든요. 침이라 카면 누구나 겁을 내잖아요. 그러므로 안정을 시켜놓고 웃도록 만들어놓고 그 다음에 시술해야 합니다. 무조건 시술만 한다고 되는 게 아닙니다. 환자를 안정시켜놓고 그 다음에 하면 마음이 안정되거든요. 그러면 치료도 효과가 있어요.

사람은 기분에 죽고 살잖아요. 기분 나쁘면 저거 아버지도 때려죽이는데요. 환자가 기분이 좋으니까 '와~ 이게 낫더라.' 카지요. 또 정신적으로 '여기만 가면 낫는다.' 카는 생각을 가지고 옵니다. 믿음이죠. 실제로 치료해보면 또 낫거든요. 병원에서 죽는다고 집에 가라고 캐 가지고 여기 오면 사흘이면 혼자 딱 걷습니다. 그런데 '그거는 과학이 아닌데도 우째(어떻게 해서) 낫느냐?' 카면 나도 그거는 말 못합니다. 그건 비결이 없어요. 그걸 무엇이라 해야 할까요. 그걸 '신비'라 캐야 할까요. '비술'(秘術)도 있겠지요. 그런데 그거는 내가 안다고 생각하지도 않고 모른다고도 생각하지 않아요.

나는 기(氣)가, 내 기가 환자하고 … 기를 받아야 합니다. 내 기를 환자한테 넣어주어야 합니다. 기를 가지고 내 힘을, 내 능력을 환자한테 주입을 시킵니다. 그러면 기를 통해서 많이 도움이 된다고 봐야지요. 침을 통해서요. 그렇잖으면 왜 낫는지를 나도 모릅니다. 내가 정신적으로 '어떻게든 이 환자를 고쳐줘야 되겠다. 이 환자는 나 아니면 못 고친다. 내 기를 가지고 이 환자를 살려주겠다.' 카는 정신력, 그게 환자한테 들어가면 병이 낫지 싶어요. 비결이 그기(그것이)라. 비결 카는 게 바로 그거 아닙니까? '비'(秘)라 카는 거, '신비'라 카는, '신'이라 카는 게 귀신 '신'(神)자 아닌교? '비'는 비밀 '비' 자라고. 그렇잖아요? '신비의 침술'이지요.

내가 가지고 있는 능력, 이 기를 환자한테 넣어가지고 기를 통해서 병을 고쳐준다는 거지요. 실제로 이런 부분을 침술과정에서 느끼지요. 정신력으로 내가 '이 환자는 고쳐야 되겠다.' 카는 게 딱 들어갑니다. 농담하면서도 어느 구석에는 기를 넣어준다고요. 기가 들어갑니다. 그럼, 기가 뭣이냐 하면, '신비'라 카는 거지요. 신비. 귀신 같은 비밀이 있다는 거지요. 그걸 과학적으로 이야기 하라 카면 좀 ….

여기 한번요. 부산의 유명한 박사가 침 배우려 왔어요. 아니, 배우려온 게 아니고, 소문이 워낙 났으니까 견학 겸 한번 보려고 왔어요. 와서 보니까, 자기는 한 사람 대놓고(앞에 마주하고) 진찰하잖아요? 환자를요. 여기는 진찰도 하지 않고 그대로 눕혀 놓고 침을 막~ 찌르거든. 그러니까 오는 사람마다 업고 들어와 가지고 좋다 이기라. 내가 하루에 70, 80명 치료를 하는데, 의사가 "그럼 우째 이걸 알고 치료를 합니까?" 이래요. 그래서 내가 "그거는 우째 아는 게 아니고, 내가 이 환자를 정신력으로서 내 기를 좀, 살려 주겠다 카는 … 내가 가지고 있는 기로, 힘을 넣어 줘 가지고 이 환자를 꼭 살려야겠다는 …" 그런 거지요.

그게 뭣이냐 카면, 옛날 허준 선생이 과거 보러가다가 환자가 생겼어요. 그래서 그 환자를 고쳐주느라 과거도 응시 못했어요. 그 환자를 살려주고 갔어요. 그런데 과거가 급할 게 아니오? 하지만 과거보다 더 급한 것은 생명이다 이거라. 그래서 환자를 치료해 줬거든. 그게 허준 선생의 '비결'입니다. 허준 선생은 과거보다도 생명을 먼저 생각하겠다는 겁니다.

의술(醫術)하고 인술(仁術)하고는 다릅니다. 인술을 베풀면 돈은 자연히 들어온다 이거라. 생명을 살려줬기 때문에… 그렇잖아요? 그런데 그게 인제 현대의학으로서 좀 문제되는 거는 의사들이 환자를 위해서 정신을 쓰는 게 아니라, 돈을 많이 주면 한다 이거지요. 의사는 직급이 있잖아 요? 3백만원부터 3천만원까지 있거든. 그러니 돈 많은 데로 가잖아요.

무의촌에 병원이 생기면 거기는 정부에서 보장을 안 해주면 안됩니다. 의사 하면 다 부유층인데, 그럼 돈을 떠나서 환자 생명을 살려 주겠다 카 는 인술을 베풀어야 되는데, 우선 돈을 벌어가지고 나도 좀 편안하게 골 프 치고 좀 놀러 다녀야 되겠다는 그런 생각을 가지면 그거는 의술입니 다. 인술하고 의술하고 차이는 바로 그겁니다. '돈을 먼저 생각하면 의술 이고, 환자를 먼저 생각하면 인술이다.' 이렇게 말하면 현대의학에서 의 사들이 나보고 좀 나쁜 놈이라고 할지는 몰라도 나는 그렇게 생각합니다. 듣기 싫어도 할 수 없지요. 인술이 먼저입니다. 돈보다도 인술을 먼저 베 풀면 돈은 뒤 따라 옵니다. 돈이 자연히 따라 오잖아요.

병 고쳐준 공을 모르는 사람이 어디 있습니까? 병이 나으면 소문을 내 고, 그러면 환자를 몰고 오고요. 바로 이거지요. 그것을 먼저 생각해야지 요. 그게 인술하고 의술하고 차이나는 바로 그겁니다. 돈을 먼저 생각하 면 안 됩니다. 환자를 먼저 생각해야 됩니다. 그게 바로 허준 선생의 정 신입니다. 허준 선생 정신이 '의사가 되기 전에 인술이 먼저 되라.' 카는 말이 있어요. 의사가 되기 전에 인술을 먼저 베풀어라 그거지요. 이건 아 무나 안 됩니다. 그건 누가 시켜서 되는 게 아닙니다.

■ 시아게(재침, 再鍼) 침술법과 시술 용어

한 번 하는 것은 '초진'이고 두 번 하는 것은 '재진' 아닙니까? 왜놈

말로는 '시아게(しあげ)' 카는데. 우리나라에 현재 특히 부산 같은 데는 일본 사람들이 많이 오기 때문에 한국 말하고 일본 말하고 섞여있는 게 참 많아요. 현재도요. 아이들도요. 구멍 뚫어진 데 '펑크 났다.'고 해요. 아이들이요. 세 살짜리들이 뭐 압니까? 어른들 하는 말 듣고 하지요.

모든 환자들에게 두 번씩 시술(시아게) 하는 게 아닙니다. 병에 따라서요. 예를 들어, 뇌경색이나 중풍, 그 다음에 위장병 … 위장병이 있으면서도 머리 아플 수도 있거든요. 병에 따라서 … 위장병 시침하고 또 뒤에 '시아게' 카면서 머리 아픈 거 하고 같이 침을 놔요. 배꼽 위에는 같이 할 수 있어요. 허리와 다리는 또 같이 할 수 있고요.

침이라는 거는 같이 시술할 수 있는 것도 있고, 같이 해서는 안 되는 것이 있지요. 그게 구분되어 있어요. 허리 아플 때는 위에는 손대면 안 되잖아요. 허리 아프니까 이때는 허리만 하면서 다리는 밑에 붙었잖아요? 관절염이라든가 발목을 삐었다든가 발이 아프다든가 그럴 때 두 번 시술 하는 걸 왜놈 말로 '시아게' 캅니다. '두 번' 카는 말보다도 일본 말이 더 빠르거든요. 또 처음 [침을] 맞는 것은 '처음 맞는다.' 카는 것보다도 마~ 말 듣기 좋도록 '도끼다시'(とぎだし) 카고요. 도끼다시. 두 번째 맞는 것은 '시아기'라 카고요. 말하기 쉬우니까요. 그리고 특히 부산 사람들은 외래어가 많아 들어가요. 서울 사람들보다는요.

효과를 더 높이려고 '시아게'를 하는 게 아니고요. 병에 따라서 두 번 해야 되는 게 있고, 한 번 해야 하는 게 있지요. 그렇잖아요. 머리 아프고 위장병 있는 데 … 머리가 아프면서도 속도 안 좋다고 할 때는 두 번 해야 안 되겠습니까? 앞에 맞고 뒤에 또 한 번 더 하는 기 있고.

다른 침술사들도 시아게 하는지 모르겠지만, 그건 못하지 싶어요. 왜냐 하면 침은 다른 사람이 할라 캐도 침술에 대한 건 뭔가 좀 알아야 되는 데, 한의사는 여기 목 뒤에는 안 놔줍니다. 왜? 급소니까 위험하기 때문 이지요. 알고 보면 급소가 아닌데, 모르면 급소입니다. 한의사가 양의사

하고 다른 점은 양의사는 의대를 졸업하고 다시 인턴, 레지던트 통해가지고 전문의 자격 따야 의사가 되잖아요? 한의사는 가르쳐주는 선생은 이론적으로만 가르쳐 주지, 실습할 데가 없잖아요? 실습을 환자한테 할라카니까 안 됩니다. 그래서 한의사와 양의사 차이가 바로 그겁니다.

목 뒤는 좀 급소이므로 잘못 찌르면 안 됩니다. 우리는 눈 감고도 합니다. 눈 감고도 혈(穴)을 잡습니다. 봉사가 아이 낳을 때 자꾸 주무른다 안 캅니까? 뭣인지 모르니까요. 봉사는 주물러서 조지고(일을 그르치게 하고), 나는 찔러 조지고, 약국에는 묵어 조지고 … 하하하! 약국에는 약을 먹여야 되잖아요? 그런 말이 있잖아요? 아무렇게나 씨부려도(말을 해도) 말이 맞아요. 그런데 이 세상에는 만물이 철학적으로 분석하면요. 여러 가지가 문제가 되는데, 기(氣)라 카는 게 ….

침놓는 것은 '시술'(施術) 카지요. 사투리로는 보통 옛날 말로 '놓는다.' 카지요. '침 놔 주세요' 카지요. 그러면 어떤 여자가 "침 놔주세요." 카거든요. "그럼 지금 놓고 있지, 붙들고 있습니까?" 카면서 농담도 하지요. 인제 허리 맞으면 다리가 아프잖아요? 허리 맞고 나서 다리도 더 놓아줄 필요가 있잖아요. 그런 거는 인제 '시아게'라 카거든요. "두 번째 놔주시오." 카기보다는.

우리가 왜놈 밑에 있었기 때문에 왜놈 말이 더 쉬운 게 많아요. 그러니 간호사도 그냥 따라서 그렇게 하지요. 왜놈 말은 우리말보다 … 우리가 왜놈 밑에 있었기 때문에 왜놈 말을 해서는 안 되지마는 말 알아듣기 쉽게 그냥 일본말이 막 나오는 경우가 많습니다. 특히 부산 같은 데는 일본말이 많이 섞여있습니다. 그렇잖아요? 이북에는 개장국이지 보신탕 소리는 안 하고. 개장국, 돼지국밥, 소고기국밥 이런 것만 하거든. 그런데 여기는 설렁탕, 육개장, 보신탕 이렇게 말하니까 좀 이상하지요.

용어들이 이북 말하고 여기하고 다릅니다. 이북 사람들이 여기 오면 외국 온 기분이 난답니다. 간판 같은 게 전부 외래어가 되어 있으니까요.

그리 생각해요. 내가 말하는 게 아니라, 그 사람들이 그렇게 말해요. 내가 옛날에는 귀순자 단체에 있으면서 협조도 많이 하고 그랬는데, 지금은 물러났죠. 지금도 어떻게 보면 귀순자 단체한테 공로를 했는데.

■ 시침(施鍼) 시간과 자입(刺入)의 정도

바쁘니까 내가 침 꽂아놓고 나면, 빼는 건 간호원이 합니다. 시침하는 시간을 모두 알고 뺍니다. 시간이 다 정해져 있어요. 기준이 있거든요. 꼭 그렇게 하라는 것은 없지만, 시술과정에서 꼭 지켜야 될 부분이 있어요. 보통 위장병은 한 시간 정도 있어야 되고.

시술료는 이전하고 비교해보면 변화가 있지요. 내가 처음 와서는 1회 시술에 200원 받았어요. 70년대에 200원 받다가 300원 하다가 1천원 하다가, 5천원씩 했는데. 서울 사람들이 우리 집에서 회의를 했어요. "1만원 받는데, 너희는 왜 5천원밖에 안 받나?" 캐요. "그럼 좋다. 서울 손님 뺏을라 칸다고 그러는데, 내가 1만원 받겠다." 캤어요. 그러고는 이튿날부터 1만원 받았어요. 한 이틀 동안은 환자가 적어졌지만, 이후부터는 더 많이 와요.

5천원 받을 때보다도 1만원 받으니까 더 많이 와요. 왜냐하면 유명한 줄 아니까요. 돈이 문제가 아니라 찔러서 나으니까, 소문난 데니까 5천원 하는데. 1만원 받으니까 "와! 거기 잘하는 모양이다."라고 생각하지요. 다른 데는 1천원, 2천원 하는데, 1만원 받았으니까 5천원 받을 때보다 한 이틀 지나니까 환자가 더 많아져버렸어요. 그래서 돈을 더 많이 벌었어요.

지금도 그렇잖아요? 의료보험 하는 데는 3천원 아닙니까? 2천원도 받고. 나이 많은 사람들은 1천5 백원도 받고. 그런데 한의사들은 정부에서 70%를 받잖아요. 나는 그거는 없지. 정부에서 받는 거는 없지요. 그 대신에 세금도 인정과세입니다. 옛날에는 세금을 참 많이 내었는데, 지금은 나이도 많고 환자도 적은데 ….

침술 허가 냈는지가 1979년도니까 1981년부터 아마 1만원 받기 시작했을 겁니다. 서울에서는 2만원, 3만원 받지요. 그런데 지금은 2만원 받습니다. 첫날은 2만원 받고 둘째 날부터는 1만원씩 받습니다. 의료 수가는 3만원으로 되어 있습니다. 대구 있는 진기업[8] 씨도 아마 2만원 받을 긴데? 그런데 내가 보기에는 5만원 받아도 환자들이 올 것 같아요. 5만원 받아도 옵니다. 모르는 사람들은 비싸다고 할지도 모르지만, 그냥 바로 오는 사람이 있기도 하고.

환자 1인당 시술시간은 보통 30분 정도지요. 20분 내지 30분입니다. 보통 그런데 그것보다 더 빨리 끝나는 경우도 있어요. 예를 들어서, 사혈(瀉血)하는 거, 피 빼는 거요. 발목을 삐었다든가 하는 거는 1분도 안 걸리지요. '탁탁!' 하면 끝납니다. 피 빼면 끝납니다. 그게 침 아닙니까? 사혈하니까요.

그러니 업고 들어와서 그 자리에서 걸어 나갑니다. 그거는 아무도 못 합니다. 피를 빼도 잘못 찌르면 안 되거든요. 그렇잖아요? 잘못 찌르면 안 되는데, 그걸 우리는 자신이 있기 때문에 마~ 그 자리에서 찔러 버립니다. 눈 감고도 찔러요. 내 눈 감고도 할 수 있어요. 눈 감겨놓고 침 찌르라 캐도 할 수 있습니다. 봉사는 아이 낳아가지고 만져봐야 할 게 아닙니까? 사람이 촉각이 있습니다. 예를 들어서, 내가 침을 손에 잡았습니다. 침을 잡으면 손에 대면, 눈을 감고도 침을 손에 들고 여기 대면 촉각이 있거든요. 요게 굳은가, 뼈인가, 궁디~인가, 다리인가 알 수 있잖습니까? 압니다. 눈 감고도 알지요. 눈 감고 대면, '이건 살이다. 이건 손가락이다. 여기는 코다. 여기는 귀다.'는 것을 알지요. 눈 감고도 알지요. 단련이 안 되어도 누구나 알 수 있어요. 그거는 손대면 만져보면 알지요. 혈 자리도

---

8 1925년생, 진침술원 원장

그렇게 잡을 수 있지요. 혈이라는 것은 경락이니까 이건 뼈이다, 손이다, 이건 어디다 카는 게 반겨보면 알 수 있지요. 손에 촉각이 있잖아요.

그런데 코 밑에 피를 빼잖아요. 코에다 피를 빼거든요. 콱 찌르지요. 의사도 놀래지요. 잘못 찌르면 끝납니다. 코 밑에 넣어보면, 코에 대였는 가, 잘못 들어갔는가 압니다. 손에 촉각이 있잖아요. 손에 촉각 가지고 다 하지요. 손에 대어보면 알잖아요. 눈 감고 봉사가 뭐로 압니까? 촉각 가지고 하잖아요. 비염, 축농증, 비우성비염, 알레르기성비염 등 여러 가지가 있잖아요. (조금 전 잇몸에 시침한 사례를 들며) 그거는 풍치(風齒) 치료였지요. 침으로 다스려요. 피를 빼면 이가 시원하고 통증이 없습니다.

침을 찌를 때는 깊이도 중요하지요. 그건 촉각으로 가늠합니다. 깊이 찌르는가 얕게 찌르는가 손을 대보면 알잖아요. 알지요. 손을 대면 여기가 어딘가 다 알지요. 봉사라도 만져보면 다 압니다. 여기가 피부인가 아닌가, 고추인가 불알인가 전부 다 알 수 있잖습니까? 엉덩이는 혈이 깊습니다. 그런 데는 깊이 찔러야 합니다. 거기에는 놓는 침 종류도 다르지요. 한의사 침은 다른데 … 내가 놓는 침은 옛날 침입니다. 침이 좀 굵고 큽니다. 한의사는 그런 거 안 하잖아요. 한의사는 수지침(手指針)이라 하는 건데, 머리카락 같은 그런 거고. 손바닥에 놓는 그거지요. 수지침.

시침 깊이는 병에 따라서 다르지요. 위장병 같은 것은 한(약) 10㎝정도 들어가지요. 한 3㎝ 내지 5㎝까지 들어가지요. 좀 깊이 들어갑니다. 위까지 들어가요. 위 안에까지. 위 부위를 찔러보면, 촉각으로 위인가 아닌가 압니다. 여기가 위 같으면 주위에까지 들어갑니다. 손끝에 촉각이 있어가지고 살밑에 깊은가 얕은가 얼마쯤 들어갔는지를 안다니까요. 그걸 모르겠습니까?

시침 깊이는 한계가 있지요. 위가 뚫어지면 됩니까. 안 뚫어지도록 해야죠. (웃으며) 위가 뚫어지면 똥 싸는데요. 그건 많은 경험을 가지고 해야지, 말로 가지고 깊이를 이야기할 수 없어요. 어쨌든 손의 촉각을 가지고 깊이를 측정합니다.

(구술자의 손을 만지며 "하늘이 낸 손입니다"라고 말하자, 웃으면서) 맞습니다. 침을 찌를 때 왼손으로 침을 잡아야지요. 오른손으로 찌르고. 침이 구부러지지 않도록 하기 위한 것도 있지만, 침을 손에 쥐어야 찌를 거 아닙니까? 왼손은 침을 잡는 기고, 오른손은 찌르는 기고. 협조를 해야 되는 것 아닙니까? 침을 하나씩 잡고 찌르면 너무 시간이 걸릴 것 아닙니까? 왼손에다 침을 한 옴큼 쥐고 밀어주고 오른손으로 자꾸 찌르잖아요. 1분 동안 몇 십 개씩 찌릅니다. 타타타닥 합니다. 1분 동안 몇 십 개씩 찌릅니다. 벌써 나래가 된(몸에 익어 숙련이 된) 일인데 … 35년, 40년 동안 이북에서까지 근 60년을 침을 했으니까네, '서당 개 3년이면 풍월을 지른다'고 손에 익은 거 아닙니까? 하나씩 하면 시간이 걸리니까 한 옴큼 쥐고 찌르지요.

침을 빨리 찌른다고 효과가 더 나는 건 아니고요. 관계없는데, 하나씩 찔러도 되는데 환자가 많으니까 그렇게 할 시간이 없잖아요. 나래가 되어 있으니까 타다닥 하는 사람들은 … 이것은 자기의 직업이라요. 한 가지 직업을 오랫동안 하면 그리 되게 되어있어요.

■ 덕은침술원의 일상과 운영방식

나는 영업 광고 그런 거 선전한 게 아무 것도 없습니다. 달력을 내었는데, '덕은침술원'을 해도 거기에다 '간첩'이란 말은 못하겠어요. 환자들이 저그가 입을 통해 '간첩 침쟁이'라 캤지, 내가 간첩이란 말은 안했어요. 하지만 간첩이란 걸 아니라고는 할 수 없잖아요? 간첩으로 나왔으므로 남이 '간첩 침쟁이'라 카면 맞다고 해야지 아니라고 할 수도 없고. 별명이 아니고 실제로 '간첩 침쟁이'가 되고 말았어요. 간첩으로 자수해서 침을 놓으니까 '간첩 침쟁이'라는 게 사회적으로 공개가 되어버렸어요. 별명이면서도 실화(實話)입니다. 실제 간첩이고. 그리 된 건데, 아니랄 수도 없고요.

결국 침술원 홍보수단이 되어 버렸지요. 말하기도 좋고, 이름도 빨리 나고요. 우리나라에는 '간첩'이라 카면 좀 특수하잖아요? 또 실제로 간첩 훈련도 받았고요. 그러니까요. 듣기 싫지는 않아요. 나는 듣기 좋아요. 나는 서울까지 소문났어요. 서울 가서 택시 타면 다 알아요.

간호사 급여는 보너스 200%에다 월 150만원 줍니다. 그 외에도 잡비가 또 많이 생깁니다. 환자들이 오면서 팁 형식으로 1만원도 줘요. 또 먹을 것도 가져다주고요. 전성기 때는 간호사가 7명까지 있었어요. 입원실도 있고, 하루 평균 200명씩 환자가 올 때지요. 입원실도 25개 정도 있었고요. 당시에는 간호사들이 야간 당직근무도 했지요. 교대로요.

참 위험한 짓도 했지요. 환자들이 그렇게 왔는데, 전부 입원실에 눕혀놓고. 병원에서 죽는다 카는 사람들이 왔는데, 의사들도 해결 못하는 걸 그걸 해냈으니까 그게 참 … 인술보다는 '운명'이라고도 봐야 되는가? 참 상상 외지요. 당시에는 퇴근 후에도 밤에 환자들에게 불려오는 경우도 많았지요. 그러니까 저녁은 7시 되면요. 집에 못 있습니다. 집에 있으면 내가 죽습니다. 왜? 환자가 죽는다 카는데 내가 안 가볼 수 있습니까? 그래서 할 수 없이 저녁 7시 되면 밖으로 나가버립니다. 딴 데로 나가서 자고 옵니다. 아무도 모르게요. 알면 안 되지요. 알면 찾아오잖아요. 그러니 몰래 비밀리에 자고 온다고요. 안 그러면 내가 죽는데요. 나도 사람인데, 24시간 활동할 수 있습니까? 하루 이틀도 아닌데. 그러니까 7시 되면 문 닫고 나가버립니다. 마누라도 모릅니다. 어디 갔는지. 알면 찾아오는데.

그런 시간을 한 20여 년 했습니다. 그런 세월을요. 그래가지고 불이 나고 환자가 좀 적어지면서부터 이제 또 … 지금도요. 밤중에라도 문을 두드리고 들어옵니다. 사람 살려주라고요. 그런데도 문 닫아버리고 안 열어

줍니다. 열어주면 골치 아픕니다. 그래서 요새는 아침 5시부터지요. 옛날에는 4시부터 했지요. 지금처럼 5시부터 한지가 한 몇 년 됩니다. 그 전에는 아침 4시부터 했지요.

■ 지난한 인생 여정과 강한 정신력, 풍류 치유

내 체력이 좀 특수하다고 봐요. 보통 체력이면 이렇게 며칠만 하고 나면 못하지요. 그러므로 잔다 카면 자고, 일어난다 카면 일어나요. 내가 자야겠다 카면 딱 자요. 잡념이 없어야 되지요. '요이 땅!' 하면, '내 잔다,' 카면 눈 감고 그 자리에서 딱 자요. 일어나야 되겠다 카면 일어나요. 오줌 마려우면 일어납니다. 하루 저녁에 오줌 두서너 번 눕니다. 요즘도 그래요.

간첩 나올 때도 다른 사람들은 걱정해서 못 잤어요. 원산 갈마반도 앞바다에서 모선(母船) 간첩선 타고 와서 잠수합니다. 다른 사람들은 안 잘 거 아닙니까? 나는 밤새도록 잤어요. 자고 일본 대마도해협을 거쳐서 들어왔는데, 들어오니까 안내원이 3명 있었는데, '선생'이라 캅니다. '동무'라는 말이 자꾸 나올까봐서요. 이름은 '박'(朴)간데, '김'가로 고쳐가지고 "김선생! 김선생! 선생은 어떻게 잠이 옵니까?" 했어요. 그래서 "내가 안자면 네가 재워줄래?" 캤어요. "귀신도 자다 죽으면 마음이 안정이 되는데, 걱정하다 죽으면 귀신도 걱정이 되잖아?" 그러면서 웃습니다. 정신력이지요. 내가 이 세상을 바로 살아야 되겠다. 어떻게 살아야 되겠나? 집념의 사나이! 의지의 사나이! 정신력입니다. 모든 건 정신력으로 해결됩니다.

환자를 하루 200명씩 받을 때는 하루 5시간 정도 잤어요. 5시간 자고 눈 떨어지면 밥 먹는 시간 빼면 1분도 쉬는 날이 없어요. 토, 일요일도 없어요. (운동하는 시간도 없느냐고 묻자) 이게 운동 아닙니까? 사람이 움직이는 게 운동인데요. 진료·시술하느라 왔다 갔다 하는 게 운동 아닙니까?

나는 이북에서 산전수전까지 겪으며 너무 고생했기 때문에 내가 어린 시절부터 많은 경험을 가졌잖아요? 일본군대 시작해서 왜놈 밑에 시작해서 해방되고 무장공비 토벌작전도 하고. 나는 인생을 '나라를 위해 바쳐야 되겠다.' 카는 집념을 가지고 생활했는데, 그 정신이 결국 나를 살려준 거예요. 이북 김일성이 밑에서도 죽을 고생을 하면서도 '이 기회를 내가 놓치지 말고 살아나가야, 극복을 해야만 앞으로 성공을 한다.' 카는 집념이지요. 그 과정이 참 지난합니다. 간첩교육 훈련 장소에서 시작해서 거기서 점수 딸 때까지 포로로서 김일성 공산대학을 나올 수도 있었고. 사람은 생명이 하나인데, 하나밖에 없는 생명이지마는 둘도 없는 환자를 위해서, 이 나라를 위해서 희생하는 그런 정신을 가져야 참신한 인생이라고 나는 그리 생각합니다. 그런 정신을 가지게 되면 환자들도 낫게 되어 있다고요.

건강을 지켜온 비결 같은 거는 없는데요. 엄청난 세상을 살아오면서 산전수전을 겪었기 때문에 병에 대해서 이깁니다. 무슨 병이라도 나한테 접근하면 견디지를 못해요. 병에 대한 저항력이랄까. 병을 이길 수 있는 능력이 있어요. 정신력도 있고, 육체도 단련됐고요. 육체적으로 나만치 단련된 사람도 없을 게 아닙니까? 그렇잖아요? 그런 일들을 겪었으니까요. 정신적으로는 무장이 됐고, 정신무장하고 육체적 단련하고 배합이 되니까, 이 세상에 무서운 것이 없고요. 만병통치라. 무슨 병이든지 나한테 접근을 못합니다. 약도 필요 없고, 약도 먹는 게 없습니다. 잔병도 없고, 아플 시간도 없고. 앓아본 적도 없습니다. (크게 웃으며) 아플 시간이 있습니까? 죽을 시간도 없는데, 아플 시간이 어디 있습니까?

간첩훈련 할 때부터 여자하고는 등을 집니다. 여자하고 한방에 절대 … 지금도 한방에 안자요. 나는 아직까지 여자하고 한방에 자는 거는 한 번도 없어요. 결혼하고도 각방생활 했지, 현재까지 부부생활 같이 동거(합방)한 일, 역사가 없어요. 한집에 살아도 같이 못자요. 곁에 부인이 있으면 잠이 안 옵니다. 내 혼자 있어야 잠이 오지, 곁에 있어서 누가 뽀시락 하면 …. 어디 관광 가도 독방이 따로 있어야 되지, 한방에 한데 절대 안 잡니다. 못 잡니다.

북한에서도 물론 혼자지요. 당연히. 부부생활 안 시킵니다. 1년에 한번씩 집에 보내주면, 7시간 보내 주면 … 한번 가면 아들 낳고 또 한번 가면 아들 낳고. 네 번째 가서는 딸 놓고. 아니, 그런데 배란기가 있잖아요? 자식은 팔자입니다. 갈 때마다 아이 낳고, 그 아이가 어떻고 하지마는 배란기에 딱 아다리가 되면 자식은 팔자입니다. 그때 안 되면 자식은 없는 거지요. (웃으면서) 그러니까 네 번 가가지고 아들 서이, 딸 하나 해서 너이 낳았습니다. 한 번씩 세 번 가서 아들 서이 낳고. 그래서 이북에 네 번 가서 아들 서이, 딸 하나 너이가 지금 있어요. 간첩훈련 받으면 안 보내 주잖아요. 결혼해도 같이 생활 안한다니 말도 안 됩니다. 그게 몸에 배여가지고 그렇지요. 곁에 사람이 있으면 잠이 안 온다니까요.

그런 사람 만나게 되어 있어요. 지금까지 둘이 있어도 아들 낳을 때 아내 방에 한번 가고, 딸 낳을 때도 한번 가고요. 그 외는 간 예가 없어요. 같이 안 해요. 따로 자요. 춤 추러 가고 노래방 가고, 혼자 자고 댕기도 "어디 갔더냐?"고 물어보지도 안 해요. 또 물어볼 필요도 없고요. 안 믿으면 또 어떻게 할 거요. 내가 그렇게 사는 사람인데요. 본래 그리 생활했기 때문에요. 불만 안 해요. 또 그런 사람 만나요. 두 번 가서 아들 하나, 딸 하나 놓고 그걸로 끝난 겁니다. 성격이 남자와 같고요. 사회사업 합니다. 전부 돈 벌어가 남 다 주고 아무 것도 없어요. 책 낸 다

국민훈장 목련장

음에는 국민훈장 목련장 받았어요. 1, 2년 되었어요. 완전 남잡니다. "노가? 예스가?" 캅니다. 기면 기고, 아니면 아이다 캅니다.

헬스클럽이나 등산가는 것도 없지만, 노래방이나 나이트클럽 그런 데는 많이 갔어요. 저녁에 끝나면요. 여럿이 갈 때도 있고요. 직원도 가고요. 노래방 가면 전부 다 있잖아요. 나이트클럽은 혼자 가지요. 가면 다 아는데. 취미로 디스코, 고고춤 … 그것 다 이북에서 나올 때 배워가지고 나옵니다. 그런 걸 모르면 안 되잖아요. 끌어다놓은 보리자루처럼 가만히 있으면 안 되잖아요. 노래방에 가면 노래할 줄 알고, 복덕방에 가면 와이당 할 줄 알고요. 화투를 배우고 장기도 배워가지고 나옵니다. 바둑은 조금 배우다가 … 조금 골치 아프대요. 장기는 배워가지고 나옵니다. 장기는 이북에 많습니다. 장기나 바둑이 이북에도 있는데 … 바둑은 배우다가 말고. 장기는 기가 막히도록 잘 합니다.

나이클럽은 일하느라 기분 전환하려는 목적도 있는데 … 나이클럽 가면 춤 출 줄 알고 … 적응해야 하잖아요. 여기 사람이 아니잖아요. 그걸 모두 배워야지요. 교육받고 나옵니다. 그냥 나오는 게 아닙니다. 이런 걸 얘기할라 카면 끝이 없어요.

내 좌우명은 글쎄, 그런 거는 '집념'이랄까? '의지'라 칼까요? 집념의 사나이! 의지의 사나이! 취미라 카는 거는 뭐 노래 같은 거, 노래에 취미가 있지요. 흘러간 노래. 혼자서도 부르고, 녹음테이프를 많이 가져다 놨어요. 내 방에 가면 테이프가 100개 넘게 있어요. 흘러간 노래 전부 다 있어요.. 고복수, 남인수, 현진이, 백년설의 '신라의 달밤', '나그네 설움', '대지의 항구' … 안 죽고 남은 태진아, 조용필, 나훈아, 송대관, 현철, 김건모의 '잘못된 만남'까지 어떤 노래든지 한 번 들어버리면 안 잊으니까. [남한에] 여기 와서 할 일이 없잖아요? 고독하잖아요? 그러니까 저녁에 시간이 나면 나이트클럽 가고, 노래방에 가고. 그게 버릇이 되어가지고요. 침술원 개업하고도 많이 다녔어요. 밤에 여유가 있잖아요. 갈 데가 없잖아요. 아내가 싫어하진 않아요.

앞으로 10년 더 넘어가지고 90세 넘어가지고 100살 되면 … 앞으로 20년 남았어요. 앞으로 1백 몇 살까지 삽니다. 안 죽습니다. 내가 알고 있어요. 죽는 거를요. 그렇게 되면 인간문화재에다 등록을 하면 되지 싶어요. 될 수 있어요. 앞으로 90세 넘어가면 박사 학위는 없을지라도 침술에 대해서는 누구라도 이 세상에서 이 지구상에는 내만큼 경험 많은 사람들이 없을 게 아니라요? 그렇지요. 환자 많이 보는 사람들도 없을 거고요. 또 그 정도로 살 수 있어요. 집념의 사나이! 의지의 사나이지요. 집념이 강합니다.

■ 침쟁이는 팔자사주, 노년의 직업병

최근 방광이 좀 안 좋고요. 다리는 괜찮은데, 허리도 직업병입니다. 이거 뭐 앉아서 하루에 200명, 300명씩 계속해서 문때니까요(환자와 밀착된 상태에서 치료하니까요). [시술용] 침대 놓은 지는 10년밖에 안됩니다. 그때는 앉아서 보통 하루에 200, 300명씩 하는데 서 있을 시간이 없습니다. 밥도 가져다 먹고요. 허리를 구부려서 해야 합니다. 땅에 앉아서 했지요. 근 30년을 그렇게 했으니까요. 좀 일찍부터 [시술용] 베드를 장만했으면 좋았겠지만, 그때는 그렇게 할 수도 없었지요.

하루에 몇 백 명씩 들어오는데 그럴 시간이 있습니까? 밥도 가져다 먹고 잠도 못자고요. 입원실도 한 20개 정도 있었는데. 침구사법에서 의료법 제59조에 의해서 침술원은 입원실을 가질 수 없다는 그런 조항이 없어요. 그래서 침은 입원실이 있어도 누가 터치(간섭)를 못합니다. "왜 입원실을 가지나?" 카는 식으로요. 제59조에 입원실을 가지지 못하라는 법이 있나요? 법치국가니까요. 말 못합니다. 어디 입원실을 못하라는 조항이 있어야 될 게 아닙니까? 또 입원실이라기보다는 대기실이라고 해야 되지요. 대기실. 거기에다 환자를 쭉~ 눕혀놓고 막~ 치료해 주고. 못 걷는 사람이라도 업고 들어와도 사흘이면 걸어갑니다. 아무리 중환자라도 병원에서 죽는다고 집에 가라 캐도 여기 들어오면 그 자리에서 바로 걸어갑니다. 환자 쭉~ 눕혀놓은 상태에서 앉은 자세로 그냥 막~ 시술하였지요.

(두 무릎에 상처가 나서 딱지가 생긴 것을 보며) 무릎 상처는 인제 다 괜찮아요. 예전에는 무릎을 꿇고 해서 그런 상처가 생겼지요. 지금은 서서 하니까 좀 낫지만요. 땅바닥에서 하는데 무릎을 안 꿇으면 됩니까? 그렇게 하죠. 하루 종일요. 1분 1초도 앉을 시간이 없습니다. 계속 하잖아요. 지금은 많이 나았어요.

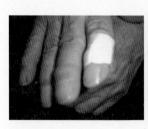 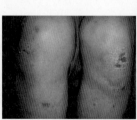 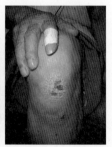

손가락 상처　　　　　무릎 상처　　　　손가락과 무릎 상처

(연구자가 무릎 상처를 촬영하자) 표가 납니까? 매일 몇 백 명씩 앉아서 해놓으니 그때 골병 다 들었어요. 지금은 많이 낫은 게 그래요. 심할 때는 더 그렇지요. 이 안이 새까맣지요. 더덕이 앉아가지고요. [시술용] 침대 놓고부터 한 10년 동안 낫은 기 그래요. 이전에는 볼 수도 없을 정도였지요. 낫을 여가가 없지요. 이런 거는 문제도 안 됩니다. 생각 안합니다. 내 몸은, 생명은 이미 저승 간 셈이기 때문에 생명에 대한 애착은 없어요. 이미 저승에 간 죽은 시체로 생각했기 때문이지요. 국립묘지에도

비석이 있잖아요. 지금도 있지요. 공동비석인데요. 옛날로 [청]동비석, 5연대, 거기에 내 이름이 그대로 적혀 있어요.

양산에도 가면 비석이 있어요. 비석 세워 놨어요. 고향에도요. (오른손 검지 끝마디가 붕대로 감겨 있는 이유를 묻자) 오른손잡이입니다. 침을 찌르니까요. 찌르니까 구멍이 뚫리잖아요? 반창고를 안 붙이면 아파서 안 돼요. (침을 가리키며) 이걸 탁 치잖아요? 탁 치면 구멍이 뚫리잖아요? 여기에 침 끝을 치지요. 직업병이지요. 안 그러면 손가락이 뚫어지지요.

나는 몸에 대해서는 신경 안 씁니다. 나는 몸이 열 쪼가리 나도, 생명이 지장이 있어도 환자를 위해 희생한다 카는 그 정신 … 나는 내 몸을 생각 않고, 내 몸을 갔다가 생명을 바치더라도 환자를 위해 희생해야 되겠다는 그 정신만 가지면 아픈 데 없습니다. 안 아픕니다. 밥 잘 먹고 화장실 잘 가고, 잠 잘 자고. 좀 특수하다고 봐야죠.

내가 지금은 늙었지만, 젊을 때는 귀염상입니다. 잘나고 못 나고를 떠나서 사람이 악의가 없잖아요? 순해 보이잖아요? 여자같이 생기고. 그래서 인덕을 베푸는 기라. 나는 태어날 때부터 이걸 하라고 나온 겁니다. 팔자가 그런 것 같아요. 사주팔자에. 진짭니다. 나는 내 몸을 위해 살아야겠다는 생각을 안 합니다. 남을 위해서 내 인생을 몸 바쳐야 되겠다는 그 정신, 그 정신력으로요.

염라대왕한테도 갔다 왔어요. 저승 갔다 왔는데요. 처음에 가니까 "어째 왔냐?" 캐서, "만나러 왔어요." 캤지. 그땐 죽었어요. 저승 갔다 왔어요. 전쟁터에서 한번 그랬고. 이북에서 간첩훈련 할 때지요. 비트 훈련했는데, 땅을 파고 들어가잖아요? 들어가서 훈련하고 날이 밝기 전에 나와야 하잖아요? 산골짜기 거기 있으면 안 되거든요.

공동묘지에 송장을 여기다 옮겨놓고 나는 거기서 자고. 그걸 비트 훈련이라고 합니다. 땅을 파고 들어가는 걸요. 그런 훈련을 많이 했어요. 죽은 송장이 50년 넘어가면 해골바가지 됩니다. 살이 썩어가지고 노오란

물이 있지요. 그 물이 절대 냄새가 안 납니다. 통째로 그냥 마십니다. 높은 산에 물이 있습니까? 목마르면 송장을 파고 옮기다 보면 해골바가지에 입을 대고 마십니다. 머리 대고 마시면 구수한 게 냄새가 안 납니다. 그런 걸 여나므개(10여개) 먹었지 싶어요.

내가 생각하기에. 그런 훈련과정을 내가 거쳤습니다. 생존훈련, 비트 훈련. 땅 파고 들어가 있다가 숨어 있다가 나오는 거. 공동묘지에는 사람이 접근 안 하잖아요? 그 묘를 파서 딴 데로 옮겨놓고 거기 들어가 가지고 훈련받고 나온다고요. 밤중에 첩첩산중에 … 산이 또 여기보다 험하잖아요? 간 키운다고요. 혼자 보내지요. 혼자 산중에 가서요. 묘가 휘~잉~ 소리도 나고. 나무끼리 부닥쳐가지고 소리가 나요. 처음에는 좀 무섭지요. 처음에는 간을 키운다고 그런 훈련을 한 3년 했어요. 비트 훈련을 한 50개는 팠을 거예요. 땅을요. 해골바가지 물도 많이 먹었어요. 목마르면 물 먹을 거 아니오? 그런 과정에서 정신을 잃어가지고 살아난 적도 많지요. 그런 과정에서 몇 번 죽었다 살아났을 게 아니오? 그런 과정에서 살아나왔기 때문에 생명이란 죽음을 두려워하지 않습니다. 누가 총을 가져와서 "이놈! 죽인다." 캐도 눈 하나 깜짝도 않습니다.

한번은 깡패들이 몇 놈 왔어요. 저그끼리 싸움하다가 머리 터져가지고 왔는데, 치료 받으러 왔는데, "이놈의 영감탱이! 고쳐내라." 이기라. 늙었으니까네. "이놈! 너 말 잘했다. 너 금방 뭐라 캤나?. 네 이놈, 네 할아버지 같은 사람한테 이리 하면 되나? 깡패는 의리가 있어야 된다. 의리 없는 사나이는 깡패가 아니다. 의리 지켜라. 임마!" 이랬지요." 그러니까 달려들게 아니오. 간호원이 파출소에 신고해서 순경이 옵니다. 도망 뺍니다.

요새는 방광 때문에 지금 병원에도 가고 그러는데, 수술 하라 카니 안 할 수도 없고요. 내가 못하니, 중이 제 머리 못 깎잖아요? 내 건강을 위해 스스로도 침을 두기도 해요. 위장 같은 데, 배 같은 데는 손가락만한 침을 내가 찌릅니다. 내 손으로 내가 찔러가지고 속이 안 좋을 때는 … 내

손으로 할 수 있잖아요. 이런 데도요. 등만 할 수 없지, 다 할 수 있잖아요. 자기 손으로 자기가 다 합니다. 남도 하는데 자기 거 못하겠습니까?

■ 회고록 속의 침구 인생사

다음은 구술자의 회고록 ≪사선(死線)을 넘고 넘어≫에 실린 침구 관련 주요 내용을 발췌한 것이다. 이상의 구술 내용에 대한 이해를 도울 것으로 생각된다.

▶ **(북한에서 밀봉교육의 일환으로 배운 침술)**

1969년 3월 11일 낮 12시 정각. 평양 모란봉역 천리마동산 앞에서 나는 한(韓)지도원을 만났다. 짜여진 각본대로 나는 중구역 대동교 여관 3층 17호실에 숙소를 정했다. 모란봉 구역에 있는 평양동의(東醫 : 韓醫)종합진료소의 강습생이 되어 매일 버스를 타고 다니며 침술, 뜸술, 한약 처방 기술, 진맥 등을 보는 법을 배워야 했기 때문이었다.

여관에 와서는 화장실 외에는 일체 문밖출입을 못했고 식사는 관리원이 날라다 주었다. 침술은 남파 후 노동자 속에 파고들어 돈 없는 환자들을 고쳐줌으로써 군중공작을 하는 데 이용하라는 것이었으며, 당초 교육계획은 1년이었으나 5개월가량 배우고 기술이 꽤 늘자 중앙당 과장은 그 정도로 교육을 끝내도록 했다. (115쪽)

▶ **(침술인으로 살아가게 된 동기-부친의 친구 치료-)**

점차 나는 강연자의 앵무새가 되어 갔다. 1973년 7월에 반공계

몽 공로로 경상남도 경찰국장으로부터 도경 제531호에 의한 표창장을 받았다. 하지만 이게 무슨 소용이랴. 마음은 더욱 공허해지며 자신이 서야 할 자리가 진정 어디인지도 모르는 인간으로 급변해 가기만 하는데…. 이러한 나에게 내 자신이 굳건히 서야 할 자리가 어디인가를 내 스스로가 그 답을 내릴 기회가 갑자기 찾아왔다.

그것은 내 운명을 바꿔놓는 결정적인 동기가 됐다. 이웃의 아버지 친구 한분이 무거운 짐을 들다 허리가 삐걱하며 드러누웠다는 것이다. 그 말을 들은 나는 아버지에게 말했다. "제가 침을 놓아 그 어른이 곧바로 일어나 걷게 해드리지요." 너무나도 대수롭지 않게 말하는 나를 가족들 전체가 반신반의의 눈빛으로 쳐다보았다. 그러한 가족들의 눈빛을 보자 오기가 샘솟았다. 납파될 때 배낭에 소중히 넣어가지고 온 침을 꺼내 뜨거운 물에 끓여 깨끗이 소독을 한 후 환자의 집으로 갔다.

꼼짝도 못하고 드러누운 환자를 보는 순간, 나는 이미 침술사로서의 자세로 돌아가 있었다. 환자를 엎드려 눕힌 후 침을 놓기 시작했다. 20여 분의 시간이 경과한 후 환자에게 일어서 걸어보라고 했다. 환자는 언제 아팠느냐는 듯이 벌떡 일어나 걸음을 걷기 시작했다. 물고기가 물을 만난 것 같은 기쁨을 그대로 드러내며.

이 소문이 삽시간에 동네로 퍼져나갔다. 허리를 못 쓰는 자, 풍(風)을 맞고 고생하는 자들이 하나 둘 찾아들며 그들이 건강을 되찾자 나는 어느새 유명세를 탄 유명인이 되어 있었다. (143쪽)

▶(침술원 개원과 의료 실천)

1973년 3월 동래온천장 식물원 앞의 사거리에 있는 건물 한 칸을 세 얻어 침술원을 개업했다. 환자들이 밀려들기 시작하자 손이 바빠 불감당이었다. 새벽 4시에 일어나 세끼 밥과 화장실을 가는 시간을 제외하고는 저녁 10시까지 환자들과 씨름을 하는 나날이 었다. 이러한 나를 보다 못한 부모님과 문중(門中)에서는 장손인 내가 장가를 가야한다고 야단들이었지만 나는 덜컥 겁부터 먼저 났다.(145쪽)

그러던 중 1977년 6월 중순이었다. 합천군 대양면 안금리에 거주 하는 면(面)직원 신상암씨(당시 35세)가 대학병원에서 사형선고를 받았다며 부산진구 부암동에 사는 형님의 손을 잡고 나를 찾아왔다. 나는 신상암씨를 침술로 일주일 간 치료 후 건강을 되찾게 해주었 고, 신상암씨는 그 길로 돌아가 재직해 정년퇴직 할 때까지 아무런 이상이 없었다. 당시 시티(CT) 촬영과 엠알아이(MRI)가 아직 개발 되지 않은 시기였다. 어디서 소문을 들었는지 외국인(독일·미국·일 본·중국)들도 나의 침술원을 드나드는 자들이 한둘이 아니었다.

1979년 11월 10일 지금의 장소로 침술원을 옮겼다. 환자 입원실 과 진료실을 갖추었고, 침술원 뒤편에는 따로 살림집을 지어 오늘 에 이르고 있다. (147쪽)

▶ (무면허 침술인의 고충)

하지만 이런 나에게도 말 못할 고충이 있었다. 무면허로 침술원 을 개업한 나는 주위의 침술사로부터 시기와 경계의 대상을 넘어 경찰과 검찰에까지 고발되는 표적이 되었다. 환자를 치료하고 있 다가도 불쑥 들이닥친 정보과 형사에게 연행되어 가면 무면허라는 불법치료 행위를 넘어서 또 다른 차원에서의 이적행위에 대한 수 사의 대상이 되곤 했다. 고발한 자 중에서는 그 고발의 내용 중에 환자 중에는 수상한 자가 치료의 목적이 아니라 접선의 목적을 띠고 이북서 박정규를 만나려 내려왔다는 무고(誣告)였다. 이렇게 되면 나는 새벽 3시까지 밤샘을 하며 환자들의 신원에서부터 치료받은 날짜와 시간까지 정확히 정보과 형사에게 낱낱이 보고 형식으로 알려주어야만 했다.

이러한 과정을 거치면서 나는 거의 파김치가 되어 귀가해야만 했다. 이러한 나를 아내는 환자를 치료하다 갑자기 종적을 감춰버린 남편이 돌아오기를 기다리며 어린 아이를 등에 업고 문밖에서 나를 기다리며 새벽이슬을 맞는 날들이 하루 이틀이 아니었다. 이럴 때면 나는 내가 회령 포로수용소에서 심문관에 의해 나의 출신 성분을 조사받던 그때가 생각나지며 등골이 오싹했다.

나는 점차 환자를 살리려는 강한 의욕과 침술사로서의 내 의료행위에 대한 자부심에 금이 가며 왜소한 인간으로 나락하는 경우가 한두 번이 아니었다. 나는 나 자신에 대해 스스로 묻곤 했다. "너는 왜 존재하는가?", "남과 북은 너의 존재에서 무엇을 얻으려 하는가?" 이러한 의문이 제기될 때마다 나는 자신의 신분에 씌워진 간첩이라는 굴레를 벗어나지 못하고 항상 경계의 눈초리를 받으며, 보이지 않는 힘에 의해 나의 의지와는 아무런 상관도 없이 그들의 뜻에 따라 움직여야만 하는 꼭두각시에 불과한 나 자신을 보곤 했다. 이것은 내 인간의 가치에 대한 상실을 의미하기도 했다. 그래도 나는 나를 찾아오는 환자들을 무면허의 침술로 고쳐주지 않을 수 없었다. (148-149쪽)

▶(홍성철 보사부장관 치료)

어느 날 정부의 고위층 인사가 나를 찾아왔다. 침술이 용하다는 소문을 듣고 여름휴가 기간을 이용해 비서를 대동하고 나를 찾아온 것이다. 나는 침술로써 그분의 고질적인 통증을 거뜬히 완쾌시켰다. 이에 그는 매우 고마워하며 나에게 자수한 대남공작원으로서의 어려움이 있으면 돕고 싶다고 했다. 나는 당국에서 자수한 나에게 의료행위에 대한 침구사 자격증을 내주지 않으므로 무면허로서 환자를 치료해야 하는 점이 가장 고통스럽다고 했다. 이에 그는 노했다. '자수한 사람을 따뜻하게 껴안을 당국의 보호적인 대응책이

한국소비자총연합회
우수금상

마련되어 있지 않다면 그 어느 누가 자수하겠는가'라는 논지였다.

나는 이에 힘입어 침술사로서의 나의 생활에 최선을 다했지만, 어딘가 마음 한구석에 뻥 뚫려있는 공허감은 어쩔 수 없었다. 불현듯이 한 번씩 찾아드는 불안감은 이북에 두고 온 가족들에 대한 안위였다. 내 생존의 의미 중 혈연과 단절된 생활은 나에게 있어서는 가장 큰 고통이었다. 나는 이 고통을 이겨내기 위해 환자들을 치료하는 데 더욱 정진했다. (150쪽)

그리고 나의 주위와 작은 것이라도 나누는 마음가짐이었다. 그 나눔에 있어서 실천의 방법은 다양했다. 그러한 나에게 한국소비자총연합회로부터 1979년 3월 19일 제36호로 업체 명을 온천침술연구원(침술 부분)으로 칭하고 우수금상을 받았다. (152쪽)

▶(79. 11. 12. 침구사 자격증 발급)

그 7개월 후였다. '귀하에게 침술사 면허를 갱신 교부하도록 부산시장에게 지시하였으니 1979년 11월 15일까지 부산시청 보건과

에 출두하여 수령하시기 바랍니다.'라는 보건사회부장관으로부터 통보를 받았다. 나는 그 순간 뛸 듯이 기뻤다. 이제 무면허로부터 해방되었기 때문이다. 그로부터 부산시장으로부터 인장 지참과 함께 시민과에서 침구사 자격증을 수령해 가라는 공문을 받았다. 이로부터 나에 대한 무면허 침술사로서의 고발은 없었다. 나는 침구사 자격증을 받음과 동시에 침구사협회 부산지부에 등록함으로써 온천1동 151-23에 덕은침술원의 간판을 달게 되었다. 거기다 한 달 후에 원호처에서 나를 대상자 구분에서 특권(월남 귀순용사)으로 인정한 공로증서를 내려줌으로써 나의 확실한 신분을 보장해주었다. (153쪽)

나는 이에 힘입어 침술사로서의 나의 영역을 더 넓혀갔고 나의 생활도 점점 안정되어 갔다. 하지만 나는 결코 이에 만족하지 않았다. 나는 환자들을 돌보고 그들의 아픔을 내 자신이 직접 느끼며 그들과 많은 대화를 나눔으로써 환자들에게 안정감을 주고, 곧 그 안정감이 환자의 지병을 쾌유시키는 촉진제가 되도록 나는 최선을 다했다. 자기 운명에 주어진 책무를 조금도 소홀함이 없이 해내는 진정한 인간, 나는 이제는 그러한 인간이 되고 싶었다. 어쩌면 이러한 내 인간의 내면에는 이북에 아내와 자식을 두고 온 사내가 자신의 행위에서의 그 씻을 수 없는 욕됨의 아픔을 하늘에서 나마도 용서받고픈 심정의 발로였을 것이다. 아니면 운명에 이끌려 나약한 인간으로서 이 발길에도 채이고 저 발길에도 차이는 공과 같은 신세가 이제는 되지 않겠다는 자신과의 처절한 싸움이었을 것이다. 아니면 하늘이 나에게 준 명(命), 그것이 아무리 가혹했더라도 나는 이제 그 명을 따르고 순응함으로써 진정 내가 남과 북에 동시에 설 수 있는 진정한 인간이 되고 싶었던 것이다.

나는 새벽이면 일찍 일어나 온 몸을 깨끗이 씻고 총총한 하늘의

별빛을 보며 조국의 평화적인 통일을 빌고 또 빌었다. 이러한 나에게 침술로 어깨 통증을 고친 고위층 인사가 나에게 그 감사의 표시로 박정희 대통령의 친필로 받은 액자를 비서를 통해 보내왔다. '내 一生 祖國과 民族을 위하여'라는 글귀였다. (154쪽)

▶ (의료실천-생명을 구하는 힘-)

1981년 7월. 따가운 태양열이 내려 쪼이는 오후 3시경, 점심 후의 나른함에 환자들이 눈까풀에도 졸음이 오는 시간이었다. 이 시간에 영도구 청학2동에 사는 윤영태(남, 당시 16세)란 소년이 그 부모와 함께 나를 찾아왔다. 좌측마비였지만, 백병원에서 마비 증세가 뇌암으로 인해서라는 진단을 받고 거의 생명을 포기한 상태에서 '그래도' 하는 마음으로 나를 찾아온 것이다. 나는 이 소년을 입원시켜 15일 동안 침을 놓아 완치시켰다.

이뿐만이 아니다. 나는 수십 명의 불치병 환자들을 침술로 고쳤다. 이 생명을 구하는 힘. 도대체 이 힘은 어디서부터 주어지는 것인가? 만물이 태어남에 뜻이 없지 않고, 만(萬)법이 존재함에 그 사명이 있다고 했다. 내가 인간으로서 태어나 이러한 고통을 당하고도 살아있음은 그 사명감을 침술로 불치의 환자를 고치는 데 전력투구함으로써 찾기로 한 것이다. 나는 점차 나 자신의 존재의 이유에 대해 깊은 확신을 가지며 인술의 영역을 끝없이 넓혀나갔다.

이러한 나에게 모 신문사에서 '명의(名醫) 탐방'이라는 기사를 신문에 게재함으로써 나의 명성은 더욱 높아졌다. 이뿐만이 아니다. 대한민국상훈편찬회에서 내가 살아온 단편적인 인간의 일면을 이와 같은 내용으로 화보에 실었다. 이러한 생활의 변화가 준 나의 위치는 이북에서 내가 남한으로 남파되어 서민층에 파고들 수 있는 공작수단의 하나인 것으로 침술을 배웠지만, 어찌 보면 이건 아이러니가 아닐 수 없다. 그들에게서 배운 침술이 엄격한 의미에서 나에게 부와 명성을 동시에 주었으니 말이다. 나는 이러한 생각에 잠길 때마다 내 자신이 지닌 인간적인 비극성보다는 도리어 돈키호테와 같은 희극적인 인간으로 급변한 모습을 보게 되었다. 그 희극성은 환자를 치료할 때도 나의 몸 전체에서 나도 모르게 돌출되곤 했다. 이러한 심리적인 이면의 그 밑바탕을 꿰뚫어보면 이북사회와 남한사회의 너무나도 다른 체제에서 생존해 온 나로서는 그 순간적인 위기마다 살아남기 위한 인간으로서의 경계심과 상대를 깊이 믿지 못하는 내 인간의 굴절적인 면이 가져오는 저 광대성일 것이다. (158쪽)

▶(전사자에서 유공자로 명예회복)

나는 이것을 바로 잡아야 한다고 생각해 육군본부에 나의 신원에 대한 정확한 증명을 해주기를 탄원했다. 윤군본부에서도 이북의 포로가 되어 22년간이나 북한사회에서 생활한 나를 전사한 것으로 알고 전사 처리했으나 내 신원이 증명됨에 따라 2003년 6월 1일부로 병적 증명서를 새로이 발급해 주면서 나의 명예를 회복시켜 주었다. 동시에 나는 2003년 6월 15일 노무현 대통령으로부터 참전유공자 증서를 받음으로써 완전히 '간첩쟁이'라는 불명예로움을 씻고 대한민국의 국민으로서의 권리는 물론 6.25전투에 참전하여 국토 수호에 앞장선 국군으로서의 명예를 회복한 것이다.

내 어릴 때 동네에서 불리던 이름은 시택(時擇)이었다. 시를 잘못 선택해 태어났다고 해서 붙여진 이름이었다. "시택아! 빚진다는 것은 네 자신을 잃는 것이다. 그기에 나라를 잃고 일제의 압박에 시달릴 때 탄생된 너에게 이 어미가 붙인 너의 이름이 시택이었다. 시기를 잘못 선택해 태어난 생명이다 싶어. 하지만 나라는 비록 잃었지만, 너 자신만은 잃지 않도록 너는 큰 부자가 되거라. 그러나 이 어미는 너의 뱃속에 배고 꾼 태몽에서 '이 아이의 수명이 능히 백수(白壽)는 하겠구나.'라고 생각했다. 태몽은 이러했

원호증

다. 나는 밤새껏 실타래에 명주실을 칭칭 감는 꿈을 꾸면서 끝내 실타래에 그 명주실을⋯." (163쪽)

제4부

서울지역 원로 침구사들의
침구업과 삶

물리치료사와 한약업사이기도 한 3대 한방가업 계승자 최태암

물리치료사와 한약업사이기도 한
3대 한방가업 계승자 최태암
-1926년 생-

.
.
.

인터뷰 후기

생존 침구사가 희소하여 구술자의 범위를 서울지역까지 확대했다. 제도권 침구사들의 법인조직인 대한침구사협회 관계자와의 면담도 필요했다. 수차례 협회 이사장(신태호, 신침술원)과의 인터뷰 날짜를 조율하다 일정이 쉽게 잡히지 않아 비공식적 인터뷰를 계획하였다.

팔순의 노구에도 불구하고, 대한침구사협회 일과 침구 봉사활동 등으로 일상이 바쁜 그에게는 비공식적 인터뷰 계획도 순조롭지 않았다. 서울의 1박 2일 현지조사 일정 동안 협회 이사장은 진료 및 개인 일정으로 인터뷰를 할 수 없었다. 따라서 대한침구사협회 사무실을 방문하여 김성백(1933년생) 사무총장과 만나 회원 추이와 동향 등에 대해 이야기를 듣고 관련 자료들을 수집했다. 당초 면담 대상자로 지목된 이들과의 인터뷰가 어려워 협회 사무실에서 가까운 거리에 있는 다른 침구사의 소개를 부탁했다. 원로 침구사 최태암은 이렇게 해서 만날 수 있었다. 그의 침술원은 대한침구사협회가 들어서 있는 서울 경동한약시장(서울시 동대문구 제기동) 내 가까운 거리에 있었다.

원로 침구사 최태암은 1926년 경북 포항에서 5남매 중 장남으로 출생했다. 태어난 이듬해에 가족들과 함께 일본으로 가서 유년기와 청소년 시절을 보냈다. 당시 부친이 일본에서 침구와 한약업에 종사하였기 때문에 그러한 영향으로 일찍부터 침구에 입문했다. 그는 일본 나고야침구대학을 졸업하고 침구사 면허를 취득했다.

해방 이후에는 의사가 되려고 세브란스의과대학에 가입학도 했지만, 6.25전쟁 때 총상을 당해 건강 문제로 뜻을 이루지 못했다. 그는 의사 면허 취득이 뜻대로 되지 않자, 고려대학교 보건대학 전신인 수도의대 물리치료학과 수학 후 대한민국 제1호로 물리치료사가 되고, 후에 대한물리치료사협회를 만들어 회장을 역임했다.

해방 직후 정부는 일제시대 침구사 기득권을 인정해 주었으나, 그는 면허 갱신 기한을 놓쳐 대한민국 침구사 자격을 받을 수 없었다. 1969년 '소원(所願)제도'에 의해 국가를 상대로 행정소송을 제기하여 비로소 침구사 자격을 취득할 수 있었다. 이 무렵 한동안은 한약업사 수험생들을 대상으로 침구 강의도 하면서 한약을 공부하여 1971년에는 한약업사 자격증도 취득했다. 그는 이후 곧바로 서울 종로5가에서 침술원을 첫 개업하여 전문 침구사의 길을 걸었다.

침구사 자격 취득 후 4~5년간은 중앙대학교 의과대학 부설 대학병원으로 바뀐 영등포 성심병원 침구연구실 실장으로 일했다. 1979년에는 미국 LA로 가서 침술클리닉을 운영하고, 유인대학 학장도 역임했다.

4~5년 간의 미국 생활 후 귀국해서는 서울 강남구 논현동 옛 나산백화점 부근에서 최태암침술원을 20년간 줄곧 운영했다. 그는 전문 물리치료 기술로 정형외과 부문의 환자를 많이 치료해 왔다. 상당수 환자들은 그에게서 오십견 등의 만성질환을 치료받을 수 있었다. 그는 물리치료 외에 한약, 침구 등 복합적인 시술로 환자를 치료했기 때문이다. 스스로 '양방의 관점에서 질병을 판단하고, 한방으로 치료한다.'는 말은 이를 두고 하는 이야기다.

지금은 연로하여 수년 전부터는 서울시 동대문구 제기2동 경동한약시장 내의 신용당한약방에 고용되어 한약과 침구 시술을 병행한다. 그의 명함에는 '신용당한약방·최태암침술원 원장, 철학박사'라고 적혀 있다. 그는 건강이 좋지 않아 36세에 뒤늦게 자녀를 생산하기 시작하여 2남 1녀를 두었다.

연보

· 1926년 - 경북 포항 출생

· 1927년 - 일본 이주

· 1941년 - 나고야침구대학 입학

· 1945년 - 나고야침구대학 졸업, 일제 침구사 면허 취득

· 1948년 - 귀국

· 1950년 - 세브란스의대 임시 등록, 6.25전쟁 입대

· 1954년 - 수도의대 물리치료학과 수학 후 대한민국 제1호 물리치료사 자격 취득

· 1957년 - 결혼

· 1965년 - 대한물리치료사협회 설립, 초대 회장 역임

· 1969년 - 소원(所願)제도에 의한 행정소송으로 침구사 자격 취득

· 1971년 - 한약업사 자격증 취득

· 1971년 - 서울 종로5가에서 침술원 첫 개업

· 1972년 - 영등포 성심병원 침구연구실 실장 5년 역임

· 1979년 - 미국 LA 이주, 침술클리닉 운영, 유인대학 학장 역임

· 1984년 - 서울 강남구 논현동 최태암침술원 20년 간 운영

· 2008년 - 서울특별시 동대문구 제기동 신용당한약방·최태암침술원 근무

■ 경북 포항 출생과 도일(渡日), 가족관계

나는 경상북도 경산군 자인에 조상의 뿌리가 있어요. 인제 포항으로 이사 갔어요. 아버지 고향이 거기고, 나는 포항에서 태어났어요. 그런데 포항에는 친척들이 아무도 없어요. 경산 자인에 [선조]묘가 다 있어요.

나는 태어난 지 한 살 있다가 일본으로 갔지요. 거기에 외할아버지가 살았어요. 장군이었어요. 왜정 때, 이조 때에 윤장군이지요. 내가 가면 윤장군 외손자 키가 크다고 보러 온다고요. 아프리카 기린 보러 온다고요. 183cm였어요. 지금 좀 줄었어요. 우리 집에는 아버지, 엄마가 모두 키가 컸어요. 자인에는 선산이 있는데, 묘가 300기 있어요. 자인면 관산이지요. 거기 향교 있지요. 읍촌으로 쭉 들어가면 관산이 있어요. 나는 거기 잘 몰라요. 아버지는 거기서 태어났으니까 잘 알았지만요.

지금도 내가 말을 하면 함경도 말투라고 해요. 함경도는 내가 3·8선을 넘지도 않았는데 다들 함경도 사람인가 물어요. 왜 그런지 몰라요. 아버지는 경상도 말투가 세었어요. '와 카노?' 카는 사투리를 썼지요. 여기 서울 와서 서울말 배워 놓으니까 함경도와 비슷한 말이 되어 버렸어요. 나를 보고 함경도 출신이냐고 묻는 사람이 많아요.

결혼은 32세에 했어요. 총 맞아 가지고 몸이 나빠 가지고요. 엄청 늦죠. 자녀는 2남 1녀지요. 가운데가 딸이고요. 큰놈은 치과의사고요. 미국 캘리포니아 대학 UCLA 교수로 있지요. LA에서 개업하고 있어요. 또 사위도 의사로 개업하죠. 대전에 있어요. 거기도 치과입니다. 한방(韓方)은 나밖에 없어요. 막내는 공부 안 해가지고 사업하고 있어요. 미국에서. 우리 손자들이 공부를 잘해가지고 아이큐가 150이야. 영재학교 다녀요. 다섯 명이 다니구나. 외손녀는 미국에서 대통령상을 두 번이나 탔어요. 영재학교에서 전교 1등 해가지고요. 친손자는 6명인데 4명이 영재학교에

다녀요. 아직 아이들은 어리니까 ⋯ 내가 큰놈을 36세에 낳았어요. 우리 아버지도 [나를] 36세에 낳았어요. 또 우리 아들도 36세에 아이를 낳았어요. 그게 무슨 인연이 있는가 봐요. 우리 아들도 결혼해가지고 늦게 낳았어요. 애기가 안 되어가지고요.

내가 장남이지요. 5남매지요. 내가 장남입니다. 위에 누이가 두 명이 있고 내가 가운데지요. 모두 작고했어요. 내 밑에 동생은 미국에 있어요. 작가에요. 1951년도에 미국 갔지요. 막내 남동생은 죽었어요. 내 누이동생은 51년도에 6·25사변 때 갔어요. 미국유학을요. 1년에 3명씩 갔어요. 부산에서 배타고 갔다고. 지금 작가에요. 잘 살아요. 수필도 쓰고. 오하이오 주립대 나와 가지고요. 거기서 시의원도 하고요. 잘 살아요. 지금 내 부인도 미국에 있어요. 건강이 나빠요. 미국에 있으면 시민권자이니까 돈이 나오잖아요. 나는 미국 영주권을 포기해버렸어요. 미국 뭐 안 좋아요.

(가업 계승에 대한 질문을 하자) 그런데 말 안 듣고 모두 의사가 되어버렸는데 뭐. 손자들은 미국에서 모두 잘 하니까, 아마도 의대는 갈 거예요. 공부를 잘 하니까. 존스홉킨스대학이나 하버드대학에는. 영재학교에는 자기 학교로 오라고 초빙이 와요. 그거는 학교 테스트해가지고 9.98정도 되면 가요. 9.97 되면 안돼요. 선생이 다르고 책이 달라요. 따로 해가지고 공부해요. 사립이어서 영재학교는 비싸요. 쌍둥이에요. 오누이에요. 그래서 주립대학 들어갔거든. 거기서 1등을 했어요. 외손녀는 전교에서 1등을 해가지고 상을 2개나 탔어요. 미국 대통령상을 포함해서요. 막내는 딸 둘인데 아주 잘 생겼어요. 미인이에요. 공부도 아주 잘해요. 걔도 9.98 이상이니까 영재학교 다녀요. 장학금도 타요.

■ 3대 한방 가문, 침구사·한약업사·물리치료사 자격증

그래서 제 아버지께서는 일본에서 학원 다녀가지고. 그때 일본에서 학원 다녔지요. 아버님께서 침구학원을요. 제가 3대째입니다. 우리 조부님은 한약을 주로 했습니다. 그땐 면허 없이 한약을 했죠. 그때 아버지는 일본에서 3년짜리인데, 2년 다녀가지고 침사(鍼師) 하고 구사(灸師) 두 가지 같이 합격했지요.

시험이 다릅니다, 침사 다르고, 구사 다르지요. 침사는 침만 놓고, 구사는 뜸만 합니다. 그런데 최근 김남수[1] 씨가 문제 안 됐습니까? 그기는 뜸 자격이 없잖아요. 침 자격밖에 없습니다. 뜸으로 많이 하는데, 침 자격밖에 없다니까요. 그러니까 지금 영업 중지가 되어 있잖아요. 한의사들이 미우니까요. 그래서 내가 "왜 같이 면허를 안 냈느냐?" 카니까, "아~ '침만 내~도 된다더라' 해서 … " 해요. 그런데요. 천만의 말이에요.

법치국가인데요. 의료법에 보면 침사, 구사인데요. 의사는 면허 가지고 하거든요. 면허 없으면 해당 의료업을 못해요. 아마 의료봉사도 못해요. 그렇잖아요. 살생(殺生)의 문제니까요. 인명에 관한 일인데요. 그러니까 국가에서 허가 맡은 자격증이나 면허증을 가지고 그 분야에서 봉사하는 겁니다. 그런데 그렇게 막 하니까, 한의사들이 자꾸 조사해 가지고 보니까 그게(뜸 면허) 없거든요. 그러니까 딱 보건소에서 … 법치국가로서 할 수 없이 중지시켜 버렸다니까요. (연구자가 '금시초문'이라고 답하자) 신문에 난 사실을 몰라요? 깜깜한 소식이구나. 뜸 해오던 그게 중지되었다니까요.[2]

---

1 김남수(金南洙), 1915년생, 서울, 남수침술원 원장. 2009년 12월 구사(灸師) 자격증 문제로 '뜸사랑봉사회' 활동 등에 대한 법적 제재를 받았다.
2 회원이 3,000명가량 되는 '뜸사랑봉사회' 활동.

우리 부친은 침, 뜸에다가 한약까지 했지요. 한약도 자격증을 가져 있었지요. 나도 인제 침사, 구사, 한약업사, 물리치료사 자격 있지요. 물리치료사는 한국에서 제가 1호입니다. 한국에 물리치료사가 3만명 정도 되는데, 면허번호 1호예요. 1965년도인가 그때 면허 받았지요. 내가 거기 회장했어요. 또 물리치료사협회도 내가 만들었고요. 초창기에. 그것 만들 적에 의사협회 정관하고 대한간호사협회 정관 두 개를 믹스해가지고요. 우리 침구계에 서울 법대 나온 사람이 있어요. 경찰관인데 아는 사람이지요. 그 사람이 그걸 만들어가지고 보사부에서 수임 받아가지고 법원에 등기해가지고 사단법인 등기가 나왔지요. 그게 바로 대한물리치료사협회입니다.

한약 이것도 내가 시험 봤지요. 한약업사(韓藥業士)이지요. 시험은 1971년에 쳤어요. 아마 5월 15일인가 그럴 거예요. 전라남도에요. 당시 서울에는 시험이 없었어요. 각 도에서 했는데, 전라남도에서 내가 향군한 약학원이라고 있었어요. 재향군인회에서 하는 거지요. 그게 [서울] 을지로에서 시작해가지고. 종로 거기 경찰서 맞은편에 걸스카웃이라고 있지요? 거기서 내가 학원 강의도 했는데. 한약으로는 학생이고 또 해부, 생리, 병리, 침구 등에서는 내가 교수도 하고 그랬지요. 한약 배울려고요. 당시 학원은 6개월짜리였지요. 그런데 우리는 1년을 더 다녔지요. 그런데 그걸로 한의과대학, 대학을 할라 했는데 못했어요. 할 수 있었는데 못했죠. 그게 원래 고급장교, 소령 이상 해외에 나갈 사람을 직업보도로 가르쳤다고요. 그때 전부 경희대 교수들이 와서 했어요. 신길구 선생님 등 전부 유명한 선생님들이 와서 했죠.

그래하다가 나한테 해부학 배운 육군 대령이 있었어요. 그 사람이 나한테 1년간 해부학을 배웠어요. "아! 최 선생님! 한의학원 하나 생긴데요." 그래요. 그런데 그게 재향군인회에서 하는 긴데, 민간 사람들은 못 들어간대요. "아! 그러냐."고 그러니까, 그 사람이 "내가 추천하면 들어갈 수 있어요." 캐요. "어디냐?" 카니까, 을지2가에 있대요. 그래서 그 사람 추천 받아서 갔지요. 그래가지고 가니까, 이기수 씨라고 산부인과 유명한 의사인데, 거기서 강의하고 있어요. 강의 잘 하더라고요. 그분이 함경도 사람인데, 강의를 아주 조리 있게 하더라고요. 그래서 거기 등록하려고 했는데. 나는 하도 친구를 좋아하니까, 내 친구 하나를 데리고 "같이 가자" 캐 가지고, "하나 더 해도 안 되겠나?" 캐서요. 그래서 같이 들어갔지요. 그때 5만원 주고 들어갔지요. 뒷구멍으로 들어가는 비용이지요. 군인이 아니니까요.

■ 일본의 침구제도와 아버지의 침구 입문 권유

제 이름은 최(崔), 클 태(泰) 자, 큰 바위 암(岩) 자. 높을 '최'에다가 이름이 크죠. 허허허! 1926년생입니다. 83세입니다. 침구제도부터 이야기해 드릴게요. 왜정 때 침구제도에 대해서는 아마 내가 가장 많이 알고 있을 걸요.

왜정 때 이전의 건(件)은 모르지요. 이조 때니까 그건 기록이 있을 거고요. 왜정 대는 한국에는 검정시험이지요. 침구학교가 없었습니다. 학교가 함경도 함흥에 1년짜리가 있었다는 말도 있었고요. 없습니다. 검정시험입니다. 침구사 밑에서 3년 일하면 검정시험 볼 자격을 주었지요. 그래가지고 합격하면, 만주 있죠? 만주에서는 개업할 수 있고. 한국 하고 대만에는 4년(?) 할 수 있었지요. 그런데 일본에선 못합니다. 그런데 만주에서 합격하면 다 해요. 그런데 일본서 합격하면 한국, 만주, 대만, 사할린 … 옛날에는 '화태(樺太)'라 했지요. 일본 말로는 '가라후토(がらふと)'[3]

---

3 지금의 러시아 사할린(Sakhalin)섬으로 쿠릴열도와 함께 사할린주를 이룬다.

지요. 만주까지 했지요.

일제시대 내가 침구사가 되려고 했던 동기는 아버지가 침구를 했으니까요. 아버지가 침놓고 한약 하고 하니까. 내가 장남이지요. 또 의사 되려고도 했고요. 한국에서 의사 시험 보려고 했고요. 그러니까 좀 앞당겨서 하는 거죠. 의사로서 침놓는 거니까요. 한마디로 가업(家業)의 영향이라고 봐야지요.

일본에서 학교 나왔지요. 나고야 침구전문학교 다녔어요. 지금도 있습니다. 역사가 100년 정도 됩니다. 4년제입니다. 거기 나와 가지고 한국에 나왔지요. 원래는 양의사를 할라고 했지요. 왜 내가 거기 들어갔냐 하면요. 내가 공부를 안 했으니까, 의대를 못 들어갔잖아요. 또 의사시험 볼라고 하면, 독학하기 힘듭니다. 해부, 생리 … 얼마나 어렵습니까? 독학하기가요. 그래서 법관 할려고 했지요.

그러려다가 아버지가 하라고 해서 … 그럼 침구학교 나오면 기초는 배우고 나오거든요. 의학의 90%는 배우고 나옵니다. 해부, 생리, 병리, 세균, 보건학 등 전부 배우고 나옵니다. 기초를 배우고 나오니까. 그게 아주 기초를 … 그러니까 한국에 나와서 … 일본에서는 검정시험이 없거든. 한국에는 검정시험이 있었어요. 만주에도 있었어요. 대만에도 있고, 사할린에도 있었고, 의사 면허 따면, 일본에서 다시 의대에 들어갈 수 있어요. 그런 꿈을 꾸었지요. 연구생으로 들어가면 되니까. 나는 의사 하고 싶었어요.

하도 내가 놀아서 … 내가 사납거든요. 왜놈을 많이 때려줬어요. 공부 안하고요. 키가 크니까, 괴롭지요. 그러면, "죽여버릴라" 하면서요. 일제시대 때지요. 열다섯인가 그때 침구학교 들어갔지요. (생각에 잠기며) 그래가지고 열여섯인가, 스무 살에 졸업했지요. 그래가지고 1년인가, 2년인가 있다가 한국에 나왔어요.

아버지는 당시 일본에서 침구업 개업을 했지요. 면허 따 가지고요. 침구대학 다니면서 집에서는 아버지 하는 것도 보고, 또 공부도 하고요. 한약도 하고요. 할아버지가 한약을 많이 했어요. 역시 일본에서요. 3대가 일본에 살았어요. 그때는 할아버지는 면허 없이 한약 했지요. 그때는 한약은 면허 없이도 가능했고, 침은 면허 있어야 하고요. 침 면허는 있었지요. 어릴 때부터 가정적으로 한약과 침구는 보고 듣고 일상화 되었어요.

일본 사람들이 한 가지는 참 독해요. 무서워요. 예찬하는 거는 아니지만, 아홉 살 먹은 머슴아인데 폐결핵이 걸려가지고 물이 차 가지고요. 늑막염이 돼가지고요. 늑막염은 80%가 폐결핵에서 오거든요. 그래가지고 병원에 입원해도 안 되니까 퇴원했다고요. 죽는다고요. 숨이 차 가지고 안 된다 했지요. 당시만 해도 결핵 약이 없었으니까요.

그래가지고 아버지한테 왔어요. 밑이 대합실이고, 2층은 치료실인데 어머니가 이리 끌고 침대에 올라갔어요. 숨이 차니까요. 그러면 빤쯔 하나 입혀가지고 딱 끌어안고 … 침놓는데 아홉 살 먹은 애가 쪼만하잖아요. 그런데 침놓아도 눈도 깜짝 안 해요. 아버지가 놓는 침은 좀 크거든요. 그런데도 그냥 가만히 있어요. 그러니까 그냥 돌부처에다 침놓는 거같아요.

그래가지고 일요일 날은 예배당에 가므로 개만 아침에 치료해 주는 거예요. 그래가지고 3개월 치료해가지고 완전히 나았어요. 완전히요. 개가 뜨겁다 소리 안 해요. 아프다는 소리도 안 해요. 참 어린애가 강인하잖아요. 그것 보고 아버지가 항상 감탄하시잖아요. 저러니까 나라를 건지고 단결하니까 미국한테 대들었다는 기라. 하룻강아지 범 무서운 줄 모른다고 범한테 대들었다 이 말이야. 비록 졌지만 말이야. 그리고 초등학생도 정신 무장시킨다고 바다에다 집어넣었잖아요. 참 무서운 사람들이에요. 춥고 배고픈 걸 건디는 거야. 겨울에도 냉수를 쫘악 뒤집어쓰기도 하고요.

■ 일본에서의 성장과 검도 수련

내 일본 이름은 '나가야마'였지. 길 '영(永)'자, 영천 최씨니까요. 이름
은 그냥 있고 뫼 '산(山)'자 고요. 창씨(創氏)했지요. 안하면 안 되니까요.
내가 일본 왜놈 때려줬어요. 차별이 많았지요. 내가 얼마나 박해 받았다
고요. 초등학교 때는 우리 반에 학생이 50~60명 됐는데, 한국 사람이 5
명 있었어요. 내가 제일 말썽 꾸러기였어요. 다른 사람들은 쪼매해서 꼼
짝 못했다고요. 눌려가지고. 왜놈한테. 난 가만히 안 있었어요. 난 사나웠
어요. 일본 아이들 많이 때려 주었어요.

학교는 나고야 하루야마. 춘산(春山)초등학교. 하루야마죠. 중학교는
'나고야고등국민학교'라고 있어요. 그게 인자 2년째지요. 거기 나와 가지
고 침구대학 들어간 거지요. 그때 하도 싸워 피투성이가 되니까. 난 죽어
라고 싸우거든. 그러니까 위에 놈이 대든다고요. 혼자서 싸우니까 독해져
요. 싸울 적에는 전봇대나 벽을 뒤로 해야지요. 그래야 싸울 이력이 나거
든요. 독해지지요. 약한 놈을 골라 때려요. 그래야 앗~ 하면서 도망가요.
어릴 때도 덩치가 컸어요.

그래가지고 교장이 미안해했어요. 잡혀 가지요. 맨날 싸우니까 교무실
에 불려가지요. "너 또 싸웠어?" 해요. 선생이 알지요. 자꾸 '이지메(따돌
림)'를 하니까요. "너 공부하러 왔어, 싸우러 왔어?" 캐요. 검도를 배운
것도 이런 이유가 있지요. 그런데 검도 가지고는 싸우지를 못해요. 사람
죽이니까요. 간단해요. 때릴 때가 없어요. 때리면 그냥 죽는데요. 죽지 않
으면 병신 되니까. 왜정 때는 전과자 되면 아무 것도 못해요. 대학도 못
들어가요. 대번에 조회해요. 시말서 써도 안돼요.

검도도 일본에서 배웠지요. 14세부터요. 학교에서 의무적으로 시켜요.
전쟁 중이니까요. 도장에도 다니니까요. 그게 무서워요. 사람 때리면 죽
을 것 같아요. 점잖아졌어요. 그래서 '에이~씨' 카면서 피해버려요. 때려

서 죽거나 병신 되면 전과자 돼요. 왜정 때는 전과자 되면 아무 것도 못 해요. 길에서 참외장사나 해야 돼요. 이발사도 못 해요. 그것도 신원조회 해요. 엄했어요. 아무 것도 못 하지요.

아직 칼도 가지고 있어요. 진검을 5개 가지고 있어요. 그건 경찰에 허가 받아야 해요. 내가 7단이지요. 지금은 안 해요. 나이가 먹어서요. 검도는 일본에 있을 때부터 했어요. 지금은 안 해요. 허리가 아파요. 허리 수술 했지요.

아버지는 참 성실하죠. 주 예수도 믿으시고. 정직하고. 왜놈이 아버지를 참 좋아했어요. 정직하니까요. 아버지는 경상도에, 경북 경산에 살았지요. 일본에서 침구업 하다가 서울로 왔지요. 해방 후 서울에서 침구업을 계속했지요. 건강이 나빠가지고 우리가 경제적으로 타격을 받았죠. 오래 살았는데, 건강이 나빠가지고 고생을 했어요. 일본에서 할아버지, 아버지가 한방업에 종사해서 생활이 크게 어렵지는 않았어요. 풍족했죠. 우리는 집도 사고요. 땅이 그게 얼만가? 일본 돈으로 220억인가, 우리나라 돈으로 300억 원 그걸 아버지가 팔았어요.

■ 일제강점기 나고야침구전문학교 수학과 태평양 전쟁

나고야침구대학에 한국인이 한 사람인가 있었지만, 해방 후 나와가지고 죽었어요. 마산에서 죽었어요. 진주에서 침술을 하다가 마산으로 … 밭 전(田)자라 전 씨야. 전병도라고. 자루 '병(昞)' 자, 길 '도(道)' 자라, 일본 말로 '타나까 헤이도'라고 했는데 그게 동창이야. 먼저 죽었어. 내보다 두 살 위인데 침구전문학교이므로 과는 딱 하나야.

한 학년이 약 30여 명 되지요. 4학년이니까 120명이지. 지금도 있어요.

3년 째 되었어요. 맥아더가 들어와 가지고 침구를 없앨라 했어요. 그러니까 일본에서 비상이 걸렸거든. 항의를 하니까 "그러면 과학적 증거를 가지고 오너라" 했어요. 그래서 이제 그 유명한 '이중지배'란 학설을 내어 놓았어요. 그게 무슨 말이냐면, 가령 위가 아프면 아픈 연락이 머리에 올라가잖아요. 아픈 게 느껴지거든. '하이포 타람스' 카는 거기서거든. 여기에 다시 침이나 자극을 주면, 여기서 다시 타람스로 올라가고, 또 반사해서 하이포 타람스에서 위에 내려가서 위가 자극을 받는다는 거예요. 이게 '이중지배'지요. 이게 하나의 학설이지요. 그래가지고 그걸로 승인받아가지고 하라고 해서요. 그런데 4년은 기니까 3년제 하라고 해서 3년제가 된 거지요. 본래는 4년제인데 이후에 3년제가 된 거지요. 요새는 인제 4년제 대학이 생겼고, 대학은 박사까지 다 있다고요.

나고야침구대학 역사가 한 80년 더 되지요. 침구를 위주로 해부, 생리, 병리 … 그거 안 배우면 되나? 기초인데 해부는 사람 몸의 구조이고, 생리는 작용이고, 병리는 두 개 파괴되면 병리가 되는 기고. 예방하는 거 세균학이나 공중위생 다 배워야지요. 경혈도 기본이지요. 그게 의학인데 안 하면 되나? 임상도 학교에서 하기는 한데, 약하지요. 보충은 집에서 하는 거지요. 4년 동안 학교에서 해도 그런데 졸업해도 환자를 못 봐요. 몰라요. 이론 가지고는 안돼요. 그래가지고 인턴해가지고 환자하고 부딪혀야지요. 의사도 마찬가지지요. 6년 배워가지고 아무 것도 몰라요. 인턴 1년 하고 다음에 레지던트해서 전문직 시험보고 그래가지고 나오잖아요. 의사가 얼마나 공부하는지 알아요?

그때는 전쟁 중이니까 인상 깊은 거는 유도부에 있었거든요. 유도부는 토요일마다 해요. 그건 정규과목이 아니고 선택과목인데, 유도해 놓으면 접골을 배워요. 접골을. 그 사람이 접골 선생이에요. 개업하면서 와서 유도 가르쳤거든. '고도 쥬고라바'라고요. 그 사람이 7단이에요. 난 검도 했으니까 유도보다는 접골을 배우려고요. 한 시간 강의하고 나면 유도 배워요. 유도가 싫어 도망갔지요. 울타리로. 뒤에 제재소가 있었거든. 그리로 도망가면 수위가 "어디 가나?" 캐요. "도망가니?" 카면, "아니다. 왜 도망가나. 난 집에 간다" 캤지요. 하하하! 유도하기가 싫어요. 내가 허리가 커서 약하잖아요. 그래가지고 했는데 그런 게 기억에 남지요. 그때가 토요일이에요.

전차타고 다녔어요. 종점에서 종점까지 간다고요. 우리 집이 멀어요. 그런데 비행기가 날아가더라고요. 일본 비행기인줄 알았어요. 미그기에요. 폭격기, 중폭격기 보냈잖아요. 토요일이에요. 난 별이 있어서 중국기인 줄 알았어요. 난 미국 생각은 안하고. 지금 중국하고 싸우고 있는데 비행기가 있으니 이상하잖아요. 전쟁 초기였어요. 그때 미국이 보복하려고 루즈벨트가 치라고 했어요. 중폭격기는 안 돼요. 항공모함에 가야하니까, 활주로가 약하니까. 동경 가까이 왔는데, 일본 배를 만났어요. 거기서 무전치는 바람에 … 이게 약하거든. 미그기가 폭격하면 깨지잖아요. 거기서 날라버렸다고요. 도망가가지고. 그래서 이게 … 중국에 가서 떨어졌어요. 조종사는 포로가 되고 살아남았다고 해요. 동경하고 나고야하고 쳤어요. 그게 태평양전쟁 나고 이듬해였어요. 4월 18일이에요.

그때가 토요일인데 아~ 그래가지고 두 정거장 놔두고 싸이렌이 왱~하고 울렸어요. 폭격기 왔다고요. 공습경보지요. 멀리서 연기가 나대요. 그때는 일본에서 태평양전쟁 안심하고 있었거든요. 요격기도 올라가지 않고요. 연료가 모자라니까 동경 가깝게 멀리까지 왔다가 휘발유가 모자라는 거야. 그냥 폭격하고 중국에서 떨어지는 거야. 중국에서 포로 잡힌 사람들도 있고. 장개석(蔣介石)한테 넘어가서 살아남는 사람들도 있고. 나는 중국에 가서 포로가 된 수기(手記)를 읽었던 적이 있어요. 가서 떨어져가지고 일본 패망 때까지 포로생활 했더라고요. 그게 TV에 태평양전쟁 기록에 나와요.

요새 태평양 전쟁이 영화로 나왔어요. 독일 것, 일본 것들이 히스토리가 나와요. 남양(南洋) … 아니 일본이 개화시기에 1868년도에 명치유신이 됐거든. 조직해가지고 그때 '사이모 타카모리'가 한국을 치라고 했거든. 일등 공신이었거든. 천황에게. 그런데 안 하니까 삐져가지고 반란을 일으켰어. 그게 서남전쟁이거든. 잡혀서 죽지요. 그때 사상이 정한론(征韓論)이거든. 한국 치자, 만주를 치자. 일본 만 원짜리 화폐 나오잖아요.

일본은 그놈이 애국자거든. 우리나라로 보면 원수놈이지. 탈아론(脫亞論), 아시아를 탈퇴하라 이기야. 자기는 구라파에서 공부했으니까 식민사관이 있거든. 처가지고 식민지하라 이기라. 그러니까 그걸 일본사람들이 모토(motto)로 해가지고 군대를 앞세웠단 말이야. 만주도 사변 일으켜 가지고 정부에서 뒷받침해가지고 만주 점령해서 만주제국 만들어 놓고. 중국도 인제 군대 건드려놓고 사변이라 하거든. 왜 사변이라 하면, 미국이 전쟁물자 안 팝니다. 전쟁하면 안 되거든. 사변이란 소요 상태야. 엑시던트(accident) 해가지고 그래서 사변이라 했거든요. 그런데 그게 사변이 아니에요. 전쟁이라고요. 그래가지고 전쟁해가지고 중국의 장개석이가 중국에 못 갔잖아요. 히말라야 산맥이 아주 높은데 4천미터가 더 되는데. 그래서 폭격만 했다고요.

임시정부도 중국에 가 있었잖아요? 그래서 그 루트(route)가 어디냐 하면은 버마하고 인도로 가거든. 그래서 버마로 쳐들어갔다고요. 왜놈이. 월남, 캄보디아 다 저항했는데. 그런데 태국은 일본에 붙었다고요. 나머지는 전부 점령했다고요. 그러니 미국이 일어나기 시작했다고요. 손 떼라고 했다고요. 중국도 손 떼라 했지요. 일본이 미국 것 가져다 썼다고요. 석유하고 전쟁 물자를요. 일본도 석유 나오거든. 니가다에서. 1년을 끌어모아 하루를 썼지요. 그때는요. 지금은 5분도 못 쓸걸요. 그러니까 석유 비축해 놓은 게 6개월 치도 안 되는데. 모든 게 스톱되지요. 비행기도 못 뜨지요. 그래서 하와이 쳐버리라고 했지요. 도죠오(東助) 이에끼. 전범이지요. 사형됐어요. 그 손녀가 있는데, 요즘 별나게 떠들고 있어요. 퇴역

장군들 모아놓고. 아주 극우지요. 미국 비난하잖아요.

　그래가지고 일본이 6개월 후에 미드웨이 있지요? 거기로 쳐들어갈 것을 알아가지고 미국에서 암호를 해독해서 준비하고 있었지요. 그걸 점령해가 미국으로 올라가려구요. 그때 일본 비행기가 300대 떨어졌어요. 오기를 기다리며 준비하고 있었으니까요. 가서 염탐해보니 항공모함 6개 있는 거라요. 전함도 있고요. 그래서 쳤잖아요. 항공모함 4개가 깨졌어요. 그래가지고 일본이 그때 망하잖아요. 전세가 바뀌는 계기가 됐지요. 그때 니미쯔 제독이 뭐라고 했냐면, "한국의 이순신한테 진 이후로 최대다"라고 했어요. 이순신이 얼마나 유명했음을 말해 주지요. 정말 우리에겐 기분 좋은 일이니까. 그래가지고 과달콰날 뺏기고 해서 쫙 빼앗겼지요. 쫙 내리막길이 됐지요. 그때 일본이 굉장히 많이 죽었어요. 왜 그러냐하면 섬에 있던 일본 군인들이 전부 굶었어요. 보급로가 모두 차단되었으니까요. 굶어서 뭐로 싸우겠어요.

　태평양전쟁 당시 조선인들이 징병에도 많이 갔지요. 나도 징병제도 해가지고 내가 3기생인데, 훈련 받다가 인제 해방 되어가 안 갔지요. 1기 가고, 2기 가고, 우리가 3긴데 갈라 카는데 해방되어가 안 갔지요. 주기적으로 뽑아가지고 훈련시켰지요. 1년만 넘겼어도 끌려가서 만주나 가서 죽었겠지요.

　난 병인생(丙寅生)이지요. 갑자생(甲子生) … 갑이 내보다 세 살 위이지요. 2기생이니까 많이 갔지요. 그건 의무병이지요. 일본 사람들은 20세 되면 군대 갔어요. 한국 사람들은 안 했는데, 뒤에 의무병제가 생겨가지고 갔지요. 그리고는 학도병으로 강제로 자원입대 시켰고요. 의대나 공과 계통이나 … 약대는 그대로 두고 나머지는 강제로 그냥 끌려갔잖아요.

　내가 강남에서 개업하고 있을 적에 서울대학에 철학교수인데, 사람이 아주 똑똑해요. 사람이 참 좋아요. 나보다 몇 살 위인데 그 사람이 나고야에 있었어요. 서울대학에 다닐 적에 학도병으로 가 가지고 나고야 모여가지고 있다가 보냈데요. 장교로. 그런데 이 사람은 안 갔어요. 거기서만 오래 있어 가지고 학도병으로 와 가지고도 안 갔어요. 나고야 많이 알고 있더라고요. 내하고 친해졌어요. 그 사람이 일본 노래 많이 알아요. 적어 가지고 왔어요. 환자 없으면 노래했지요. 둘이서. 하하하! 참 똑똑해요. 그 양반이 그래요. 그때 간 사람들이 다 죽었지요. 다 죽었다 이기야. 사람고기를 먹었어요. 살아 있는 사람이 먹었대요. 잔류병들이요.

■ 귀국과 세브란스의대 임시 입학, 6.25전쟁

아버지는 해방되기 1년 전쯤 먼저 한국으로 나왔어요. 나는 학교 때문에 3년 더 있다가 나왔어요. 1948년 무렵에 나왔지요. 아버지는 일본에서 워낙 박해가 심해가지고요. 예수 믿잖아요. 예수 믿으면 왜정시대에는 1급 요시찰입니다. 매일 동향이 올라갑니다. 우리 모르게요. 나중에 알았어요. 왜 그러냐 하면, 예수 믿으면 독립운동 한다고요. 요시찰 한다고요. 전부 리스트가 올라갑니다. 일본에서 뿐만 아니라 한국에서도요.

한국에서도 그전에 경찰 한 사람 알았는데, 기독교인들은 모두 리스트 올라가요. 옆에 있는 사람 모두 끄나풀이 있어 가지고요. 보고돼요. 일본에서도 그렇게 돼요. 내 학교 다닐 때도 조사했더라고요. 나야 뭐 평범하지요. 장난이 좀 심했지만요. 내가 짓궂었거든. 독립 이런 거는 꿈도 못 꾸었거든. 사상 같은 거는 있었지. 아버지는 애국자니까 아버지는 참 왜놈 일을 싫어했거든.

나고야침구대학 졸업은 해방 되던 해에 했지요. 1945년 3월에요. 졸업 후엔 한국 나가기 싫어서 친구 집에 있었지. 돌아다녔지. 1948년 귀국 후엔 강원도 원주의 아버지 밑에 있었어요. 당시 아버지는 원주에 있었어요. 아버지한테 배우다가 인제 의사해야 하니까 강원도 원주에서 서울 올라왔지요. 당시 아버지는 건강이 나빴어요. 허리를 다쳐가지고요. 아주 생활이 어려웠어요. 침구를 조금은 했지만 많이는 못 했지요. 인제 의사 시험 준비했지요.

그래가지고 세브란스의대에 들어갔지요. 인제 임시로 들어간 거지요. 등록금은 되는데 … 그때 김치성 박사라고 있었어요. 유명합니다. 목사님 인데요. 그분이 오사카에 있었어요. 우리는 나고야에 있었고. 아버지하고 는 아주 친했지요. 또 그분이 전도해서 우리 어머니도 신자가 되었고요. 어머니는 일본서 돌아갔어요. 나도 기독교인이지만, 나일론이지요.

그런데 한 번인가 내가 찾아가니까, 그 전에는 "최군!" 했는데, 내가 어른이니까 "최선생!" 카더라고요. "요즘 뭐하냐?" 해서, "의사시험 볼라 고 합니다." 카니까, "아~ 세브란스 들어가거라." 캐요. 지금 대우 자리 있잖아요? 전부 야산입니다. 상당히 큽니다. 좌측에 병원 있고, 교수실, 교실 있고 … 오른쪽에 한옥이 있는데 그게 남대문 교회야. 김치성 박사 유명해요. 나중에 학장인가 했을 거예요. 아마 그분이 북 캐나다 무슨 장 로교 학교 나왔을 거예요. 신학박사입니다. 아버지 하고 잘 아니까, 등록 금만 내면 되는 거예요.

그런데 강의는 못 들어요. 한국말 모르니까요. 계속 일본에서 생활해 놓으니까요. 그때는 전부 일본책으로 공부했으니까 보면 아는데, 자세한 거는 힘이 들잖아요. 그런데 한글은 못 읽잖아요. 그때 내가 또 영어가 약했어요. 나중에는 영어도 또 하던데. 그러다가 6.25사변이 났잖아요. 서울에 올라와서 세브란스의대에 편입했는데 6·25 사변이 나가지고 그 것도 인제 무산되어 버렸지요.

세브란스의대 등록하자마자 전쟁이 났으니까. 1950년도지요. 그래가지 고 (얼굴을 가리키며) 여기 총 맞았잖아요. 입대해서 그런 게 아니고요. 내가 피난을 늦게 가는 바람에요. 늦게 [경기도] 안양 갔다가 산에 숨었다 가 내려가니까. 인민군이 앞에 지나가잖아. 그것 보고 무서워서 꼼짝 못

하지요. 탱크 보고 무서워서 … 그때 전부 인민군이 들어왔으니까, '민청(民靑)'[4]이란 인민군 청년대가 있잖아요. (팔을 가리키며) 여기다가 빨간 띠를 두르고 총 가지고 다니잖아?

서울 관악산에 패잔병이 많았거든요. 군인 하고 경찰 전부 다요. 더부룩이 앉아 있었잖아요. 그런 상황에서 내가 어떻게 증명하겠어요? 아무것도 없잖아요? 아니란 걸 무엇으로 증명하겠어요. 와! 참 겁 많이 나대요. 다행히도 그때 내가 외과병원에서 피난 갈 때 약 좀 팔고 … 돈이 없으니까 약 좀 팔아 밥을 먹어야 안 되겠어요? 어떻게 하겠어요? 그래서 ○○○을 몇 개 가져갔어요. 식모하고 같이 갔거든. 병원에 원장은 먼저 내려가고요. 거기가 비산동이에요. 안양. 아까 비산동 사람이 한분 왔다 갔어요. 영감님이. 왜정 때 면장 했어요. 그래서 한옥집에 가니까, 인민군 오면 큰일 났다고 떨고 있었어요. 이틀 지나고 나서 나는 남쪽으로 간다고 했어요. 식모는 안 간다고 해요. 좌우간 그렇게 해서 가는데, 앞에서 인민군 탱크가 지나가잖아요. 그것 보니 못가겠어요. 서울 점령하고 내려가는 중이었어요.

그러니까 소문에는 '서울로 피난 안 간다면, 국군 아니면 경찰 했다.' 이래가지고 검속 대상이 되잖아요. 그렇지 않으면, 피난간다고요. 그런 판국에 경찰이나 군인 아니란 걸 무엇으로 증명할 거에요? 당시 스물다섯에 팔팔하니까 말이에요. 그래가지고 인제 큰 길로 갔잖아요. 큰길로 가야 돼요. 식모 하고 같이요. 도망 안 갔지요. 도망 가면 의심 받으니까요. 도로 걸어갔지요. 큰길로요. 서울 간다고요. 그 당시에는 쏴버리면 그만이에요. 개죽음이지요. 그렇잖아요? 오늘 그런 이야기 처음이네요. 검문소가 나왔어요. 인민군이 있대요. 오라고 하더라고요. "자네! 뭐냐?" 하

---

4 6.25전쟁 중 점령지 남한에서 조직되어 활동하던 북한의 청년단체로 14-16세 근로청소년과 군인 등으로 구성되며 당의 정책과 노선을 옹호하며 대중에게 이를 침투시키는 조선노동당의 후방 군사 역할을 담당했다.

더라고요. 내가 "병원에서 일하는 이런 사람이다"라고 했지. 자격증이 나오니까, 보고 "아~ 됐다." 이래요.

그래가지고 식모 아줌마한테 아들이 하나 있었거든. 스무 살 되었는데. 아~ 걔한테 알아가지고 말이야. "너! 국군이지? 국방군이지? 경찰이지?" 막 이렇게 하는 거야. 무서워서 떨어가지고 말이야. 어머니가 "아니다!" 라고 막 말하고. (한숨을 쉬며) 아이고! 참 그래가지고 간신히 [위기를] 면했어요. 그래가지고 들어왔지.

■ 서울 인민군 20호 병원 근무, 죽을 고비

들어오니까 동네에서 당장 스파이가 있어가지고 인민위원회 나오래요. 청년회에. 나를요. 인민 치하니까요. 영등포에. 그런데 안 갔지. 가면 인민군, 의용군(義勇軍)⁵ 끌려가거든요. 거기 끌려가서 많이 죽었잖습니까? 이 무렵 외과병원 원장도 들어왔어요. 국군과 같이 가도 매일 전쟁에서 뒤로 따라가니까요. 살이 완전 쪽 빠졌어요. 얼굴색이 새카맣게 되어가지고요. 그래서 내가 모시고 왔어요. 그 이튿날 당장 연락이 왔어요. 20호 후방병원, 인민병원에 나오라고요.

그러니 그 원장이 날 보고, "최군! 너 의사 해라."고 해요. 내가 검도 했으니까요. 보디가드도 할 겸 … 의사 하면 안 끌려가거든. 의사 안하면 의용군 끌려가버리거든요. 날 잘 아니까요. 그래가지고 같이 원장과 갔지요. 거기가 어디냐 하면, 왜정 때 경성방직이야. 영등포역에서 인천 쪽으로 한 200m 가면 오른편에 있어요. 지금도 있어요. 해방 후에는 그걸 고려방직이라 했어요. 지금은 '태창'이라 하든가. 지금도 있어요.

---

5 6.25전쟁 당시 남한의 인민군 점령지에서 남한 청년들을 반강제로 조직화한 군대.

거기가 당시 20호 후방 인민병원이었지요. 거기 가서 그냥 일했지요. 뭐. 우선 신분보장이 되니까요. 의용군에 안가니까요. 거기 이남의 의사들이 한 42명 정도 와 있었어요. 피난 안간 의사들이지요. 누가 와 있었느냐 하면, 신응호 박사가 있었어요. 나중에 고[려]대 학장 했지요. 그 양반이 영등포역 앞에서 제일산부인과 했어요. 그분은 왜정 때부터 유명했어요. 동생은 제일외과 했고요. 동생도 의사고, 신응호지요. 고대 학장 했어요. 원장도 하고요. 그때는 수도의대지요. 우석대 해가지고 고대가 되었지요. 고대 의대가 되었지요.

그 사람이 동원시켰지요. 원로니까요. 그 양반은 왜정 때 경성제대 다녔지요. 그때 그 양반이 강사인가 했을 거예요. 한국 사람은 강사 안 시켰다고요. 그런데 그 양반이 머리가 아주 좋고 … 그 사람이 동원시켜가지고 마흔 하난가 둘인가 … 전부 이남의 의사지요. 이북 의사는 둘이밖에 없어요. 원장 하고. 원장이 '노(盧)참의'라고 젊었어요. '참의'라고 하면 대위든가? 그 사람이 원장이고 그 밑에 '닥터 정' 카는 사람은 서울대학 나와 가지고 … 평양 … 나중에 도망가 버렸어요. 봐가지고요.

그래가지고 의사 둘이 … 환자는 그냥 수백명이나 오고. 낮에 숨어 있다가 밤에 움직여요. 낮에는 비행기가 뜨니까, 나무 밑에 숨어 있다가 말이죠. 밤에 환자가 쫙 들어오지요. 상처에 구더기가 일고 썩고 말이야. (난처한 표정을 지으며) 아이구~ 불쌍하지요. 여름이니까 더하지요. 옛날 얘기지요.

그래가지고 맥아더 장군이 인천 상륙작전 했잖아요. 1950년 9월 15일 날. 인민군들이 9월 17일 날 평양 가자고 하는 거야. 여의도에서 배 타가지고 마포로 해서 서울역에 모여가지고 미아리 가자 하는 거야. (단호한 어투로) 왜 내가 마아리 갑니까? 왜 내가 평양 갑니까? 내가 뭐 빨갱이입니까? 마지못해서 인민병원에서 일했지요.

그래서 '야~ 뛰자(도망가자)' 해가지고 그날 뛰었어요. 그래가지고 장

선생하고 나하고. 그때 약사 하나 하고, 약제사라고 했거든요. 나는 담배도 안 피었어요. 술도 안했어요. 그때 참 순진한 … 허허! 싱거웠지요. 원장이 "아~ 동무! 수고합니다." 캐요. 그때 비가 왔어요. 가랑비가 왔는데, 공중에는 언제나 우리 국군 비행기가 떠요. 하늘 다 뺏겼는데 무슨 전쟁을 해요? 그러니까 밤에만 움직이는 거예요. 비행기가 없으니까요. 낮에는 숨어 있고요. 그래가지고 무슨 전쟁을 해요. 그래가지고 '아~ 이래가지고 나라 망하는구나.' 생각했어요.

그래가지고 나와가지고 신분증을 버렸다니까요. 강 가에다가요. 그런데 그걸 버리지 말아야 하는 거야. 그래야 도망갈 거 아냐. 그래가지고 장선생 집에 숨어 있었지. 거기 왜 갔느냐 하면요. 길에는 폭격을 하니까. 그 병원에다가 파출소를 만들었어요. '보안서'라 했지요. 이북에서는요. 경찰을.

막 시끄러우니까 이웃 사람들이 막 훔쳐가는 거야. 그래서 정리하러 갔지. 가니까 그때 9월 19일 날이야. 9월 15일 날 맥아더 장군이 상륙하고, 9월 17일 날 도망 나와 가지고 … 날짜도 다 기억하지요. 그때 내가 총 맞은 날인데, 그게 얼마나 내 인생의 큰 쇼크(shock)인데. 함경도 놈이 그때 카빈총 가지고 "동무! 뭐야!" 카는 거야. 인간이 제일 무서운 거야. 호랑이나 사자는 무식하니까 피할 수 있지만, 인간은 못 피해요. 인간은 머리가 있기 때문에. 나는 무기가 없고 저 놈은 무기 가져있고.

이들은 맥아더가 상륙해 놓으니까, 노기가 차 가지고 10년 된 부모 원수 만난 사람 같애. 인민군이 나를 보는 눈이요. 그때가 스물다섯 살 때인데, "아이구! 죽있구나." 생각했지요. (상당한 충격인 듯 한숨을 쉬며) 아이구! 내가 그때를 잊지를 못해요. 내가 '아이구! 죽는구나. 내가 이런 와중에도 살라고 말이야. 한국에서 의사 될라고 그러는데, 내가 무슨 죄가 있어 그런가?' 카는 생각이 들었어요. 눈을 부릅뜨고 와~ 이러는데.

(당시 상황을 상기하며) 진찰실이 높고 수술실이 있었거든요. 높아

요. (높이를 가늠하듯) 이런데. 인민군 하고 파출소 소장하고 둘이서 포위해서 들어오더라고요. "장선생은 어딜 갔나?" 해요. "갔다"고 했지요. 실은 지하에 숨어 있었어요. 연료실에 숨어 있었지요. 나만 나와 있었다고요. 그래가지고 "갔다" 하니까, "너는 뭐하냐?" 하면서 팍 쏘았어요. 또 팡 쏘았는데, 픽 넘어졌어요. (턱을 가리키며) 이게 다 부러졌어요. 이게 모두 털니(齒)잖아요. 여기로 총알이 다 뚫었잖아요. 총알 하나는 여기로 어깨로 나가서 폐를 뚫었지요.

총알 두개를 맞았지요. 다행히 생명의 요지는 안 맞았어요. (속 내부를 가리키며) 여기 중요한 7가지 장기가 있는데, 하나만 맞아도 죽지요. 척추가 있지요. 혈관이 4개 있지요. 신경이 또 하나 있지요. 그 중에 하나만 나가도 죽어요. 사이가 1㎜밖에 안 되지요. 간신히 비껴지나갔어요. 그 사이로 지나갔어요. 그놈들은 내가 죽었다고 생각하고 갔지요. 그렇게 쏘았는데, 안 죽었겠어요? 그래가지고 쓰러져서 가만히 누워있으니까. 귀가 쨍~ 했는데. 옆에서 쏘았으니까요.

아련히 눈을 뜨니까 파란 연기가 천장에 떠 있어요. '아~ 죽기 전에 의식이 돌아와서 이제 죽는구나'라고 생각하고 있는데, 차츰 머리가 좋아졌어요. 저~기 인천 쪽에는 대포소리가 나고, 총소리가 땅땅 나고. '이상하다. 맞았는데 …' 이렇게 생각하고 있는데, 그런데 피 한 방울이 안 나와요. (얼굴 턱을 가리키며) 그런데 이게 마비되더라고요. 이게 축 늘어지더라고요. 기절하지요. 총알이 지나갔으니까요. 그때부터 피가 나오기 시작하는 거야. 여기 나오고, 저기 나오고. 쫙~ 피가 나오더니 이제 손까지 다 젖는 거야.

그래가지고 그때 분(憤)이 나오는 거야. 내가 검도를 했거든요. 무사는 무장 안한 사람한테는 무기를 안 씁니다. 무장해야만 일 대 일 대응하지, 무장 안하면 비겁하잖아요. 무도(武道)지요. 무도. 일본 칼이 6개 있었어요. 그중에 하나를 뺐지요. 그리고 뛰어나갔지요. 죽이라고요. 이왕 죽을 바에야 … 아무도 없어요. 이판사판이지요. 그런데 아무도 없어서 칼은 버리고 원장실로 뛰어갔지요. 그래가지고 상처를 칼로 자르고 모두 응급 처치했어요.

원장 집하고는 좀 떨어졌지요. 한옥입니다. 그래가지고 거기 사랑방에 눕혀놨지요. 죽기만 기다리지요. 그래가지고 너무 아파서 … 장선생이 와가지고 "최군! 왜? 왜?" 해요. "모르핀 하나 놔주세요." 했지. 모르핀 놓으면 안락사 하거든요. 또 아파요. 모르핀 2개 놨어요. 그래서 '이제 죽는구나.' 생각했지요. 그래서 죽기 전에 하도 억울해서 벽에다가 입에 피 나오잖아? 그걸 담아가지고 시(詩)를 하나 지었어요.

　　~ 때가 되면 / 불지 않아도 / 꽃으로 떨어질 텐데 ~ / 북쪽의 바람 이여!

이렇게 써놓고 내가 한없이 울었어요. 벽에다가. 수술 안했지. 응급 처치해 놓고요. 그래가~ 잤지요. 그래가지고 아침에 거뜬히 일어났지요. 그런데 그게 알아보니 가짜였어요. 첫 번째는 진짜 모르핀이고, 두 번째는 약이 없어가지고 수돗물을 놔주었어요. 하하하! 그래가지고 자기 꾀에 자기가 넘어가는 거야. 그게 '파시푸소'라고 하잖아요. 내가 속았어요. [모르핀] 3대 맞으면 그냥 죽는 줄 알고.

그래가지고 상처가 서서히 아물다가 1950년 9월 28일 날 미군 이동 외과(外科)가 들어왔지요. 9.28 서울 수복이 된 거죠. 거기 맞은편에 영등 포초등학교 있었거든. 고려방직 맞은편에 거기 병원이 생겨가지고 수술 했지요. 뼈도 도려내고 뭐 해가지고 응급 치료했지요. 이빨도 새로 하고 그랬지요. 이후 전쟁 끝나고는 세브란스 공부 못했지요. 등록도 못했으니까, 학생도 못됐으니까요. 전쟁만 아니었으면, 양의도 하고 침도 하고 그랬겠지요.

■ 소원(訴願) 행정소송으로 침구사 자격 획득

침구는 자격이 있지요. 기득권이 있으니까요. 침구대학 졸업시험이 국가시험이에요. 한국도 그랬거든요. 요새는 의대 나오면 국립보건원에서 의료시험 치잖아요? 의사시험이요. 합격하면 의사 자격이 나오잖아요. 그것 가지고 보사부 제출하면, 의사 면허가 나오지요.

그러나 왜정 때는 안 그랬어요. 본교 교수들이 출제해요. 졸업시험이 국가시험이에요. 거기 합격하면 졸업증이 나오고. 국가시험 자격증이 나오죠. 졸업증 제출하면 면허가 나오도록 그렇게 되어 있었어요. 일제시대 나온 면허가 해방 후에 우리나라에 그대로 인정이 된 것이지요. 그러니까 왜정 때 의사들도 다시 모두 개업했잖아요. 기득권이니까요. 그때 법에 의해서. 예를 들어, 지금 의대 졸업하잖습니까. 의사고시 합격하죠. 곧바로 의사 면허 안내어도 돼요. 10년 후에라도 의사 면허 내면 나와요. 기득권을 가지고 있으니까요.

(현재 전국의 50여 명 침구사들도 면허 자격은 모두 그런 형식으로 받았느냐고 묻자, 대답하기 곤란한 듯 다소 머뭇거리며) 그건 좀 말하기 힘든데 … 나는 인제 면허 낼라 하니까, 의사도 못하는데 그걸 안 내주었어요. 침구 자격증을요. 일본 침구대학 졸업증이 있는데도요. [면허 갱신] 기한이 있었어요. 그런데 나는 기한을 놓쳐서 안 해주었어요.

계속 보사부에서 일본에다 조회를 했어요. 복지부장관 이름으로 외무부장관, 총영사 … 직접 찾아가서 나를 신원조회 했어요. 찾아가서요. 확인했지요. 그런 게 전부 나와요. 그렇게 해서 그걸 토대로 '아~ 침구대학 졸업했구나.' 하는 게 입증이 됐지만, 법적으로 안 된다 하는 거라요. 그래서 어떻게 하나? 소송하라고 해요. 그래서 '소원(訴願)'했지요. 행정소송이니까요. 소원하였지요. 지금 창덕궁인데 … 옛날에 총독부가 있었잖아요? 그 안에 법무감실이 있었지요. 거기에 소원하면 … 변호사 댈 돈이 없으니까 내가 직접 대서방에 써가지고 했지요.

그래서 '오라'고 하더라고요. 보사부에 조규억이라는 의무계장이 있었어요. 그때 보사부가 시청 뒤에 있었어요. 지금도 그 건물이 있어요. 그때 시청 담당이 엄계윤 씬데 이렇게 3명이 같이 갔지요. 그러니까 법무감실 사람들이 아주 내편이야. 변호사야. "이 사람, 기득권 내줘야 된다."고 이래요. "기득권인데 안내줄 수 없지 않느냐? 이 사람 부인하면, 왜정 대 취득한 의사들 [면허] 전부 취소해야 될 거 아이가. 그러니까 이거는 시간 초과는 관계없다."라면서요. 그래가지고 내 [침구사 면허가] 나왔어요. 1968년도입니다. 그래가지고 1969년도에 면허가 나왔어요. 1969년 2월 10일입니다.

■ 침구사법의 소멸과정과 침구 부활의 필요성

침구사법이 1962년도에 없어졌어요. 자유당 때 없어졌다가 4.19 일어나서 이것이 부활했지요. 그것 가지고 침구학원이 생겼지요. 서울에 2개, 지방에 10개가 생겼습니다. 6개월 자리지요. 그래가지고 그걸 박정희 정권 때 없애버렸어요. 대신 한의사를 6년제로 만들었어요. 한의대를요. 당시 4년제도 힘든데, 6년제로 가면 자연 도태된다고 캤어요. 없애지는 못하니까요. 그런데 그게 더 잘 되어버렸어요.

미국의 닉슨 대통령이 중국에 가서 '침법 외교'를 했잖아요? 가서 침으로 마취시키는 게 나왔거든요. 그걸 막 서둘러 떠들었어요. 침 가지고 마취가 되니까 기가 막히잖아요. 침 하나 꽂아놓고 마취시켜 막 수술한다 이 말이지요. 그러니까 인제 샌프란시스코에 중국 사람들이 많잖아요. 전부 들고 일어났대요. "그것 봐라. 전통의학이다. 입법하자." 카니까, 의사들이 반대했거든. 이 사람들은 100명이 넘었잖아요. 주 의회(의원) 매수

해가지고 입법했다고요. 카이로프래틱이 먼저 생겼습니다. 침구사법이. 1975년입니다. 그렇게 하니까, 경희대가 수지가 맞는 거예요. 떠들어대가지고 [미국에서 하는 것] 바통 받아가지고, 한의대가 히트 쳐가지고 우수한 학생들 받았잖아요. 전국 11개 대학에 한의대 있어요. 대구에도 있지요? [경북] 경산예요.

그래서 나는 '소원' 과정을 거쳐 가지고 1969년도에 침사(鍼師) 면허가 나왔어요. 다른 분들은 이북5도청이 있잖아요. 그걸 이야기해야 하나? (말하기 어려운 어떤 내용이 있는 듯 다소 머뭇거리며) 나는 그 전에는 면허증이 없으니까 침구업을 못했지요. 강의만 했지요. 그런 것 하면 자꾸 시끄럽잖아요. 물리치료는 했지요. 서울대학에 취직 할라고 하다가 못했고. 원호병원에도 못했고요. 나이가 먹으니까. 내가 서른여섯에 학교 들어갔거든요. 고려대 보건대학에요. 폐가 나빠서 학교 못 갔잖아요. 폐가 좋아지면서 보건대 다시 들어갔지요. 의대 들어갈라고요. 고대. 고대 전신이 수도의대지요. 우석대학 되었다가 고대로 넘어갔지요. 2년제였어요. 초급대학. 거기 졸업하면 의대로 들어갈려고 했어요. 그런데 그때 돈이 없었어요. 아주 몸도 약하고, 굉장히 어려웠어요. 때(끼니) 꺼리가 없었어요.

그래가지고 인제 있다가 이후 4년제 되었어요. 내가 만들었어요. 그걸. 내가 교우회장 했거든. 그래가지고 어 ~ 서울서는 안 해줘요. 4년제 절대 안 해줍니다. 전문대학에서는요. 그래서 고대로 해가~ 되었잖아요. 내가 했거든. 왜? 왜 안 되느냐? 속담이 있지요? 우는 아이에게 젖 준다고요. 울어야 되지 않습니까? 홍일식 총장이 한방을 좋아하거든. 한의과대학 하려다가 의사들이 반대해가지고 못했잖아요. 그 사람 만나가지고 '합시다' 해가지고 10년 만에 합격했어요.

의학 전체적으로 봐서는요. 일본이나 미국처럼 침구가 독립해야 합니다. 독립해야 돼요. 치과의사처럼요. 침구학으로요. 지금은 안 되어 있지요. 애당초는 독립되어 있다가 침구법이 없어지면서 지금은 한의사가 침을 놓잖아요. 침구계에서는 독립 입법을 위해 굉장한 노력을 해왔어요.

견해차이죠. 왜냐하면 우리가 학문이라 카면, 하나의 외고집이 가야 발달되잖아요? 전문 의사 하라 이기야. 침구과 의원. 산부인과 의원처럼요. 침구사 하지 말고, 침구 의사를 맨들라 이기라. 그러면 침구과 의원이 되잖아요. 그러면 침만 놓는 거지요. 밥이든 죽이든 침을 놔야 먹고사니까, 그게 전공이 돼서 학문 자체가 발달되는 거죠. 침으로 간단히 낫는 병이 굉장히 많아요. 전체 환자의 80%가 침으로 됩니다. 내가 참 많이 고치잖아요. 간단히 낫는데. 또 염가로, 또 물리치료니까 위험성도 없고, 부작용이 없잖아요. 물리치료니까요. 약물치료는 인제 약에 대한 저항력이다, 충돌이다, 쇼크다 이런 게 있지만, 침은 그런 게 없거든요. 침 맞고 죽은 거는 거의 없잖아요?

치료과정에서 사실 병원에서는 많이 죽거든. 주사 맞고. 또 수술하는 과정에서요. 죽어도 합리화 해버리잖아요. 이물질이 몸에 들어오니까 거부감으로 인해가지고 죽는 거지요. 부작용이지요. 그런데 침은 그런 게 거의 없어요. 고의로 심장을 찌르기 전에는요. 고의로 찌르면 그건 살인이고요. 그러나 업무상 과실은 거의 없지요.

일본에서는 한의사가 없으니까, 침구사가 20만 명이나 돼요. 침구전문 학교 있고, 4년제 학교 있고, 또 침구 박사들이 있고요. 1년에 4,000~5,000명씩 졸업해요. 국가시험 합격하면 일본 전국에서 개업하잖아요. 그러니 일본에서는 의사, 치과의사, 그 다음에 침구사, 그 다음에 의료기사, 그 다음에 간호사 이렇게 5개가 있어요. 인제 침구사는 개업하니까. 의료기사는 개업 못하잖아요. 그러니까 침구사는 거의 의사에 준하지요. 침구사가 진단증명서도 발행한다고요. 진단서나 마찬가지지요. 그런데 한국에서는, 우리는 진단서 못 내잖아요. 의사가 내지요.

■ 한의사와 침구사의 침구의료 전승

한의사와 침구사의 침구 시술 원리, 방법, 침 종류 등은 같지요. 그게 그거예요. 인제 한의사는 '우리가 전통'이라 하지마는, 침구사보다는 격이 좀 '높으다' 이거지요. 한의과대학 나왔으니까. 그런 프라이드가 있지요. 하지만 내용은 그게 그거예요. 똑 같은 거예요. 예를 들면, 참외가 길에서 파는 거나 백화점에서 파는 거나 마찬가지지요. 다만 백화점에서는 좀 비싸게 파는 거지. 포장하고. 그런 거지. 마찬가지예요.

그런데 요(要)는, 학문 자체는 겸해서는 안 됩니다. 한 가지 그것만 전문화해야 합니다. 치과가 외과잖아요? 외과에 같이 있다가 치과가 커지니까 독립해서 그것만 전문으로 하지요. 우리 아들도 치과의사입니다. 미국에 다 있지요. 미국서 교수도 하고 개업하고 있어요. 그런데 우리 집안에 의사가 한 15명 정도 돼요. 한의는 나밖에 없어요. 그런데 나는 의사는 못되고요. 그러니까 학문으로 봐서는 이게 독립해야 해요. 그 말이 맞는 얘기예요. '전통'이라 카는 게 … 한의사도 침구과 의원을 맨들어라 이거예요. 아직 전문 침구 한의사가 안 되어 있지요. 침구과는 되어 있지만, 한데 붙어서 하지요. 전문화 한다면 약을 못 파니까요.

재래침은 침이 호침 등등 9가지가 되거든요. 종류가요. 그게 전통침이고요. 요새는 보통 일본침을 많이 하지요. 침관(針管)을 가지고요. 그게 일본식이에요. 일본에 거기 '순야마오 아이치'라고요. 무사(武士)인데, 눈이 멀어가지고요. 그 사람이 머리가 영특해가지고 침을 배웠어요. 안 보이니까 힘들잖아요. 침관으로는 툭 치면 되거든요. (침을 잡는 자세를 취하며) 요래 잡고 툭 치면 돼요.

(침을 들고) 이게 순야마오 아이치가 만든 겁니다. 만든 지가 한 200년 될 걸요. 일본서 나왔지요. 이게 일본식입니다. 우리나라에는 이게 없었지요. 침관이 없었지요. 한번 쓰고는 버립니다. 1회용 침입니다. 두 번,

세 번 쓰도 되지만, 요즘 에이즈 뭐니 그러니까 위생상 그렇게 하지요. 요래 가지고 요래 놓고 탁 치면 되지요. 우리나라에서 다 이걸 가지고 하고 있어요. 한의사나 침구사가 다 해요. (굵은 침을 들며) 이렇게 굵으면 이건 필요 없지요. 그냥 찌르면 되지요. 이렇게 굵으면요.

사용하는 침은 한의사나 침구사나 모두 이런 침을 사다가 쓰요. 똑 같이 사다가 쓰니까요. 기다란 침은 그게 전통침이지요. 그런데 중국하고 일본하고 한국을 비교하면, 중국침은 굵고 길어요. 기술이 좋아요. 묘기 대행진이야. 쪽~ 들어가지요. 그거는 중국 사람들이 많이 해요. 나는 그거 반대예요, 왜냐하면 위험하니까요. 위험한 거 하는 거는 자동차 스피드 내는 거나 마찬가지지요. 안전운전 하는 게 낫지, 왜 빨리 가다가 죽을라고 해요? 나는 그 사람들을 보고 "기술이 좋기는 한데 그렇게 안 해도 낫는데 왜 그렇게 하냐?"고 물어요. 그리 안 해도 낫는다면, 군이 할 필요가 없지요. 위생적이고 또 효율이 높으고 그걸 목표로 하거든요. 그런데 몸 속 깊이 쏴~ 놓는 거는 기술이 좋지마는 위험이 수반되지 않습니까? 이렇게 해도 병이 낫는데 왜 그렇게 해요? 충분히 낫는데요.

긴 침을 사용하는 사람들도 나름대로 자기 소신이 있는 거죠. 양의(洋醫) 치료로 보면 거의 같아요. 소련이나 구라파, 일본 등 거의 같아요. 학술이 같아요. 변하지 않으니까요. 하지만 전통의료는 개인마다 다릅니다. 나라마다 다르고요. 같은 내용의 강의를 들었는데도 제각기 다르지요. 그게 특징이죠. 왜냐하면 다양하니까요. 한약은 침구하고 다양하니까요. 코끼리 만지는 것처럼요. 원리는 같지만요. 이는 개인의 임상경험의 다양성 때문이시요. 나도 긴 침을 사용하지 않고 1회용 침을 사용해요. 일본침, 세침(細針)이지요 가는 거는요.

결국 한의사나 침구사나 사용하는 침이나 술법(術法)도 같아요. 다만 [환자를] 진단해서 시술하는 방법이 다르지요. 처방이 다르지요. 그 사람이 고전으로 하느냐? 옛날부터 전해 내려오는 고전으로 하느냐, 또 자기 경험으로 하느냐는 거죠. 경험방이죠. 임상방(臨床方)이죠. 또 하나는 현대적인 방법이죠.

■ 정형외과 시술과 구안와사 치료 사례

나는 현대적으로 합니다. 나는 현대로 진찰해가지고 거기에다 침을 놓습니다. 내가 양의를 했기 때문에요. 요번에 내가 강의 매월 했거든요. 정형외과 책을 봐야 돼요. 왜냐하면 어깨 아프다, 무릎 아프다, 허리 아프다 전부 정형외과잖아요. [내] 환자의 80%는 정형외과 환자입니다. 내가 가지고 있는 거는 미국에서 발행하는 원서가 있어요. 그게 오래 돼가지고 일본책을 사려다가 … 일본 나고야의대 근처에 가면 헌책방이 있는데, 헌책이 많아요. 일본 사람들은 책을 소중하게 하니까 책을 깨끗하게 내놓아요. 거기서 사려고 했는데 시간이 없었어요. 그래서 요번에 20만원 주고 샀어요. 정형외과협회에서 발행하는 걸요. 고대 내 후배를 통해가지고요. 새로 나오는 학술자료는 국내 거 봐요.

내가 미국 원서는 15년 전에 냈으니까 늦어요. 그래서 그것 보고 치료하죠. 진단은 양의 방식대로 해가지고 치료는 전통 한방으로 하지요. 양방에 대한 식견이 있어야 하지요. 나는 비방(秘方)이 없어요. 다 발표해버려요. 그걸 빨리 알려야 국민이 하나라도 덕 보는 거 아닙니까? 그걸 죽을 때가지 가져 있어가지고 뭐할 거예요? 가서 하나님 예수 그리스도 치료할 거예요? 내가 평소 연구한 거는 전부 발표해야 돼요. 돈 벌어가지고도 모두 사회 환원하는데요. 돈 벌어가지고 사회 환원하고 죽잖아요. 그렇잖아요. 내가 평소에도 침에 대해 책을 쓰고 있어요. 임상경험, 통증에 대한 거지요.

그전 방식은 맥진(脈診), 맥으로 보고. 복진(腹診), 배도 보고. 4진법(四

診法)이지요. 그래가지고 처방 내리는 사람도 있고, 그냥 사람들 말만 들어가지고 하는 사람도 있고. 모두 장단점이 있지요. 그게 또 잘 나으면 … 몇 %가 낫는가가 문제죠. 예를 들면, 이런 거도 있죠. 안면마비, 와사증이 있잖아요? 안면에 신경이 4개 나오지요. 하나는 눈에 가고, 하나는 귀에 가고, 혀에 가고, 그 다음에 운동신경이 나오거든요. 운동신경이 마비되면 … (안면 특정 부위를 만지며) 이게 안면신경이거든요. 여기부터 여기까지 지배하죠. 운동신경. 그러니까 안면신경이 4가지가 나오는데. 그러니까 뇌신경이 12개 나오거든요. 일곱 번째가 안면신경인데, 믹스하죠. 지각신경과 운동신경. 그래가지고 믹스하죠. 혼합신경이라 하죠. 신경이 두 가지죠. 지각신경, 운동신경.

중이(中耳) 안에 뼈가 3개 있잖아요? 거기에 하나 가지요. 이게 마비되면, 소리가 안 들리잖아요. 또 혓바닥, ⅓ 이상 반 정도까지는 지각신경이 와 있어요. 눈에 가는 자율신경, 여기 눈물이 나잖아요? 눈물주머니가 있지요. 그런데 한방에서는 뭐라 하는가 하면요. 여기가 안면이거든요. 그게 거기를 돌아서 와사증이 왔다는 거라요. 입이 돌아갔다는 거지요. 구안(口眼), 입하고 눈이 와사했다는 거지요. '바람 맞았다.'고 하잖아요. 그건 한 달 있으면 나아요. 그냥 두어도요. 80%가 회복돼요. 한 달 동안 침놓았다면, 침놓아서 그랬다기보다는 자연적으로 나은 거라요. 그걸 알아야 돼요. 그러니 20%가 안 낫는 기 있기 때문에, 침을 안 맞을 수 없잖아요. 그런데 인자 그렇게 치료하면 … 안 나아도 자연 치유되는데 침 맞아서 나았다고 하잖아요. 그런데 그런 거도 좋아요. 그런데 시술한 거는 잘못이지요.

심지어 여기 나오잖아요. 안면신경 여기 나오거든요. 뼈, 이걸 유양돌기라 하거든요. 요 밑에 나와 가지고 여기로 올라가거든요. 안에 안면신경관이 있어요. 관 안에 안면신경이 있다고요. 여기에 바이러스가 들어가요. 그러니 붓거든요. 그러니까 안면신경으로 오는 사람이, 아픈 사람이 많거든요. 아파가지고 귀도 아프고 어깨도 아프고 하다가 입이 쓱 돌아가거든요. 치료는 이걸 해야지요. 근본을 치료해야 하죠. 이게 양의를 알면 치료가 된다 이거지요. 양의를 모르면 이것만 치료한다 이거지요. 알겠어요? 그러니까 양의를 알아야 된다 이거야. 옛날에 양의는 한방을 모르니 요것만 치료했거든. 어떤 사람이 침을 맞았는데, 아프다고 하니까, 진통제 먹으라 하더래요. 이건 치료가 잘못된 거지요. 왜냐하면 여기 치료하면 대번에 통증이 없어져요. 그러면 홱 돌아가요. 요이 땅이야. 그거 안하고 여기 침 맞으면, 안 낫는 기라요. 침 효과가 하나도 없는 거예요. 한 달 동안 침 맞고 나았다고 하면 천만에요. 자기가 스스로 나삿는데요(낫게 했는데요). 그러니 침놓는 사람이 무식하다는 거지요. 그러니 공부를 해야 된다는 거지요. 손에다 놔야 되지요. 여기가 소양경(少陽經)이니까요.

이런 일이 있었어요. 80세 남성노인인 김씨라는 영감이 있었는데, 참 재미있어요. 아들 하나는 독일에서 목사하고, 딸은 뉴욕에서 시민권을 가진 사람인데 한 60세가 넘었어요. 이 친구는 한 팔십 몇 세가 되겠지요. 한국에 나와 가지고 입이 돌아갔어요. 아파가지고요. 그래가지고 침을 맞았단 말이야. 그런데 안 나아요. 또 맞아도 안 나아요. 그 사람 딸이 미군 부대에 있었어요. 미군이야. 시민권이 있었으니까. 내가 미 8군에서 침 강의를 한 적이 있었거든요.

그 아가씨가 아버지를 나한테 데리고 왔어요. "선생님! 여기 아픈데, 장가갈 것도 아니고 입이 안 돌아가게 이것만 고쳐주세요." 해요. 그래서 여기에다 소양경에 침을 딱 놨지요. 그러자 딱 그쳤지요. 왼손, 오른손에다 놓지요. 팔에도 놓고, 넷째 발가락에도 놓고요. 넷째 손가락, 넷째 발가락 이게 모두 소양경에 속합니다. 그러니까 딱 돌아왔어요. 집에 가니 기분이 좋아가지고 맥주 한잔 먹었다나요. 곧바로 그 이튿날 왔어요. 희색이 만연해가지고요. "선생님! 이게 언제 나을까요?' 해요. 어제는 이것만 낫게 해주라고 하더니만 … 하하하! 이게 나으니까, 또 이게 언제 낫느냐고요. 그래가지고 일주일 만에 다 나았어요.

그래가지고 인제 미국 갔거든요. 내가 미국 LA 유인대학 학장 했거든요. 지금도 학교가 있어요. 거기에 내 제자가 사범대학 교수로 있어요. 우리 아들 데리고 가서 "좀 입학시켜 달라"고 했어요. 그런데 옛날 병 고쳐준 그 양반이 와 있었어요. 나를 보고, "아이고! 한국에서 유명한 최선생이 왔다"고 하면서요. 재혼했는데 부인이 거기서 학교를 가지고 있더라고요. 아~ 거기서 나를 선전하는 거야. 그래가지고 참 재미있어요.

침구에도 비방이 있지요. 자기가 스스로 연구했는 기술을 말하지요. 침구의 비방이란 자기가 그렇게 했다는 거지요. 그건 감출 필요가 없어요. 자기가 이 병에는 이렇게 했다는 거지요. 내가 했던 와사증 치료법도 비방이지요. 책에도 이런 게 없으니까요. 이건 내가 연구한 거니까요. 소양경 이게 원인이니까요. 이게 안면경(顔面經), 뒤로는 뒤 골, 태양경(太陽經)이지요. 그러니 여기를 중점적으로 치료하라 이 말이지요. 여기를 [치료]하지 않고 … 기본을 잡아야 할 거잖아요? 기본은 여기에요. 그러니 여기를 치료하면 빨리 낫잖아요.

책에 없지요. 현대의학으로 하니까요. 판단을요. 한방의학만으로 보면, 구안와사를 여기에다 하라는 거는 없지요. 중국 책에 하나 잠깐 볼 게 있어요. 소양경에 해당하는데. 나머지는 전부 야면경(?)에 대해서만 되어있어요. 우리나라에는 전부 야면경(?)에 요것만 되어있어요. 내가 구안와사 많이 나~샀어요(낫게 했어요). 경희대 논문잡지 거기에 논문도 냈지요. 그건 '벨스 파시'에 대한 거지요. 영어로 Bell's Palsy. 이게 안면신경마비란 뜻이지요. 경희대 잡지에요. 경희대 학생 20여 명이 배우러 왔지요.

와사증 그것도 일종의 … 요거는 정형학적으로 봐서는 진통이 되지요. 통증이 없어져요. 통증이 없어졌다는 것은 소염이 됐다는 거지요. 소염증이 가라앉아야만 진통이 되지요. 그렇지요. 부어있는데, 이게 적어져야 안 아프잖아요. 왜 그러냐 하는 메커니즘은 몰라요. 그런데 요새는 인제 예를 들어서, 여기가 합곡(合谷)이라는 곳이에요. 전두통이죠. 머리 아픈데. 요거는 99% 나아요. 요 앞에 전두골 … 여기 하고 두 군데. 그런데 여기를 좀 벗어나면 낫는 확률이 낮아져요. 신경은 같은데, 왜 그러냐 말이야? 그거는 물리적으로는 설명이 안돼요. 화학적 작용이 밝혀져야 해요. 누가 그러더라고요. 나보고 화학적 작용을 연구하라고요. 뜸을 여기 놓는 것하고 요기 놓는 거하고 물리적 작용은 같은데. 같은 신경이므로 앞으로 그게 하나의 연구과제지요. 그건 어떻게 하느냐? 머리에서 찾느냐 아니면 여기에 잡느냐 하는 거지요. 그걸 연구해서 밝혀내려면 막대한 돈이 들어가지요. 임상을 해야 하니까요. 화학적 작용을 밝혀내려면 피를 뽑아서 해야 하므로 어렵죠.

▶ 3세 여아

그런 게 많은데 하나는 이런 게 있어요. 안면 마비증인데 3세 먹은 여식애가 있어요. [병 난지가] 2년 반 됐어요. 그래가지고 돐 전에 병이 나가지고… 병나자마자 경희대 가서 침 맞고 해도 안 돼가지고. 2년 반 동안에 안 간 곳이 없어요. 이렇게 돌아가 가지고. 안면마비증은 여자한테 와요. 15살 이전에 와요. 거의 와요. 그 밑에 소아과 선생이 있었어요. 안씨라고요. 돌아가셨어요. 경희대 학생들이 우루루 내한테 오니까 데모한 줄 알았데요. 학생이 막 올라가니까요. 그래서 나한테 "그 학생들 뭐하러 왔나?" 해요. "내가 안면 마비 관련 논문을 경희대 잡지에 내니까, 그걸 보고 학생들이 나한테 강의해달라고 왔다." 그랬지요. 그러니 "아~ 그렇냐"고 하면서 "우리 집 단골손님 중에 안면마비 환자가 있는데 입이 돌아가는 애가 있는데 말이야." 하면서 소개했어요. 안 선생이 애를 붙잡고 왔어요. 보니까 입이 요렇게 돌아갔는데 (안타까운 표정으로) 아이구~ 참 안 됐어요.

이런 거는 2년 지나면 안 됩니다. 2년 반 되었으니 어렵지요. 아~ 이건 2년 반 됐는데, 어른은 안 되는데, 거의 불가능해요. 99%는 안돼요. 아이니까 해보자구요. 아이는 성장기에 있으니까 아직 조금만 건드려도 자기 힘으로 견딜 수가 있거든요. 어른은 쇠퇴하니까 안 되지요. 어머니가 왔더라고요. 아직 40세도 안 되었는데. 한 번 해보자고요. 아이가 날 보고 울어요. 워낙 침을 맞아서요. 그래서 가운 벗고 난간에 가서 소아침이 있어요. 롤러 침이라고요. 일본 침이지요. 그거 안 아프거든요. 그래서 아저씨도 하고, 언니도 하고, 엄마도 하고 그러면서 '너도 한 번 해보자' 이랬지요. 해보니까 간지럽기도 하고 따끔따끔하기도 하지요. 그래가지고 살살 꼬셔 가지고 침대에 데려다가 홀랑 벗겨가지고 배, 등에 전신에 했지요. 두 달 반 정도 계속 해가지고 낫게 했어요. 엄마가 얼마나 좋아서 말이야.

그때 내가 '아~ 좋은 기술 배웠구나'라고 생각했어요. 그렇잖아요. 생각해봐요. 입이 돌아가면 걔가 어떻게 시집가겠어요. 커서 말이야, 얘도 스트레스 받고 부모는 오죽 하겠어요. 그래서 의자(醫子)는 '의'라 카잖아요. 뜻이 있다고요. 아이디어가 있어야 되지요. 그래서 공부해야 되지요. 책을 많이 봐야 돼요. 아이디어를 가지고 해보란 말이에요. 그래서 '내가 참 좋은 거 배웠구나' 라고 느꼈어요. 일주일, 한 열흘 하니까 밑에 소아과 간호사가 '아이 좀 좋아졌다'고 했어요. 나는 매일 올 줄 몰랐거든요. 좋아졌대요. 물을 먹이면 쏟아졌어요. 빨대로 먹였었지요. 인제 빨대로 안 먹여도 그냥 넘어간다 했어요. '아~ 인제 됐구나' 생각했지요. 인제 해동이 되니까요. 얼음처럼 해동이 … 인제 회복되어 가는 거라요. 아이를 입원 안 하고 한 3개월을 다닌 거지요. 소아과를 그만 두고 이제는 나한테만 다닌 거지요. 이젠 완치됐지요. 참~ 그게 인상 깊어요. 뜸 없이 침만 두었지요. 그게 TV에도 나왔어요. 88올림픽 무렵이에요. 이름이 박진아였어요.

논현동 개업시대지요. 그게 참 인상이 깊었지요. 내가 그때 참 기분이 좋았어요. 마치 내 딸을 치료하듯이 했지요. 그게 돌아왔어요. 여식애들만 와요. 남자애들은 안 오는데요. 참 이상해요. 소아과 의사들도 몰라요. 13세, 14세 되면 남녀 같은 비율로 오지만요. 애가 2년 반 됐으니까 제일 어려운 상태였지요. 가망이 없는 건데요. 그때 내가 참 기분이 좋았어요. 의자의 보람이지요. 마치 자기 딸이 나은 거 같은 기분이지요.

▶ **18세 처녀**

와사증 환자들을 참 많이 고쳤지요. 어제도 그런 환자가 왔었지요. 와사증 환자가 많았어요. 언젠가는 내가 침 강의를 하러가니까, 요래 보니까 차에서 보니까 요렇게 입이 돌아간 여자가 하나 있었어요. 그래서 내가 내려가지고 보았지요. 어려서 그랬데요. 당시 18세 쯤 되었어요. 그러면 못 고치지요. 시골에서 올라왔더라고요. 그래서 자꾸 운동하라 했어요. 댕겨주라고요.

한약은 보약도 먹지만 침은 아무리 맞아도 안 나았데요. 모두 고친다고 대들거든요. 안 낫는 거를요. 나쁜 사람들이지요. 차라리 본인에게 운동법을 가르치는 게 낫지요. 안 낫는데 자꾸 침놓는다고요. 돈 받고 말이야. 안 그래요? (얼굴을 만지며) 이게 자꾸 위축이 오면 야위거든요. 사용하지 않으면 쇠퇴하거든요. 가늘어져요. 다리도 그렇지요. 운동 안하면요. 이것도 마찬가지로 자주 운동해야 한다고 했어요. 마사지도 하고요. 그래서 침 많이 맞지 말라고 했어요.

■ **침구 강의와 미국 이주, 최태암침술원 20년 운영**

1970년대 들어서는 한방교육을 많이 해서 내 제자도 생겼죠. 주로 약사들이 많죠. 약사들이 주로 한약을 배웠으니까요. 1970년대 중후반에요.

한약도 의약품이니까 의약품 조제권이 있잖아요. 약사들이. 그러니까 그걸 손대~가 해 놓으니까 한의사들이 많이 반발했잖아요. 약사들은 한약이나 양약이나 모두 의약품으로 자기들이 취급할 수 있다고 생약을 배웠지요. 배우니까 경락이 나오고 침술이 나온다 이 말이야. 한의사는 라이벌이니까 안 가르쳐 줄 것이고, 배울 데가 없다 이 말이에요. 또 침구사협회 조사해 보니까 학벌이 없거든. 전부 다. 그래서 보사부에다 문의를 했어요. 그러니까 '최태암이한테 가보라'고 했어요. 나는 정규대학 나왔지요. 의대 다녔고 또 고대 나왔으니까 현대화된 강의를 할 것이라고요.

약사회에서 어느 날 나한테 왔어요. 강의 좀 해달라고 해서 그래서 "난 못한다"고 하니까, "책 가지고 하면 안 됩니까?"고 해요. 그래가지고 시작한 거지요. 1970년대 초부터 시작한 거지요. 약사회 종로분회, 성동분회, 동대문회 등 해가지고 약사를 많이 가르쳤지요. 한약 분쟁 일어나기 훨씬 이전부터지요. 한약 분쟁은 1993년 무렵이니까, 훨씬 이전이지요. 1971년부터 내가 강의했으니까요.

내가 한약업사도 1971년도에 시험 봤잖아요. 그 무렵부터 한약을 강의하고 다녔지요. 또 향군한약학원에서 침 강의도 했고요. 지금은 없어졌어요. 서울에 있었지요. 본래 을지로 외환은행 본점에 있었지요. 수강생들은 고급 장교들이었어요. 이들은 [침을] 배워서 해외에 나갈려고요. 해외에 나갈 사람들 직업 보조하려고 하기 위해 시작한 것이 한약학원입니다.

그런데 학생들이 안 오니까, 해외에 나갈 군재(軍材)가 얼마 안 되잖아요. 그래서 일반사람들을 뽑기 시작했어요. 일반은 내가 1호지요. 내가 육군 대령 한 사람, 1년간 해부학을 강의했잖아요. 개인 교수로요. 그 사람이 추천해가지고 들어갔지요. 그래서 내가 친구 둘이 데리고 들어갔지요. 인제 그 사람도 살아있어요. 내보다 한두 살 정도 위이니까요. 그래가지고 그게 을지로 입구 거기 있다가, 종로 경찰서 맞은편에 걸스카우트 5층에 있다가, 그 다음에 … 영업이 안 되니까 학생들이 많이 안 나오니까요. 임대료도 내야 하니까.

강남이 부자촌이잖아요. 그때 내가 강남 거기서 침술원을 한 20년 했지요. 20년쯤 환자 봤지요. 안면신경마비증을 침으로 한 것이지요. 필요할 때는 뜸도 뜨지요. 필요에 따라서 침으로 하는 것도 있고, 뜸으로 하는 것도 있지. 그때그때 치료법이 다르지요.

나처럼 한약에 침구를 가미해서 하는 사람이 별로 없어요. 침구사로서 한약방 개설해놓은 사람이 나하고 광주에 하나 있고, 제주도 서귀포에 하나 있고요. 침구사로서 한약방 허가 가지고 있는 사람이요. 면허 가지고 있는 사람이요. 또 물리치료 면허 가진 사람은 나밖에 없어요. 복합시술 장점은 치료율이 높아진다는 데 있죠. 침 맞으면서 인제 보약 쓰면 빨리 낫죠. 돈 있는 사람들은 한약 먹고. 한약 안 먹고 침 맞아도 나으니까요. 인제 일본에서는 한약 안 쓰니까, 침만 놓아가지고 하지요. 왜정 때 폐결핵 환자 있잖아요? 침으로 잘 낫거든요.

종로 5가 개업할 때가 첫 개업지지요. 그때가 70년대 초지요. 1969년도에 면허 취득해가지고요, 최태암침술원이지요. 1971년도에 합격해가지고 그 때는 서울 못 들어와요. 한지(限地)가 되어가지고요. 포기했다가 김영삼 대통령 때 데모를 해가지고 '국가시험인데 그거 자격을 주어야 할 거 아니가?' 그래서 자격인증서가 나왔어요. 노태우 덕에 자격 증명서가 나오고요. 그것도 수난기지요. 하하하! 그게 자격증이니까 전라남도에서는 개업할 수 있었지만, 서울에는 못 들어 왔다고요. 서울에 들어온다고 해서 내가 서울 주거지에 있었거든. 그래서 여기로 들어왔지요. 어려운 역사지요. 그런 걸 내가 많이 알고 있어요.

나는 강남 논현동에서 20년 침술업을 20년 했지요. 나중에는 중앙대학 부설병원에 있었어요. 영등포에 있는 성심병원. 거기 연구소가 생겼어요. 침구연구실에 내가 실장 했어요. 1975년에 들어가 가지고 1978년도까지 있었지요. 한 4년 동안 있었지요. 월급 받고요. 전부 양의사들이지요. 전부 교수들인데. 이사장이 침을 좋아했어요. 임도수씨, 유명합니다. 성심여대 만들었지. 중앙대 의대 만들었지. 한림대학요. 그것도 그 사람이 … 임도수씨, 유명하지요. 지금 돌아갔어요. 지금은 침구연구실이 없어졌어요. 내가 없으니 그것도 없어졌어요. 의사 등살에 못 견디는데요.

거기서 나와가지고 논현동에 개업했지요. 강남구청 논현동 네거리에 … 나산 … 요번에 나산백화점 무너졌잖아요. 거기 옆에서 '최태암침술원'이 옥호였지요. 그때는 한약은 안했어요. 한약은 필요할 경우 해당 업소에 전화해서 가져다 썼고요. 여기서 20년 넘게 했지요. 이때는 미국 갔다가 왔지요. 하루에 환자를 20여 명씩 보았으니까 바빴지요. 그땐 바빴지요. 이때부터 환자가 꾸준히 있었지요.

미국에선 한 4~5년 있었어요. 유인대학에 가 있었지요. 미국에는 내제자들이 많아요. 침구를 배운 제자들이지요. 그 사람들이 추천해가지고요. 이들이 내한테 배워가지고 미국 갔었는데, 내가 이민 가 놓으니까 이들이 추천했지요. 내가 이민을 갔지요. 내 와이프가 간호사였지요. 미국 갈 때가 50세가 넘었지요. 서울 논현동에서 침술을 하다가 갔으니까요. 12·12사건 이후에 내가 미국에 갔지요. 1979년이지요. 내가 성심병원에 1978년도에 그만두었으니까요. 그때 내가 1971년도에 논현동에 개업했으니까요. 그래가지고 몇 년 있다가 미국 갔죠. 미국에서는 3년인가 있다가 나와 버렸어요.

미국에선 학교에서 교수 하고, 개업도 하고요. 학교에는 한방과가 있었지요. 침구도 하고 한약도 하고 다 하고요. 한의과대학이지요. 개업도 하고요. 상호는 내 이름을 했지요. 앞 글자를 따서요. '닥터 초이스 아큐펀쿼춰 크리닉(Dr. Choi's Acupuncture Clinic)'으로 했지요. 한글로는 최태암침술원 아니 한의원이라 하지요. 미국에서는 한의원이라 해요. 한약도 쓰니까요. 일본사람들은 한의원이라 하지 않고, '침구소(鍼灸所)'라 카지요. 미국에서 할 때는 아큐펀쿼춰 해야죠. 면허가 그렇게 나오니까요. 동

네가 그게 '가데나'라고요. 일본사람들이 많은 곳이지요. 캘리포니아주
(州) 로스앤젤레스.

LA에선 개업도 하고요. 미국 면허도 가지고 있었는데, 면허가 죽어버
렸어요. 와이프가 세금을 안 물었어요. 2년 안에 세금을 안 물었어요. '해
라, 해라' 캤는데 안 냈어요. 미국 침구 면허지요. 캘리포니아. 개업 해가
인제 대학 학장 했어요. 부속 병원장도 하고요. 그 뒤에 귀국해가지고 조
금 있다가 내가 몸이 나빠 가지고, 사기도 당하고 해서 전라남도 자격증
인데 이리로 이전했어요. 지금도 가면 되는데 나이도 먹고, 거기는 또 집
이 비싸요. 돈도 없고요. 그때 내가 사기를 당해가지고 그렇게 고생했어
요. 그래서 요새는 월급 받고 있어요.

■ 폐결핵 자가 치료와 정형외과 시술 사례

▶ 폐결핵 자가 치료

(과거를 회상하며) 내가 직접 폐를 앓았거든. 총 맞아가지고요. (가슴
부위를 가리키며) 공동(空洞)이 4개예요. 여기 3개, 여기 하나. 죽는 줄 알
았어요. 각혈하고요. 뜸 해가지고 나았어요. 등에다 쫘~악 뜯지요. 와이
프가 뜯지요. 내가 시켜가지고. 앞에는 내가 뜨고요. 한 3년 해가지고 나
았어요. 그러니까 메디칼센터 있잖아요? 중앙의료원에. 스칸디나비아 재
단이거든요. 거기서 원래 흉곽외과 선생이 왔잖아요. 와서 엑스레이 보더
니만, 안된다고 하잖아요. 이게 다 상해서 치료가 안 된다고요. 양방으로
안 된다 이거지요. 혈이 나쁘니까요. 폐는 2개인데 하나 가지고도 살잖아
요. 하나 덜어내고 나면, 나머지 것 하나의 반이 남으니까. 혈가지고는 생
명이 위험해서 안 된다는 거예요. 그래서 수술을 안했어요.

그럼 어떻게 할 것인가? 내가 양약을 한 8년인가 먹었거든. 8년. 스토

마이신, 아이나, 또 파스이 등을 먹었는데 나중에는 내성이 생겨 이제 더 이상 안 듣는 거예요. 그래서 그럼 어떻게 하나? 그럼 뜸밖에 없다 이렇게 생각해가지고 뜸을 3년 동안 했어요. 그래서 3년 동안 목욕을 못 갔잖아요. 하도 몸 전체에 뜸 뜬 자리가 많아가지고요. 그때 가족탕이 있었어요. 요새는 없어졌는데. 그래가지고 얘들도 데려가고 해가지고 가족탕을 이용했지요. 그래가지고 나~샀어요(낫게 했어요). 이젠 깨끗해요. 의사들도 놀래요.

당시에는 뜸을 살갗에다 바로 놓았지요. 직접구, 직구(直灸)라고 하지요. 그러니까 우리 친구들이 날 보고 놀라지요. "와~ 침톤 최씨다"라면서요. 독하다고요. 당시에는 양방까지도 안 되었으니까, 뜸 안했으면 죽었지요. 뜸 치료 후에는 공동이 다 없어졌어요. 왜 결핵이라 하는가 알아요? 결성할 '결(結)', 핵무기 할 때 '핵((核)'. 핵으로 결성한다 이거지요. 둑이 높으니까 균(菌)이 … 피가 못 들어가잖아요. 그러니 이게 녹아버린다고요. 그러니 쭉 빠져버리니까 공동이 생겨버려요. 그러니 여기서 균이 자꾸 [여러 군데로] 수출하는 거지요. 임파(淋巴)[6]로 가도 공기로 전염시키고 또 각혈하고. 그러니까 이걸 원천을 없애지 못하는 거예요. 그러니 병원에서는 의사는 이걸 폐를 전부 다 덜어 내버려야 된다고 하지요. 나는 이게 반 이상 나쁘니까, ⅓밖에 안 되니까 못 산다고요. 그러니 수술 안 해줬어요. 안한게 잘한 거지요. 수술하면 못 살지요. 그래가지고 뜸 해가~ 나~샀어요. 싹 없어졌어요. 뜸이 참 위대합니다. 참 위대해요. 뜸도요.

▶ 발바닥뼈 돌출 통증환자

요새 나에게 오는 환자 하나 있는데요. 발바닥이 아파서 10년간 고생

---

6 고등동물의 조직 사이를 채우는 무색 액체. 모세혈관을 통하여 혈액과 합치고, 혈액으로부터 영양을 조직으로 나르고 조직으로부터 노폐물을 거두어간다. 세균 침입을 방지하고 체표(體表)를 보호한다. 임파가 흐르는 둥근 조직을 임파선이라 한다.

해 왔어요. 발바닥을 디디기만 해도 아픈 거예요. 뼈가 나와 가지고요. (자신의 발을 들어 보이며) 나도 나왔거든. 자라나서 나온 거지요. 그걸 '스파'라 하는데 … 자극 받아서 나와요. 내가 이걸 뜸 해가지고 나~샀어요. 내 조카도 의사가 많거든요. 삼성의료원 과장도 있고요. 정형외과 서박사라고. 처남이에요. 그 다음에 조카가 4명이나 정형외과 의사예요. 당장에 수술하면 낫는다 캤어요. 나는 '안 한다'고 했지요. 그래가지고 뜸 해가지고 나~샀어요. 원인은 나도 잘 몰라요. 오랫동안 서 있으며 뼈가 나와요. 내가 옛날에 서서 침놓았잖아요. 옛날에 환자가 많았으니까요. 한 3개월 뜸을 놓았지요. 그런데 나한테 오는 그 여자는 3개월도 안하고 거의 나았어요. 이 분은 돌출한 뼈 크기가 나보다 작은데 … 10년 됐어요. 걷지를 못했어요. 나한테 한 보름 정도 해가지고 거의 나아가지고 요즘 유사 증상의 환자를 많이 보내줘요. 지금. 이 분은 나한테 오기 전에 양방(洋方)도 다녔지, 한의사한테 치료까지 했지요.

▶ 발목 삔 환자

또 한사람도 조금 전에 왔다 갔지만, 이 분은 뼈를 다쳐가지고. 요 뼈가 7개 있는데, 이걸 다쳐가지고 그것도 10년 됐어요. 디디지 못해요. 아파가지고. 침도 많이 맞고, 치료를 많이 했는데도 낫지를 안 해가지고 나한테 뜸 해가지고 거의 다 나아가요. 뼈 사이에 관절이 있잖아요? 거기에 뜸을 떠서 낫도록 하지요. 여기에 발가락에 뼈가 14개 있어요. 준족골이 5개씩 … 해서 있지요. 발가락에 하나씩요. 또 여기에 발목까지 7개씩 있지요. 이걸 족근골(足筋骨)이라 해요. 7개 있다고요. 인제 근골, 거골, 또 수장골, 수상골 1, 2, 3 … 투자골 해서 7개 있는데, 요 뼈를 다쳤다고요. 이렇게 삐었거든요. 이렇게 부어가지고 침 맞고 했는데. 10년 됐어요. 고생한지가요. 어디 사람이냐 하면, 경북 상주 사람이에요. 남편은 경남 밀양 사람이고요. 그래가지고 한 시간 전에 왔다 갔어요. 뜸 해가지고 거의 낫아가요. 지금 80% 나아가요. 치료한지는 한 보름 됐지요. 그러니 이제 디디도 안 아파요. 뜸이 소염작용을 한 거지요. 소염, 진통작용을 합니다. 참 신기해요.

▶ 정형외과 치병사례

80%가 정형외과 환자입니다. 요통, 견비통, 그 다음에 무릎 관절, 삐인데 등이지요. 슬(膝) 관절이 제일 많아요. 오래되어 완치되기 어려운 경우도 있고, 잘 낫는 경우도 있지요. 요통이 잘 낫지요. 요통에는 참 잘 듣지요. 요통에도 여러 종류가 있지요. 근육통, 관절통이 있고, 인대통이 있고, 반사적으로 오는 것도 있고. 요는 정형외과를 알아야 해요. 아~ 이거는 이렇게 해서 병이 왔구나 하는 거를요.

내가 성심병원 있을 때, 사례가 하나 있어요. 거기도 유명한 선생인데 그 사람이 취급한 환자인데 수술이 잘 안 되어 가지고 재수술하는데 "침 좀 맞추어 주면 안 되겠나?" 했어요. 재수술하려는데 밤에 여기가 아픈 거예요. 수술해가지고 여기를 잘라낼라고 하는데 침 맞고 나아버렸어요. 첫 날 해가지고요. 일주일 해가지고 나아가지고, 이주일 째 완전 나아 퇴원했잖아요. 뜸도 했지요. 병원에서 센세이션을 일으켰지요.

■ 침구 기본원리와 독립의 필요성

침구의 기본원리를 말하자면, 경락(經絡)이라 하면 인제 4가지 혈(穴)이 있거든요. 기, 영, 혈, 위 … 4가지 혈이지요. 기 카면, 기운 '기(氣)' 있지요? 혈은 혈액 '혈(血)' 자 있지요? 영은 영양소 '영(營)'입니다. 위는 위생 카는 '위(衛)' 자 있지요? 이게 피를 말하는 거라요. 기는 신경을 말하는 거고요. 기가 가는 곳에 피가 간다고 하거든요. 그러니까 자율신경 있잖아요? 교감신경, 부교감신경 카는 거요. 혈관 수축했다 촉진했다 이완시키잖아요. 그걸 말하는 거고. '혈' 카는 거는 혈액을 말합니다.

그러니까 위(胃)에서 음식물이 소화되어가지고 몸에 들어가 가지고 빨갛게 된다. 피가 되지요. 피는 전신으로 돌아가지고 양육하는 역할이 되지요. 적혈구, 백혈구, 혈소판 그 다음에 단백질이 5개 있고. 그걸 말하는 거죠. 적혈구는 산소 공급하고 또 탄산가스를 흡수하고. 다른 거는 또 영양소 공급하고. 또 백혈구는 호르몬이나 운반하고, 플라스마를 운반하고. 그 다음에 몸에 산소를 공급하여 중화시켜주고. 또 감마그룹인 헤모글로빈 있잖아요? 단백질 5가지 공급하고요. '영'은 영양소지요. 단백질, 지방, 탄수화물, 무기질 등이지요. '위' 카는 거는 임파를 말하지요. 임파는 위에 … 혈관은 정맥, 동맥 있고, 위에 임파가 있죠. 동맥에 가가지고 정맥이 되죠. 모세혈관에서는 혈압이 없어지죠. 거기서 나와 가지고 세포를 둘러싸죠. 액체가. 거기서 다시 교환하잖아요. 체온이 생기고. 거기서 노폐물 하고 … 그러니까 산소가 타고 나면 탄산가스가 나오지요. 단백질에는 질소가 나오지요. 그걸 도로 정맥이 가져가고. 임파는 큰 것만 가져갑니다. 임파는 '위'라 했잖아요? '위' 카는 거는 방위작용을 한다는 겁니다. 임파는 몸을 보호해주는 겁니다. 범인을 잡아주니까요. 그러니까 건물이 파괴되면 작은 거는 손으로 가져가잖아요. 큰 거는 덤프트럭이 가져가잖아요. 탁한 것은 임파가 가져가지요.

이런 게 2,000년 전의 학설입니다. 그러니까 경락, 경혈, 경맥에 그렇게 되어 있어요. '맥' 카는 거는 혈관 계통 그걸 이야기하는 거고요. 맥이 있으면, 안에는 영, 혈이 지나가고요. 기는 신경 바깥에 있잖아요. 신경도 바깥에 있잖아요. 임파도 바깥에 있고. 혈관에 들어가는 거는 혈액 하고 영, 영양소만 그러지요. 세균 들어오면 가르쳐주잖아요. 가두는 거지요. 세균이 못 들어가게요. 들어가면 안 되거든요. 패독증(敗毒症)이 되죠. 죽지요.

[침과 뜸은] 경락을 통해서 하지요. 경락을 이용하는 거죠. 자극을 가해서 그렇게 하는 거지요. 그걸 돋워주는 거지요. (종이에 그림을 그리면서) 경락이죠? '경(經)'은 본선(本線)을 말합니다. 경부선처럼요. 본선이고. '락(絡)'은 지선(支線)이죠. 호남선이니, 중앙선 카는 기 있잖아요. 그렇게 보시면 돼요. 전체를 철도라 하지 않습니까? 이걸 경락이라 합니다. 그러니까 그 안에는 뭐가 있는가 하면, 인제 경맥이라 하잖아요? 경맥, 경맥에는 기, 혈, 영, 위가 있지요. 그렇죠. 그런데 인제 경, 맥 여기 안에, 파이프 안에 들어가는 거는 요거 하고 요거지요. 요거는 바깥에 있죠. 요것도 바깥에 있고요. 침뜸을 놓으면 이것들이 활성화되지요. 결론적으로 막혀 있다거나 정체되어 있는 것을 침과 뜸으로 자극을 가해서 원활하게 돌아가게 하는 것이지요. 이게 침구의 기본 원리입니다.

그래가지고 그게 12경락이라 하는 거는 장기를 기본으로 하는 거지요. 폐경, 심경, 비경, 간경 … 등 5장 6부가 있잖아요. 그러니까 12개가 되지요. 폐가 음이고, 폐의 부인은 이것이고. 남편은 대장이죠. 또 심장은 소장이고, 또 신장은 방광이고. 간은 쓸개이고. 또 위는 비위 있잖아요. 비장은 부인이고, 바깥양반은 위고요. 5장 6부 카잖아요. '장' 카는 거는 음이고, '부' 카는 거는 양이라 카거든요. 이것도 음양오행이죠. 태극에서 오행으로 나오는 게 … 한방은 이게 동양철학에 기대서 설명되어가 있습니다. 그러니까 침놓으면 그것이 활성화되어가지고 낫는다 카는 거지요. 간에서 열이 있다 카면, 열을 없애는 약을 쓰잖아요. 침도 그렇게 합니다. 그므로 간에 가서(자극을 가해서) 열도 식혀 주고 통증도 없애 주고요. 병 자체를 치료도 해주고 또 예방도 시켜주고요.

그러니까 이걸(침구를) 독립시키라 이 말이지요. 치과처럼요. 치과는 이빨에 한정되지만, 이거(침구)는 전신이잖아요. 그러니까 미국이나 일본처럼 독립하라 이 말이지요. 중국도 독립되어 있어요. 그런데 우리나라만 한의사가 하고, 대만도 한의사 있거든. 침구사 없애버렸어요. 없어요. 중국에는 침구사도 있고, 한약사도 있고 그래요.

침구계에서도 이를 위해 그동안 굉장히 노력했습니다만, 성과가 없어요. 가능성도 없어요. 얼마나 우리가 뛴 줄 아세요? ≪수난의 역정≫[7]이란 책에 나와 있어요. 입법(立法)하는 게 얼마나 힘든지 몰라요. 한의사협회 회장이 두 번, 세 번씩이나 목이 달아나 버렸어요. 못 막아가지고요. 국회 보사분과위원회, 법사위원회 갔다가 … 그리로 보내야 하거든요. 두 번이나 올라갔어요. 얼마나 눈물겨운 힘으로 했다고요.

누가 반대했나요? 보사부 반대하죠. 한의사협회에서 반대하죠. 치과의사협회 반대하죠. 그런데도 통과됐어요. 보사분과 통과되면 법사위 가거든요. 법 수정해서 돌아오면 국회 본회의로 가지요. 두 번이나 본회의에 갔어요. 표결하지요. 그런데도 그때 공화당이 눌러버렸단 말이에요. 그래서 못했어요. 그때 국회의장이 이효상 씨지요. 대구사람이지요. 그 사람이 "이게 국민의 법인데 상정해야 해!"라고 주장했지만, 그런데도 자동 폐기되어 버렸어요.

이효상 씨는 우리 편이었어요. 그러니까 한의사들 앞에서 "침구법이 생기면 우리가 손해라. 이러는 거는 이해한다. 그러나 이거는 국민의 법이다. 국민의 법이니까 해야 될 거 아니냐? 어느 단체가 손해 본다고 해서 안 된다고 하면 말이 안 된다"고 했지요. 국회의장까지 찬성했지만, 안됐어요. 못했어요. 위에서 눌러버리니까요. 공화당에서요.

---

7 이우관,『수난의 역정』, 침술연합신문(주), 2008(1974). 이 책에는 침구사제도 입법을 위한 활동상이 일목요연하게 기록되어 있다.

참고문헌 및 구술자료 목록

문헌자료

박정규,『死線을 넘고 넘어』, 회고록간행위원회, 2005(2003).
백두현, "『침구경험방언해』의 해제와 주해",『영남학』2, 경북대학교 영남
학연구원, 2002.
사단법인 대한침구사협회,『會員手帖-1998-』, 1998.
이우관,『수난의 역정』, 침술연합신문(주), 2008(1974).

구술자료(음원 목록)

·최태암(1926년생, 최태암침술원) 구술. 2008년 12월. 27일. (3-01LH27122
008최태암001)
·최태암(1926년생, 최태암침술원) 구술. 2008년 12월. 26일. (3-01LH26122
008최태암001)
·최태암(1926년생, 최태암침술원) 구술. 2008년 12월. 26일. (3-01LH26122
008최태암002)
·박외식(1937년생, 박침진료원) 구술. 2008년 7월 10일. (3-05LH10072008박
외식001)
·박외식(1937년생, 박침진료원) 구술. 2008년 7월 10일. (3-05LH10072008박
외식002)
·박외식(1937년생, 박침진료원) 구술. 2008년 7월 10일. (3-05LH10072008박
외식003)
·박외식(1937년생, 박침진료원) 구술. 2008년 6월 6일. (3-05LH06062008박
외식001)

·박정규(1924년생, 덕은진료원) 구술. 2008년 5월 8일. (3-04LH08052008박
　　정규001)

·박정규(1924년생, 덕은침술원) 구술. 2008년 5월 8일. (3-04LH08052008박
　　정규002)

·박정규(1924년생, 덕은침술원) 구술. 2008년 5월 22일. (3-04LH22052008박
　　정규001)

·최영조(1921년생, 영남침술원) 구술. 2008년 4월 3일. (3-05LH03042008최
　　영조001)

·최영조(1921년생, 영남침술원) 구술. 2008년 4월 3일. (3-05LH03042008최
　　영조002)

·유진식(1929년생, 재야침술인) 구술. 2008년 3월 26일. (3-05LH26032008유
　　진식001)

·유진식(1929년생, 재야침술인) 구술. 2008년 4월 5일.

·성낙도(1924년생, 창성침술원) 구술. 2008년 3월 22일. (3-05LH22032008성
　　낙도001)

·성낙도(1924년생, 창성침술원) 구술. 2008년 5월 9일.

·성낙도(1924년생, 창성침술원) 구술. 2008년 5월 13일.

·성낙도(1924년생, 창성침술원) 구술. 2008년 5월 17일.

·성낙도(1924년생, 창성침술원) 구술. 2008년 5월 21일. (3-05LH21052008성
　　낙도001)

·진기업(1924년생, 진침술원) 구술. 2008년 3월 17일. (3-05LH17032008진기
　　업001)

·진기업(1924년생, 진침술원) 구술. 2008년 3월 19일. (3-05LH19032008진기
　　업001)

·진기업(1924년생, 진침술원) 구술. 2008년 3월 20일. (3-05LH20032008진기
　　업001)

·권오칠(1949년생, 동양지압침술원) 구술. 2008년 3월 17일. (3-05LH17032
　　008권오칠002)

[* 3-구술자료 / 01-서울경기 지역 / 04-부산경남 지역 / 05-대구경북 지역 / LH-생애사 / 27122008-일월년(인터뷰 일자) / 최태암-구술자 / 001-첫 번째 자료목록]

찾아보기